가족복지론

박옥임 · 서선희 · 김경신
옥경희 · 박준섭 · 최은정 공저

청목출판사

머리말

한국사회는 지난 수십 년간 급격한 사회변동으로 인해 많은 변화를 겪고 있으며, 그 중 가족의 변화가 큰 비중을 차지하고 있다. 최근 주요한 국가적 과제로 대두되고 있는 저출산·고령화 현상은 단순한 인구구성 문제로 그치지 않고 인적자원의 사회적 활용 측면에서 심각한 위기상황으로 인식되고 있다.

이러한 변화는 다양한 형태의 가족 출현과 함께 여러 가지 가족문제를 동반하고 있다. 가족기능 약화로 인해 가족해체가 증가하고, 가족구조의 축소와 분화로 인해 가족관계의 단절은 물론 응집력 또한 매우 취약하게 되어 여러 면에서 가족문제가 파생되고 있다.

과거의 전통가족은 가족의 문제를 스스로 해결할 수 있는 수단과 자원을 보유하였다면, 현대가족은 가족문제를 해결할 수 있는 인적자원이 부족하고 그 기능이 약화됨에 따라 사회문제화되면서 가족복지에 대한 관심이 집중되고 있다.

이 책은 대학에서 가족복지를 강의하고 있는 교수들이 가족문제에 대한 보편성과 특수성을 토대로 가족복지에 대한 상호 이해의 폭과 정도에 있어서 많은 부분을 공감하여, 공유된 논의를 집약하고자 마음을 모아 진행되었다.

이 책은 총 4부 14장으로 구성되어 있다. 제1부는 가족복지의 기초로 가족에 대한 이해와 가족복지의 개념 및 접근방법을 다루고 있으며, 제2부는 가족복지정책으로 가족정책에 있어서 젠더의 문제와 서비스 유형에 대한 내용을 담고 있다. 제3부는 가족복지 실천의 이론과 방법으로 여기에서는 가족복지에 대한 실천이론과 실천방법에 대한 심도 있는 내용을 실었다. 제4부는 1, 2, 3부의 이론에 기초하여 각 가족의 특성과 복지대책 또는 지원방안을 중점적으로 논의하여 가족복지 현장에 적용하는 데 도움이 되도록 구성하였다.

이러한 구성은 가족복지의 모든 분야를 포괄하기에는 어느 정도 제한이 따르고 있으며, 실제 실천 가능한 방법론이나 기술론의 제시도 다소 미흡하여 꾸준한 보완이 필요함을 저자들 스스로가 잘 파악하고 있다. 그러나 이 책은 가족복지에 관심을 가지고 이를 학습하려는 모든 이들에게 가족복지의 기초, 개념, 접근방법, 가족복지정책과 실천방법을 통하여 보다 체계적으로 공부하는 데 일조하고자 많은 노력을 기울였다.

이 교재가 완성될 수 있었던 것은 공동저자들의 적극적인 의지와 교육현장에서 자신들의 관점에서 가족복지를 보다 체계화하고 싶은 염원이 반영되었기 때문이다. 특히, 이 교재 편찬을 통하여 앞으로 보다 심화된 가족복지 연구에 더욱 정진할 것을 기대해 본다.

끝으로, 일치된 합의와 더불어 적극적으로 집필에 임해준 공동저자들에게 깊은 감사를 드리며, 촉박한 기일임에도 불구하고 흔쾌히 격려해 주신 청목출판사 유성렬 사장님과 수고를 아끼지 않은 최명성 부장님 및 관계 직원 여러분께 깊이 감사드린다. 아울러 편집과정에서 말없이 꼼꼼하게 챙겨준 순천대학교 사회복지연구소 추현화 선생에게도 감사한 마음을 전하고 싶다.

2008년 3월

저자 대표 박 옥 임

차 례

제 4 부 가족복지의 영역

제1부

가족복지의 기초

제 1 장

가족에 대한 이해

1. 한국 가족의 변화

인류 역사가 시작된 이래로 모든 사회에는 항상 가족이 존재하였지만, 모든 사회의 가족들이 같은 형태로 존재하거나 같은 기능을 수행했던 것은 아니다. 가족은 시간과 공간에 따라 다른 모습으로 존재해 왔으며 사회의 변화에 반응해 왔다. 가족의 역사를 살펴보면 가족은 변하지 않는 화석화된 제도가 아니라 그 사회의 조건과 변화에 반응하여 끊임없이 변화하는 살아 있는 생물체와 같은 제도임을 알 수 있다. 가족의 변화와 적응이라는 면에서 한국의 가족도 예외가 아니다. 한국 사회는 계속 변화해 왔으며 그에 따라 한국의 가족 또한 변화해 왔다. 이 같은 한국 가족의 변화는 시각에 따라 다양하게 언급될 수 있겠으나, 여기서는 상대적으로 매우 급격한 변화가 있어온 1960년대 이래의 변화만을 살펴보도록 하겠다. 그간의 한국 가족의 변화는 크게 구조, 기능, 개념 차원의 변화로 요약할 수 있다.

1) 가족 구조의 변화

한국의 가족은 크기 면에서 계속 축소되어 왔다. 평균 가구원수는 1980년의 4.54명에서, 1990년의 3.71명, 2000년에는 3.12명, 그리고 2005년에는 2.88명으로 감소해 왔다(통계청, 2005).

이 같은 가족 크기의 감소에는 출산율의 하락이 많은 영향을 미쳤다. 〈그림 1-1〉에서 보는 바와 같이 1970년의 합계 출산율은 4.53이었는데 2005년에는 1.08로 감소하여 최근으로 올수록 우리나라 사람들이 자녀를 적게 낳는 것을 알 수 있다.

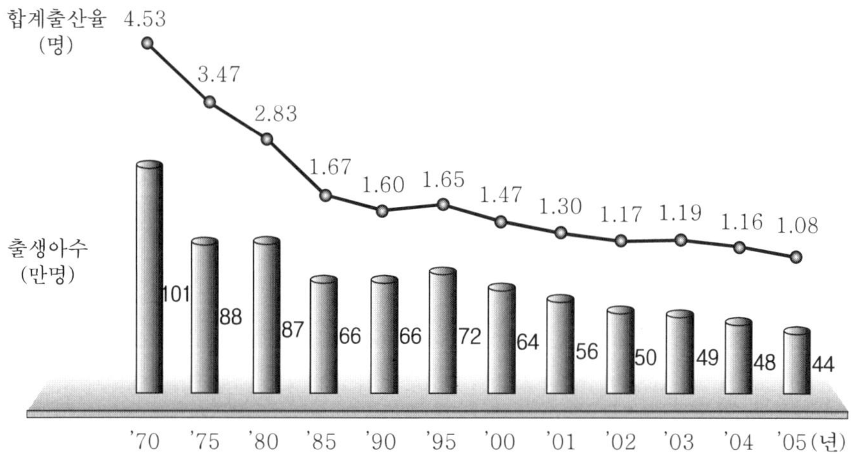

자료 : 통계청, 『인구동태통계연보』, 각 연도

〈그림 1-1〉 연도별 합계 출산율 및 출생아 수

1인 가구의 증가도 가족규모의 축소를 가져온 한 원인이다. 〈표 1-1〉에서 보이는 것처럼 전체 가구에서 1인가구가 차지하는 비율은 1975년의 4.2%, 1985년 6.9%, 1995년 12.7%, 그리고 2005년 20.0%로 증가하여 평균 가구원의 수를 줄이는데 기여하였다.

한국 가족은 또한 유형에서도 변화해 왔는데, 1975년 전체 가구의 19.2%를 차지하던 3세대 가족의 비율은 그 이후로 계속 감소하여 2005년에는 6.9%에 머물고 있다(〈표 1-1〉 참조). 반면, 부부핵가족, 한부모 가족, 기타 2세대 가족과 같은 2세대

가족은 1975년에 전체 가구의 75.6에서 2005년 67.0%로 감소했다. 전체적으로 확대가족, 3세대 가족은 눈에 띄게 감소하였고, 2세대 가족 내지는 부부핵가족이 (전체적인 숫자 감소에도 불구하고) 지배적인 가족유형으로 자리잡고 있다.

〈표 1-1〉 가족구조의 변화

(단위: %)

가족유형	1975	1980	1985	1990	1995	2000	2005
2세대 가족	75.6	77.3	76.6	76.9	73.7	73.1	67.0
부부만(또는+기타)	6.7	8.6	9.6	10.7	12.6	14.2	16.2
부부+자녀	51.7	53.3	52.8	51.9	50.4	48.2	42.2
한부모가족	11.2	9.3	8.9	7.8	7.4	7.9	8.6
기타 2세대 가족	6.0	6.1	5.3	6.5	3.3	2.8	-
3세대 가족	19.2	16.5	14.4	12.2	9.8	8.2	6.9
4세대 가족	0.9	0.5	0.4	0.3	0.2	0.2	0.1
1인 가구	4.2	4.8	6.9	9.0	12.7	15.5	20.0
비혈연 가족/기타	-	1.5	1.7	1.5	1.4	1.1	1.4

자료: 통계청(2005). 인구주택 총조사(1975~2005).
여성부(2003). 전국가족 조사 및 한국가족보고서.

마지막으로 한국 가족은 형태면에서도 변화를 보여, 다양한 형태의 가족이 나타나고 있다. 1980년대 중반을 지나면서 급격히 상승하고 있는 이혼율로 인해, 이혼가족이 증가하고 있다. 이혼은 다시 한부모 가족의 증가로 나타나게 되어, 아버지와 사는 부자가족이나 어머니하고만 사는 모자가족의 증가를 가져왔다. 한부모 가족은 얼마간의 시간이 지나면 재혼으로 이어져 재혼가족의 증가로 연결되고 있다. 재혼가족은 전혼(前婚)가족의 자녀와의 동거여부에 따라 여러 가지 형태의 가족이 생겨날 수 있어 가족 형태의 다양화를 가속화하고 있다.

한국 가족의 다양화는 다문화가족의 출현에 의해서도 가속화되고 있다. 1990년대에 진입하면서 우리 사회에는 외국 노동자와 결혼 이민자가 증가하고 있으며, 그로 인해 다양한 국적의 외국인과 결혼하는 다문화가족이 속속 형성되고 있다. 〈그림 1-2〉에서 보이는 바와 같이 2000년에는 외국인과의 혼인이 총 12,319건이었던 것이 계속 증가하여 2006년에는 39,701건으로 3배가 넘게 증가하였다.

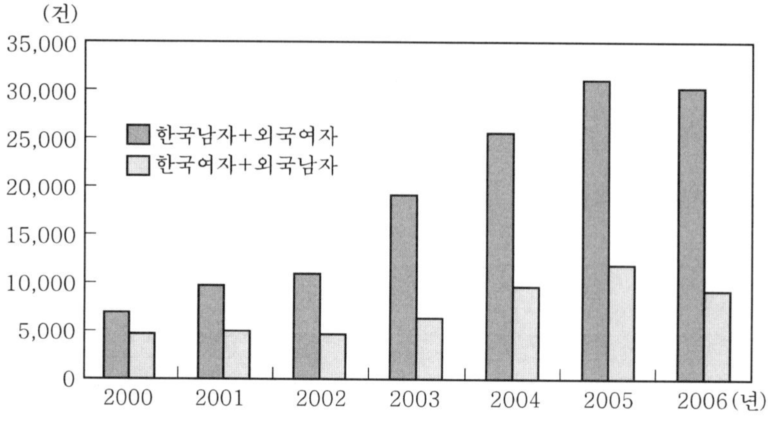

출처: 통계청(2005). 인구주택총조사

〈그림 1-2〉 외국인과의 혼인 추이

지금까지 살펴본 바와 같이, 1960년대 이후 한국 가족은 부부 중심의 핵가족이 다수를 차지하는 가운데, 규모 · 형태 · 유형 등의 면에서 다양한 변화를 보이고 있다.

2) 가족 기능의 변화

가족의 기능에 관한 여러 연구들을 종합해 보면 가족의 기능에는 ① 경제적 공급, ② 양육, ③ 교육, ④ 사회화, ⑤ 보호, ⑥ 정서적 지지, ⑦ 치료, ⑧ 휴식 및 오락, ⑨ 종교, ⑩ 생식, ⑪ 재산과 지위의 상속 및 유지 등이 있다. 전통사회에서 가족은 이러한 기능들의 대부분을 수행하여 다기능적이었다. 특히 전통사회에서 가족은 인간 생존에 있어야할 물질적 필요, 즉 먹고 자고 성관계를 하며 자식을 낳고 기르고, 질병과 죽음의 고통 및 땀 흘리는 노동의 수행 등 인간의 생존에 필요한 조건의 대부분을 제공하는 곳이었다. 동시에 전통 사회에서 사회 상층에게 가족은 신분과 재산을 지키는 강력한 수단이기도 했다. 이렇게 전통 사회에서 가족은 인간 생존과 번성의 물질적 조건을 충족시키는 핵심적 제도였고, 그러한 면에서 전통가족은 "자연적"(Zaretsky, 1973: 32) 제도였다. 그러나 전통사회의 가족은 정서적 기능이나 휴식 및 오락의 기능은 약했다. 남녀관계나 부부관계에서 낭만적 사랑이나 친밀감은 중요한 요소가 아니었고 가족원들만의 시간보내기나 오락 행하기는 가족의 우선 목표가 아니었다.

이러한 자연적이며 다기능적인 전통가족의 모습은 산업화가 시작되면서 변화했다. 생산의 기능이 가족에서 떨어져 나가고 소비가 가족의 주된 기능으로 남았다. 가족의 성과 출산의 기능도 과학과 성의 자유화, 의학의 발달로 인해 점차 약화되어 가고 있다. 보호의 기능은 현저하게 약화되고 있는 가족 기능인데 특히 노인을 위한 보호의 기능은 급격히 감소하였다.

생산이 가족으로부터 분리되어 사회로 이전되어 나감에 따라 가족은 '사회'와는 구분되는 장소로 기대되었다. '냉혹한' 사회와는 다르게 따뜻한 공동체로서의 가족 기능이 강조되면서 애정과 친밀감을 핵심으로 하는 정서적 기능이 가족의 핵심 기능으로 부상하였다. 동시에 민주화와 개인주의의 영향을 받아 가족 구성원들의 개별적인 차이와 욕구의 존중도 강조되었다. 가족은 생존의 물질적 욕구를 충족시켜 주는 곳에서 개인의 정서적 욕구는 충족시켜 주는 장소로 변화되었다. 가족 제도의 유지와 존속을 위한 역할 중심의 '제도적 가족'에서 가족원 간의 소통과 애정을 중요하게 여기는 '애정적 가족'으로 변화하고 있는 것이다. 새로운 핵심 기능으로서 정서적 기능 외에, 소비의 기능과 자녀의 사회화가 산업사회에서의 가족의 또 다른 기능으로서 작동되고 있다.

이처럼 우리 사회가 산업화하면서 가족의 기능이 다기능 중심에서 소수의 가족 기능 중심으로 바뀌어 왔고, 역할 중심의 기능을 중시하는 것에서 애정 중심의 기능을 중시하는 방향으로 변화해 왔다. 산업화에 따른 이같은 가족 기능의 변화는 한국 사회에도 적용이 되어, 이제 우리의 가족도 소통, 친밀감, 가족원의 주관적 행복 등이 가족생활의 중요한 목표가 되고 있다.

3) 가족 개념의 변화

가족이 무엇인가에 대한 한국 사람들의 인식도 바뀌고 있다. 가족이 무엇인가에 대한 가족 개념은 서구사회에서의 연구들(Goode, 1963; Laslett, 1971; Shorter, 1977; Stone, 1979)을 종합하여 보면, 전통적 가족개념, 근대적 가족개념, 탈근대적 가족개념의 세 종류로 분류할 수 있다. 일반적으로 가족개념은 전통적 가족개념에서 근대적 가족개념으로 다시 탈근대적 가족개념으로 바뀌는 변화를 보인다. 서구사회에서처럼 근대화가 진행되어온 우리 사회에서도 비슷한 가족 개념의 변화가 진행되어 왔다고 할 수 있다. 다만 서구사회와 다른 것이 한 가지 있는데 한국적 가족 개념의 변화가 그것이다. 한국 사회는 서구 사회와 구분되는 독특한 한국적 가족개념을 가지고 있는데(최재석, 1966; 서선희, 1995; 이태훈, 2000), 이 한국적 가족개념도 근대화에 따라 약화되어 근대적 가족개념이나 탈근대적 가족개념으로 대체되어 가는 경향을 보여 왔다. 이 같은 가족개념의 변화를 조금 더 상세하게 살펴보자.

(1) 전통적 가족 개념

산업화되기 이전에 존재했던 가족 개념으로 인간의 생존에 필요한 조건의 충족과 관련된 '자연적', '생물학적' 제도로서의 가족 개념이다. 가족은 인간이 태어나서 성장하고 생식하고 죽음을 맞이하는 장소로서 인식된다. 가족은 생물학적 제도로 존재하며 그렇기 때문에 모든 사회에서 가족은 비슷하거나 같다고 인식 된다. 가족 구성의 원리와 기능이 그 사회의 전통이나 관습의 영향을 강하게 받는다.

가족 구성에서 부부와 그들의 미혼 자녀로 구성되는 핵(核)이 가족으로서의 경계가 뚜렷하지 않아, 부모나 형제, 자매 또는 가까운 친척도 가족구성원이 된다. 남자와 여자의 결합, 자녀의 존재가 가족에 필수적 요건이었으며, 가족 구성원은 성과 세대에 따라 그 하는 일과 지위가 뚜렷하게 구분되는 것이 당연시된다.

(2) 근대적 가족개념

근대적 가족 개념은 근대화와 더불어 형성된 가족개념으로 '근대성'의 개념에 이론적 기초를 두고 있다. 근대화는 개별 인간의 권리가 여타의 권위, 즉 친족, 가문, 교회, 마을 공동체 등에 선행하는 과정, 즉 개인주의가 기초가 되어 일어나는 변화이다.

근대화에 따른 개인주의의 부상이 가족에 미치는 영향은 핵가족의 탄생이다. 핵가족이라는 가족 형태는 근대화 이전에도 존재했지만, 근대화와 더불어 나타난 핵가족은 핵가족 성원 이외의 외부에서 오는 간섭이나 영향력을 거부하는 핵가족만의 뚜렷한 경계를 갖는다는 점에서 구분된다. 가족은 이제 핵가족 바깥에 있는 친족, 마을, 조상들이나 또는 교회와 신(神)과 같은 위로의 초월적 존재로부터의 간섭이나 영향과는 자유로운 자율적 공간으로 인식된다. 외부의 영향이 배제됨에 따라 가족의 형성은 당사자들의 결혼에서 시작되고, 그들의 결혼생활이 지속되는 한에서 존재하다가, 그들의 죽음이나 결별과 함께 소멸하는 제도가 된다. 그러한 측면에서 근대적 가족개념은 '지금, 여기(here and now)'를 중심으로 하여 형성되는 "공간성"(이태훈, 2000)에 기초하고 있다.

근대적 핵가족은 다음과 같은 몇 가지 특성을 갖는다(Sager & alts., 1983 : 24). 첫째, 핵가족은 두 명의 성인과 이 두 성인의 생물학적 후손인 한 명 이상의 자녀로 구성되어 있다. 둘째, 이 부부는 자녀를 갖기 전에 결혼한다. 셋째, 결혼 생활에서 부부는 각기 다른 역할을 수행한다. 남편은 아버지의 역할로 '생계 유지자'이며, 아내는 어머니 역할로 '가사 담당자'이다. 마지막으로 가족 구성원은 법적·지리적·생물학적으로 명백한 경계를 갖는다. 핵가족은 혈연 중심으로 구성되며 가족 구성원은 한 지붕 아래서 동거하는 것을 원칙으로 한다.

근대적 핵가족 개념에서는 부부와 그들의 미혼자녀로 구성된 핵가족(the family)이 가족의 정형이 되어 이로부터의 이탈하는 가족은 비정상적 가족으로 인식된다. 핵가족이 정상적 가족의 모습이고 그로부터 벗어난 가족은 정상가족인 핵가족으로 회복되어야 할 문제 가족으로 인식되는 것이다.

가족 구성원의 역할에 있어서 새로운 성역할 구분이 일어나 남자는 가계 부양자, 여자는 보살핌 노동 담당자로서 기대된다. 남자가 가정 밖에 나가 일하여 가족구성원을 부양하는 가계부양자로서의 역할을, 여자는 가정 안에 남아 가사노동에 전념하는 가사노동자의 역할을 하게 된다. 임금노동은 남편이, 무임금노동은 아내가 하는 근대적 성별 역할 분업이 형성되며, 그 결과로 가사노동에만 전념하는 새로운 여성 집단인 '전업주부'라는 집단이 나타난다.

우리 사회의 경우, 이러한 근대적 가족개념의 형성은 1960년대 후반 정부 주도의 강력한 근대화가 추진되면서 현저해졌다고 할 수 있다. 전통적 가족개념과 근대적 가족개념이 혼재했던 1970년대와 1980년대를 지나, 1990년대를 접어들면서 근대적 가족개념은 한국 사회의 보편적 가족개념으로 자리 잡아갔다.

(3) 탈근대적 가족개념

근대적 가족개념은 20세기 말을 넘어서면서 탈근대적 가족개념으로 바뀌는 경향을 보인다. 탈근대적 가족개념은 진보・보편성・규칙성의 옹호에서 차이・특수성・불규칙성을 옹호하는 포스트 모더니즘으로부터 영향을 받아 가족의 다양성을 수용하는 개념이다. 근대적 가족개념에서는 핵가족이 가족의 정형으로 인식되어 가족간 또는 가족 내부의 차이와 다양성이 무시될 수밖에 없는데, 탈근대화에 따라 그러한 다양성과 차이를 정상적 생활 형태로 수용하게 된다.

탈근대적 가족개념에서 가족은 다양한 형태로 존재할 수 있으며, 따라서 핵가족은 가족생활의 일부분이고 그로부터 벗어난 가족들은 핵가족으로 회귀해야 하는 가족이라기보다는 자체로서 존재의 이유가 충분한 정상적 가족으로 받아들여진다. 핵가족만이 아니라 아내도 남편처럼 일을 하는 맞벌이 가족, 부부 중 어느 한쪽만으로 구성되는 한부모가족, 입양에 의한 가족, 동성끼리의 결혼으로 인한 동성애자 가족, 이혼한 사람이나 재혼한 사람들이 구성하는 이혼가족 또는 재혼가족도 과도기적 전혀 과도기적이거나 병리적이 아니라 다양한 삶의 한 형태일 뿐이다. 가족은 더 이상 한 형태의 가족(the family)으로만 존재하는 것이 아니고 다양한 형태(families)로 존재할 수 있다.

탈근대는 진보, 보편성, 규칙성의 명제에서 벗어나 차이・특수성・불규칙성으로의 이동이라는 점은 탈근대 가족의 역할분담의 면에서도 나타난다. 가족원의 역할을 가족원의 성에 따라 남성의 역할과 여성의 역할로 나누었던 성역할 분업도 원칙적으로는 해체된다. 가사노동은 여성만의 일이 아니며 가계 부양 역시 남성만의 일이 아니다. 상황에 따라 여성들도 가계부양자가 될 수 있으며(또는 되어야 하며) 남성들은 가사노동을 분담해야 한다. 성에 따라 역할을 분리하는 것이 아니라 개인의 상황과 특성에 따라 하는 일이 결정되는 "양성성"에 의해 결정된다.

한국 사회의 경우, 1990년대 말을 지나면서, 가족 형태가 다양해지고 있고, 혼전 성관계에 대한 인식이 관대해 지고 있으며, 동성애자까지도 허용하려는 변화가 나타나고 있어, 근대적 가족개념이 주도적 가족 개념이 되고 있는 가운데, 탈근대 가족개념의 유입이 나타나고 있다.

(4) 한국적 가족개념의 변화

한국 사회에는 일반적인 전통적 가족개념과는 구분되는 '한국적' 가족개념이 존재한다. 이는 17세기 무렵부터 형성된 유교의 영향을 받아 형성된 가족개념으로, 전통적으로 한국사회에서 가족이란 "과거의 시조로부터 조상을 거쳐 미래의 자손에 연결된다고 의식하는 초시간적인 관념적 집단"(최재석, 1966: 247)을 의미한다. 한국 사회에서의 가족은 당사자들이 결혼을 함으로 생성되었다가 그들이 사망하면서 소멸되는 한시적 단위가 아니라, 현재의 나의 결혼 이전에 이미 조상으로부터 시작하여 나의 후손으로 연결되어 나의 죽음 이후에도 지속적으로 존재하는 "초시간적" 단위로서 인식된다. 한국적 가족개념은 가족은 현재의 시간만이 아니라 부모와 조상으로 상징되는 과거와 후손으로 상징되는 미래의 시간까지도 포함하고 있다는 의미에서 "시간성"[1](이태훈, 2000)이 특징이다. 따라서 한국 사회에서 가족은 가족이 단지 "사회의 기본적 단위"이기 때문에, 다시 말하자면 인간의 생존이나 사회 유지에 가족이 필수적이기 때문만이 아니라, 한시적 인간에게 영원성을 보장하고 존재론적 의미를 확증시켜 주기 때문에도 인간의 생활에 필수적 제도였다. 가족을 통해 현재라는 나의 시간이 과거와 미래로 연결되고 확장되고 있었다.

한국적 가족 개념은 한국 사회에서 산업화가 진행되고 그 정도가 심화되면서 근대적 가족개념이나 탈근대적 가족개념의 영향을 받아 약화되거나 대체되었다. 가족 구성원 간에 자유롭고 평등하며 독립적인 인간관계를 유지함과 동시에 상호신뢰와 상호지지를 바탕으로 대화와 애정의 교환을 중시하는(양옥경, 2000: 11) 근대적 가족개념이 확산되고 있고, 더 나아가 가족의 표상으로서 어떤 한 형태를 지적하기보다는 다양한 형태를 인정하고자 하는 탈근대적 개념이 한국적 개념을 대체해가는 변화도 나타나고 있다. 나의 현재를 과거와 미래로 확장시켜서 우주 안에서 존재의 의미를 확보하게 하는 '초개인적' 단위의 공간적 개념으로서의 한국적 가족 개념이 바뀌고 있는 것이다.

---

1) 시간성으로서의 가족 개념에서 무엇보다 중요한 것은 가족의 영속(永續)이다. 가족 집단의 유지와 무한한 지속이 중요한 사항이 되며 이를 위해 가계의 계승, 조상숭배, 대(代)잇기, 족보, 제사 등이 중요한 가족 문화가 되었고, 가족의 대가 부계(父系)를 통해 이어지면서 남아 선호와 가부장제가 강화되었다. 또한 이러한 가족 개념은 한국 사회에 '가족중심 주의'로 집약되는 독특한 가족문화를 낳았다.

2. 가족 변화의 원인

전근대사회에서 근대사회로 그리고 다시 탈근대 사회로 사회가 변화하면서 가족도 전통적, 한국적 가족개념에서 근대적, 탈근대적 가족개념으로 바뀌어 오고 있음을 살펴보았다. 그렇다면 이러한 변화를 초래하는 원인은 무엇인가?

1) 가족과 사회의 분리

일반적으로 산업화가 진행되면 가족과 사회가 분리되어진다. 산업화에 따른 가족과 사회의 분리는 가족 기능의 변화를 초래한다. 앞에서 설명한 바와 같이 산업화 이전에 가족이 수행하던 여러 가지 기능들이 산업화에 따라 가족 밖으로 이양되어 나가고 그에 따라 가족이 수행하는 기능도 대폭 줄어든다. 뿐만 아니라 산업사회에서 가족과 사회는 서로 대비되는 장소로 부각된다. 가족 밖의 사회는 자본주의의 원리에 따른 냉혹한 곳으로, 가족은 경쟁과 이익이 배제되는 정서적 공간으로 기대되어진다. 21세기 정보화 사회에 진입하면서 가족과 사회를 서로 융합시키고자 하는 시도가 있기 하나 아직까지 대부분의 사회에서 가족과 사회는 서로 분리되어진 채 대비되는 기능을 수행하는 것으로 기대되고 있다.

2) 핵가족화

산업화는 가족의 핵가족화를 가속화시킨다. 이동성이나 독립성 또는 규모 면에서 핵가족과 산업화는 서로 잘 조화되기 때문에(Parsons & Bales, 1955) 산업화는 핵가족화를 가속화하는 면이 있다. 규모가 작은 핵가족은 직업에 따라 보다 쉽게 이동할 수 있거나, 부부와 그들의 미혼자녀가 가족으로서의 경계를 뚜렷이 하게 됨으로 핵가족은 보다 독립적으로 그리고 자유롭게 의사결정을 할 수 있다는 것이고,

이러한 핵가족의 특성으로 인해 산업화에 따라 핵가족화가 동반된다.

3) 개인주의 가치관

개인을 중요시하는 개인주의는 가족변화의 핵심 원인이다. 개인화된 사회에서 사람들은 자신을 자기 인생의 중심축이며 자기의 능력, 선호, 관계 등등에 관한 선택과 계획을 할 때 가장 먼저 고려한다(Ulirich & Elizabeth Beck-Gernshiem, 1990: 27-86). 사람들은 남자, 여자, 가족, 직업 등에서 자신에게 적합하지 않거나 억압적이라고 생각되는 부분들에 맞서 새로운 생활방식을 시도하고 경험해 보기를 원하며(벡 & 벡-게른샤임, 1990: 91), 그에 따라 가부장적이고 전통적인 가족은 약화된다. 즉, 개인주의는 사람들로 하여금 개인의 희생과 헌신을 당연시하는 가부장적 가치에 도전하게 하며, 특히 여성을 중심으로 하여 "자기희생적인 노동과 가부장적 생활문화의 장(場)으로서 가족을 새롭게 기획"(양옥경, 2005: 79)하려는 시도를 하게 한다.

4) 여성의 경제활동의 증가

지난 40여 년 동안 한국 여성은 의식과 참여에서 많은 변화를 하였다. 여성들의 경제활동은 더 이상 선택의 문제가 아니라 당연한 필수 문제가 되고 있으며, 실제 경제활동의 참여율도 꾸준히 상승하여 2006년 현재, 기혼 여성의 경제활동 참여율이 50%를 넘어섰다.

여성들의 경제활동이 늘어나면서 여성들도 자신들의 생활을 남성들처럼 노동시장에 맞추어 직업 시장에의 진출, 교육, 배치, 승진들이 자유롭게 할 수 있는 환경을 요구하게 된다. 경제활동을 지속적으로 하기 위해서는 노동시장의 요구를 수용할 수 있도록 자신들의 생활을 재구성해야 하는 것이다. 이에 따라 가족과 관련된 온갖 종류의 요구, 즉 가족, 결혼, 어머니 되기, 아버지 되기 등등에서 변화와 조정이 불가피하게 된다. 직장을 따라 자유롭게 이동을 하거나, 자녀양육과 가사노동은 분담되지 않으면 안 된다. 애정, 결혼, 성관계, 부모 되기 등을 결정할 때 일, 직업, 정치, 경제 등도 같이 고려해야 하며, 그 고려는 남편의 상황과 아내의 상황이 동등하게 고려되어야 하기 때문에 복잡하다. 그리고 그러한 복잡성은 당연히 가족과 남녀의 관계에서의 변화로 나타난다.

제 2 장

가족복지의 개념과 접근방법

가족복지가 독립적인 학문 영역으로 자리잡은 것은 비교적 근래의 일이지만, 가족복지를 광범위하게 이해하면 그 시작은 20세기 초까지 거슬러 올라간다. 전산업 사회에서 아동과 노인과 같은 취약한 사회 구성원을 보호하는 것은 전적인 가족의 책임이었고 가족의 문제는 가족 안에서 해결되었다. 그러나 산업화가 시작되면서 19세기 서구 사회에는 빈민, 농민노동자, 노숙자, 저임금 등의 문제가 쏟아져 나왔고 빈곤과 실직으로 인해 더 이상 가족으로부터 적절한 보호를 못 받고 방치된 아동, 저임금에 혹사당하는 여성들과 어린 아동들이 증가하였다.

이러한 사회문제를 해결하기 위한 방편으로 당대의 성직자나 사회운동가들은 사회사업적인 활동들을 실행하였는데, 그 사회사업의 중요한 부부 중의 하나가 가족을 돕는 것이었다. 모든 문제의 뿌리에는 가족의 해체가 있다고 보고, 가족의 회복을 돕거나 가족문제를 해결함으로써 산업화에 따른 문제들을 해결하고자 한 것이다. 초기의 사회사업은 가족 중심적 문제 해결을 포함하고 있었는데, 이같은 측면이 오늘날의 가족복지의 시초가 될 수 있다. 그렇게 볼 때 가족복지는 산업화 과정에서 발생하는 "문제 가족"의 가족 기능의 회복과 복구를 위한 사회사업적 서비스로부터 시작되었다고 할 수 있다. 20세기 초 이후에도 여러 가족복지적 정책과 사회사업의 한 분야로서 가족복지가 시행되었고 이러한 경향은 20세기 말까지도 지속되었다.

이렇게 사회 복지의 한 분야로서 존재하던 가족복지는 서구사회에서는 1960년대 말, 한국 사회에서는 1990년대 무렵에 이르면서 독립적 분야로서 모양을 갖추어 갔다. 20세기 후반에 이르러서 가족문제는 빈곤과 억압이라는 문제 외에 성(性)과 세대의 문제, 자유와 개인추구의 문제, 다양성과 개인 선택의 문제 등의 문제가 더하여졌다. 인권과 자유의 문제는 성과 연령의 대결로도 나타나 가족의 존립이나 사회의 유지 및 존속의 문제와도 연결되어는 중요한 사회문제로 부상하였다. 이제 사회는 다양한 사회변화와 그 변화에 따른 새로운 요구들을 수용하여 가족을 돕거나 가족과 사회와의 조화를 이루어낼 방책들이 필요해졌다. 산업화 초기의 사회에서처럼 '가족문제'만을 다루는 것이 아니라 사회의 변화에 따르는 새로운 가족욕구를 해결해야 했고, 이러한 수요에 발맞추어 가족복지가 전문영역으로 부상하게 된 것이다. 그렇다면 가족복지는 구체적으로 무엇을 연구하는가?

1. 가족복지의 개념

가족복지의 개념은 학자마다 견해가 다르다. 예를 들면, Kamerman & Kahn(1978)은 가족의 보호, 보장, 강화를 도모하는 활동과 연구라고 정의한다. 미국 사회복지사협회(National Association of Social Workers : NASW)에서는 가족복지를 "가족생활을 보호·강화하고, 가족 구성원의 사회인으로서의 기능을 높이기 위해 행하는 서비스 활동"을 말한다. 조흥식 외(1997)는 "가족문제의 해결, 예방, 인간의 사회적 기능 수행의 활성화, 생활의 질적 향상 등에 직접적으로 관심을 갖는 사회복지서비스나 과정을 포함 한다"고 정의한다.

이렇게 다양하게 가족복지를 정의하고 있지만, 공통점이 하나 있는데 개인이 아니라 가족이라는 집단을 복지의 대상으로 한다는 점이다. 가족복지는 가족 구성원 개개인을 대상으로 하기보다는 '한 단위로서의 가족 전체'에 주목하여, 가족의 보호·보장·강화를 도모하는 것에 목적이 있다. 이렇게 볼 때 가족생활을 보호·보장 · 강화하고, 가족 구성원 개개인의 사회적 기능수행을 높이기 위해 시행되는 다양한 서비스 활동을 가족복지라고 정의할 수 있다.

가족복지의 목적이 가족을 보호 · 보장 · 강화라는 것은 어떠한 가족을 보호 · 보장 · 강화할 것인가의 문제를 안고 있다. 이념과 관점에 따라 부부가족이 가족복지의 목표가 되어야 한다고 주장되기도 하고 동성애 가족이나 동거와 같은 '다양한' 형태의 가족이 목표가 되어야 한다는 주장도 있다. 어떤 가족이 가족복지의 대상이 되어야 하는가에 대한 관점의 다양성에도 불구하고 가족의 보호 · 보장 · 강화의 목적이 제도로서의 가족을 보호하는 것에 국한되지 말아야 한다는 면에서는 의견이 일치된다. 사회를 유지하기 위해 가족을 보호 · 보장하였던 초기의 관점에 현대의 가족복지는 가족 구성원의 안녕(well-being) 또는 행복을 옹호하는 것이 추가된다. 가족을 옹호하는 것이 가족 구성원 개개인의 행복이나 권리와 위배되는 것이 되어서는 안 된다는 것이다. 사회질서나 제도로서의 가족을 유지하는 것만이 아닌 가족 구성원의 행복을 최대화하는 차원에서의 가족옹호와 보호가 현대 가족복지의 목표이다.

2. 가족복지의 접근 방법

가족복지의 접근 방법은 가족 정책적 접근 방법과 가족 서비스적 방법으로 크게 나눌 수 있다. 가족 정책적 접근 방법은 가족의 내부에 직접 개입하기보다는 가족이라는 단위의 외적 조건과 환경에 개입하여 가족문제를 해결하는 방법이며, 가족 서비스적 접근은 가족 내부에 직접 개입하여 가족문제를 해결하는 방법이다. 가족 정책적 접근방법이 가족의 문제에 대해 제도적, 환경적, 거시적 접근방법이라면 가족 서비스적 접근은 개별적, 심리적, 미시적 방법이라 할 수 있다(조흥식 외, 1997: 56).

1) 가족복지 서비스적 접근 방법

가족 구성원의 욕구를 최대한 충족시키면서 가족이 유능하게 기능하도록 돕는 모든 사회복지적 실천 기술을 사회복지 서비스적 접근방법이라 한다. 미국 사회복지사협회(National Association of Social Workers : NASW)는 가족서비스의 내용으로 ① 가족상담과 가족치료에 관한 것, ② 자아심리학의 응용, ③ 가족과 가족원의 역할에 관한 것, ④ 다양한 가족의 문제, ⑤ 위기 가족의 개입 등에 관련된 서비스를 든다.

한편 Munson(1980)은 가족행동을 ① 사회제도적 측면, ② 집단상호작용적 측면, ③ 개인·심리적 측면의 세 부분으로 구성되어 있고 그것들이 상호 연관되어 가족행동으로 나타나게 된다고 전제하고, 가족의 복지와 관련하여 이 세 가지 측면과 이들의 상호연관성에 관련된 서비스를 가족복지 서비스라고 본다. 이렇게 다양하게 가족복지 서비스의 영역이 언급되고 있지만, 지금까지의 가족복지서비스의 내용을 종합하여 보면 가족사회사업, 가족지원서비스, 가족중심서비스, 가족상담 및 치료로 정리할 수 있다(이원숙, 2007; Collins et al., 1999).

(1) 가족에 대한 직접적 개입

가족에 대한 직접적 개입으로 대표적인 것은 가족사회사업이다. 가족사회사업은 모든 가족 구성원들이 각자의 발달적 정서적 욕구를 충족하면서, 동시에 가족이 단위로서 제대로 기능하도록 돕는 것과 관련된다(Collins et al., 1999: 2). 예를 들면 가족복지기관의 전문가가 부부불화, 부모와 자녀간 관계의 문제, 세대간 갈등과 같은 가족 문제에 대한 교육이나 상담이 있다.

가족사회사업은 필요하면 상담과 치료를 하지만, 가족치료는 주로 사무실에서 가족기능과 관계의 추상적 패턴과 구조에 주로 관심을 갖는 것에 비해 , 가족사회사업은 가족의 일상생활이라는 구체적 현실에서 이루어지며 구체적 사건과 가족과의 상호작용에 초점을 맞춘다는 면에서 다르다(Collins et al., 1999: 21). 개입이 직접적 면담을 통한 상담의 형태로 일어날 경우, 가족사정과 초기만남, 계약, 개입방법의 선택, 개입, 평가 등의 일련의 과정을 필요로 한다.

(2) 가족지원(family support movement) 서비스

가족지원(family support movement) 서비스는 주로 미국에서 실시된 서비스로 이혼율의 급증, 경제적 위기, 여성의 경제활동 참여 증가 등으로 가족의 보호 기능이 도전받게 되자 가족의 전통적인 보호 제공의 역할을 강화시키기 위해 시행하는 활동들을 말한다. 예로는 노인부양의 문제에서 양로원보다는 가능하면 노인들이 자신의 집에서 생활하거나 가족구성원들과 함께 생활할 수 있도록 보조하는 지원 서비스의 제공을 들 수 있다(이원숙, 2007: 97). 초기의 가족지원 서비스는 심각한 역기능을 드러낸 가족들을 대상으로 하여 개입을 하였지만, 근래에 와서는 예방적 차원에서의 개입으로 전향하고 있다. 가족지원을 위한 모델로서 레온(Leon)은 ① 가족 구성원의 발달 욕구의 충족을 고려하는 생애주기에 걸친 서비스, ② 가족과 지역사회가 가지고 있는 자질과 기술을 토대로 하여 서비스를 제공하는 강점관점의 준거틀 활용, ③ 문제를 해결하기 위해서는 전체 클라이언트 체계와 관련된 다차원적 개입을 해야 한다는 서비스의 통합, ④ 정부 서비스 기관과 지역사회의 협동적 파트너십, ⑤ 이웃 중심과 가족 친화적 서비스, ⑥ 지자체의 재정적 지원, ⑦ 지역사회의 공식적. 비공식적 경험과 지원, ⑧ 결과를 측정하는 구체적이며 측정 가능한 목적과 목표의 통합 등을 가족지원 서비스의 모델로 제시하고 있다(이원숙, 2007: 97-100).

(3) 가족중심 서비스

가족지원서비스가 예방적 차원에서 이루어지는 서비스라면 가족중심 서비스는 요보호 가족을 중심으로 하는 사후처방이 주가 된다. 가족중심 서비스는 가족기반 서비스, 가정기반 서비스 혹은 가족보존 서비스라는 용어로도 사용되어 왔는데, 1960년대 말 미국에서 전통적인 아동복지 서비스, 특히 위탁보호에 대한 대안으로서 비롯되었다(이원숙, 2007: 101). 1970년대 디트로이트의 웨인 카운티에서 아동학대 문제를 가진 저소득 및 소수민족 가족을 지원하기 위해서 실시한 PACT 프로그램이 그 한 예이다.

가족존립의 기반에 필요한 여러 서비스를 제공함으로 하는 것으로 가족의 분리와 해체를 막는 것이 목적이다. 그런 서비스로는 가사도우미지원, 학령 전 아동, 노인 및 정신질환자를 위한 주간보호, 가정법률상담, 재정상담, 개별학습(tutoring), 가족 내 취약자를 위한 상황적 보호프로그램, 가족캠프 등을 들 수 있다.

(4) 가정생활 교육

가족 구성원들 간의 관계, 상호간 애정 및 유대감을 강화시키기 위한 서비스로 교육적 성격이 강하다. 가족 및 개인들의 가족내 역할과 의사소통, 지역사회와의 긴장요소에 대한 이해 등을 교육하여 가족내외의 갈등과 긴장요소를 감소시키고 소통을 강화한다. 부모역할 훈련, 결혼 교육, 중년기 및 노년기 교육 등이 대표적 예이다.

(5) 가족 상담 및 치료

가족을 단위로 하는 상담 및 치료가 중심이 되는 서비스이다. 1950년대 발달하기 시작하여 나단 애커만(Nathan Ackerman), 머레이 보웬(Murray Bowen), 제이 헤일리(Jay Haley), 버지니아 사티어(Virginia Satir), 살바도르 미누친(Salvador Minuchin) 등이 대표적 선구자들이다. 근래에는 해결중심치료 모델, 이야기 치료 등 접근 방법에서 더욱 다양화하고 있다.

2) 가족 정책적 접근 방법

가족 정책이란 정부가 가족을 위해 시행하는 모든 활동을 말한다(Kamerman & Kahn, 1978). 행위자의 측면에서 볼 때 가족정책은 주로 정부의 행위를 가리키지만 기업이나 교회, 정당, 기타 조직들의 행위도 가족정책의 하위범주로 포함될 수 있다.

역사적으로 볼 때 가족정책의 내용은 다음과 같이 다양했다(조흥식 외, 1997: 56-57).

① 유럽에서 처음 사용될 때 가족정책은 가족에 대한 가족수당, 가족급여, 소득세제 등과 같은 가족에 대한 소득 재분배의 의미로 주로 사용되었다. 지금도 이러한 맥락은 남아 있다.

② 가족계획과 같은 장기간에 걸친 인구정책의 맥락에서 사용되었다.

③ 결손가족, 장애가족, 빈곤가족, 무주택 가족 등과 같이 부적응가족을 대상으로 하는 맥락에서 사용되었다.

④ 20세기 말부터는 아동과 일하는 여성을 위한 정책으로서의 맥락에서 사용되고 있다.

〈표 2-1〉 가족정책의 범위

<table>
<tr><th>분류기관, 분류자</th><th colspan="3">범위와 분류방식</th></tr>
<tr><td>Clearinghouse on International Developments in Child, Youth and Family Policies(Columbia Univ.)*</td><td colspan="3">모성·부성·부모·가족휴가
ECEC(Early Childhood Education and Care)
가족수당
어린이와 가족에 대한 세금혜택
자녀부양
자녀와 연관된 소득 이전
아동과 청소년의 건강
청년
노동과 가정생활의 양립
주택정책</td></tr>
<tr><td rowspan="16">Kamerman, 1997**</td><td rowspan="2">취업관련</td><td rowspan="2">고용과 양육정책</td><td>모성·부성 정책</td></tr>
<tr><td>피고용자 benefit</td></tr>
<tr><td rowspan="7">소득관련</td><td rowspan="4">세금제도</td><td>세율의 차등적 책정</td></tr>
<tr><td>피부양자를 위한 면세제도</td></tr>
<tr><td>빈곤자 면세</td></tr>
<tr><td>근로소득공제</td></tr>
<tr><td rowspan="3">가족 benefits</td><td>TANF(AFDC)</td></tr>
<tr><td>피부양자 수당</td></tr>
<tr><td>식권제도</td></tr>
<tr><td rowspan="7">사회적 서비스</td><td>보육서비스 프로그램</td><td rowspan="3"></td></tr>
<tr><td>모성·아동건강</td></tr>
<tr><td>주택정책</td></tr>
<tr><td rowspan="4">특별한 요구가 있는 가족에 대한 정책</td><td>보충보장소득</td></tr>
<tr><td>특별한 요구가 있는 어린이에 대한 사회적 서비스</td></tr>
<tr><td>아동복지서비스</td></tr>
<tr><td>아동영양 프로그램</td></tr>
</table>

자료: *http://www.childpolicyint.org/countries/us01.htm
**Kamerman, s. and A. Kahn eds. 1997, *Family Change and Family Policies in Great Britain, Canada, New Zealand, and United States*, Clarendon Press · Oxford Univ. Press.

이러한 가족정책의 역사는 가족정책이 소득 재분배, 인구, 부적응 가족, 아동과 여성을 위한 정부의 개입과 관련된 문제들을 다루는 영역이며, 가족정책의 영역이 광범위함을 암시한다.

Kamerman & Kahn(1978)은 가족정책의 의도와 목적의 명시성에 따라 두 가지로 분류한다. 그 하나는 명시적 가족정책으로 가족이 분명하게 정책의 목표가 되어 가족에 개입하는 것을 목표로 하는 정책으로 보육정책, 생활부조, 가족계획, 각종 조세 혜택 등이 여기에 속한다. 다른 하나는 묵시적 가족정책으로 가족이 정책의 일차적 대상은 아니지만 정책이 간접적으로 가족에 관여하고 있는 정책으로 이민정책, 고용 정책, 산업정책 등을 예로 들 수 있다.

가족이 직접적 대상이 되는 것은 아니지만 정책 수행의 결과가 가족에 영향을 미치는 모든 정책을 가족정책의 범주에 넣는 것은 가족에 대한 제반 정책의 영향을 고려한다는 점에서 유용한 측면이 있기는 하나, 개념적으로 너무 포괄적이어서 효용에 일정한 한계를 가지고 있다. 이러한 점에서 실제로 가족정책을 분석할 때는 광의적이고 포괄적인 개념보다는 비교적 한정적인 개념을 사용하는 경향이 있다. 이러한 점 때문에 가족 내에서의 개인, 혹은 전체로서의 가족을 대상으로 고안된 목표를 가진 법이나 조례, 각종 혜택과 프로그램으로 가족정책을 한정하기도 한다(한국여성개발원, 2002: 16). 또 가족정책은 관례상 자녀를 가진 가족에 대해서 사용하므로, 노인정책을 가족정책에서 제외되는 경향이 있다. 중범위정도의 가족정책을 정리하면 〈표 2-1〉과 같다.

한편, 가족 정책의 전체적인 방향과 윤곽은 그 사회가 추구하는 사회적 비전, 목표를 바탕으로 결정된다. 가족정책의 방향과 윤곽에 영향을 줄 수 있는 몇 가지 중요한 요소들을 살펴보면 다음과 같다(조흥식 외. 1997: 59-60).

① 가족정책의 목표가 가족구성원 개개인의 보호를 목표로 하는가 아니면 전체 가족의 유지를 목표로 하는가의 균형문제이다. 가족정책의 목표가 가족 구성원 개개인 중심적인가, 가족단위 중심적인가?

② 가족정책의 대상이나 프로그램을 선정하는 과정에서 보편주의와 선정주의의 균형문제이다. 누구에게나 서비스를 이용하도록 할 것인가? 아니면 도움이 필요한 사람이나 가족만을 이용하도록 할 것인가?

③ 재가 가족중심 프로그램과 가족외부의 가족대체 프로그램과의 균형문제이다.

④ 전문주의적 개입과 일반주의적 개입의 균형문제이다.

⑤ 예방과 치료의 균형문제이다.

⑥ 가족정책 주관기관으로 정부기관, 민간기관, 영리기관을 들 수 있는데, 이 주관기관 중 어느 것에 의해서 또는 어떤 혼합에 의해서 가족정책을 실시할 것인가의 문제이다.

⑦ 가족에 대한 투자는 즉시 그 결과가 나타나기보다는 시간이 어느 정도 흐른 다음에야 나타나기 때문에 예산을 확보할 때 단기 비용과 장기 수익의 균형문제를 고려해야 한다.

제2부

가족복지정책

사회복지정책은 그 구성단위인 가족의 경제적 어려움을 해소하고, 이들의 불만을 완화시킴으로써 궁극적으로 자본주의를 유지하기 위한 하나의 수단이자 도구로 구상되었다고 볼 수 있으며, 사회복지정책의 하위 영역인 가족복지정책은 가족이 사회적 기능들을 원활하게 수행함으로써 사회에 노동력을 안정적으로 제공하고, 사회 유지에 기여할 수 있도록 국가가 지원하도록 하기 위한 이념적 배경에 따라 탄생되었다. 그런 이유 때문에 가족복지정책은 결국 가족의 기능을 강화하고 대체하는 데에 초점을 두고 발전되어 왔다.

모든 인간은 몇 십 년 동안 생을 영위하고 나면 필연적으로 죽음 앞에 이르게 된다. 그리고 인간이 생을 영위하는 동안 기본적인 생활 기반은 바로 가족이 된다. 가족은 비제스(E. W. Burges)와 로크(H. G. Locke)의 개념에 의하면 "혼인이나 혈육 또는 입양의 형태를 취하여 사람과 사람 간에 정과 혈로 맺어진 기초적 집단이다. 이와 같은 가족은 단일가구를 형성하여 주어진 지위에 따라 사회적 역할을 수행함으로써 상호 인간적 작용을 하는 것은 물론 공통의 문화를 만들고 유지해 가는 집단이다."라고 정의하고 있다.*

가족의 가장 우선되는 기능은 2세를 낳고 양육하는 과정이라 할 수 있다. 이와 같은 측면에서 보면 인간이 인간을 재생산하는 장소 역시 가정인 것이다. 이러한 의미에서 인간은 예외 없이 가족의 일원으로서 생존하는 것이다. 따라서 가족이라고 하는 것은 모든 인간이 태어나서 죽음에 이르기까지 빠질 수 없는 곳이다. 이와 같은 가족의 속성은 다음과 같다. 첫째, 혼인이나 혈육 또는 입양으로 결합된 인간의 구성체이다. 둘째, 가구를 형성한다. 셋째, 가장 기본적인 인간의 집합체로서 주어진 지위에 따라 사회적 역할의 수행과 동시에 상호작용을 한다. 넷째, 가족은 사람들의 기초적 집단으로서 일반문화를 유지시켜 나아간다.

가족복지정책은 가족의 욕구를 가장 잘 반영하는 가족 친화적 사회정책으로서 가족을 단위로 한 포괄적·종합적이면서 약화된 가족의 기능을 강화할 수 있는 원칙하에 수립되어야 한다. 즉 가족 친화적 사회정책의 추진으로 가족의 기능을 강화하면서 가족원 전체를 위한 총체적이고 체계적인 지원이 이루어져야 하며, 가족 기능강화를 위한 복지프로그램의 추진으로 가족원 개개인의 이기주의와 세대 차이를 감소시키고 가족단위의 여가를 보냄으로써 가족원간의 정서적 유대감을 공고히 하고 가족 중심의 삶의 가치를 찾을 수 있도록 그 기능을 강화시켜 주어야 하는 것이 가족복지정책의 기본원칙이다.

---

* 최경석 외, 『한국가족복지의 이해』, 인간과 복지, 2003.

제 3 장

가족정책과 젠더

1. 가족정책에서의 젠더 문제

1) 복지국가와 가족 정책

가족정책의 성격은 복지국가의 유형과 밀접한 관련을 갖는다. Esping-Andersen (1990: 26-29)은 사회복지 수급권을 사회권으로 인정하는 정도에 따라 복지국가를 자유주의 복지국가, 조합주의 복지국가, 사회민주주의 복지국가의 셋으로 나누고 국가와 가족과의 역할이 어떤가를 설명하고 있다.

자유주의 복지국가는 전통적인 자유주의 노동원리를 근간으로 하여 복지의 수급대상을 저소득층 및 요구호자에 한정한다. 공적 부조에 대한 수급권이 사회권으로 인정되고는 있지만 수급권자는 빈민으로 낙인이 찍히는 경향이 있다. 이러한 복지국가에서는 전통적인 가족의 기능과 역할이 강조되어 개인에 대한 복지의 일차적 책임은 가족에게 있고, 가족의 능력으로 개인의 복지문제가 해결되지 못하는 경우에만 국가가 개입하는 것이 일반적이다. 미국, 캐나다, 호주 등이 이 유형에 속한다.

조합주의 복지국가는 피용자를 주 대상으로 하여 보편주의적 서비스를 제공지만 공적 부조와 사회보험을 위주로 한다. 공적 부조의 수급자는 빈자로, 그렇지 않은 사람은 부자로 계층화되는 경향은 있으나 계층화에 대한 인식은 자유주의 국가에서보다 약한 편이다. 자유주의 복지국가에서만큼 가족의 책임을 강조하는 것은 아니지만 전통적 가족역할을 강조 하는 데서는 크게 벗어나고 있지 못하다. 프랑스, 독일, 오스트리아, 이탈리아, 네덜란드 등이 이 유형으로 분류된다.

〈표 3-1〉 Esping-Andersen의 복지국가 유형

	자유주의 복지국가	조합주의 복지국가	사회민주주의 복지국가
사회복지 대상	저소득층 및 요구호자 중심	피용자 중심	전 국민 대상
급여의 종류 및 범위	공적부조 및 제한적 사회보험: 극소화	공적부조 및 확대된 사회보험: 필요시 확대 가능	욕구에 따른 생활수준
급여의 수준	국민적 최저수준	국민적 최저수준, 그 이상은 계층과 지위에 따른 차이	중간계급의 생활수준
사회복지 급여에 대한 사회권으로의 인정 정도	인정은 되고 있으나 빈자로서의 낙인이 따르는 경우가 많음	인정되고 있으나 이를 중요시 하지 않음: 빈자로서의 낙인 의식은 약함	사회권으로 인식되는 정도가 높고 중요시 함
사회복지급여로 인한 사회의 계층화	빈자와 부자로 계층화됨	빈자와 부자로 계층화됨	계층화가 특별히 나타나지 않음
가족과 국가의 역할	가족의 개인에 대한 책임을 강조하고 가족의 실패 후에 국가가 최소한으로 개입함	가족의 개인에 대한 가족의 전통적 역할을 강조하고 가족이 실패한 후에 국가가 개입함	가족적 역할의 비용을 크게 사회화하고 가족이 실패하기 전에 개입함
해당 국가	미국, 캐나다, 호주	오스트리아, 프랑스, 독일, 이태리, 영국, 네덜란드	스칸디나비아의 제국

자료: G. Esping-Andersen, 1990. *The Three World of Welfare Capitalism*, Cambridge: Polity Press. 26-29. 한국가족학회 편(1995). 『복지국가와 가족정책』. 하우. p. 25 재인용.

사회민주주의 복지국가는 보편주의 원칙을 기초로 하여 복지가 시장과 전통적인 가족 의존에서 벗어나도록 한다. 사회복지 수급권이 국민 전체의 사회권으로 인식되기 때문에 수급에 따른 계층화 현상은 없다. 복지를 가족의 능력 저하의 시점까

지 기다리지 않고 사전에 미리 개입함으로 복지가 가족의 책임이로 인식되지 않는다. 노르딕 국가들이 대표적 예이다.

2) 성인지적 가족정책

Esping-Andersen의 분류는 젠더 요인이 전혀 고려되지 않은 것으로 비판을 받고 있다. 그의 분류는 남성의 노동시장에서의 역할을 중심으로 복지국가 유형을 분류한 제한점을 가지고 있다. Esping-Andersen의 분류에 성이라는 요소를 적용하여 분류하면 같은 유형에 속한 국가들 간에 차별성이 높은 반면, 다른 유형의 국가들간에 오히려 공통성이 나타난다(한국여성개발원, 2002: 20). 예를 들면 임금이 아니라 남편 소득으로부터의 "독립성"과 같은 보다 여성의 입장을 대변할 수 있는 기준을 도입하여 분류하면 자유주의 체제로 분류되었던 미국과 영국은 많은 차이를 보이며, 또 같은 조합주의 유형으로 분류된 프랑스와 네덜란드도 차이가 크다는 것이다(한국여성개발원, 2002: 21). 반대로 다른 유형에 속하는 미국과 독일은 독신모들의 빈곤상황의 특성과 관련하여 보면 오히려 공통점이 많다고 한다.

〈표 3-2〉 부양규범에 따른 복지국가의 유형 분류

부양자 규범의 유형	해당국가	여성관, 보호노동에 대한 태도
강한 부양자	영국, 독일 네델란드	여성은 시민으로서의 지위보다는 아내 등 시민 남성에 대한 의존적 존재로서 규정됨
온건한 부양자	프랑스	어머니=시민+노동자 시민 여성의 노동참여를 고취하는 동시에 가족에 대한 강한 지원정책. 모성은 개인적 문제가 아닌 사회적 문제
약한 부양자	스웨덴, 덴마크	"2인 소득자 가족"을 전제하기 때문에 여성은 노동자로서 취급됨. 모성의 돌봄노동도 보상받음

자료: Lewis, Jane and Illona Ostner(1991). "Gender and the Evolution of European Social Politics," *Center for European Studies*, Harvard Unis. Press, p. 42. 한국여성개발원, 2002: 20 재인용.

이렇게 가족과 관련한 정책은 여성의 삶과 복지와 밀접히 관련되어 있기 때문에 가족정책의 의미와 효과를 여성의 복지와 관련하여 판별할 필요가 있다. 복지정책과 가족복지 이론을 전개할 때 여성의 가족내의 경험과 지위를 반영한 성인지적 관점 또는 젠더관점(gender perspective)을 도입할 필요가 있다. 예를 들면 〈표 3-2〉에서 보이는 바와 같이 여(남)성의 임금노동에의 접근 기회 정도, 즉 여성의 경제적 자립을 보장하고 결혼관계에 강제되지 않게 하는 정도나 독자적으로 가구를 꾸릴 능력, 즉 결혼이나 재혼 등이 자신과 자녀의 생계의 수단이 아니게 되는 정도 등을 사용하여 정책을 평가해야 한다는 것이다(Orloff, 1993; 한국여성개발원, 2002: 21 재인용).

〈표 3-3〉 복지국가 젠더정책 체제의 세 가지 유형

체제의 성격	남성 생계부양자	성별역할 분리	개인으로서의 임금노동자-보호노동자
이데올로기	엄격한 성별 노동분업 남편=임금노동자 아내=보호노동자	엄격한 성별노동분업 남편=임금노동자 아내=보호노동자	역할공유 아버지=임금노동자-보호노동자 어머니=임금소득자-돌보는 사람
수급권	배우자간 불평등	성별역할에 의한 차이	평등
수급권의 기초	부양원칙	가족책임	시민권 또는 거주민으로서의 권리
복지 수혜자	가장 피부양자에 대한 보완	가족부양자로서의 남성 보호노동자로서의 여성	개인
과세	결합과세 피부양자에 대한 공제	결합과세 부부 모두 피부양지 공제	분리과세 동등한 공제
고용과 임금정책	남성에 우선	남성에 우선	양성을 목표로 함
돌봄의 영역	주로 개별적	주로 개별적	강력한 국가 개입
돌봄의 노동	무급	가정에서 돌보는 사람 대해 유급화	가정 안과 밖에서 돌보는 사람에 대해 유급화
해당국가	독일. 네덜란드, 미국	노르웨이	스웨덴, 핀란드

자료: D. Sainsbury(1999). "Gender, Policy Regimes, and Politics," in Sainsburry ed., *Gender and Welfare State Regime,* Oxford Univ. Press, p. 78; 한국여성개발원(2002). 외국의 가족정책과 한국의 가족정책 및 전담부서의 체계화 방안 연구. 21쪽, 재인용.

젠더관점에서 복지국가의 정책을 분류하면 Esping-Andersen의 분류와는 매우 다른 양상으로 유형화된다. 부양(maintenance)과 보호노동(care)을 두 축으로 복지국가를 재평가해 보면 〈표 3-3〉에서처럼 노동시장의 참여를 중심으로 성평등을 추구하는 사회, 성별이 구분되었지만 보살핌 노동과 임금노동에 대해서 동등한 가치와 보상체계를 갖춘 사회, 마지막으로 성별분업의 와해를 기본목표로 가지고 전적으로 정책전환을 꾀하는 유형으로 분류된다(Sainsbury, 1999: 78, 한국여성개발원, 2002: 21 재인용).

2. 한국의 가족정책

앞에서 설명한 바와 같이 한국의 가족은 구조, 기능, 개념 면에서 많은 변화를 보이고 있다. 핵가족이 중심 가족 형태로 지속하고 있는 가운데, 가족의 형태가 다양해지고 있다. 전통적 성역할 의식이 쇠퇴하고 결혼이나 출산과 무관하게 취업 활동을 계속하고자 하는 여성들이 증가하고 있으며 실제로 기혼여성의 취업률은 꾸준히 상승해 왔다. 출산율의 감소가 두드러지는 반면 평균수명은 계속적으로 증가하고 있다. 또한 이혼율이 증가하고 있고 그 결과로 한부모 가족이 지속적인 증가를 보이고 있다. 한국적 가족 전통 또한 약화되고 있다. 이러한 가족변화는 기혼여성의 취업과 가족과의 관계, 자녀 양육과 돌봄 노동의 문제, 여성 가구주 문제 등의 문제에 대한 정책적 지원이 요구된다. 뿐만 아니라 출산력의 감소와 전지구촌화(globalization)에 따를 국가간 경쟁 심화는 여성의 취업을 끌어올림과 동시에 출산력도 제고할 수 있는 방법에 대한 국가적 고려와 지원을 요구하고 있다.

저출산·고령화 시대를 맞이하여 출산과 자녀양육이 취업여성들의 어려움이 되지 않도록 가정과 직장을 양립할 수 있는 지원정책이 가족정책의 핵심이다. 그러나 우리나라에서는 정부 차원에서 체계적으로 실행해온 명시적인 가족정책은 없다고 볼 수 있으며, 단편적 차원에서 부분적으로 정부의 여러 부처에 의해 산발적으로 시행되어 왔다. 요보호 가족을 대상으로 상황에 따라 제기된 문제들을 해결해 오는 차원의 복지였고 한국 가족의 문제를 전체 사회의 변화 속에서 이해하고 문제를 해결하고자 하는 통합적 가족정책은 없었다. 다만 우리 사회는 2000년에 접어들면서 저출산 고령화" 현상이 두드러져 사회문제로 부상하였고 이 문제를 해결하고자 여러 방안과 대책이 강구되었고 이같은 시도는 우리 사회에서도 이제 막 가족 정책이 독립된 정책분야로 시작되고 있음을 보이고 있다.

우리나라에서 가족에 대한 경제적 지원은 사회보험을 통한 지원에서 찾아볼 수 있다. 질병, 장애, 노령, 실업 등 피보험자의 소득상실 또는 감소의 원인이 되는 사회적 위험은 건강보험법, 연금보험법, 고용보험법, 산재보험법을 통해 보장된다. 또한 기초생활에 대한 보장을 위해 국민기초생활 보장법이 마련되어 있다.

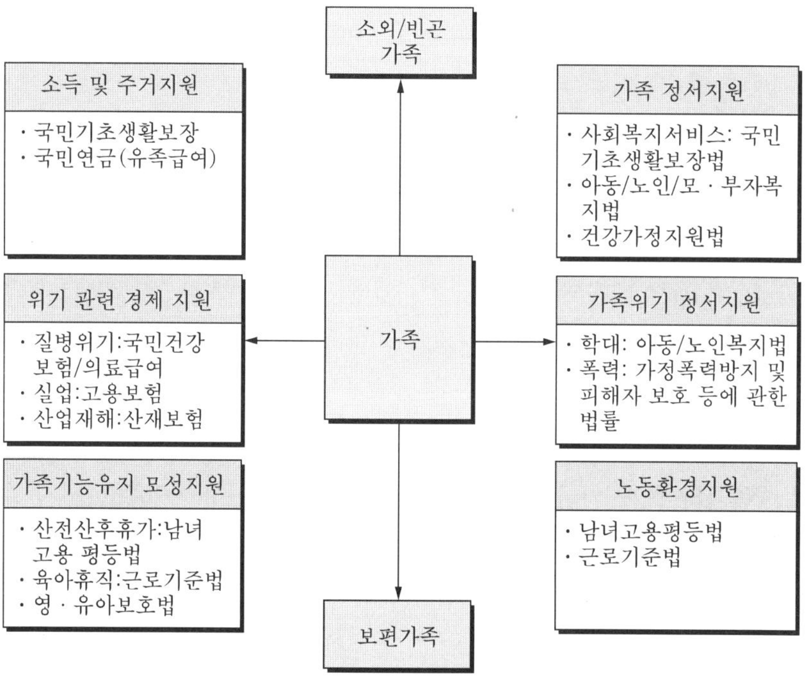

자료 : 김승권 외, 2004, 다양한 가족의 출현과 사회적 지원체계 구축방안. 366쪽.

〈그림 3-1〉 가족지원제도 체계도

그 외의 보장을 위한 법으로 저소득층 아동에 대한 보육 지원을 위한 영유아보육법에 의한 요보호 아동에 대한 시설보호조치를 위한 아동복지법, 육아휴직 제도를 보장하는 남녀고용평등법, 한부모 가정 지원을 위한 모자복지법이 있다. 가정을 폭력으로부터 보호하기 위한 가정폭력방지법이 있고, '건강한' 가정생활의 영위와 가족의 유지 및 발전을 위한 건강가정기본법이 있다. 노인부양을 위해서는 노인복지법, 노령연금, 저소득층 노인에 대한 경로연금, 노인관련시설의 지원, 재가노인에 대한 서비스가 있다. 가족에 대한 정책적 지원체계를 도표로 그리면 〈그림 3-1〉과 같다.

한국의 가족정책과 외국의 가족정책을 비교하여 분류하여 보면 다음의 〈표 3-4〉와 같다.

〈표 3-4〉 국가별 가족정책

		독 일	프 랑 스	미 국	일 본	한 국
이념		가족 책임에 바탕한 보충성의 원칙 연대와 정의	연대와 정의에 바탕한 가족 다양성 인정과 지원	개인주의에 바탕한 시장중심복지 워크페어	가족의 자조원칙 가족기능 강화로부터 가족기능 사회화로 이행과정	
대상		양독의 통일과 유럽통합이라는 정치경제적 변화에 대응하기 위해 기존의 잔여적 경향으로부터보편주의로 전환	보편주의였으나 80년대 이래 실업 등에 대한 빈곤대책의 강화로 사회보장비가 급증하면서 선별주의적 성격부상	요보호가족(특히 저소득 한부모 가족). 96년 이래로는 이에 대한 지원도 "한시적"부조	저소득 가족 (아동수당) 일부 가족 (그 외).	개별 구성원: 요보호 대상
중요정책	소득지원	자녀세금공제 (+자녀양육공제) 아동수당 기타 사회수당	가족수당 가족소득보충급여 주거수당 이사보조금 최저생계비 양육관련수당: -영유아수당 -자녀입양수당	요부양 아동 가족부조 소득세액환급공제 빈곤가족한시부조	생활보호제도 아동수당제도 [illegible]	각종세금공제 가족수당/ 육아휴직수당 사회보험
	자녀양육지원	양육비 지급 모성보호휴가 주부연금제 교육지원: -교육진흥비 -교육비 면세혜택 -유아원/유치원 교육시설 지원	-자녀간병수당 -자녀교육수당 -특수교육수당 -한부모수당 -자녀부양비 징수지원 -가족지원수당 -보육인고용지원금 -등록보육사고용 보조금	가족의료휴가제도 보육관련정책: (교육에 초점) -해드스타트 -조기해드스타트 -공립학교체계	육아개호 휴직제 보육정책: -엔젤플랜 -신앤젤플랜	저소득층 보육료/ 자녀학비/ 양육비지원
	노인부양지원	연금보험 간병보험	노인자립수당	가족간호자네트웍 가족간호휴가제 노인간호수당	골드플랜21 개호보험제도	노령연금, 저소득층노인 경로연금, 시설등 서비스지원

자료: 한국여성개발원(2002). "외국의 가족정책과 한국의 가족정책 및 전담부서의 체계화방안 연구." p. 263.

제 4 장

가족복지정책의 서비스 유형

가족복지정책을 유형별로 나누어 볼 때 다양한 분류방법이 있다. 우선 일반적으로 자주 활용되는 분류방법으로는 가족이 수행하는 기능에 따라 정책방안들을 분류하는 방법이다. 예를 들어, 가족이 수행하는 기능 중 재생산기능을 지원하는 제도로는 산전후 휴가와 육아휴직, 가족의 재생산과 자녀양육을 지원하는 아동양육 프로그램 및 서비스(Child Care Programs and Services) 등이다. 경제적 기능을 지원하는 제도로는 가족 구성원들의 시장경제활동을 지원하는 직업훈련, 가족수당(또는 아동수당)과 가족에 대한 소득공제를 대표적으로 꼽을 수 있으며, 사회화기능으로는 교육비공제와 장학제도 등이 있다. 그리고 갈수록 증가하고 있는 노인인구에 대한 보호와 부양부담을 완화하고자 하는 노인부양 프로그램 및 서비스(Programs and Service for the Elderly), 그리고 상담과 치료 등을 통해 가족 내의 심리적 · 정서적 문제를 해결하고 가족생활을 강화하는 대인복지서비스(Personal Social Services), 마지막으로 가족단위의 여가와 문화생활과 관련된 삶의 질 향상(Quality of Life) 정책으로 나누어 구분된다. 또한 여가와 휴양, 노인의 보호를 위한 지원정책으로는 간병수발보험(장기요양보험)과 간병 휴가 등이 있다.

이상의 구분에 따르면 우리나라에서 지금 현재 시행되고 있는 정책은 다양하지 못하고 그 수준도 아직 미흡하다. 이는 우리가 앞으로 외국의 사례를 거울삼아 가족에 대한 지원을 확대해 가야 할 과제를 제시해 주는 것이라 보인다. 이제 이에 대하여 구체적으로 살펴보기로 한다.

1. 소득유지정책

자본주의적 시장경제구조 속에서 가족은 주로 임금노동을 통한 부양자의 근로소득에 의존해서 경제생활을 영위하게 되며, 이러한 사회경제적 조건은 전근대적 사회에서보다 가족이 실업이나 빈곤 등으로 인한 물질적 문제에 부딪힐 위험 가능성을 크게 하고 있다. 따라서 현대사회에서 가족을 대상으로 하는 소득유지정책은 의식주와 관련되는 기본적인 욕구를 해결하고 자녀를 양육하는 데 필요한 최소한의 물질적 지원은 물론이고, 더 나아가 모든 형태의 가족이 경제적 위험에 처하지 않도록 예방적 차원에서 소득을 보장해 주는 것이 요구된다. 그리고 최저생활의 유지가 불가능한 생계보호대상뿐만 아니라 근로능력이 있는 모든 일반 가족이 정책의 대상으로 포괄되어야 한다.

이러한 맥락에서 가족을 위한 소득 유지 방안은 가족의 물질적 생활환경을 개선하고 자녀양육과 노인부양, 그리고 가족 내 환자 수발로 인한 가족의 경제적 부담을 경감시키고, 자본주의적 시장경제원리에 따른 불균형적인 소득분배를 가족을 옹호하는 정책적 관점에서 교정(재분배)하기 위한, 소위 '2차적 소득분배'의 도구로서 구체적으로 다음과 같은 목표를 추구함이 바람직하다. 첫째, 사회 전체를 위해 수행되는 가족의 기능들을 사회적 차원에서 적극적으로 인정·보상하고, 둘째, 무자녀가족과 자녀를 둔 가족 간에 생활수준의 격차가 지나치게 크게 벌어지지 않도록 수평적인 소득재분배 효과를 가져오도록 한다. 그리고 셋째, 가족 내에서 부양자가 근로소득을 통해 가족을 부양할 수 있는 능력이 약화 또는 상실될 경우에도 최저생계비를 초과하는 소득이 보장될 수 있도록 한다.

가족을 대상으로 하는 소득유지정책으로는 공공부조제도를 대표적으로 언급할 수 있는데 우리나라의 경우 2000년부터 실시되고 있는 국민기초생활보장제도가 이에 속한다. 그리고 간접적 지원방식으로는 가족에 대한 세금공제제도가 언급될 수 있다.

1) 저소득 가정 지원 방안

저소득 가족을 대상으로 하고 있는 우리나라의 대표적인 가족복지정책은 국민기초생활보장제도이다. 저소득 가족을 대상으로 하는 소득보장정책으로는 국민기초생활보장제도와 국민기초보장제도 내의 공제제도 그리고 보육료 지원이 있다.

국민기초생활보장제도는 소득인정액이 최저생계비 이하인 가구를 대상으로 하는 자산조사에 기초한 공공부조프로그램으로 기존의 생활보호제도를 대체하여 2000년 10월부터 시행되었다. 국민기초생활보장제도는 전국민 최저생활보장이라는 목적 하에 근로능력 유무에 관계없이 최저생계비의 부족한 소득분 만큼을 현물급여로 제공하고 있는데, 국민기초생활보장법상의 수급자로 선정되기 위해서는 소득 인정액 기준과 부양의무자 기준을 동시에 충족하여야 한다. 즉, 개별가구의 소득 평가액과 재산의 소득환산액을 합산한 소득인정액이 보건복지가족부 장관이 공포한 최저생계비 이하이며, 수급권자를 부양할 책임이 있는 자로서 수급권자의 직계혈족(형제, 자매)인 부양의무자로부터 부양을 받지 못하는 경우에 한하여 국민기초생활보장법상의 수급자로 선정될 수 있다. 그리고 이러한 국민기초생활보장제도의 수급자로 선정되면 생계급여, 주거급여, 의료급여, 교육급여, 해산급여, 장제급여, 자활급여를 지원받을 수 있다.

국민기초생활보장제도의 시행과 함께 강화된 자활사업은 근로능력이 있는 수급자에게 자활사업에 참여하는 조건으로 생계급여를 실시하고 있다. 자활사업은 수급자에게 취업 또는 자활프로그램에 참여할 수 있는 기회를 제공함으로써 실질적으로 자립・자활할 수 있도록 하는 목적을 둔 근로연계복지 프로그램이다.

구체적으로 자활사업은 현재 노동부에서 관리하는 취업대상자와 보건복지부에서 관리하는 비취업대상자로 구분하여 실시하고 있다. 취업대상자를 위한 자활사업유형에는 자활직업훈련, 구직활동지원, 자활인턴, 창업지원, 공공근로사업 등이 있고, 비취업대상자를 위한 자활사업유형에는 자활공동체, 자활근로사업(업그레이드형, 취로형), 지역봉사, 재활프로그램, 생업자금융자(창업지원) 등이 있다.

국민기초생활보장제도 내의 근로소득공제제도는 근로소득이 있는 수급자의 생계급여를 소득공제한 만큼 증가시켜 근로유인효과를 제고하고 근로활동에 참가하는 수급자와 참가하지 않은 수급자와의 형평성 문제를 해결하고자 하는 것이다. 현재 국민기초생활보장제도 내의 근로소득공제는 직업재활 사업에 참여해 얻은 장애인의 소득, 자활공동체에 참여하여 얻은 소득, 학생이 얻은 근로소득 및 사업소득을 대상으로 30%의 정률공제를 적용하고 있다.

보육료지원에 있어서 현재 영유아보육법은 아동보육에 소요되는 비용은 보호자가 부담하는 것을 원칙으로 하되 저소득층에 대해서는 평등한 보육기회 보장에 입각하여 정부가 보육료를 부담하고 있다. 저소득층 보육료 지원 대상은 '영유아보육법 제6조'에 의한 국립, 민간, 직장 및 가정보육시설을 이용하는 아동 중 법정 저소득층 아동과 기타 저소득층 아동이다. 법정 저소득층 아동은 국민기초생활보장법에 의한 수급권자의 아동 및 아동 수급권자, 부·모자복지법에 의한 보호대상자로 선정된 한부모가족 아동, 그리고 아동복지시설 거주 취학 전 아동이다. 현재 저소득층 보육료 지원은 0~4세와 만 5세아가 각기 다른 기준에 의하여 실시되고 있으며 법정저소득층은 국고보조 단가를 기준으로 100%를 지원받고 기타 저소득층은 국고보조 단가를 기준으로 40%~60%를 차등적으로 지원받고 있다. 또한 미취학 장애아동에 대해서는 무상교육을 실시하고 있다.

저소득 가족을 대상으로 하는 의료보장정책으로는 국민기초생활보장법상의 수급자를 의료급여제도가 있다. 이러한 의료급여제도는 현재 1종과 2종으로 구분하여 지원하고 있는데, 의료급여 1종은 근로능력이 없는 자로 구성된 세대이거나 미취학 자녀 또는 거동이 불편한 가구원을 보호하고 있는 자 또는 보장시설 대상자로 1·2·3차 진료기관 모두에서 외래 및 입원비 전액 무료혜택을 받는다. 그러나 의료급여 2종 대상자는 1차 진료기관에서 외래의 경우 1,000~1,500원, 입원의 경우 의료비용의 20%를 본인 부담하도록 되어 있다. 또한 2·3차 진료기관의 경우에도 외래·입원 20%를 본인 부담하도록 되어 있다.

저소득 가족을 대상으로 하는 주거보장정책으로는 주거급여, 국민임대주택, 영세민 전세자금 지원 등이 있다.

주거급여는 국민기초생활보장제도의 수급자를 대상으로 주거안정을 도모하기 위해 임차료, 유지수선비 등을 현금 및 현물로 지원하는 제도이다. 2003년 기준 3~4

인 가구 주거 현금급여액은 41,000원을 지급하고 있다. 자가가구는 현금급여액을 70% 지급하고, 30%는 현물급여를 실시하고 있다. 생계급여에 포함된 주거비를 합산하면 4인가구의 경우 최저주거비 197,766원을 지급하고 있다.

국민임대주택은 주택공사가 건설비의 30%와 40%를 재정 및 기금으로부터 지원받아 전용면적 18평 이하로 건설하는 주택으로서, 시중 전세가격의 50% 수준으로 공급되고, 입주 후 30년 이상 장기간 거주가 가능하도록 되어 있다. 현재 국민기초생활보장법상의 수급자를 포함한 소득 2분위에서 4분위이하의 무주택 저소득층 등을 대상으로 입주자 선정 시 우선권을 주어 입주기회를 확대하고 있다.

영세민 전세자금 자원은 '영세민전세자금 융자지침'에 의거하여 영세민 주거생활 안정을 위해 1990년부터 도시 영세세입자에 대해 국민주택기금에서 전세자금을 저리로 융자지원하고 있다. 구체적으로 융자대상자 선정기준은 지방자치단체의 장이 정하도록 되어 있다.

국민기초생활보장제도는 본래 취지에 의하면 기존의 생활보호제도보다는 빈곤의 위험에 처한 가족의 물질적 보장을 위해 급여대상이나 급여범위가 확대된 적극적인 조치로 인정될 수 있다.[1] 그러나 국민기초생활보장제도가 앞으로 보다 효율적으로 운영되기 위해서는 '가구별 생계유지 능력을 감안한 모든 국민의 기초생활보장'을 최우선으로 하고, 수급자를 근로능력의 유무뿐만이 아니라 가구원의 질병, 장애 유무, 간병과 보육의 필요성, 종사하고 있는 직종의 특성 등 가구별 특성을 감안한 생계유지 능력 유무를 기준으로 구분하여 차별화된 급여방식을 도입하는 것이 바람직하다고 볼 수 있다.

이 밖에 우리나라에서 빈곤가족의 경제적 생활을 지원하는 정책으로는 저소득 모·부자가정 지원정책을 들 수 있다. 이 제도의 근거법은 모자복지법으로, 모자복지법에 의하며 18세 미만의 자녀를 가진 모·부자가정에게는 재산과 소득기준에 따라 입학금과 수업료 지급 등 자녀의 학비 지원, 양육비 지원, 복지자금 대여, 영구임대주택 입주, 직업훈련 및 취업 알선에 대한 지원이 이루어진다.

---

1) 이 제도가 기존의 생활보호사업에 비해 개선된 점이라고 한다면 수급자의 선정기준이 확대되고 급여수준이 향상되었다는 점일 것이다. 그러나 다른 나라에서는 찾아보기 어려운 부양의무자기준이 적용되고 빈곤가족의 근로능력 강화에 정책의 목표를 맞춘 것은 공공부조의 본래적 의미에서 벗어난다는 점에서 비판적이다.

외국의 경우 가족의 경제적 생활을 지원하는 제도로는 미국의 '빈곤가구 한시부조(Temporary Assistance for Needy Families)' 프로그램이 대표적이다. 이 제도가 구상된 기본적인 아이디어는 복지급여를 근로와 연계시키는 것으로 국민기초생활보장제도처럼 수급자들은 보다 적극적으로 일을 하려는 노력을 보여야 하며 이들 뿐만 아니라 이 제도를 주관하는 주정부도 근로요구를 충족시킬 책임을 지도록 한 것이 특징이다. 이 프로그램은 취약계층 가족의 지원기준을 근로의사와 근로능력에 강하게 결부시킴으로써 자녀를 양육하야 하는 여성들에게는 오히려 부정적으로 작용할 수 있는 위험성을 안고 있다고 평가된다.

2) 근로소득공제

가족을 위한 세금공제제도에 대해서는 근로자를 위한 소득공제와 일반 소득자를 위한 세금공제에 대해 언급해 볼 수 있다. 우선 소득세법 제47조에 따르면 근로소득이 있는 개인에 대해 500만원을 기준으로 그 이하의 소득이 있는 자는 급여액 전액을 공제하고, 500만원에서 1,500만원 이하의 근로소득자에게는 500만원에 일정 비율을 추가로 공제하도록 하고 있다. 또한 동법 50조에는 종합소득이 있는 모든 개인에 대한 소득공제가 명시되어 있어 가족상황에 따라 보편주의원칙에 따라 소득공제가 된다.

이상과 같은 소득공제제도는 우리나라에서는 기본적으로 납세능력이 있는 일정 수준 이상의 가족을 대상으로 하고 있기 때문에 납세능력이 없는 가족들은 이 제도의 대상에서 배제된다. 따라서 납세능력이 없는 저소득층 가족들에 대해 미국에서 시행중이 부의소득세(negative income tax)처럼 경제적 욕구를 직접적으로 해결하는 제도적 장치의 도입에 대해 검토해 보는 것이 필요하다.[2)]

2) 김성천 · 윤혜미, 『가족복지증진을 위한 정책대안 연구』, 보건복지부, 2000.

2. 고용촉진정책

우리나라에서의 가족복지 정책으로 저소득층을 대상으로 하는 고용촉진정책과 실업자를 위한 취업지원정책으로 대별된다.

1) 빈곤가족을 위한 고용촉진정책

빈곤가족과 관련된 고용촉진정책에 속하는 대표적 프로그램은 국민기초생활보장제도상의 자활사업과 여성부 산하 여성인력개발센터에서 저소득 빈곤가정의 주부와 고령여성을 대상으로 운영하는 고용촉진훈련과 여성가장훈련 프로그램을 들 수 있다.

(1) 자활사업

자활사업은 저소득 빈곤가정의 수급자들이 적극적으로 노동시장에 참여하도록 지원하는 것으로 복지와 근로를 연계한 신자유주의적 이념이 내재된 정책이라고 할 수 있다. 생활보호의 대상이 되는 저소득층 가족은 시장경제 내에서 불리한 위치에 있으며, 취업능력이 전반적으로 떨어지기 때문에 이들이 경제적인 자립능력을 배양할 수 있도록 직업능력과 고용부문에 대해 지원하는 정책이라 볼 수 있다.

자활지원은 크게는 취업지원과 직업능력 향상을 통한 자활공동체 창업 지원, 그리고 비취업자에 대한 일자리 창출과 제공 등 세 가지로 나누어 볼 수 있다. 우선 저소득 생활보호대상 가구 중 취업대상이거나 현재 취업자에게는 기초직무능력을 향상시키기 위한 취지에서 직업적응훈련과 개인별 특성이 고려되는 직업훈련 프로그램이 제공되며, 생계비 및 임금지원 대상에서 벗어나 창업을 활성화하도록 하기 위해 전세점포 지원사업과 창업 초기 운용자금 지원 등 다양한 지원방안이 마련되어 있다. 그리고 고령자나 여성가구주 등의 비취업 대상자를 위해 일자리를 창출하기 위해 현재 전국적으로 무료 간병도우미사업, 음식물 재활용사업, 집수리도우미사업, 청소사업, 자원재활용사업은 표준화사업으로 추진되고 있다. 자활사업은 아직 시행 초기인지라 그 실효성에 대해 언급하기는 어렵지만 현재에는 장·단점이 동시에 나타나고 있다. 수급(권)자에 대한 근로의욕을 고취하고 스스로 경제적 책임의식을 높이는 것은 대상자 스스로나 국가경제를 위해서 긍정적으로 볼 수 있지만 지원내용이 행정적 편의주의 중심으로 변질된 부분이 있어 사업대상자들의 만족할만한 수준에 도달하지 못하고 있는 것이다.

(2) 여성인력개발센터의 고용촉진 프로그램

여성부 산하 여성인력개발센터에서 저소득 빈곤가정의 주부, 경력단절여성, 고령여성을 대상으로 운영하는 고용촉진훈련과 여성가장훈련 프로그램을 들 수 있다.

고용촉진훈련에는 인터넷 활용능력 등 사무능력 향상 프로그램, 간병인 양성프로그램, 조리사, 산모도우미 양성 등이 있다. 여성가장훈련 프로그램에는 컴퓨터 전문가, 급식조리사, 가정유아관리사 등이 있다.

2) 실직가족을 위한 프로그램

임금근로자가 실직하였을 경우에는 일정 기간 동안 실직자 및 그 가족의 생계 안정을 도모하기 위한 방안으로 실업급여가 제공된다. 실업급여는 수급자가 이직 전 직장에서 지급받던 평균임금(급여기초임금일액)의 50%가 지급되는데, 우리나라의 경우에는 실업급여의 산정방식에 가족 수는 고려되지 않고 있어서 가족복지정책에 포함시키기는 어렵다. 이에 비해 독일은 실업수당을 산정할 때 가족의 상황을 고려하고 있어, 이는 가족을 위한 고용 유지에 대한 모범 사례라 할 수 있다. 독일의 경우 실업수당은 실제 임금의 63%가 지급되는 것이 보편적이나 자녀를 가진 실업자에게는 68%가 지급되고, 실업부조는 일반적으로 실제 임금의 56%인데 자녀를 둔 실업자에게는 58%가 지급된다.

3) 모성보호

실업수당을 비롯한 근로자의 고용정책이 가족에게 긍정적 효과를 가져오기 위해서는 일차적으로 모성보호제도가 강화되어야 한다. 사회보험제도상 4대 사회보험제도의 가입자격이 임금노동을 기준으로 설계되어 있어 노동시장에서 불리한 위치에 있는 여성들이 제대로 혜택을 받지 못하다는 것이다.

한국 여성개발원의 박영란, 황정임 연구위원은 정책제안서 '사회보험제도의 여성 수급현황 및 개선방안 연구'에서 "국민연금, 건강보험, 고용보험, 산재보험 등의 가입이 표면적으로는 남녀 평등적이지만 남녀의 취업구조 차이로 인해 여성들의 과반수는 '피부양자'인 상태로 남아 있기 때문에 실제로 여성들은 혜택을 제대로 못 받고 있다"고 지적했다. 빈곤, 질병, 장애와 실업의 위기에 대해 여성들은 불평등한 대비책을 갖고 있는 셈이다. 국민연금에서 가사노동의 가치가 제대로 반영되지 않아 전업주부는 대부분 남성 부양자에게 종속된 피부양자이며, 독자적인 수급권을 가진 취업여성도 성별 임금격차가 크고 비정규직이 많아 보험급여가 남성에 비해 낮거나 가입 자체가 안 되는 사례가 많았다고 지적하고 있다.

자녀를 양육하는 부모가 취업을 원할 경우 양육과 취업을 보장하기 위한 모성보호 정책은 가족생활과 직장생활을 병립하기 위해 가장 중요한 제도라고 볼 수 있다. 그러나 이 제도는 실효성이 부족하다는 문제를 안고 있다. 그리고 이와 더불어 또 하나 제기될 수 있는 문제는 자녀양육을 목적으로 휴직한 여성 또는 남성 근로자가 다시 노동시장에 복귀했을 경우 이전의 근로능력을 회복하고 이전과 동질의 노동능력을 발휘할 수 있도록 앞으로 직업재교육 프로그램이 다양하게 개발되어야 한다는 점이다. 그러나 이러한 프로그램은 아직 선진국에서도 그다지 활성화되지 않고 있어 아쉬운 부분이라고 할 수 있다.

3. 아동양육 프로그램 및 서비스

외국의 경우 가족복지정책에서 가장 중요한 대상으로 인식되는 가족 내 구성원은 아동이다. 아동에 대한 최적의 성장환경을 갖추는 것은 일차적으로 아동과 부모의 직접적인 욕구이지만 이는 사회적 차원에서도 건강한 후속세대를 확보할 수 있다는 점에서 중요한 과제이다.

현재 우리나라에서는 공적인 차원에서는 아동양육에 대한 직접적 지원은 거의 전무하고 다만 보육시설을 통해 가족의 자녀양육부담을 덜어 주고자 노력하고 있다.

1) 부모보험과 부모휴가

정부에서는 2002년에 들어서 가족의 자녀양육부담을 완화하고, 기혼여성의 취업활동을 돕기 위해 출산과 육아에 대한 지원대책을 수립하고 여성과 가족의 생활방식에 맞춘 다양한 서비스 제공, 공공·민간시설의 효율적 활용 및 아동에 대한 지원 확대를 통한 공공성 강화, 평등하고 건강한 아동관을 지닌 보육 전문인력의 양성이라는 세 가지 과제를 설정하였다. 그러나 양육지원제도가 미비된 상황에서 자녀양육은 여성들의 부담으로 남을 뿐 아니라 가족해체를 유도하는 주원인 중의 하나로 작용하고 있다.

부모역할과 고용을 병행하기 위한 모범적인 가족복지제도를 운영하고 있는 나라로서는 스웨덴을 언급할 수 있다. 스웨덴은 임신, 출산, 육아와 관련된 휴직과 소득유지를 보장하고 있는 대표적인 제도로 부모보험(parental insurance)을 실시하고 있다. 스웨덴의 부모보험은 아동이 출생하면 아동 1인당 450일간의 부모출산급여를 부여하는데 아동이 8세가 될 때까지 부모 양쪽이 나누어 사용할 수 있으며 최초 30일간은 임금의 85%, 그 후 210일간은 75%를, 그리고 그 후 90일간은 하루에 60sek(약 $80.00)을 지급받는다. 이 외에도 임시적 현금급여(temporary parents' cash benefits)라고 하여, 두 가지 제도가 있는데 하나는 신생아 출산 시 10일간 아버지가 의무적으로 휴가를 얻도록 되어 있는 점이다. 둘째는 임시적인 아동보육을 위한 현금급여가 있어 12세 이하의 아동이 있는 경우 연간 아동당 60일까지 급여를 받을 수 있으며 60일의 추가 사용이 가능하며 급여의 75%를 보전받으면서 총 120일간을 사용할 수 있다.

우리나라의 경우에는 고용보험의 재원으로 지급되는 부모휴가에 해당되는 출산휴가와 육아휴직이 있다. 2001년 근로기준법과 남녀고용평등법의 개정으로 모성보호가 확대되었는데, 먼저, 출산휴가의 경우 근로기준법에서 개정된 내용으로, 기존 60일에서 90일 확대하고, 확대된 30일의 추가 비용은 고용보험에서 지급한다. 또한 임산부, 18세 미만, 산후 1년 미만 자는 야간 및 휴일 근로를 금지시키고 여성의 시간외 근로를 남성과 동일하게 주 12시간 내에서 허용하고 있다.

육아휴직의 경우, 남녀고용평등법의 개정된 내용은 남녀 노동자 모두 자녀가 생후 1년 미만 시에 한해 1년 이내에서 임금의 30%를 지급하는 유급화된 육아휴직을 가질 수 있으며 그 비용은 고용보험에서 지급한다. 이때 사업주는 의무적으로 부모가 육아휴직을 종료한 이후에는 반드시 휴직 전과 동일한 업무 또는 동등한 수준의 임금을 지급하는 직무에 복귀시켜야 한다. 또한 월 1회의 태아검진휴가와 유・사산시의 휴가를 유급휴가로 활용할 수 있다.

실제로 여성들의 취업이 부진하고 사회에서 고위직으로의 진출이 어려운 이유를 살펴보면 가장 중요한 원인은 자녀양육 문제[3])로 나타난다. 그 한 예로 여성들은 취업을 가로막는 요인으로 '가사 및 육아부담'(54.6%)을 가장 먼저 꼽았으며, 그 다음으로는 '사회적 편견'(24.8%)이라고 응답하였다.[4]) 이런 이유 때문에 여성들의 고용형태는 보통 시간제 근로(part-time)를 비롯한 비정규직이 일반화되는 주변적 노동시장을 형성하고 있다. 이러한 기회비용(opportunity cost)의 발생 때문에 서구에서는 자녀 기피 현상이 나타나 인구 감소[5])를 유발하고 있다. 또한 기업의 입장에서는

3) 가족들을 보살피기 위하여 남성이 하루 평균 9분, 여성이 49분을 사용하며, 여성이 남성보다 4배 이상의 시간을 보내고 있는 것으로 나타났다. 특히 미취학 아동을 돌보는데 남성은 6분을 소요하지만 여성은 32분을 할애하고 있었다. 통계청, 『국민생활시간조사』, 1999을 참고할 것.

4) 통계청, 『사회통계조사』, 1998.

5) 우리 나라에서는 1999년의 경우 조출생률을 13.2명으로 70년(31.2명) 이후 가장 낮고, 여

여성들의 취업 중단이 훈련된 인적 자원의 유실을 의미하게 되므로, 여성 인력의 채용 및 교육과 훈련 투자를 기피하게 되는 부정적 요소로 인식된다. 그로 인해 그동안 사적인 책임으로 간주되어 온 가족 내 돌봄 노동에 대해서 사회적으로 책임을 분담하고, 자녀를 가진 여성의 사회참여 확대를 위해 복지정책적인 지원방안(모성보호 정책)이 지속적으로 강화되고 있는 중이다.

2) 아동양육 프로그램 및 서비스

일반적으로 선진국의 경우 아동의 출생과 관련하여 지급되는 아동수당 혹은 가족보조금이 있다. 아동 수당제도가 가장 잘 정비된 나라로서 스웨덴의 경우 16세 이하 아동은 기초아동수당 수급대상자이며 한 가족에 아동이 셋 이상이면 가족보조수당이 지급된다. 또한 가족소득보전수당(maintenance allowance)이라 하여 아동부양책임자가 부양을 제공하지 못할 경우 18세까지(재학중이면 20세까지) 국가가 부담하는 제도가 있으며 한부모가정이 아동을 입양할 경우 입양 아동에 대한 수당이 지급된다. 이외, 아동보호수당이라 하여 아동이 아프거나 6개월 이상 지도감독이 필요한 장애일 경우 부모에게 지급되는 수당이 있으며 부모 중 한 쪽이나 양쪽이 사망한 아동에게 18세(재학중이면 20세)까지 지급되는 아동연금이 있고, 65세 이상의 부모를 둔 16세 이하 아동에게 지급되는 아동보조금도 있다.

프랑스의 경우에는 가족보조금, 일본의 경우 1972년 1월부터 실시된 아동수당, 미국의 AFDC,[6] 영국의 경우 아동양육수당, 산모수당, 가족소득보전수당, 주택수당 등이 기여금 납부 여부에 관계없이 모든 해당자가 혜택을 받는다.

우리나라의 경우, 18세 미만의 1급 장애아동에 한해(각종 학교에 재학중인 경우에는 20세 이하) 1인당 월 4만5천원 정도의 장애아동부양수당이 지급되고 있을 뿐이다.

자 1명이 가임기간 동안 갖게 될 평균 출생아 수는 1.42명으로 선진국 평균인 1.6명보다 낮다. 통계청, 『인구동태통계연보』, 2000.

6) AFDC : Aid to Families with Dependent Children
① AFDC-EA: Emergency Assistance
② AFDC-UP: Unemployed Parent Program

3) 공공보육서비스

아동양육에서 가장 기본적으로 제공되는 서비스로 공공보육서비스가 있다. 스웨덴은 1995년부터 1세에서 6세 사이의 모든 아동에 대한 보육과 6세에서 12세 사이의 아동의 방과 전·후 보육이 도입되어 전체 아동의 57%가 공공보육을 제공받는다. 부모가 집에 머무르는 경우에도 모든 아동은 최소한 하루 3시간의 보육을 받을 수 있다. 1세 이하의 영아에 대해서는 가정보육이 선택될 수 있는데 가정보육모들은 지방정부로부터 월급을 받는 형식을 취하고 있어 지역사회에 기반을 둔 양질의 아동보육이 보편적으로 시행되고 있다. 보육의 유형도 다양하여 가정보육, 시설이 중심인 보육센터, 시간제 그룹, 전업주부인 어머니와 아동을 위한 개방 유아학교(open pre-school), 방과 후 보육 프로그램 등이 제공된다.

일반적으로 선진국가들의 공공보육을 살펴보면, 호주의 경우, 보육관련 예산의 90%를 연방정부가 지원하고, 보육시설의 36%가 비영리보육시설이다. 12세 아동까지를 보육대상으로 하며, 방과후 보육시설이 국·공립시설이다. 일본의 경우 국·공립 보육시설이 58.5%이고, 민간보육시설에도 조치비를 지원하고 있다.

우리나라의 경우, 국·공립보육시설이 7.2%에 불과하고, 비영리보육시설률도 18% 수준으로 매우 낮아 농어촌과 저소득층 지역 아동의 보육 수혜율이 현저히 낮다.

4) 빈곤가정 아동의 공공지원

미국의 헤드 스타트(Head Start) 프로그램과 일본의 엔젤 플랜(Angel Plan)은 소외된 빈곤지역의 어린이와 청소년들을 위해 시행해 온 선진국의 대형 국책 프로그램이다. 1965년 '초기 교육기회의 균등'을 구호로 실시된 헤드 스타트는 일부 지역의 빈곤, 이혼가정의 3~5세 어린이와 그 부모를 대상으로 각종 교육지원, 상담치료를 통해 빈곤의 세대전승을 해소하기 위해 실시되었다. 이 프로그램을 통해 경제적 지원뿐만 아니라 빈곤층 어린이의 문제점을 파악한 뒤 그 문제가 부모 등에 있으면 가족 차원에서 정서·문화·심리적 치유를 시도한 점에서 매우 성공적이었다고 평가된다. 치료가 필요하다고 판단되는 경우에는 가족 구성원을 관련기관과 단체에 연결해 준다.

일본의 엔젤 플랜은 1994년부터 후생성, 문부성, 노동성 등 범정부 차원에서 추진되었다. 자녀를 양육하는 가정에 대해 집중적으로 취업과 보육지원을 해 양육비 부담을 최소화하는 데 주력하고 있다.

우리나라에서도 빈곤선 차상위 계층에 대해 가족해체 방지를 위한 다양한 소득지원과 가족 및 아동상담 서비스가 사회적으로 요구되고 있으나 재정적 어려움을 이유로 아직 고려되지 못하고 있다.

5) 외국의 양육지원 실태

유럽 국가들 중 부모역할과 고용의 병행을 위한 모범적인 가족복지제도를 운영하고 있는 나라로서는 스웨덴을 들 수 있다. 스웨덴은 부모보험(parental insurance)을 운영하고 있으며, 16세 이하 아동에게 기초아동수당을 지급하고, 아동이 아프거나 6개월 이상 치료를 요하는 장애를 갖고 있을 경우 부모에게 아동보호수당을 지급한다. 그리고 스웨덴은 1995년부터 1세에서 6세 사이의 모든 아동에 대한 보육과 6세에서 12세 사이의 아동을 대상으로 방과 전·후 보육을 실시하고 있다.

우리나라에서는 아직 자녀양육에 대한 금전적 지원조치는 활성화되고 있지 않지만 서구 유럽에서는 출산수당과 양육비를 비롯한 금전적 지원책이 다양하게 마련되어 있어 우리에게 시사하는 바가 크다.

독일의 경우에는 여성들이 자녀양육과 취업을 병행할 수 있도록 하고, 자녀양육이 수입과 사회보장 체계면에 끼칠 수 있는 손실 발생을 최소화되도록 하기 위해 양육비를 지급하고, 여성이 자녀양육을 위해 취업을 중단 또는 포기할 경우에는 연금보험료의 각출없이 자녀양육기간(또는 자녀의 수)에 비례하여 노후연금을 지급하는 조치(소위 주부연금제) 등을 실행하고 있다.

지금까지 우리나라에서는 출산율이 급격히 저하됨에도 불구하고 국가 차원에서 추진한 보육 프로그램이 거의 없었고, 아동수당을 비롯한 양육을 지원하는 금전적 지원 대책은 마련되지 않고 있다. 보육시설을 확충하는 것이 아동양육을 지원하는 가장 기본적인 방안이 되겠으나, 이 밖에 수당 형태로의 지원제도 도입도 커지고 있다.

4. 노인부양 프로그램 및 서비스

최근의 경우 가족복지정책에서 중요한 이슈로 등장하는 것은 노인부양에 대한 정책이다. 가족 내에서 노인부양의 주부담자는 가족 내의 주부이거나 구성원 내의 여성이 큰 비중을 차지하고 있다. 이는 사회적 차원에서 고령사회에 대한 충분한 복지대책이 마련되지 못한 상황에서 노인에 대한 부담을 가족에게 전가하는 경향이 높기 때문이다. 현재 노인복지 차원의 정책들은 가족복지정책과 일맥상통한다는 차원에서 간략하게 언급하고자 한다.

1) 재가복지서비스

가정에서 기거하면서 혼자서 자신의 일상생활을 이끌어 나가지 못하는 병약자나, 생활보호대상노인, 장애인을 도와주는 사회적 서비스를 '재가복지서비스'로 규정하고 있으며, 여기에는 가정봉사원 파견사업과 주간보호(day-care)사업, 그리고 단기보호(short-stay)사업이 포함된다.

(1) 주간보호사업

중풍, 치매 등의 만성질환이나 심신허약 노인과 장애노인 등을 보호함을 일차적 목적으로 노인의 생활안정과 심신기능이 유지・향상을 도모하고 부양가족의 신체적・정신적 부담을 덜어 주기 위한 서비스로서, 낮 동안 보호와 재활서비스를 제공하여 가족들에게는 부양부담을 덜어 주고, 노인에게는 질환의 악화나 진행속도를 감소시키는 것을 목적으로 제공되는 사업이다. 국민기초생활보장법의 수급자 노인들에게는 무료로 제공된다. 빈곤가정의 자녀들이 노인부양을 위해 직장과 사회참여를 포기함으로써 겪게 되는 소득 감소를 방지하고 노인질병 치료에서 오는 비용부담을 감소시킬 수 있다는 점에서, 농어촌지역과 빈곤지역의 노인들의 질병발생률이 높으므로 지역적으로 고른 시설입지가 확대되어야 한다.

(2) 단기보호사업

부득이한 사유로 가족의 보호를 받을 수 없는 심신이 허약한 노인과 장애노인을 일정 기간(2~3일간의 단기 또는 10~40일간의 장기, 연간 90일 이내) 시설에 입소시켜 숙식·목욕 등 필요한 각종 편의를 제공함으로써 노인의 생활안정과 심신기능의 유지·향상을 도모하고, 부양가족의 부담을 줄여 원만한 가정생활 유지를 도모하고 소외감을 해소하기 위한 목적으로 시행한다. 질환이 있거나 장애노인을 부양하는 가족들이 일시적으로 부양이 어려운 상황, 예를 들어 출장, 여행, 수발자의 질병, 기타 사정으로 인한 경우 일시적으로 보호를 의뢰할 수 있는 서비스이다. 이 역시 국민기초 생활보장법의 수급자에게는 무료로 제공된다.

(3) 가정봉사원 파견사업

재가노인복지사업 중 가정봉사원 파견사업의 목적은 정신적·신체적인 이유로 혼자서 일상생활을 영위하기 어려운 노인이 있는 가정에 노인의 일상생활에 필요한 각종 서비스를 제공하고, 지역사회 내에서 건전하고 안정된 노후생활을 도모코자 하는 것이다. 가정봉사원 파견사업의 내용은 가정봉사에 관한 것과 상담 및 교육, 그리고 노인결연사업으로 나뉜다. 가정봉사원서비스에 대한 인지도는 아직 낮은 상태이며, 서비스 내용에 대한 만족도도 아직 미미하여 정책의 효과는 그리 크다고 볼 수 없다.

2) 장기요양서비스

가족 내 노인 간병수발에 대한 부담을 완화하기 위한 방안으로 현재 정부에서 검토하고 있는 노인장기요양보험제도의 도입은 본래 독일의 간병보험에서 그 근원을 찾아볼 수 있고 후에 일본의 개호보험에 영향을 받고 있다. 독일의 간병보험은

1995년 4월 1일부터 시행된 것으로, 간병을 필요로 하는 사람들에게 가능한 한 자주적인 삶이 가능하도록 지원을 해 주기 위한 것이고, 더불어 가족 내 간병인에게도 보험혜택을 주기 위한 것이다. 간병을 요하는 환자와 장애인들은 간병 필요 정도에 따라 3단계로 구분된 다양한 서비스들과 소득에 따라 간병비들이 유동적으로 지급된다. 그 밖에 간병인(외부인)에게도 사회보험의 형식으로 금전적인 보상이 이루어진다. 또한 대부분이 여성인 가족 내 간병인에게 사회보장의 혜택이 주어져서 1주에 14시간 이상 간병을 하는 사람에겐 연금보험 산정 시, 그 업적이 고려된다.

3) 주거보호서비스

주거보호서비스는 아동, 노인, 장애인을 위한 입소시설에 의한 보호나 쉼터뿐만 아니라 재가 상태에서의 주거보호까지도 포함한다. 국민기초생활보장법상의 주거보호인 빈곤가족의 임대료와 주거유지수선비를 제공하는 것 등은 가족단위의 주거서비스로 볼 수 있다.

스웨덴의 사회복지정책은 다양하지만 가족복지정책은 주로 주거보호정책이라 할 수 있다. 주거보호는 노인주택정책이 가장 대표적인데, 스웨덴 노인복지 정책의 기본 이념인 정상화(normalization)와 자기결정(self-determination) 원리는 노인들이 일생을 자기 집에서 독립적인 생활을 유지하면서 타인과의 의미있는 상호작용을 통한 공동체적 삶을 유지할 수 있게 지방자치단체가 원조할 의무를 내포하고 있다. 따라서 스웨덴 노인의 92%가 지방자치단체의 원조 하에 자기 집에서 정상적인 생활을 누리고 있으며 8%만이 다양한 노인입소시설에서 살고 있다. 예를 들어, 노인을 위한 특별주택(special housing for the elderly)이라는 집합적인 명칭으로 불리고 있는데 세분해 보면 양로원, 서비스 하우스, 그룹홈, 간호주택, 장기요양원의 다섯 가지가 있다.

양로원은 지속적인 보호 및 포괄적인 수발이 필요한 노인들을 대상으로 하고 있어 급식, 목욕, 의료보호, 물리치료 등이 주어진다. 서비스 하우스는 독립된 주거와 각종 생활지원서비스를 입소자들이 자유로이 선택할 수 있는 주거 형태이다. 그룹홈은 6~8명의 소규모 인원을 대상으로 지속적인 보호와 수발이 필요한 치매노인들을 위한 주거 형태로서 입소자들이 자기 방을 갖고 있고 다른 공간은 공유하는 형태이다. 간호주택(nursing home)은 의료시설의 일종으로 포괄적이고 장기간의 요양이 필요한 노인들을 대상으로 하고 있으며 호스피스, 단기보호, 치매환자 등 내용이 전문화되고 있다. 마지막으로 장기요양원(long-term care place)은 의료시설이면서 장기간의 요양을 필요로 하는 노인들이 입소대상인데, 노인 병원(geriatric hospital)이 대표적인 장기요양시설이다. 이러한 시설의 임대료는 입소자 부담인데, 입소자의 수입에 비례하여 책정되며 저소득층의 경우에는 지방주택보조금을 받을 수 있다.

일본의 경우에도 10개년 골드 플랜(Gold Plan)에 의거하여 고령자가 자신의 가정에서 다양한 종류의 서비스를 받을 수 있도록 종합대책을 마련하였는데, 가정원로원, 단기입소, 주간서비스센터 등 재택 3대 주요 사업의 대폭적인 확충과, 특별양호노인홈(24만 침상 목표), 노인 보건시설(28만 침상 목표), 케어 하우스(care house : 10만인 목표), 소외고령자 생활복지센터(400개소 목표) 등 노인시설의 정비 등이 대표적이다.

향후 우리나라에도 공공정책과 더불어 빈곤자와 고령자들 중심으로 자립지원, 보편주의, 종합적 서비스의 제공이 가능한 주거보호서비스의 확대가 요구된다.

5. 대인복지서비스

우리나라에서 제공되는 가족을 위한 대인복지서비스는 주로 가족상담과 가족치료라고 볼 수 있다. 정부 차원에서 지원되는 가족상담은 시 · 군 단위의 농어촌지역에서 여성상담원 혹은 여성복지상담원에 의한 여성상담, 아동상담 등이 있지만 실제로 대인복지서비스로서의 기능은 매우 불충분하다.

정부와 민간단체에서 운영하는 아동, 노인, 여성, 청소년, 장애인 등을 위한 긴급전화상담 서비스는 전화상담 후 방문상담이나 내방상담으로 연결되어 아동, 노인, 여성, 장애인 등의 개인과 가족들에게 구체적인 서비스 연계가 이루어지고 있다. 가정폭력과 성폭력은 1366, 아동학대는 1391, 청소년보호는 1388, 노인학대는 1577-

1389, 응급구호는 119 등이 있고, 이 외에도 지역사회복지관과 민간 상담기관에서 무료 혹은 실비로 제공되는 다양한 개인 및 가족 상담들도 정부지원 하에 제공되고 있으며, 무료법률상담을 제공하는 법률구조서비스 또한 유용하게 이용할 수 있다. 외국의 경우, 긴급가족구호, 이혼중재서비스, 사회보험이용자서비스 등도 마련되어 있다.

그러나 정부와 민간단체간의 긴밀한 협조지원, 상담센터의 전문적 업무 분화와 연계 협력, 이용 가능한 서비스 체계간의 정보 교류와 알선 기능이 강화되어야 하는 등 해결되어야 할 요소들이 많이 있다.

6. 삶의 질적 향상

오늘날 다양한 가치들이 우리의 삶과 문화를 지배하면서 가족 구성원간에는 가치관의 차이가 심화되어 가족 구성원들간에 정서적 교류를 통한 유대의식이 약화되고 세대간에 문화적인 지체현상이 나타나 부모와 자녀 간에 정서적 이질감이 커지고 있다. 이러한 상황에서 자녀는 자녀대로 학교생활과 공부에 얽매여 가족과 자유롭게 대화를 나눌 시간이 부족하며, 주로 또래 아동과 지내는 시간이 늘고 있으며, 부모는 이에 대한 대처방법과 정보를 교활할 수 있는 기회를 얻기가 어렵다. 부모 중 특히 아버지는 우리나라 특유의 일 중심적 직장문화로 인해 가족의 문제에 대해 관심을 갖기가 어려우며, 이로 인해 가족과의 단절감 또는 소외에 시달리는 어려움을 맞이하기도 한다. 따라서 가족 구성원간의 단절감을 줄이고 연대의식을 고취하며, 가족 구성원들이 평등하고 상호 존중하며 의사를 소통할 수 있는 새로운 문화를 형성하는 것이 필요하다.

인간은 태어나면서부터 누구나 행복을 추구할 권리를 가지고 있으며, 이러한 행복추구권은 가족생활을 통해 자연스럽게 실현될 수 있다. 행복에 대한 욕구는 물질적 보장이나 정신적 안정, 심리적 만족, 육체적 건강과 보호 등 다양한 측면이 조화롭게 충족되어야 가능한데, 일반적으로 경제적 삶의 수준이 향상되고 주 5일제를 비롯하여 근로시간이 단축되면서 여가와 문화적 욕구가 증대되고 개인주의적 사고가 확산되면서 개인과 가족의 여가와 삶의 질에 대한 관심이 커지고 있다.

가족은 사회의 근간이 되는 제도로서 여가와 휴양기능을 담당하는 주무기관이다. 따라서 개인의 정신적·육체적 에너지를 재충전시키고 여가생활과 휴양, 그리고 문화적 욕구를 해소해 주는 매개체로서 가족이 수행하는 과업은 가족의 정체성 확립이나 가족 구성원간의 유대 강화, 그리고 가족 구성원의 복지 향상이라는 측면에서뿐만 아니라 경제적 노동력을 재생산하는 점에서 사회적으로 그 중요성이 인정되고 있다. 앞으로도 가족은 사회의 존립 여부에 가장 강력한 영향력을 행사하는 요소로 자리할 것이고, 사회 내에서 복지제공자로서 그 기능이 더욱 중요시될 것이다. 그러나 우리나라에서는 지금까지 가족의 여가욕구나 문화생활에 대해서는 정책적으로 무관심해 왔던 것이 사실이다. 그런 이유로 이에 대한 지원책도 상당히 미흡하다.

외국의 경우에는 사회체계 전반에 가족의 여가나 휴양을 지원하기 위해 제도적으로 배려되어 있다. 가족들이 저렴한 가격으로 이용할 수 있는 휴양지들이 곳곳에 마련되어 있으며, 가족단위로 할 수 있는 예술 관람의 기회도 다양하고 이를 통해 가족간에 애정과 신뢰를 더욱 깊게 할 수 있다. 독일의 교통정책이 대표적인 사례라 할 수 있다. 가족단위로 버스나 철도를 이용할 때에는 요금을 할인해 주거나 온 가족이 표 하나만 가지고도 번갈아가며 대중교통을 이용할 수 있도록 하고 있다. 또한 대부분의 유스호스텔에는 가족을 위한 방이 따로 마련되어 있다.

우리나라에서도 주말에 가족단위로 미술관이나 영화 또는 연극을 관람하면 금액을 할인해 주거나, 대중교통이나 스포츠센터의 이용시에도 가족단위일 경우에는 요금에 혜택을 제공하는 등 가족을 위한 여가와 문화서비스를 확대하고 이를 저렴한 가격으로 이용할 수 있는 체계를 마련하는 것이 필요하다. 다양한 서비스체계가 마련되면 가족들은 각 가족 구성원들의 선호도에 따라 서비스를 선별적으로 이용할 수 있는 선택권을 가지게 될 것이다. 이를 통해 가족 간의 정체성과 연대성을 강화하고 정서적·심리적 안정과 위안, 육체적 재충전을 위한 좋은 계기가 될 수 있기 때문이다.

일반적으로 사회가 발전되고 개인주의적 경향이 심화될수록 정신건강 문제는 확산된다. 특히 오늘날 가족의 위기가 표면화되면서 심리적인 지지체계가 무너진 가족들을 위한 정신건강서비스의 필요성은 커지고 있다.

현재 우리나라에서는 보건복지부 노인복지과에서 가족관련 상담업무를 담당하고 각종 가족관련 상담 사업을 추진하고 있다. 그러나 지금까지 우리나라에서는 가족의 심리적·정서적 욕구에 대해서는 정부 차원의 관심은 적었고, 주로 정부의 지원하에 민간부문에서 해결책을 모색해 오고 있어서 가족의 문제를 방치해 왔다. 따라서 이제는 국가·사회적 차원에서 가족의 심리적·정서적 문제를 해결하기 위해 가족복지기능과 가족보호기능, 그리고 가족생활에 대한 연구기능 등 종합적인 기능을 두루 갖춘 센터의 필요성이 커지고 있다.

제3부

가족복지 실천 이론과 방법

제 5 장

가족복지 실천 이론

실천현장에서 가족복지는 대체로 가족 구성원 개인 및 가족 전체를 대상으로 교육, 상담, 집단활동 및 사례관리 등의 서비스를 통하여 가족기능의 정상화와 가족의 역량 강화를 돕는 사업으로 정의된다. 설명한 바와 같이 가족복지의 대상은 개인과 가족이다. 가족복지의 대상이 개인인 경우에는 아동이나 노인을 위한 보호사업이 주를 이룬다. 가족의 보살핌을 필요로 하는 대상의 보호를 제공함으로 가족복지의 향상을 도모하기 때문이다. 가족이 대상일 경우에는 빈곤층 및 취약가정의 교육 및 상담을 포함한 경제적 지원업무를 담당하지만 교육이나 상담보다는 자원제공에 치중하고 있는 형편이다.

가족복지 전문가로서 가족복지를 실천한다는 것은 무엇을 의미하는가? 가족구성원에게 도움을 제공하는 것이 가족복지 실천의 일부라고 하면 아동, 청소년, 노인 그리고 장애인 복지와는 어떤 차별성을 지니고 있는가? 가족복지의 기준이란 가족의 유·무에 달려 있는 것인가? 아동복지와 가족복지 혹은 노인복지와 가족복지의 차이는 무엇인가? 차이가 있다면 그 차이는 무엇이 기준이 될 수 있는가? 이와 같은 질문에 대한 답을 구하는 것은 가족복지 실천에서 매우 중요한 의미를 갖는다.

가족복지 실천의 기준 중 하나는 사업목적이 가족기능 향상에 있는가 여부이다. 예를 들어 아동을 보호하는 사업은 종합복지관 가족복지 담당부서에서 관리하는 사업이지만 아동복지에서도 매우 중요한 사업 중 하나이다. 그렇다면 그 차이는 어디에 있는가? 그 차이는 바로 사업의 목적이 어디에 있는가로 결정된다고 하겠다. 아동의 발달이나 성장에 초점을 둔다면 사업의 성격상 아동복지로 분류된다. 하지만 자녀의 양육을 담당해야 할 부모의 취업이나 건강상 문제로 양육문제를 해결하는 차원에서 서비스가 제공된다면 가족복지 실천이라고 할 수 있다.

사업목적과 더불어 또 하나의 기준은 서비스의 단위로 나뉠 수 있다. 가족복지 실천원칙에서 서비스의 제공 단위는 가족이어야 한다는 것이 가족복지 전문가들의 의견이다(Collins, Jordan, & Coleman, 1999; Hartman & Laird, 1983; Minuchin, Colapinto, & Minuchin, 1998). 이러한 기준이 지켜지기 위해서 가족복지 실천에서는 한 가족원의 개별적 욕구가 다른 구성원의 욕구에 우선되어서는 안된다는 원칙이 지켜져야 한다는 주장도 제기된다(Johnson, 1986). 하지만 가족이 사업단위라고 해서 가족원 모두를 포함해야만 가족복지가 실천가능하다는 것은 아니다. 개인을 대상으로 서비스를 제공한다 하더라도 앞에서 제시했듯이 사업목적이 가족의 기능을 보조하고 강화하는데 있다면 서비스의 단위는 가족이 된다고 할 수 있기 때문이다.

서비스의 단위가 가족이어야 한다는 가족복지 실천 원칙을 이해하기 위해서는 우선 가족이 개인에 미치는 영향력에 대한 이해가 필요하다. 개인이 속해 있는 가족은 가족을 구성하는 성원들, 가족성원들의 발달단계, 가족원들 간의 관계 그리고 가족과 사회와의 연결에 따라서 개인에게 미치는 영향력은 매우 다르다. 예를 들어 한부모가족이라 하더라도 한부모가 아버지인지 혹은 어머니인지, 그리고 자녀가 한 명인지 여러 명인지, 부모의 나이가 20대 혹은 40대인지, 자녀의 나이는 몇 살인지와 같은 가족원의 구성에 따라서 가족의 특성은 매우 다양하게 달라진다. 더불어 가족원들 간의 관계와 이웃과 잘 지내는지, 도움을 제공할 친족이 있는지, 그리고 종교나 사회단체와 활발한 교류가 있는지 없는지에 따라서 같은 한부모 가족이라는 특성으로 설명하기에는 각 가족들의 특성은 다르게 나타난다. 따라서 가족원과 가족의 관계를 이해하기 위해서 가족구조, 가족발달주기, 가족체계, 그리고 사회적 맥락으로서의 가족을 이해하는 것은 매우 중요하다. 이 주제들에 대해서 보다 자세히 살펴보기로 하겠다.

1. 가족구조

가족구조는 가족의 특성을 이해하는 데 가장 단순하면서도 중요한 기준을 제공한다. 가족구조는 대체로 누가 가족을 구성하는가에 의해서 결정된다. 핵가족, 3세대 가족, 조손가족, 한부모가족 등 다양한 가족구조를 나타내는 단어들을 통해서 가족 구성원이 누구인가를 짐작할 수 있다. 예를 들어 한부모 가족은 말 그대로 부모가 한 명으로 구성된 가족을 지칭한다. 과거 매스컴에서는 한부모 가족을 통상적으로 '결손가족'이라 불렀는데, 결손이라는 의미에도 가족구성원 중 누군가가 없다는 구조적 특성을 담고 있으나 사회적 편견이 적용되어 문제가 있는 가족이라는 의미가 더 강조되었다고 하겠다.

가족이라는 집단은 가족원들의 성장과 발달을 위해서 특정한 역할을 수행해야 한다. 가족이 수행해야 하는 기능 중 성적 욕구충족, 자녀출산 및 양육, 경제적 협동, 정서적 지지가 대표적인 기능들이다. 이러한 기능을 원활히 수행하기 위해서 가족 내 지위에는 특정 역할을 담당해야 한다는 사회적 규범이 정해져 있다. 일반적으로 남편은 경제적 부양을 부인은 의, 식, 주생활을 관리하는 가사관리와 자녀의 양육과 훈육을 담당한다. 그렇기에 남편 혹은 부인이 없는 경우, 특정 역할수행의 분담이 어려울 것이라는 짐작이 가능하다. 예를 들어, 남편이 없는 경우, 누가 경제적 활동을 담당하는가? 어머니인가 혹은 자녀인가? 부인이 경제적 활동을 담당하는 경우라면, 가사와 자녀양육은 누가 담당하는가? 남편인가 혹은 조부모인가? 이와 같은 질문들은 가족에 대한 전문적 지식을 갖추지 않고도 가족의 특성을 이해하기 위해서 필요한 질문인 것이다.

가족성원들에 대한 정보를 수집하면 가족이 수행하는 기능을 누가 담당하는가를 짐작할 수 있다. 그러나 보다 구체적인 가족의 기능 정도는 가족성원의 성별, 연령, 직업 등에 대한 정보를 수집하였을 때 더 분명히 드러난다. 경제적 활동을 하는 성원이 몇 명인가? 가사분담은 누가 담당하는가? 누가 자녀와 시간을 보내며, 함께 있을 때 어떤 일들을 하는가? 등에 대해서 정보를 수집하면, 가족성원들이 역할을 어떻게 분담할 것이며, 어떤 기능의 수행이 어려울 것인가에 대해서 짐작할 수 있다.

한부모 가족이 기능수행에 어려움을 겪을 확률이 높은 것은 기능수행의 분담이 어렵기 때문으로 해석할 수 있다. 일반적으로는 부부가 경제적 부양이나 가사, 그리고 자녀양육을 분담하지만 한 사람이 모두 역할수행을 담당하는 부담을 안고 있는 구조이기 때문이다. 여러 가지 일들을 수행해야 할 경우, 우리들은 대체로 제일 중요한 일부터 순서대로 처리한다. 가족기능을 수행함에 있어서도 마찬가지인데, 대부분 경제적 부양이 제일 중요한 문제로 취급된다. 경제적 부양을 위해서는 일정 시간을 가정 밖에서 보내야 하고, 가정 내에서의 의, 식, 주를 포함한 가정관리에 필요한 시간이나 에너지가 부족해진다. 경제적 부양이 가정 특히 자녀들을 위한 활동임에는 틀림없지만 정작 자녀들의 얘기를 들어주거나 관심을 기울일 수 있는 시간은 특별한 노력이 없으면 항상 부족하다. 자녀의 연령이 양육자로부터의 관심이 매우 중요한 청소년기 이전의 가족에서 한부모가족의 부모들은 자녀를 위한 신체적, 심리적 욕구를 충족시키기 위한 자원이 부족할 확률이 높은 것이다. 그렇기에 한부모 가족의 자녀들이 발달에서 불리할 수도 있다는 구조라는 예측은 가능하다. 그러나 한부모 가족이 자녀들 양육에 어떠한 가족환경인가에 대한 평가는 가족의 기능수행을 점검한 후 내려져야 한다.

2. 가족생활주기

가족이 수행해야 하는 기능은 가족구조뿐 아니라 가족생활주기에 따라서 다양하게 나타난다. 따라서 같은 가족구조의 가족이라 해도 가족의 기능은 가족의 발달단계인 가족생활주기에 따라 차이를 보인다. 가족의 발달단계를 설명하는 가족생활주기는 가족을 이해하고 그 기능을 평가하는데 도움을 제공하는 개념이다.

인간이 탄생하면 특별한 경우를 제외하고는 예측 가능한 방향으로 발달하고 성장한다. 인간을 발달단계의 특성으로 살펴본 학자들로는 프로이트(Freud), 에릭슨

(Erikson) 그리고 피아제(Piaget) 등이 대표적이다. 이들은 인간의 발달은 단계에 따라서 차별되는 특성이 있다고 주장한다. 또한 단계적 특성에는 그 단계에서 이루어져야 할 발달과업을 포함한다. 그 단계의 발달과업을 수행하지 못할 경우 다음 단계로의 발달에 어려움을 겪는다는 것이 발달단계를 제시하는 이론가들의 주장이다. 이들이 제시하는 발달단계의 특성은 인간발달 특히 아동발달의 수준을 평가하는 기준으로서의 역할을 담당한다.

가족 역시 부부가 결혼하면서 혹은 결혼하기 전 예측 가능한 발달 단계를 거치면서 발달한다는 주장이다. 발달단계별 특성으로 나누어 본 학자들은 각자 강조하는 기준으로 발달단계를 제시하고 있다. 가족관계에서 자주 인용되는 Duvall(1977)의 가족생활주기는 〈표 5-1〉에 제시되어 있는데, 결혼으로 시작하여 부부가 사망하여 가족이 소멸하는 과정을 자녀의 연령을 기준으로 8단계로 나누어져 있다.

보편적으로 가족발달단계는 결혼으로 시작된다고 생각한다. 그러나 가족상담자인 Carter와 McGoldrick(1988)은 가족이 형성되기 이전인 결혼 전기도 가족발달단계에 포함되어야 한다고 주장한다. 〈표 5-2〉에서 보여지듯이 이들은 원가족과의 관계에서 적절한 독립이 이루어져야만 신혼기의 발달과업이 제대로 이루어질 수 있음을 강조한다. 이들은 가족이란 두 사람의 결혼에서 시작하여 사망으로 끝난다는 서구인들의 시각에서 벗어나 가족이란 자신이 자라난 원가족을 포함해서 이해하는 것이 더 적절하다고 설명한다. 전 단계의 과업수행 여부가 현 단계의 발달과업 수행에 결정적인 역할을 담당한다는 점을 감안하면 가족생활주기는 결혼전기부터 시작되어야 한다는 Carter와 McGoldrick의 주장은 설득력을 지닌다.

가족복지를 실천함에 있어서 사회복지사들은 가족발달단계를 이용하여 현재 가족의 발달단계와 수행해야 할 과업들을 이용하여 가족에 대한 정보를 수집할 수 있다. 가족상담자로서 널리 알려진 Minuchin(1974)은 대체로 가족들이 발달단계의 전이기에서 적응을 어려워하며 그 조절을 잘 하지 못했을 때 가족문제가 발생한다고 설명한다. 언제부터 현재의 문제가 일어나기 시작했는가를 살펴볼 때 혹시 발달단계가 바뀌었는데도 예전 발달단계의 지위나 특성에 머물러 있다면 변화된 발달단계에서의 과업수행에 어려움을 겪고, 따라서 가족문제가 발생한다는 것이다.

〈표 5-1〉 Duvall의 가족생활주기와 가족발달과업

가족생활주기	가족원의 지위	가족발달단계과업
1단계: 신혼부부기	남편 아내	- 서로 만족하는 결혼생활 성립 - 임신준비와 부모됨을 확인 - 친족체계에 적응
2단계: 자녀임신기	남편-아버지 아내-어머니 어린 아들/딸	- 유아를 가족일원으로 인식 - 유아의 발달을 위해 노력 - 부모와 유아를 위한 가정형성
3단계: 학령전아동기	남편-아버지 아내-어머니 아들-형/오빠-동생 딸-언니/누나-동생	- 학령전 아동기 자녀의 흥미와 욕구에 적절한 자극환경 재공 - 부모역할로 인한 에너지 고갈과 부부만의 제한된 시간고려
4단계: 자녀아동기	남편-아버지 아내-어머니 아들-형/오빠-동생 딸-언니/누나-동생	- 학령기 자녀의 부모로서 건설적 방법으로 지역사회에 참여 - 자녀들의 학업성취 격려
5단계: 자녀청년기	남편-아버지 아내-어머니 아들-형/오빠-동생 딸-언니/누나-동생	- 청소년기 자녀들이 성장하면서 갖기 원하는 자유를 책임감과 균형을 이룰 수 있도록 지도 - 부모들의 취미와 직업개발
6단계: 진수기	남편-아버지 아내-어머니 아들-형/오빠-동생-삼촌 딸-언니/누나-동생-고모/이모	- 적절한 의식과 도움을 주어 자녀들을 사회로 내보냄 - 자녀를 지원하는 가정을 유지
7단계: 중년부부기	남편-아버지-할아버지 아내-어머니-할머니	- 가족관계를 재형성 - 구세대와 신세대간의 친족관계를 유지
8단계: 노년기	홀아비/과부 남편-아버지-할아버지 아내-어머니-할머니	- 배우자의 죽음을 극복 - 노년기에 적당한 가족형성 - 은퇴에 대한 적응

자료 : *Stage Critical Family Developmental Tasks through the Family Life Cycle*(p.179) in *Marriage and Family Development*, Fifth Edition by E. M. Duvall.(J. B. Lippincott.)

가족생활주기가 가족을 이해하는데 많은 도움을 제공하는 것은 사실이지만 한계를 지닌다는 주장도 끊임없이 제기된다. 무엇보다도 가족생활주기의 한계는 발달단계의 기준이 부부와 자녀로 구성된 핵가족의 발달을 기준으로 하였다는데 있다. 그렇기 때문에 이혼가족이나 재혼가족 그리고 우리나라처럼 부모님을 모시고 생활하는 3세대가족의 경우 발달단계를 적용하는데 한계가 있다. 이러한 단점을 보완하기 위해 Carter와 McGoldrick(1989)은 이혼가족이나 재혼가족의 발달단계를 따로 제시하고

있다. 하지만 조손가족과 같은 다양한 가족구조를 지닌 가족에게 가족생활주기는 여전히 적용에 한계를 지닌다. 또한 발달단계의 기준은 결혼과 더불어 자녀의 연령이다. 학령 전 아동기, 학령기 아동기, 청소년기와 같은 자녀의 연령기준은 첫 자녀가 그 대상이다. 터울이 많이 있는 가족의 경우, 특히 가끔 나타나는 늦둥이가 있는 경우 가족발달단계를 평가하는데 역시 어려움을 겪는다. 물론 자녀가 없는 경우에도 가족생활주기를 적용할 수 있는가에 대해서는 의문이 제기된다. 이와 같은 한계에도 불구하고 가족발달단계는 가족을 이해하는데 중요한 틀로서의 역할을 담당한다.

〈표 5-2〉 Carter와 McGoldrick의 가족생활주기와 가족발달과업가족

가족생활주기	가족원의 지위	가족발달단계과업
1단계: 결혼전기	부모-자녀관계의 분리를 인정	- 원가족과의 자아분화 - 친밀한 동료관계 형성 - 직업세계 형성
2단계: 결혼적응기	새로운 가족체계를 위해 노력함	- 부부체계를 형성 - 친척과 친구관계의 재형성
3단계: 자녀아동기	체계에 새로운 성원을 받아들임	- 부부체계에 자녀를 위한 공간마련 - 부모역할 수행 - 부모와 조부모의 역할을 통한 친족관계의 재정립
4단계: 자녀청년기	가족경계선의 융통성을 증가	- 청년기 자녀를 위한 융통성 있는 부모-자녀관계 형성 - 중년기의 부부관계와 직업에 관심 - 노인세대를 위한 준비시작
5단계: 자녀독립기	다양한 가족성원의 증감에 적응	- 부부만의 체계로 재조정 - 장성한 자녀와의 관계를 성숙한 성인과의 관계로 재정립 - 사돈과 손자녀와의 관계형성 - 노부모의 죽음과 신체불구에 대비
6단계: 노년기	세대교체에 따른 역할에 적응	- 신체적 쇠퇴에 따른 기능과 흥미유지 - 새로운 가족적, 사회적 역할개발 - 중간세대의 중추적 역할을 위한 지원 - 지혜와 경험을 바탕으로 여유를 찾음 - 배우자, 형제, 친구와 자신의 죽음을 맞을 준비 - 삶을 돌아보고 재정리

자료 : *The Stages of the Family Life Cycle*(p. 15) in *The Changing Family Life Cycle: A Framework for Family Therapy*, edited by E. A. Carter and M. McGoldrick (Allyn and Bacon).

3. 가족체계

체계론 관점에서 가족의 특성을 이해하려는 시도는 가족상담 영역에서 활발히 일어났다. 가족상담이나 가족치료를 다루는 교재의 대부분은 체계로서의 가족특성에 대해서 설명하고 있다. 체계론적 관점이 가족을 이해하는데 중요한 역할을 담당하는 것은 가족원들의 상호작용을 강조하기 때문이다. 가족적 관점에서 문제를 다룰 때, 사회복지사들에게 가족의 상호작용 특성을 이해하는 것은 중요하면서도 매우 어려운 과업이다.

상호작용이 중요한 것은 다음과 같은 예로 간단히 설명된다. 우리는 개인의 특성으로 관계적 특성을 이해하려는 경향이 있다. 성실한 남편과 부지런한 부인이 한 가족을 이루었다면 대체로 사이좋은 부부로 살 것이라 예측한다. 그러나 이러한 예측은 맞을 수도 있지만 틀릴 수도 있다. 두 사람이 잘 어울리는가에 대한 부분이 오히려 더 중요한 역할을 담당하기 때문이다. 우리는 가족에서 문제가 생겼을 때 누가 이 문제의 원인을 제공하였는가에 초점을 맞춘다. 그렇지만 대부분의 경우 문제의 원인 제공자는 누구의 관점에서 보았는가에 따라 달라진다. 부부싸움을 하는 경우 남편의 친척이나 친구들은 부인을 문제의 제공자로 지목한다. 그들이 알기에는 그렇게 착한 남편을 화나게 한다면 당연히 부인이 잘못했기 때문이라고 생각한다. 그러나 부인의 친척이나 친구들 역시 그렇게 좋은 여자와 잘 살지 못한다면 남편에게 분명히 문제가 있다고 단정하고 확신하게 되는 것이다. 하지만 체계론적 관점에서 본다면 문제는 남편이나 부인에게 있는 것이 아니라 두 사람의 상호작용에 있다고 결론을 내릴 수 있다.

체계론은 가족문제를 한 사람의 관점에서 이해할 때 발생하는 한계를 극복하도록 도와준다. 그렇기에 체계론에서는 우리가 흔히 문제가 있다고 지적되는 내담자를 IP(Identified Patient)라고 지칭한다. 일반적 관점에서는 문제의 원인을 제공하는 고집 센 시어머니, 무심한 남편, 말을 안 듣는 자녀 등 문제행동을 안고 있는 사람들이 변화해야 가족문제가 없어지고 좋은 가족으로 될 수 있다고 생각한다. 그렇지만 체계론적 관점에서는 고집 센 시어머니, 무심한 남편, 말을 안 듣는 자녀는 가족원들의 상호작용에서 만들어진 역할이라고 판단한다. 개인이 달라지기보다는 가족원들의 상호작용이 달라져야만 문제는 해결된다고 설명하는데, 체계론의 이러한 주장은 체계로서의 가족이 갖는 특성 때문이라고 설명한다. 체계로서의 가족을 이해하기 위해서는 다음과 같은 체계의 특성을 이해해야 한다.

1) 전체성

전체성을 반영하는 가족의 체계로서의 특성은 '가족은 가족원들의 합 이상'으로 나타나는 것이다. 앞에서도 잠시 설명했듯이 가족원의 특성과 더불어 이들의 상호작용의 질까지 포함할 때 가족의 특성을 보다 더 잘 이해할 수 있다. 일반체계이론에서 한 체계를 구성하는 부분들이 하나로 합쳐질 때 그 결과는 부분들의 합보다 더 큰 하나의 전체로 나타난다고 주장하는데 이를 전체성이라고 설명한다. 따라서 내담자의 문제는 그 사람 개인의 문제나 문제를 제공하는 원인제공자가 아니라 가족 모두가 문제를 발생시키고 유지하는데 특정 역할을 담당한다고 해석한다. 그렇기 때문에 문제의 원인을 규명하기 위해서는 개인에게 초점을 맞추기보다는 문제를 유지하고 강화시키는 상호작용에 관심을 두어야 한다고 해석한다.

가장 흔한 예는 술을 먹고 늦게 들어오는 남편 때문에 부부싸움이 잦아서 상담실을 찾는 부인의 경우이다. 개인적 관점에서 문제를 해결하려면 당연히 문제의 근원인 술 마시는 남편으로 초점이 모아진다. 언제부터, 얼마나, 어떤 때 술을 마시는지, 어떻게 하면 술을 덜 마실 수 있는지에 대해서 상담자는 부인과 문제해결을 하기 위해 노력을 기울인다. 부부싸움의 원인이 술 마시는 남편에게 있다고 규정하기 때문이다. 그러나 체계론적 관점에서는 문제의 원인이 반드시 남편의 술 마시는 일이라고 규정하지 않는다. 문제는 남편의 술에 대한 부인의 반응에도 있다는 해석이다. 그래서 변화되어야 할 부분은 남편의 술과 더불어 남편에 대한 부인의 반응이다. 그러나 대부분 부인은 부부싸움의 희생자고, 남편은 부부싸움의 원인제공자라는 도식을 이용하여 문제해결을 시도한다. 그리고 대부분 이러한 시도는 실패로 끝나기

십상이다.

이같은 예를 간단하게 도식화하면 〈그림 5-1〉과 같이 나타난다. 인과론적 입장은 원인에 의해서 결과가 나타난다고 문제를 해석한다. 순환론적 입장은 원인이 결과가 되고, 결과가 다시 원인이 되어 현재 문제가 반복적으로 지속된다고 설명한다. 체계론적 관점에서 가족의 문제는 어떤 한 사람이 문제를 일으켜서 계속된다고 해석하지 않는다. 문제의 원인제공자를 가족원들이 협조하여 문제가 지속된다고 보는데 순환론적 관점에서 해석하기 때문이다.

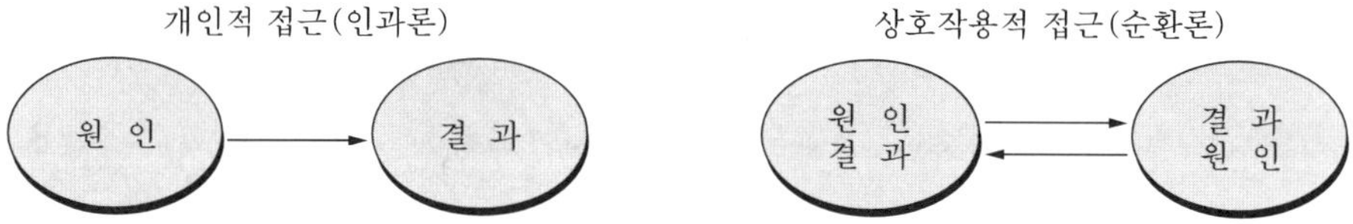

〈그림 5-1〉 인과론과 순환론

문제의 원인을 규명하는 방법은 두 가지로 나뉜다. 하나는 원인에 의해서 결과가 일어났다고 믿는 인과론적 접근이다. 남편이 술을 마시기 때문에 부부싸움을 한다라는 해석은 인과론적 접근이다. 그러나 대부분 남편들은 자신들이 술을 마시는 이유는 집에 오면 바가지를 심하게 긁는 부인이기 때문이라고 항변한다. 집에 일찍 오고 싶어도 늘 자신에게 잔소리를 하는 부인을 생각하면 이런 저런 핑계를 만들어 집에 늦게 들어올 궁리를 하게 되고 그러다보니 지연스레 술지리로 이어진다고 설명한다. 여러분들은 누구의 말을 들어주어야 할까? 부인쪽에서 보면 부인이 피해자이지만 남편쪽에서 보면 남편이 피해자인 것으로 해석된다. 그래서 늘 문제의 해결을 위한 필수조건은 상대방의 변화로 규정되고 상대방을 변화시키기 위해 서로 노력하면서 문제는 늘 유지되고 더 나빠지기도 하는 것이다.

원인이 결과로 작용하지만 결과 역시 원인이기도 한다는 것은 순환론적 접근이다. 순환론적 접근을 적용해서 위의 문제를 해석한다면 남편이 술을 마시기 때문에 부인이 잔소리를 해서 부부싸움을 하지만, 부인이 잔소리를 해서 남편이 술을 먹게 되어 부부싸움을 하게 된다는 것이다. 그러니 문제해결을 위해서는 두 사람 중 누군가의 변화로 가능하다는 결론을 얻게 된다.

더 쉬운 예를 하나 찾아보기로 하자. 엄마가 없이는 아무것도 하지 못하는 의존적인 자녀가 있다고 가정하자. 그러한 경우 엄마들은 아이가 너무 의존적이라 자기가 없으면 아무것도 할 수 없는 것이 문제라고 하소연한다. 인과론적 관점에서 본다면 의존적 자녀가 문제의 원인이다. 그러나 순환론적 관점에서 해석하자면 아이가 의존적인 것은 자녀의 문제이기도 하지만 너무 과잉보호하는 어머니가 문제의 원인이기도 하다. 의존적 자녀를 독립적으로 바꾸기 위해서는 자녀의 노력도 중요하겠지만 어머니가 달라질 때 자녀의 변화는 오히려 더 쉽게 이루어질 수 있다.

앞에서 제시한 두 가지 예를 도식화하면 다음과 같이 나타날 수 있다.

〈그림 5-2〉 순환론적 관점으로 해석한 가족문제의 원인

체계론에 의하면 체계 안에서는 끊임없이 환류(feedback)가 일어나고 있어서 한 부분의 변화는 다른 부분의 변화를 불러일으킨다. 체계가 갖는 환류의 특성은 순환론적 접근이 왜 설득력이 있는가를 지지한다. 즉 남편의 술문제를 잔소리로, 독립심 없는 자녀를 과잉보호로 대응하는 환류가 일어나고 이것은 남편에게 더 술을 마시게 하는 원인을 제공하고, 더 의존적인 자녀로 만드는 어머니의 역할을 담당한다. 따라서 문제의 원인이 어떤 한 사람으로 비롯되더라도 체계의 다른 성원들에 의해서 문제가 지속된다는 설명은 설득력을 지닌다. 문제행동에 대한 가족들의 반응은 예측이 가능하고 유형화된 상호작용으로 나타난다. 유형화된 상호작용에는 가족원 전체가 포함되기도 하고 일부 가족성원만이 포함되기도 한다.

엄마의 도움 없이는 숙제를 끝내지 못하는 아동의 경우를 예로 들어보자. 잘 시간이 되어 자라고 하면 아이는 숙제를 하지 못해 잘 수 없다고 한다. 아빠는 여태까지 숙제도 안하고 뭘 했냐며 엄마를 다그친다. 엄마는 자녀에게 화를 내면서 자녀를 도와 숙제를 끝내고 자녀를 잠자리에 들게 한다. 자녀가 스스로 숙제를 알아서 하면 가장 바람직하다. 하지만 엄마의 도움으로 숙제를 해결하는 것은 야단을 맞더라도 내가 다하지 않아도 된다는 편안함이 있다. 아빠는 자녀에게 숙제를 하게 만드는 역할을 담당하는 것 같지만 사실은 엄마에게 자녀를 도와주라고 압력을 행사하는 역할을 담당한다. 스스로 숙제를 끝내는 자녀로 만들기 위해서는 자녀, 어머니, 혹은 아버지가 함께 관련된 현재 유형화된 상호작용을 변화시켜야 한다.

2) 항상성

가족 체계의 특성을 이해하는데 도움을 제공하는 또 하나의 개념은 항상성이라는 개념이다. 체계는 현재의 상태를 유지하기 위해 나름대로의 질서와 안정성을 필요로 한다. 여기서 질서나 안정성이 늘 긍정적인 상태를 의미하는 것은 아니다. 기능적인 가족에서의 항상성은 긍정적 상태에서의 안정성이다. 그러나 역기능적 가족에서의 항상성은 늘 싸우는 가족, 혹은 늘 서로의 책임을 다하지 않는 가족으로 나타나기도 한다.

가정폭력을 예로 하여 구체적으로 살펴본다면 다음과 같다. 부부가 어떤 일에 대해서 서로 다른 입장을 갖는다. 부부가 서로 다른 의견을 갖는 것은 너무나도 당연한 일이다. 따라서 기능적인 가족의 부부들은 다름을 효과적으로 처리하여 두 사람이 더 적응을 잘할 수 있는 계기로 삼는다. 그러나 역기능적 가족의 부부들은 서로의 차이를 어떻게 다루어야 하는지 모른다. 차이를 가장 원만히 해결할 수 있는 방법은 큰소리와 폭력이다. 폭력을 방지하기 위하여 부부는 서로의 다름을 가능하면 드러내지 않으려고 한다. 결국 부부는 서로의 차이를 어떻게 다루어야 하는지 알지 못한 채 폭력에 의존하는 항상성을 지니게 되는 것이다.

체계는 안정된 상태를 유지하기 원한다. 그러나 체계로서의 가족은 끊임없이 변화에 직면한다. 가족을 구성하는 성원들이 변화하며 이들을 둘러싼 환경이 달라지면서 변화에 적응해야 한다. 변화를 받아들여 항상성을 이루지만 또 다시 형성된 항상성은 변화에 의해 또 다른 상태의 항상성을 유지해야 한다. 앞에서 살펴보았던 가족생활주기는 가족으로 하여금 항상성을 재형성하는 계기를 제공한다. 두 사람이 결혼을 하여 새로운 가족을 형성하면서 가족의 항상성을 만들게 된다.

예를 들어 주말을 어떻게 보낼 것인가를 생각해 보자. 각 가정마다 주말을 보내는 모습은 다양하다. 그러나 각 가정마다 주말을 보내는데 일정한 모습을 보인다. 밀린 청소를 하거나, 부모님 댁을 방문하거나, 종교적 활동에 참여하거나 혹은 여가생활을 보낸다거나 다양한 활동을 한다. 다양하게 주말을 보내는 것 같아도 나름대로의 가족의 특성을 반영하는 것이다. 그러나 이러한 특성이 두 사람이 결혼하면서 자연스럽게 만들어지는 것은 아니다. 처음에는 서로 주말을 보내는 것에 대한 다른 기대를 가질 수도 있다. 그러나 서로 생활하면서 두 사람은 일정한 활동을 하면서 주말을 보내게 되는 것이다. 물론 두 사람이 모두 만족스러운 주말을 보낸다면 바람직하겠으나 만족스럽지 않은 상태에서도 주말을 보내는 일정한 형태는 유지하게 된다. 가족이 형성한 항상성 때문이다.

가족규칙은 가족체계의 항상성을 유지하는데 이바지한다. 여기서 얘기하는 가족규칙이란 겉으로 드러나는 규칙이기도 하지만 대체로는 암묵적인 규칙이다. 가정폭력이 일어나는 가족에서도 싸울 때 폭력을 사용해서는 안된다라는 규칙을 내세우기는 한다. 하지만 실제로 적용되는 더 강력한 규칙들은 다음과 같다. '말로 안 된다면 폭력을 사용할 수밖에 없다.' '폭력은 싸움을 끝내는 유용한 방법이다'와 같은 규칙들이 사실은 그 가족 내에 존재하는 것이다. 이런 규칙들은 명시적으로 가족원들에게 드러나지 않지만 가족들의 행동을 규제하는 강력한 힘을 갖는 규칙들이다.

가족의 변화를 위해서는 가족이 형성한 항상성이 달라져야 한다. 따라서 변화가 지속적으로 유지되기 위해서는 규칙이 달라져야 하는데 이러한 변화를 이차적 변화라고 한다. 일차적 변화는 규칙의 변화가 없이 단지 행동만이 변화하는 것을 의미한다. 가정폭력이 일어났을 때 예전에는 집에 머물러 있던 부인이 집밖으로 나오는 경우 폭력이 없어진 것처럼 보인다. 그러나 폭력이 아주 없어졌다고는 할 수 없다. 잠시 폭력이 중단되는 것이다. 폭력이 근절되기 위해서는 '무슨 일이 있어도 폭력은 사용해서는 안된다'라는 규칙이 예전 규칙을 대신할 때 확실하게 중단되었다고 할 수 있다. 이것이 바로 일차적 변화와 이차적 변화의 예라고 할 수 있다.

3) 경계

가족은 가족원들을 보호하면서 동시에 가족원들을 사회화시키는 역할을 담당한다. 가족은 성과 연령이 다른 가족원들로 이루어지면서 서로의 개별성을 존중해야 하지만 가족으로서의 일체감도 갖고 있어야 한다. 따라서 기능적인 가족은 사회의 변화를 적절히 반영하면서도 개별 가족 고유의 가치나 문화를 유지하려 노력해야 한다. 동시에 가족원들의 사생활을 어느 정도 인정해 주면서도 가족 성원으로서의 의식도 갖고 있어야 한다. 기능적인 가족이라면 가족원들 간 너무 밀착되지도 않지만 너무 분리되지 않는 경계를 유지해야 한다.

가족원들 간의 경계에서 세대는 중요한 기준이다. 부부는 같은 세대로 자녀들과는 어느 정도 분명한 경계를 갖고 있어야 한다. Minuchin(1974)은 부부가 견고한 경계를 형성해야 하고 자녀나 친족으로부터 경계를 침입당하지 않도록 노력해야 한다고 경고한다. 부부체계가 무너지면 가족 내에 연합, 동맹, 우회 등이 이루어지면서 세대 간의 경계 역시 무너지게 된다고 설명한다.

우리나라에서 흔히 나타나는 고부간의 갈등은 세대 간의 경계가 무너지면서 나타나는 전형적인 예로 제시될 수 있다. 어머니와 아들간의 관계는 너무 가까워서 시집온 며느리가 들어갈 틈이 별로 없다. 아들이 며느리의 관계를 새로 형성하기 위해서는 어머니와의 관계에서 어느 정도 분리가 일어나야 한다. 그러나 어머니에게 아들은 본인의 분신이고 희망이고 전부이다. 어머니는 아들이 며느리와 잘 지내기를 소망하면서도 자신의 자리를 비워 주어야 가능하다는 것에 대해서는 이해하려 하지 않는다. 모자와의 관계에서 외톨이가 된 며느리의 유일한 소망은 아들을 낳아 아들과 단단한 연합을 이룩하는 일이다. 세대 간의 연합은 꾸준히 이어지게 마련이다.

중년기 여성에게 빈 둥지 증후군이 있는가에 대해서는 논란이 있어 왔다. 자녀에게 많은 역할을 담당하는 어머니들이 자녀가 떠나면 더 우울해 한다는 것은 널리 알려져 왔다. 어떤 어머니가 자녀에게 더 많은 기대를 하는가? 물론 자녀와 가까운 관계를 형성했던 어머니이다. 그렇다면 어떤 어머니가 자녀와 더 가까운가? 남편과의 관계가 가깝지 못한 경우 자녀와의 관계에 더 많은 관심을 기울이게 된다. 홀어머니 외아들이 최악의 신랑감이라는 말들을 하지만 모두 그런 것은 아니다. 어머니가 자녀와 명확한 경계를 유지했을 경우에는 사정이 다르다. 그렇지만 일반적으로 가족원이 단 두 사람일 경우 두 사람의 관계는 밀착될 확률이 높다.

우리는 흔히 밀착을 매우 친밀함과 동의어로 생각할 수 있다. 그러나 밀착되었다고 두 사람의 관계가 친하고 가까운 것은 아니다. 심리적인 밀착은 두 사람을 서로 부담스럽게 만들어 오히려 갈등관계로 나타나는 경우도 많다. 밀착된 경우에는 두 사람이 서로에게 심리적 부담감을 갖고 있기에 한 사람이 다른 사람에게 큰 영향력을 행사한다. 마치 등이 붙은 샴 쌍둥이와 같이 서로 다른 방향으로 가고 싶은 욕구가 있다 하더라도 한 사람의 욕구는 우선 미루어야 한다. 자녀가 어린 경우, 어머니는 자녀와 매우 밀착된 생활을 할 수밖에 없다. 그러나 자녀가 자라면 점차 어머니와는 다른 생활을 해야 한다. 청소년기에 이르러 자녀는 부모와 분리하여 자신의 정체감을 형성하여 건강한 분리를 이룩해야 한다.

가족원간의 경계가 너무 가까운 것도 위험하지만 경계가 너무 단단한 경우도 기능적이지는 않다고 평가한다. 이러한 경우를 흔히는 분리된 경계라고 표현한다. 가족원들이 분리된 경우에는 가족들 간의 상호작용이 원활히 일어날 수 없다. 개인의 욕구가 가족들과의 관계를 통해서 충족될 수 없어 욕구가 충족되지 못한 불만족스러운 상태에서 머물거나 가족외의 다른 사람과의 관계를 통해서 욕구를 충족한다. 아동이나 노인과 같은 의존적인 존재들은 분리된 가족에서는 돌봄을 제대로 받을 수가 없다. 가족이라면 나만을 위해서 자원을 사용할 수는 없는 일이다. 모든 가족원들은 일상생활이나 필요한 위기 상황을 위해서 가족을 위해 필요한 자원을 축적하고 나누어 쓸 수 있어야 한다.

4. 가족과 환경

가족들 간에도 어느 정도 경계가 있는 것이 기능적이듯이 가족도 주위 환경과 반개방적인 경계를 갖는 것이 바람직하다. 가족이 너무 폐쇄적이면 사회의 흐름을 반영하여 가족원을 사회화시키는데 어려움을 겪는다. 또한 가족의 자원이 부족할 때, 외부로부터 자원을 동원하지 못하여 부족함을 겪는다. 반대로 가족이 너무 개방적이라면 사회로부터 가족원을 보호하는데 역시 어려움을 겪을 수밖에 없다. 가족의 자원이 사회로 유출됨으로 역시 자원의 부족함을 겪는다. 따라서 가족은 외부 환경과 적절한 경계를 유지하여야 한다.

Wood와 Geismar(1986, Collins et al., 1999에서 재인용)는 사회복지사들이 가족의 내적 기능 혹은 사회적 환경에만 초점을 맞추어 문제를 지나치게 단순화하는 오류를 범한다고 지적하듯이 가족의 사회적 환경도 가족을 이해하기 위해서 반드시 고려대상에 포함시켜야 한다. 개인이나 가족이 부족한 자원을 외부로부터 보충할 수 있는 사회적 지원망을 갖는 것은 매우 유익하다. McCubbin(1983) 등은 가족의 어려움을 극복하는데 내부전략 못지않게 가족의 외부체계인 친구, 확대가족, 이웃이나 기관으로부터의 지원은 중요한 역할을 담당한다고 보고한다.

빈곤가족을 오랜 기간 치료한 가족상담자인 Aponte(1995)는 외부의 중복지원이 가족이나 개인의 기능과 적절히 연결되지 못하면 오히려 생활의 통제력을 고갈시키는 부정적인 역할을 담당한다고 지적한다. 특히 빈곤가족의 경우에는 아동이나 장애인을 대상으로 하는 다양한 사회복지 기관들로부터 중복 지원을 제공받는 경우가 많다. 다양한 기관으로부터의 지원은 가족이나 개인의 기능향상과 연결되지 못하고 가족들의 분리가 강조되거나 재결합을 방해하는 부작용을 갖는다. 따라서 환자의 건강을 관리하는 주치의처럼 주 사회복지사가 가족이나 개인의 지원망 흐름을 살펴보고, 조절하는 역할을 담당할 필요도 제기된다.

제 6 장

가족복지 실천 방법

가족복지를 위한 서비스를 제공하기 위해서는 우선 가족복지 실천 이론에서 다루었던 가족복지 실천을 위한 이론적 개념을 이해해야 한다. 가족복지란 실천을 위한 학문이기에 이론적 개념들은 실제 현장에서 어떻게 적용되는가를 다룰 수 있어야 한다. 가족복지 실천 방법에서 가장 강조되어야 할 부분은 가족사정이다. 물론 가족사정은 내담자를 만난 첫 면담 후, 개입단계에서 제일 먼저 이루어져야 할 부분이다. 그러나 본 장에서는 가족사정의 중요성을 강조하기 위하여 실천 과정을 소개하기에 앞서 가족사정을 먼저 다루고자 한다.

1. 가족사정

가족사정이 실천 방법에서 중요한 위치를 차지하는 것은 문제의 원인에 대한 방향을 제공하는 역할을 담당하기 때문이다. 가족의 기능을 정확히 사정하는 것은 사회복지사에게 매우 중요한 능력이다. 마치 의사들이 진단을 정확히 내려야만 치료의 방향이 적절하게 설정되는 것과 마찬가지로 가족기능을 정확히 평가하는 능력은 문제해결과 밀접하게 연결된다. 가족을 이해하는 데 필요한 개념들을 아는 것과 실제 가족들을 대상으로 이러한 개념들을 적용하는 것은 다른 문제이다. 따라서 가족 사정을 능숙하게 하기 위해서는 오랜 실천경험이 필요하다고 하겠다.

Holman(1983)은 사정을 객관적 자료와 상황에 대한 사실 그리고 주관적 자료와 상황에 대한 감정이나 반응 등을 이용하여 문제를 인식하는 방법이라고 정의한다. Holman(1983)이 사정을 문제에 대한 평가에 초점을 맞추었다면, Hollis(1972)나 Lauffer(1982)는 가족이 당면한 문제와 그 원인을 밝혀서 어떤 부분을 변화시킬 수 있는지 혹은 어떠해야 하는지를 밝히는 것까지로 사정의 영역을 확장시킨다(Holeman, 1983 재인용).

가족을 사정하는 목적은 우선 가족이 가족단위로 작업하기 적합한 가족인지 판단하고, 어떤 변화가 필요한지 결정하기 위해서이다. 또한 현실적으로 달성 가능한 단·장기 목표를 설정하고, 더 나아가 가족의 변화를 위해 사용할 수 있는 환경과 지역사회 자원을 확인하는 역할을 담당한다. 서비스를 종결할 때, 초기의 사정 자료는 개입의 결과를 평가하기 위한 기초자료로서 중요한 가치를 갖는다(Holeman, 1983).

본 장에서는 가족사정을 위해 사용할 수 있는 도구들을 중심으로 소개하고자 한다. 우선 가족의 구조와 관계를 정리하는데 도움을 제공하는 가계도, 가족체계를 측정하는데 사용할 수 있는 Olson이 개발한 가족체계 기능성 척도, 가족과 환경과의 관계를 정리하는데 유용한 생태도를 소개하기로 하겠다.

1) 가계도

가족구조는 가족을 구성하는 가족원과 동거여부에 의해서 결정된다. 우리에게 익숙한 가족구조는 핵가족, 3세대가족, 한부모가족, 조손가족, 입양가족, 재혼가족, 분거가족 등이지만 이 외에도 다양한 구조를 지닌 가족들이 존재한다.

가족구조를 파악하기 위해서는 우선 가족들에 대한 정보가 필요하다. 대체로 가족사항 혹은 가족사항이라는 제목으로 가족들의 이름과 연령, 직업 등에 대한 정보를 수집하면 기본적인 가족구조에 대한 평가가 가능하다. 가족원들의 기본적 특성(아동과의 관계, 연령, 직업, 그리고 건강상태) 그리고 같은 거주지에 동거하는지의 여부만으로 아동발달을 위한 가족환경에 대한 특성 파악이 가능하다. 예를 들어 한 부모가족의 경우라 하더라도 동거하는 한 부모가 어머니 혹은 아버지인지, 직업이 있는지 혹은 없는지, 그리고 자녀가 한명 혹은 두 명인지에 따라서 가족의 특성은 매우 달라진다.

아동발달에 필요한 물적 그리고 인적 자원을 제공하는 역할은 가족이 담당한다. 가족구조를 통하여 이러한 물적, 인적자원의 공급이 원활하게 이루어질 수 있는지를 평가할 수 있다. 가족에서 경제적 능력을 갖춘 가족과 부양받는 가족의 수, 가정관리에 참여할 수 있는 가족원의 수, 아동의 양육과 훈육에 참여할 수 있는 가족원의 수에 따라서 아동에게 필요한 자원이 어떠할 것인가에 대한 정보를 얻을 수 있다.

이러한 정보를 체계적으로 요약하는 데 도움을 제공하는 도구를 우리는 가계도(Genogram)라고 한다. 가계도를 작성함으로 아동복지 관련자들은 가족원들과 가족원들 간의 관계를 그림으로 요약해서 파악할 수 있고, 가족원들에게도 가족의 특성을 이해할 수 있는 계기를 제공한다. 가계도를 작성하는데 사용되는 기호는 아래 그림에 제시되어 있다.

일반적으로 가계도의 중요성을 강조하는 학자들은 3대에 관한 가족원의 정보를 수집하여 가계도를 작성할 때, 더 많은 도움을 제공받는다고 주장한다. 그러나 현재 살고 있는 가족원들만을 포함한 가계도를 작성하는 과정을 통해서 가족에 대한 많은 정보를 제공받을 수 있다. 일단 가계도를 작성한 후, 아동과 관련되어 수집되는 추가 정보들을 가계도에 첨가하거나 사용자가 중요하다고 판단하는 정보들을, 예를 들어 누가 누구와 함께 방을 공유하는지 등, 정리하는데 가계도는 도움을 제공한다.

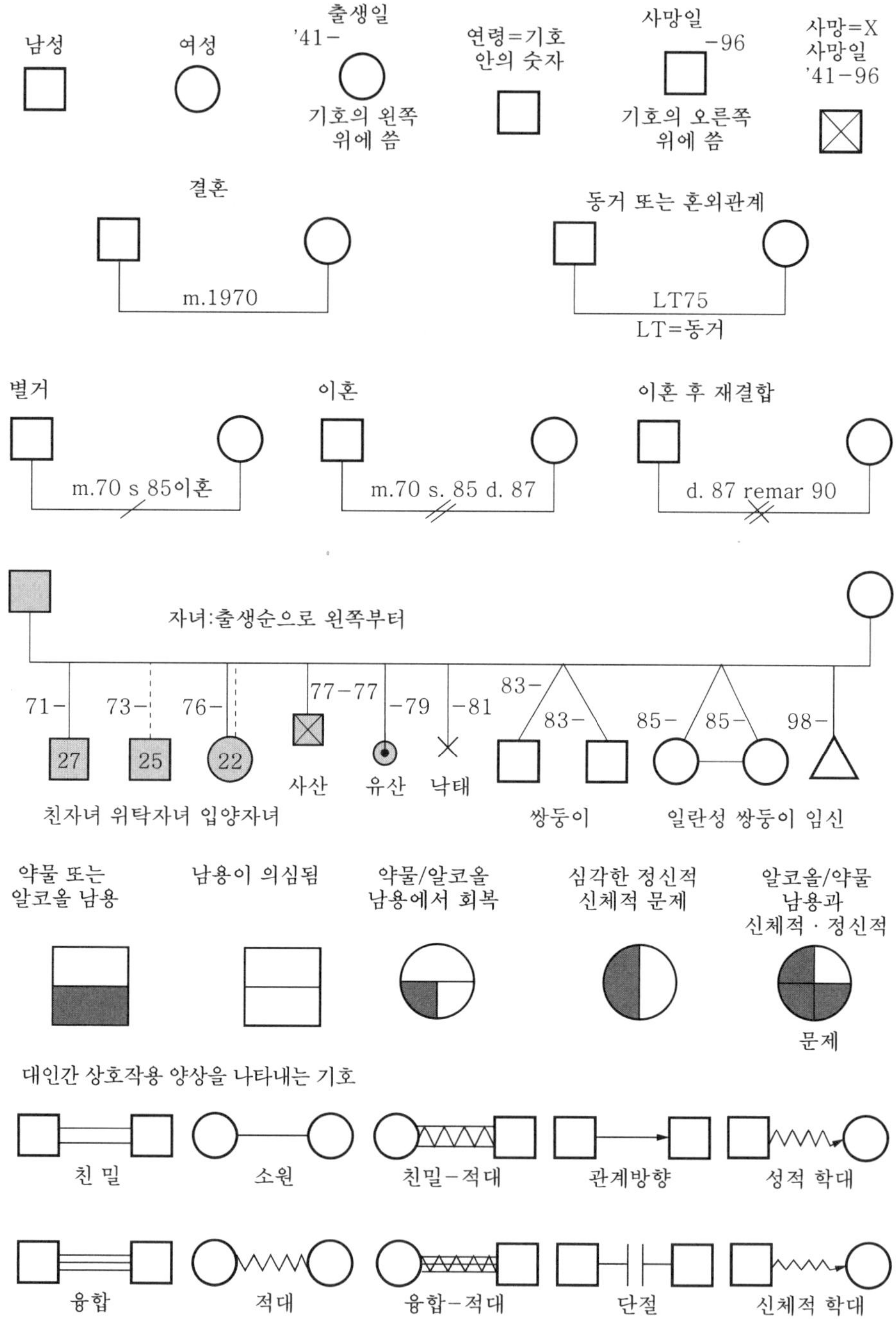

〈그림 6-1〉 가계도의 표준 기호

2) 가족체계의 기능성 척도

가족의 기능성을 평가하는데 도움을 제공하는 평가도구로는 가족환경 모델, McMaster 모델, Beavers 체계 모델, 그리고 순환모델 등이 있다. 우선 가족기능의 측정을 위해 최초로 개발된 가족환경 모델(Family Environment Scale) (Moos, 1974; 김수연, 1998에서 재인용)은 관계, 개인성장 그리고 체계 유지를 측정하는 10개의 하위 영역으로 구성된 척도이다.

McMaster 대학에 소속되었던 Epstein, Bishop 그리고 Levin(1978)에 의해 개발된 맥매스터 모델은 가족의 문제해결, 의사소통, 역할, 정서적 반응성, 정서적 관여 그리고 행동통제를 포함한 6가지 영역을 측정하여 가족의 기능을 평가한다. 가족기능을 평가하고 진단하는데 우수한 준거들을 제공한다고 평가받는 모델이다(김유숙, 2002).

Beavers 체계 모델(Beavers system model of family functioning)에서는 가족의 유능성과 유형의 두 축을 이용하여 가족의 기능을 측정한다(Beavers & Voeller, 1983). 수평축을 이루는 가족의 유능성은 최적, 적절, 중간, 경계, 심각한 역기능 5개 단계로 구성되고, 수직축을 이루는 유형은 상호작용의 질을 원심적, 혼합, 구심적 3개 단계로 이루어져 있다.

Olson, Sprenkle 그리고 Russell은 1979년 FACES(Family Cohesion and Adaptability Evaluation Scales)라는 측정도구를 소개한 후, 단점을 보완하여 1983 현재 널리 쓰이는 FACES IV를 내놓았다. 흔히 순환모델로도 소개되는 이 도구는 가족의 기능과 관계의 역동을 이용하여 가족체계의 기능 정도를 측정한다. 응집성은 가족원간의 결속과 가족원 각자의 자율성을 나타내는 분리의 수준으로 평가한다. 응집성은 낮음에서 높음의 수준으로 측정되는데 가족원간의 분리-결속의 균형, 나-우리의 균형, 친밀감, 충성심, 활동의 공유, 의존성-독립성의 균형으로 측정하여 분리, 연결, 응집, 속박의 네 수준으로 평가한다. 또 하나의 축은 적응성이 차지하는데 이는 가족체계가 안정을 추구하는 수준과 변화를 지향하는 수준을 나타낸다. 리더십, 자녀양육방식, 가족원간의 협의, 가족원들 간의 역할, 가족의 규칙, 가족의 변화 영역으로 측정하여 경직, 조직적, 융통적, 혼란의 네 수준으로 평가가 가능하다. 〈그림 6-2〉에서 응집성과 적응성의 정도에 따라서 나타날 수 있는 16가지 가족유형에 대해 보여주고 있다.

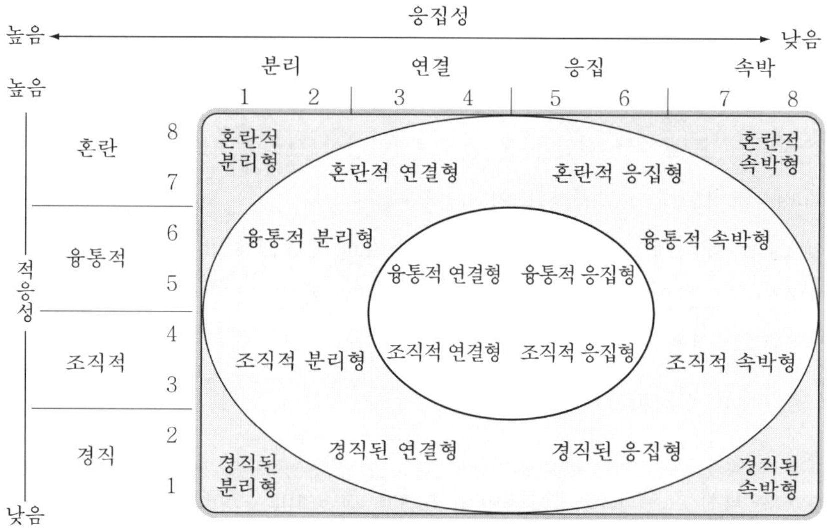

자료: Walsh, F., "Strengthening Family Resilience", 1993. 그림재구성

〈그림 6-2〉 Olson의 16가지 가족유형 순환모델(Circumplex Model)

3) 생태도

가족과 지역사회와의 관계를 나타내는데 도움을 받을 수 있는 도구에는 생태도(Ecomap)가 있다. 생태도를 작성하는 방법은 〈그림 6-3〉에 제시되어 있다. 생태도를 작성하면서 가족 외부로부터 가족의 기능을 지원할 수 있는 지지체계를 발견할 수 있고, 아직 활성화되지 않고 있는 지지체계와의 연결을 강화할 수 있도록 계획을 세우는 데 도움을 제공한다.

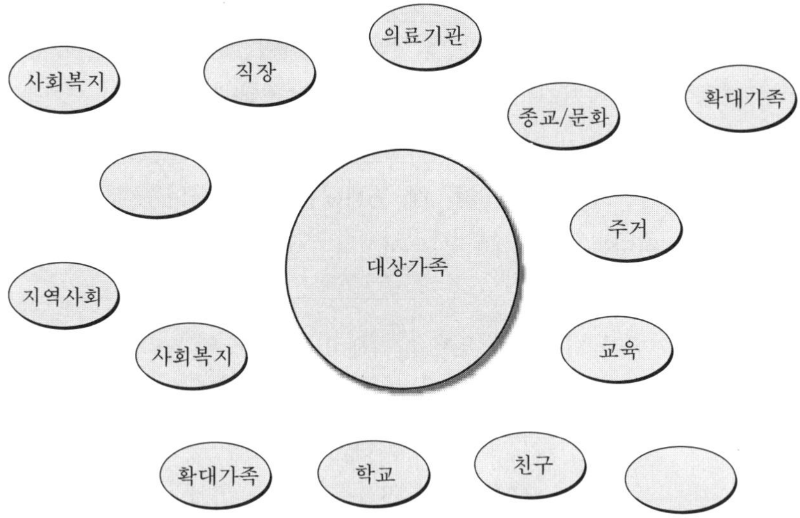

참조:생태도를 작성할 때 어떠한 선으로 이어졌느냐에 따라서 종류의 관계를 알 수 있는데,
——강한 관계, ---- 소원한 관계, //// 갈등관계로 나타낼 수 있다.
화살표는 자원이나 에너지의 흐름방향을 나타낸다. ——►

〈그림 6-3〉 생태도 작성법

2. 실천 과정

가족복지의 효율적 실천을 위해서 사회복지사들에게 가족에 대한 지식과 더불어 이를 실천하는데 개입되는 실천과정을 이해하고 실천을 원활하게 도와주는 기술을 습득하는 것은 매우 중요한 일이다. 가족복지 실천은 개인을 상대로 서비스를 제공하는 사회복지 일반 실천의 초기면접, 개입, 종결로 이어지는 유사한 과정을 거치게 된다. 그러나 가족복지 실천은 개인을 대상으로 하는 실천과정과는 다른 특성을 지닌다. 가족을 단위로 개입계획을 세워야 하는 실천과정 중 특히 초기단계는 세심한 주의를 기울여야 할 부분이다.

새로운 내담자가 기관의 도움을 필요로 하여 방문하였을 때, 초기면접은 서류를 작성하면서 정보를 수집하여 어떠한 도움을 제공할 수 있는가를 결정한다. 기관에서 제공하고자 하는 도움은 일반적으로 내담자의 욕구를 바탕으로 결정된다. 기관에서는 내담자의 현재 문제를 개인적인 접근을 적용하여 해결하려고 한다. 내담자 역시 본인의 가족을 개입시키려는 의지는 별로 없다. 기관에서 일하는 사회복지사나 내담자 모두 가족접근이 더 나을 것이라는 것을 알거나 혹은 전혀 이해하지 못할 수도 있다. 물론 가족의 지지가 있을 때 문제해결은 용이하다는 것에 동의하지만 가족이 참여해야 한다는 것에 대해서는 사회복지사나 내담자 모두 불필요한 과정이라고 생각할 때가 많다.

가족복지 실천 초기면접 과정에서 우선 고려해야 할 사항은 관련 문제를 이해하고 해결하기 위해서 가족원 누구를 포함시킬 것인가에 대한 결정이다. Minuchin 등(1999)은 가족복지 실천에서 누가 포함되어야 하는가는 매우 중요한 일이라고 강조한다. 아동이나 청소년의 경우 그들에 대한 정보와 자원을 가장 많이 갖고 있는 가족원은 부모이다. 하지만 부모 외에 조부모나 형제자매, 친구, 교사 혹은 종교나 사회복지기관 담당자 등 다양한 사람들이 그들의 삶에 중요한 역할을 담당할 수도 있다. 결혼한 여성에게는 시댁과 친정식구들, 이웃, 동료 등과 연결되어 있으며 이들로부터 중요한 정보를 수집할 수 있다. Minuchin 등(1999)은 초기면접에 이런 내용들을 모두 다루어야 한다면 그 과정이 매우 복잡하고 산만하여 비생산적이라는 느낌을 주기 쉽지만 이런 과정 자체가 매우 중요한 역할을 담당한다고 설명한다.

가족복지를 실천하고자 하는 사회복지사는 첫 만남에서 내담자에게 가족참여의 중요성을 충분히 설득하여 다음 모임에 누가 참석할 것인지에 대한 계획을 세우는 것이 매우 중요하다. 스웨덴의 아동 주거시설에서는 초기 일주일동안 가족과 함께 지낼 수 있도록 하거나, 미국의 병원에서 아동이 환자인 경우 가족과 첫날밤을 함께 지낼 수 있도록 방과 공간을 제공하는 제도를 갖추고 있는 예는 가족복지 실천이 적극적으로 이루어지는 경우이다.

가능한 모든 가족이 참여하기 위해서는 근무시간에 대한 조절이 필요하다. 일을 하는 가족들을 만나기 위해서는 아주 늦은 시간이나 주말인 경우만 가능할 경우가 있기 때문이다. 또한 복지기관으로 나오기보다는 가정에서 그들을 만나는 것이 훨씬 용이하다. 가정을 방문하면 사회복지사는 다양한 자료를 얻을 수 있다. 하지만 가정방문을 허락하지 않는 경우 혹은 일부 가족원이 참여를 원치 않는 경우는 당연하게 있을 수 있다. 처음 정보를 수집하는 과정에서 가족의 참여가 많은 도움을 제공하지만 반드시 필수적으로 이루어져야 하는 것은 아니다. 중요한 것은 모든 정보를 내담자의 개인적 관점이 아닌 가족 관점에서 수집하고 해석하려는 가족복지사의 자세라고 하겠다.

대부분의 경우 첫 면담에서 내담자는 자신의 문제와 관련된 사람들과의 관계에 대해서 얘기해야 한다. 아동이나 노인학대의 경우 대부분은 그들이 의존하고 있는 부모나 자녀와의 관련된 생각하기 싫은 기억들을 다루어야 한다. 이러한 경우 초기 면접에 이들을 포함시켜야 하는가에 대해서 결정해야 한다. 함께 첫 면담을 진행하지 않는다 하더라도 별도로 이들을 만나야 하는 경우는 거의 필수적인 경우가 많다. 누구를 먼저 만날 것인가에 대해서도 한번 생각해 보아야 한다. 가정폭력의 경우, 부부를 함께 만날 것인지 아니면 따로 만날 것인지에 대해서 가족을 다루는 사회복지사는 심각하게 고려해야 한다. Minuchin 등(1999)은 가족복지 실천에서 초기 단계는 가족원들을 포함한 문제와 관련된 주제에 대한 정보를 수집하는 기간이 한 번에 끝나는 것이 아니라 몇 번이 될 수도 있다고 설명한다. 가족과 사회적 맥락에서 문제를 파악하는 것이 초기 면접에서 제일 강조되어야 할 부분임을 잊어서는 안 될 것이다.

초기 면접과정에서 사회복지사는 우선 가족복지의 기본 관점을 이해시키고, 내담자의 문제와 관련된 정보를 가족과 사회적 맥락 안에서 수집하고, 가족을 사정한다. 가족을 이해하는데 도움을 제공하는 사정도구들을 사용하여 공식적인 정보와 사실 확인 그리고 가족의 현실에 대한 깊숙한 이해를 위한 노력을 기울이는 것이 매우 중요하다. 사회복지사는 가족의 지속적인 참여를 위해 초기면접에서부터 가족참여가 문제해결에 매우 중요하다는 것을 늘 일깨워주어야 한다. 또한 사회복지사는 문제를 해결할 수 있는 능력은 가족의 잠재력을 향상시킴으로 가능하다는 것을 강조한다. 따라서 가족원들의 참여가 매우 중요한 역할을 담당한다는 것을 주지시킨다.

초기면접에서 제일 먼저 해야 하는 일은 초기면접 기록지(intake form)를 작성하는 일이다. 초기면접 기록지의 구성은 문제를 이해하고 해결하려는 방향과 밀접한 관련이 있다. 일반적으로 복지기관에서 사용하는 양식들은 대체로 내담자의 문제에 초점을 두는 개인접근적 양식들이다. Minuchin 등은 기관에서 사용하는 일반적 양식을 토대로 하여 가족접근적 방향을 잡아줄 수 있는 지침으로 재작성해야 할 필요가 있다고 주장한다. Minuchin 등(1999)이 소개하는 가족접근적 관점에서 초기면접 기록지에 포함되어야 할 문항들은 〈그림 6-4〉에 요약되어 있다.

〈그림 6-4〉 가족접근적 관점에서의 초기면접 기록지

초기면접 기록지

신원정보:
가족들은 누구인가?

내담자의 문제:
왜 내담자가 여기에 왔는가?
가족이 생각하는 이유는 무엇인가?
다른 가족원들은 그 이유에 대해서 어떻게 생각하는가?
언제 문제가 발생하였는가?
누가 내담자의 문제로 영향을 받았으며, 어떻게 받았는가?
그동안 가족이 시도한 해결책은 무엇인가?
내담자와 가족에게 어떤 지원이 시도되었으며, 유용하였는가?

가족: 강점과 스트레스
가족의 강점은 무엇인가?
가족의 스트레스는 무엇인가?

가족의 기대와 역할:
가족이 기관에게 기대하는 것은 무엇인가?
가족이 내담자의 문제해결을 위해 어떤 역할을 담당해야 하는가?
정기적으로 만나지 않아도 되는 가족들과는 어떻게 관계를 형성하고, 유지해야 하는가?

3. 실천기술

효율적인 가족복지 실천을 위해 사회복지사는 사회복지 실천기술에서 필요하다고 제시하는 대부분의 기술들을 익숙하게 사용할 수 있어야 한다. 더불어 한 사람 이상의 가족원을 함께 면담이나 상담과정에서 만나거나, 참여하지 않는 가족원의 반응이 실천효과에 중요한 역할을 담당할 수 있음을 고려해야 한다.

초기면접 과정을 거치고 나서 사회복지사는 가족과 지속적인 관계를 유지하려는 노력을 기울여야 한다. 가족과의 관계를 유지하고 발전시키기 위해서는 다양한 노력을 기울여야 한다. 예를 들어 재미있는 활동을 제안하고, 기관이 아닌 다른 장소와 활동에 가족을 참여시키는 것도 도움이 된다고 한다(Minuchin et al., 1999). 가족복지사는 주기적으로 가족원들과 접촉해야 한다. 정기적으로 가족들에게 연락을 취하면 처음에는 무슨 문제가 있어서 전화를 한다고 생각하나 정례화되면 의사소통을 개방시키는 기능을 갖게 된다. 기관이나 지역사회에 유용한 프로그램이 있을 경우 소개하는 기회를 제공하기도 한다. 필요하다면 접촉을 유지하기 위해 편지를 하는 방법으로도 의사소통을 할 수 있다.

사회복지사는 가정방문을 통해 가족과 더 강한 친밀감을 맺을 수 있다. 사회복지 담당자가 가족에 대해 더 알고 싶어 하고, 구성원들을 만나고 싶어 하며, 일상적인 가정생활이나 가정환경, 이웃에 대해서 알고 싶어 하는 열의를 지니고 있다는 것을 느끼게 되면 덜 방어적이 된다. 그러나 가족들은 자신의 생활에 대해서 공개하기를 매우 꺼려한다. 자신들의 경계 안으로 누군가를 들여놓는 것에 대해서 매우 불편해 할 수도 있다. 또한 사회복지사가 내담자의 가족을 관찰하고 그 결과를 보고해야 하는 역할을 담당하는 경우에는 방문에 대해서 더욱 거부적이다. 방임이나 학대와 관련된 가족문제를 다룰 때 자칫 잘못하면 학대제공자 혹은 가족원들은 담당자를 감시자의 역할로 동일시할 수 있다. 그러나 가정방문을 통해서 우호적인 관계로 형성된 상호작용은 신뢰를 형성하고 협조를 얻는데 도움을 줄 수 있다(Minuchin et al., 1999). 쉼터에 거주하는 내담자를 담당하는 경우에 가정방문은 거의 필수적인 일이라고 Minuchin(1999) 등은 주장한다. 별거하고 있는 가족원들의 재결합은 담당자가 가정방문을 통해 내담자와 가족의 관계를 이어주면서 서로 적응할 수 있는 기회를 가짐으로 더 원활하게 이루어질 수 있다.

가정방문이 가족복지 실천에 매우 중요한 역할을 담당하지만 유의해야 할 부분들이 있음을 고려해야 한다. 부부갈등이 심한 가족을 방문하는 경우에는 자녀들이 없을 때 부부를 만날 수 있는 시간을 고려하여 방문하는 것이 필요하다. 그러나 안전상의 문제가 있을 경우에는 가정방문에 대해서 신중을 기해야 한다. 가정방문을 처벌이나, 서비스를 위한 기본 절차로 사용한다면 가정방문은 서비스 제공자가 문제해결을 위해서 사용하기 보다는 기관의 규칙을 지키기 위한 방법으로 보일 수 있기 때문에 바람직하지 않다고 조언한다.

앞에서 언급했던 바와 같이 개입에 필요한 기술은 일반 사회복지 실천 개입에 필요한 다양한 기술들을 효율적으로 사용할 수 있다. 그러나 가족복지 실천에서 개입과정에서 특히 유의해야 할 부분은 가족문제를 언급하면서 가족원 중 한사람이나 가족 전체를 비난해서는 안 된다는 점이다. 가족원 중 한사람을 비난하게 되는 경우 가족원 중 한사람과 한편이 되어 상대방을 공격하게 되는 입장에 처할 수 있음을 늘 명심해야 한다. 그렇게 된다면 가족의 변화를 유도하는 것이 아니라 현재 가족의 상호작용을 강화시키는 부정적 역할을 담당하여 문제를 유지, 지속시키는데 참여하게 된다. 물론 사회복지사가 문제를 원만하게 해결하기 위하여 혹은 가족체계의 변화를 위하여 일부 가족원들과 더 가까운 관계를 유지해야 할 때가 있다. 그러나 가족복지 실천에서 담당자는 가족체계의 역동성을 먼저 고려하여 개입해야 한다는 것을 잊지 말아야 한다.

문제가 해결되었다고 판단되면 사례를 종결할 준비를 해야 한다. Collins(1999) 등은 가족복지 사례의 종결을 위해서 필요한 점검표를 제시하고 있다. 종결표에 제시된 항목들을 점검하여 대부분의 문항에서 긍정적인 반응을 얻게 된다면 사례를 종결해도 좋다.

〈표 6-1〉 가족복지 종결을 위한 목록표

문항 내용	응답	
	예	아니오
1. 제시된 문제가 제거되었다.		
2. 가족이 다룰 수 있거나 참을 수 있게 되었다.		
3. 달성된 변화를 효과적으로 측정할 수 있다.		
4. 심리 사회적 기능 수행 면에서 긍정적인 변화가 이루어졌다.		
5. 가족원이 더 효과적으로 의사소통하고 있다.		
6. 가족원이 학대로부터 안전하다.		
7. 공식적인 지지망이 유용하고 가족이 이용방법을 알고 있다.		
8. 가족은 필요할 때 전할 수 있는 적절한 비공식 망을 가지고 있다.		
9. 가족 혹은 개인 성원이 지역사회 내 전문 서비스에 의뢰되었다.		
10. 가족이 전문 서비스로 의뢰하는데 동의한다.		
11. 가족은 매일의 일상생활에서 기능하는 기술을 배웠다.		
12. 모든 가족원들의 기본적인 신체적 욕구가 충족되고 있다.		
13. 사회복지사와 가족은 가족의 현재까지의 진전을 평가해오고 있다.		
14. 가족은 주어진 서비스에 만족한다.		
15. 모든 가족원은 개입의 결과로 한층 더 나아졌다.		
16. 가족원들은 변화를 이루는데 그들이 기여한 역할을 알고 있다.		

자료: Collins, Jordan, Coleman(1999). 『가족복지실천론』, 이화여자대학교 사회복지연구회 옮김. 307-308.

사례를 종결했다 하더라도, 사회복지사는 종결 당시 나타난 긍정적 변화가 지속되는가에 대해서 주의를 기울여야 한다. 따라서 담당자는 가족들에 대한 정보를 종결 이후에도 수집하고, 필요한 경우에는 사후지도를 제공하는 것도 중요하다. 가족의 기능이 향상되면 다른 문제가 발생하였을 경우 문제해결을 보다 효율적으로 처리하는 능력도 높아진다. 그렇지만 가족은 늘 다양한 문제에 직면하게 되고, 외부의 도움이 적절히 제공되면 문제해결은 훨씬 용이하다. 따라서 사례의 종결이 문제를 종료했다기보다는 가족의 상황을 전환시켰다는 개념을 적용하여 가족의 성장과 발달을 지켜보는 것이 필요하다는 지적(Collins et al., 1999)을 되새길 필요가 있겠다.

제4부

가족복지의 영역

제 7 장　이혼가족

제 8 장　한부모가족

제 9 장　재혼가족

제10장　빈곤가족과 조손가족

제11장　학대가족

제12장　노인가족

제13장　알코올의존가족

제14장　다문화가족

제 7 장

이혼가족

최근 들어 개인의 선택적 행위로서의 결혼이 일반화되면서 이의 해제에 대한 개념도 보다 자유로워지기 시작하였다. 즉 결혼을 가문간의 결속으로 보던 전통사회에서는 개인의 의사가 개입할 수 없었던 반면, 결혼을 개인의 행복과 성공의 수단으로 보는 현대사회에서는 결혼이 다분히 과정적이고 물화(物化)된 개념으로서 수단화되고 있다. 따라서 개인의 선택력이 중시되고 있는 지구상의 대부분의 민족 집단에서 결혼의 해체 즉 이혼의 일반화가 진행되고 있다.

이혼에 관한 이론적 관점들을 보면, 이혼을 통하여 가정 내 가족구성원의 변화가 초래됨으로써 안정되고 균형된 가정기능이 파괴되는 등, 중요한 사회문제로 간주하는 기능주의적 관점으로부터, 이혼을 갈등해결의 더 나은 대안을 찾기 위한 과정으로 보는 갈등주의적 관점에 이르기까지 긍정적, 부정적인 다양한 측면이 제기되어지고 있다.

따라서 과거처럼 일방적으로 이혼을 부정적으로만 보는 관점에서, 가족관계의 질을 중시하고 가족문제를 해결해 나가기 위한 노력의 과정으로 이혼을 이해하려는 인식의 전환이 이루어지고 있다는 점은 주목할 만하다. 이러한 변화는 현대인의 선택적 행위 유형에 대한 대안이 될 수 있다는 측면에서 긍정적으로 받아들여질 수 있다. 그럼에도 불구하고 가족구성원들이 이혼이 야기시키는 다양한 혼란으로부터 벗어나기는 쉬운 일이 아니다. 특히 가족 해체에 대한 사회적 대안들이 충분히 마련되지 못한 우리나라에서의 이혼은, 가족복지적 측면에서 여러 가지 개인 및 사회적 과제들을 양산하고 있다. 더욱이 이러한 사회적 변화 속도가 매우 급진적으로 일어나고 있는 만큼, 예방과 치료의 양 측면에서의 효과적인 대안들이 보다 시급히 마련되어야 할 것이며, 분석적이며 미래지향적 시각에서의 대안들이 다루어져야 할 것이다.

1. 이혼의 실태

1) 이혼의 개념과 유형

이혼이란 법률상으로 유효하게 성립한 혼인을 생존해 있는 결혼 당사자들이 협의 또는 재판상 절차를 거쳐서 그 결합관계를 소멸시키는 것을 말한다. 이혼은 인위적으로 혼인관계를 소멸시킨다는 점에서 부부 중 어느 일방의 사망에 의한 혼인관계 해소와 달리, 부부관계에서 일어나는 여러 가지 문제로부터 탈피하기 위한 하나의 방법이며 동시에 부부관계를 해소시킬 방법을 법률상으로 인정하는 제도이다.

이러한 이혼의 유형은 크게 당사자의 자유로운 합의에 의한 협의이혼과 법원에 심판을 청구해서 이루어지는 재판이혼으로 나누어질 수 있다. 그러나 최근의 경우에는 협의이혼의 경우에도 단순히 두 사람의 합의에 의한 서류 접수로 이혼이 성립되는 것이 아니라, 이혼숙려제도 등 가정법원의 일부 조정 행위가 뒤따르게 된다.

2) 이혼 현황

(1) 이혼수 및 이혼율

이혼율의 산출방법으로 오늘날 많이 사용되고 있는 방법으로는 첫째, 혼인수에 대한 이혼수의 비율(divorce-marriage rate) 둘째, 인구 1,000명에 대한 이혼수의 비율(crude divorce rate : 粗離婚率) 셋째, 15세 이상의 기혼 여성의 수에 대한 이혼수의 비율(refined divorce rate) 등을 들 수 있다.

이러한 기준에 의해서 1970년부터 2005년에 이르기까지 우리나라 이혼 현황 및 그 추이를 보면 다음 〈표 7-1〉과 같다.

〈표 7-1〉 이혼수 및 이혼율 추이

(단위: 명, %)

연도	총인구수 (15세 이상 여성수)	혼인수	이혼수	혼인수에 대한 이혼수의 비율	인구 1,000명에 대한 이혼수의 비율	15세 이상 여성 1,000명에 대한 이혼수의 비율
1970	31,435,252 (9,266,327)	484,023	21,018	4.34	0.67	2.27
1975	34,678,972 (10,866,012)	385,778	23,326	6.05	0.67	2.15
1980	37,406,815 (12,541,896)	402,281	23,431	5.82	0.63	1.87
1985	40,419,652 (14,355,879)	375,827	38,224	10.00	0.89	2.49
1990	43,390,374 (16,265,598)	393,010	41,543	10.57	0.96	2.55
1995	44,608,726 (17,322,927)	395,964	64,292	16.23	1.44	3.71
1998	46,286,503 (18,233,015)	375,616	116,727	31.08	2.52	6.40
2000	47,008,000 (18,674,000)	334,030	119,982	35.91	2.55	6.43
2001	47,354,000 (18,868,000)	320,063	135,014	42.1	2.85	7.16
2002	47,615,132 (19,053,000)	306,573	145,324	47.4	3.05	7.63
2003	47,849,227 (19,233,000)	304,932	167,096	54.7	3.49	8.69
2004	48,082,163 (19,409,000)	310,944	139,365	44.8	2.90	7.18
2005	47,041,434 (19,297,503)	316,375	128,468	40.6	2.73	6.66
2006	48,297,184 19,759,985	332,752	125,032	37.6	2.59	6.33

자료: 통계청(1955~1975). 『한국의 이혼율 연구Ⅱ』.
통계청(1980~1999). 『한국통계연보』.
통계청(2005). 『인구동태통계연보』.

1970년 이후 현재까지 우리나라 이혼율의 전체적인 경향은 증가 추세로, 특히 1998년 IMF 외환위기로 인하여 실직 등 경제적인 위기를 겪으면서 이혼율이 큰 폭으로 상승하였다. 최근 들어 가장 이혼율이 높았던 2003년의 경우 혼인수에 대한 이혼수의 비율은 54.7%에 달하며, 인구 1,000명에 대한 조이혼율은 3.49이고, 15세 이상 여성인구 1,000명에 대한 이혼수의 비율은 8.69에 달하였다. 2003년 이후 이혼율은 약간 감소 추세이다.

이러한 이혼의 추세를 국가별로 보면 과거에는 미국 및 유럽 국가들의 이혼율이 단연 두드러졌으나 현재에는 단순한 지역적 구분이 불가능해지고 있다. 〈표 7-2〉에서처럼 국가별 조이혼율을 비교해 보면, 특히 우리나라의 이혼율은 미국보다는 낮지만 유럽, 아시아 국가 대부분보다 높게 나타나고 있다. IMF 외환위기 이전인 1997년(2.0)에는 호주(2.9), 독일(2.1)보다 낮고 프랑스(1.9)와는 비슷한 수준이었다. 우리나라를 비롯하여 독일, 대만 등은 10년 전에 비하여 이혼율이 상승 중이며 미국은 다소 감소 추세이다.

〈표 7-2〉 국가별 조이혼율

(단위: 명, %)

	2003	2002	2001	2000	1999	1998
한국	3.5	3.0	2.8	2.5	2.5	2.5
미국	3.8	-	4.0	4.1	4.2	-
일본	2.2	2.3	2.3	2.1	2.0	1.9
대만	2.9	2.7	2.5	2.4	2.2	2.0
프랑스	2.1	2.0	1.9	1.9	2.0	2.0
독일	2.6	2.5	2.4	2.4	2.3	-
이탈리아	0.7	0.7	0.7	0.7	0.6	0.6
오스트레일리아	2.7	2.8	2.9	2.6	2.8	2.8

자료 : 통계청(2003). 『인구동태통계연보』.
UN(2003). *Demographic Yearbook*.
USA(2003). Census Bureau.

(2) 이혼유형별 이혼

이혼유형별 이혼 건수 및 비율을 보면, 재판이혼에 비하여 협의이혼의 비율이 절대적으로 높은데, 이 비율은 점차적으로 더욱 높아지고 있다〈표 7-3〉. 성별 차이를 보면 재판이혼의 경우 1995년까지는 남자보다 여자의 이혼 청구율이 더 높았으나,

1996년 이후 남자의 청구율이 증가하기 시작하여 현재는 그 차이가 더 커지고 있다〈표 7-4〉.

〈표 7-3〉 이혼유형별 이혼건수 및 구성비

(단위 : 천건, %)

	1996	1998	2000	2001	2002	2003	2004	2005	2006
계*	79.9	116.7	120.0	135.0	145.3	167.1	139.4	128.5	125.0
협의이혼	64.4	97.6	100.2	111.7	121.9	143.6	117.6	111.1	108.3
재판이혼	14.8	19.1	19.2	22.6	22.7	22.3	21.0	16.5	16.4
구 성 비									
계*	100.0	100.0	100.0	100.0	100.0	100.0	100.0	100.0	100.0
협의이혼	80.6	83.6	83.5	82.7	83.9	85.9	84.4	86.5	86.7
재판이혼	18.5	16.3	16.0	16.8	15.6	13.4	15.1	12.8	13.1

* 미상 포함

〈표 7-4〉 성별 이혼청구수의 비교

(단위: 명, %)

청구인 / 연도	남	여	전체
1985	10,470(48.4)	11,182(51.6)	21,625(100.0)
1990	8,834(43.0)	11,720(57.0)	20,554(100.0)
1995	10,317(42.9)	13,720(57.1)	24,037(100.0)
1996	12,769(53.9)	10,923(46.1)	23,692(100.0)
1997	13,313(57.7)	9,767(42.3)	23,080(100.0)
1999	16,499(61.5)	10,316(38.4)	26,815(100.0)
2001	17,902(62.1)	10,925(37.8)	28,827(100.0)
2003	18,459(61.0)	11,819(39.0)	30,278(100.0)
2005	14,974(62.5)	8,969(37.5)	23,943(100.0)

* 재판상 이혼에 한함
자료 : 법원행정처. 『사법연감』. 각 년도

(3) 연령별 이혼

이혼 연령 분포를 보면 최근에 이혼 연령이 다소 높아지고 있는 추세인데, 2006년 현재 남성의 평균 이혼 연령은 42.6세, 여성은 39.3세이다. 연령대별로 보면 남성은 35~39세(20.8%), 40~44세(20.4%), 45~49세(17.0%)의 순으로 높게 나타나고 있고, 여성은 35~39세(21.7%), 30~34세(19.7%), 40~44세(18.0%)의 순으로 나타나고 있다. 따라서 40세 전후 남성, 30대 여성이 주 이혼 연령층임을 알 수 있다.

평균 이혼연령은 남자가 42.6세, 여자가 39.3세로 10년 전인 1996년보다 남자는 4.0세, 여자는 4.5세가 높아졌는데, 이는 초혼연령의 상승과 20년 이상 동거한 부부의 이혼 비중이 증가한데 기인한 것이다. 남자와 여자의 평균 이혼연령 차이는 3.3세로 1996년보다 0.5세 낮아졌다〈표 7-5〉.

〈표 7-5〉 남녀 평균 이혼연령

(단위 : 세)

	1996	1997	1998	1999	2000	2001	2002	2003	2004	2005	2006
남 자	38.6	39.1	39.8	40.0	40.1	40.2	40.6	41.3	41.7	42.1	42.6
여 자	34.8	35.3	36.1	36.4	36.6	36.7	37.1	37.9	38.2	38.6	39.3
차 이	3.8	3.8	3.7	3.6	3.5	3.5	3.5	3.4	3.5	3.5	3.3

자료: 통계청, 2006 이혼통계.

(4) 이혼 사유별 이혼

현행 민법 840조에는 법률적 이혼의 사유로,

1. 배우자에 부정한 행위가 있었을 때
2. 배우자가 악의로 다른 일방을 유기한 때
3. 배우자 또는 그 직계존속으로부터 심히 부당한 대우를 받았을 때
4. 자기의 직계존속이 배우자로부터 심히 부당한 대우를 받았을 때
5. 배우자의 생사가 3년 이상 분명하지 아니한 때
6. 기타 혼인을 계속하기 어려운 중대한 사유가 있을 때로 규정하고 있다.

〈표 7-6〉 재판상 이혼의 사유

청구인	연도	부정 행위	악의의 유기	본인에 대한 부당한 대우	존속에 의한 부당한 대우	3년이상 생사불명	기타	계
남자	1995	5,175 (50.1)	1,882 (18.2)	1,214 (11.7)	628 (6.1)	871 (8.4)	547 (5.3)	10,317 (100.0)
	1997	5,034 (37.8)	2,472 (18.6)	3,184 (23.9)	704 (5.2)	756 (5.6)	1,163 (8.7)	13,313 (100.0)
	1999	6,729 (40.8)	2,665 (16.1)	4,046 (24.5)	770 (4.6)	1,182 (7.2)	1,107 (6.7)	16,499 (100.0)
	2001	7,376 (41.2)	2,899 (16.1)	4,776 (26.6)	739 (4.1)	1,084 (6.0)	1,028 (5.7)	17,902 (100.0)
	2003	8,596 (46.6)	1,680 (9.1)	5,444 (29.5)	905 (4.9)	721 (3.9)	1,113 (6.0)	18,459 (100.0)
	2005	6,995 (46.7)	1,407 (9.4)	4,291 (28.7)	775 (5.2)	719 (4.8)	787 (5.3)	14,974 (100.0)
여자	1995	5,626 (41.0)	2,229 (16.7)	3,348 (24.4)	580 (4.2)	824 (6.0)	1,043 (7.6)	13,720 (100.0)
	1997	4,353 (44.6)	2,013 (20.6)	1,196 (12.2)	784 (8.0)	931 (9.5)	490 (5.0)	9,767 (100.0)
	1999	5,039 (48.8)	1,091 (18.4)	1,335 (12.9)	691 (6.7)	852 (8.3)	498 (4.8)	10,316 (100.0)
	2001	4,747 (43.4)	2,091 (19.1)	1,897 (17.3)	838 (7.6)	797 (7.2)	555 (5.0)	10,925 (100.0)
	2003	5,550 (47.0)	1,038 (8.8)	2,751 (23.3)	972 (8.2)	693 (5.9)	815 (6.9)	11,819 (100.0)
	2005	4,474 (49.8)	644 (7.2)	2,069 (23.1)	822 (9.2)	503 (5.6)	457 (5.1)	8,969 (100.0)
전체	1995	10,801 (44.9)	4,181 (17.4)	4,562 (18.9)	1,208 (6.4)	1,695 (7.1)	1,590 (6.6)	24,037 (100.0)
	1997	9,384 (40.7)	4,485 (19.4)	4,380 (18.9)	1,488 (6.4)	1,687 (7.3)	1,653 (7.2)	23,080 (100.0)
	1999	11,768 (43.9)	4,566 (17.0)	5,381 (20.0)	1,461 (5.4)	2,034 (7.6)	1,605 (5.9)	26,815 (100.0)
	2001	12,123 (42.0)	4,990 (17.3)	6,673 (23.1)	1,577 (5.4)	1,881 (6.5)	1,583 (5.4)	28,827 (100.0)
	2003	14,146 (46.7)	2,718 (9.0)	8,195 (27.1)	1,877 (6.2)	1,414 (4.7)	1,928 (6.3)	30,278 (100.0)
	2005	11,469 (47.9)	2,051 (8.6)	6,360 (26.6)	1,597 (6.7)	1,222 (5.1)	1,244 (5.2)	23,943 (100.0)

자료: 법원행정처, 『사법연감』, 각 년도.

법률적 이혼의 사유가 실제로는 어떻게 나타나고 있는지를 〈표 7-6〉에서 보면, 재판상 이혼의 원인으로는 배우자의 부정행위가 가장 큰 비율을 차지하며 다음이 본인에 대한 부당한 대우인 것으로 나타나고 있다. 1990년대 후반 들어 배우자의 부정 사유는 약간 줄다가 최근 다시 증가하는 추세이며, 악의의 유기 사유는 지속적으로 감소하고 있다. 반면에 본인에 대한 부당한 대우가 이혼의 원인이 되는 사례가 현저히 증가하고 있다. 성별 차이를 보면, 배우자의 부정으로 인한 여성의 청구 비율은 꾸준히 늘고 있으며, 남성의 경우 본인에 대한 부당한 대우로 청구하는 경우가 많아지고 있다.

한편, 협의이혼 시를 포함하여 본인이 작성하는 일반적인 이혼신고서 양식을 기준으로 이혼사유를 분류해 보면 〈표 7-7〉과 같다. 이 경우에는 배우자의 부정보다는 성격 차이를 이혼사유로 든 경우가 많으며 그 다음으로 경제문제, 가족간 불화, 배우자 부정 등의 순으로 들고 있다. 성격차이와 경제문제는 점점 더 증가하고 가족간 불화는 감소하는 추세이다.

〈표 7-7〉 이혼사유별 이혼 구성비

(단위: 명, %)

연도	2000	2001	2002	2003	2004	2005	2006
계	100.0	100.0	100.0	100.0	100.0	100.0	100.0
배우자 부정	8.1	8.7	8.6	7.3	7.0	7.6	7.6
정신·육체적 학대	4.3	4.7	4.8	4.3	4.2	4.4	4.5
가족간 불화	21.9	17.6	14.4	13.0	10.0	9.5	8.9
경제 문제	10.7	11.6	13.6	16.4	14.7	14.9	14.6
성격 차이	40.1	43.0	44.7	45.3	49.4	49.2	49.7
건강문제	0.9	0.7	0.6	0.6	0.6	0.6	0.7
기타*	14.0	13.7	13.3	13.1	14.1	13.8	13.9

*미상포함

자료: 통계청, 『인구동태통계연보』, 각 년도

2. 이혼의 특성

1) 이혼의 다양한 측면들

이혼은 결혼 기간의 차이가 있다 할지라도, 그동안 수립하여 온 결혼에 따른 복잡한 인간관계와 생활형태의 변화를 맞이한다는 측면에서 단순히 법적 별리로만 이루어질 수 없는 다양한 측면들을 함유하고 있다. 따라서 이혼은 다음과 같은 여섯 가지 측면이 복합적이며 장·단기적으로 나타나는 과정이라고 할 수 있다(Bohannan, 1970). 따라서 이혼에 대한 예방과 치유 혹은 이혼가족의 복지적 대책을 수립하는데 있어서도 이러한 이혼의 각 측면들은 신중히 고려되어야 한다.

(1) 정서적 이혼

결혼관계를 악화시키는 정서적인 문제에 초점을 맞춘 것으로, 결혼 초기에 협조적이고 긍정적이던 부부관계가 상대의 단점이나 약점에 주목하게 되면서 발생한다. 이러한 정서적 이혼은 수개월간 혹은 수년간 지속되기도 한다. 배우자로부터 거부당하는 이러한 정서적 좌절은 사별한 경우보다 더 큰 충격을 줄 수 있으며, 새로운 생활로 완전히 적응한 이후에야 극복될 수 있다.

(2) 법적 이혼

결혼관계를 공식적, 형식적으로 끝내기 위한 과정으로서, 협의 혹은 재판 등의 절차를 거쳐 문서상의 결말을 맺게 된다. 재판상 이혼에 있어서는 이 과정에서 자연히 잘잘못을 가리게 되거나 물적 소유 등을 거론하게 됨으로써 종종 극단적인 대결로 치닫기도 한다. 초기의 법제에서는 이혼을 인정하는데 매우 소극적이었으므로 누군가의 잘못이 있는 경우에만 이혼을 인정하였으나, 점차 부부관계가 적대적으로 변화하는 것을 막기 위한 대안으로서 이혼무책주의(no-fault divorce)가 등장하였다.

무책주의는 누가 잘못했는지 따지지 않고 '융화할 수 없는 차이' 혹은 '회복 불가능한 결혼관계' 등의 이혼 사유가 일정 기간 동안 지속될 경우 이혼을 인정하는 것으로, 우리나라의 경우도 일부 무책주의를 채택하고 있다.

(3) 경제적 이혼

이혼에 따른 재산의 분할, 법적 비용 부담, 위자료 및 양육비 등 제반 경제적인 사항에 관련된 것을 정리하는 과정을 일컫는 것으로, 경제적 삶의 질이 점차 중요시되고 있는 만큼 갈등의 소지도 점차 더 커지고 있다.

(4) 공동양육자로의 이혼

일반적으로 이혼에 있어 가장 고통스러운 과정이며, 가장 어려운 과정이기도 하다. 단순하게 누가 주 양육자이며 보호자가 되느냐에 그치지 않고 지속적으로 이혼 후에도 연결의 고리가 되는 만큼, 단기적으로 완결되는 과정이라고 보기 어렵다. 이혼 후 자녀를 공동 양육하는 경우, 지속적으로 부모와의 접촉이 가능하다는 점에서는 긍정적이나 자녀가 부모 사이를 왕래하면서 적응하여야 하는 부담이 생길 수 있다.

(5) 사회적 이혼

이혼을 하게 되면 공동의 사회적 관계에서 각자의 사회적 관계로 이동하게 된다. 따라서 주거, 이웃, 친구, 사교생활 등 새로운 사회적 관계로의 적응이 필요하며, 특히 자녀에게는 매우 큰 부담이 되기도 한다.

(6) 심리적 이혼

부부는 심리적으로 서로에게 의존하게 된다. 이혼은 이러한 의존적 관계에 대한 종말을 포함한다. 자율적인 인간으로서 거듭나야 하며 파트너 없이 일상의 일을 헤쳐 나가야만 한다. 따라서 심리적 이혼은 매우 큰 적응의 노력을 요구하며, 이러한 측면이 심리상담을 필요로 하기도 한다.

2) 이혼의 심리적 단계

이혼은 생애의 어느 사건보다도 충격적인 경험으로서, 장단기적인 적응의 과정을 필요로 한다. 특히 심리적인 적응은 어렵고도 중요한 과정으로 대개의 경우 아래와 같은 단계를 거치게 된다(Atwood & Genovese, 2006).

(1) 1단계 : 부정

부부간의 별리에 따른 충격으로 대부분의 이혼 당사자들은 긴 터널을 빠져나온 느낌, 멍한 기분, 공황, 식이 혹은 수면장애 등의 신체적, 심리적 상태를 경험한다. 또한 자신을 압도하는 이러한 상태들로부터 벗어나기 위하여 이러한 느낌들을 부정하거나 혹은 부인하는 단계를 거치게 된다.

(2) 2단계 : 갈등

1단계의 충격이 지나가면, 기복이 심한 감정적 상태가 되어 안정감과 불안감이 수시로 반복되어 갈등적 단계가 나타나게 된다. 한동안은 자신의 새로운 생활에 안도하다가도, 자신의 과거를 반추하면서 죄의식과 분노, 후회 등이 몰려오기도 하여 자신의 감정 상태를 예측할 수 없게 된다. 이러한 과정은 자신의 인간관계를 재정립하는 계기가 되기도 하며, 억눌린 감정을 푸는 기회가 되기도 한다. 그리고 극심한 고독감, 상실감을 느끼게 되며, 우울 정도도 높아지게 된다.

(3) 3단계 : 병존

3단계가 되면 개인의 정체성에 대한 변화가 오게 되는데, 이는 이혼의 과정에서 심리적으로 가장 어려운 단계이다. 결혼으로 인하여 부부는 쌍으로서의 정체감을 발달시켜 가는데, 이혼 후 이러한 정체감의 혼란이 오게 됨으로써 서로 다른 두가지 정체감 사이에서 방황하게 된다. 이것은 청소년기의 발달과정을 다시 겪는 것과 같으므로, 타인들이 자신을 어떻게 보는지에 매우 민감해지고, 새로운 옷, 자동차 등을 사거나 새로운 데이트 관계를 모색하기도 한다.

(4) 4단계 : 수용

마침내 통상 수개월이 지나면 4단계에 이르게 되는데, 자신의 상황에 대한 수용의 단계이다. 더 이상 과거에 머무르지 않고 새로운 생활양식에 적응하게 되는데, 새로운 인간관계의 수립도 이루어지기 시작한다. 이 때까지도 이러한 적응이 불가능하면 전문적인 도움을 받아야 한다.

3) 이혼이 개인과 가족에게 미치는 영향

(1) 이혼 당사자에게 미치는 영향

최근 들어 이혼이 일반화되면서 이혼의 긍정적 측면에 관한 논의도 있으나(Price-Bonham & Balswick, 1980), 대부분의 사람들에게 이혼은 가장 고통스러운 인생사건 중의 하나이며, 많은 문제를 유발시키는 것이다. 이혼으로 인하여 겪게 되는 문제들은 심리적·정서적 영역의 문제, 생활영역의 문제, 대인관계 영역의 문제, 자녀영역의 문제 등으로 대별할 수 있다.

우선 앞서의 이혼의 심리적 단계에서 나타난 바와 같이 심리적·정서적 영역의 문제가 두드러지는데, 대표적인 것이 결혼의 실패에서 오는 자존감 상실을 들 수 있다. 심지어는 친밀한 관계를 유지하는 자신의 능력에 대한 회의감에 빠지기도 한다. 따라서 이혼 후 남녀 모두 자존감의 저하, 극심한 분노감, 상실감, 무력감, 우울증, 소외감 등의 심리적·정서적 문제를 겪는 것으로 밝혀졌다(변화순, 1996; 성정현, 1998; Holmes & Rhae, 1976 ; Hetherington, Cox & Cox, 1978 ; Raschke, 1987 ; Price & McKenry, 1988). 이러한 심리적 혼란은 불면증, 음주, 흡연 등의 행동적 반응으로 나타나기도 하고, 높은 자살률이나 질병 등과 같은 신체적 건강의 악화로 나타나기도 한다(Berman & Turk, 1981).

또한 생활양식의 변화 역시 이혼 후 나타나는 큰 변화 중 하나인데, 경제적 지위의 하락, 사회적 지위의 변화, 홀로 된 일상생활에의 적응 및 그에 따른 역할이나 생활양식의 재조정 문제 등이 이혼 후 갈등요인으로 작용한다(김혜련, 1993; Berman & Turk, 1981). 이 때 성에 따라 적응상의 어려움에 차이가 나타나는데,

여성은 대체적으로 경제적인 어려움, 남성은 일상생활상의 어려움을 가장 많이 느끼게 된다.

그리고 대인관계 영역 즉 친척 및 친구와의 관계 변화도 주목할 사항인데, 이혼 후 가족이나 친구로부터의 사회적 지지가 이혼자들의 적응에 큰 도움이 된다는 측면에서 중시되어야 할 부분이다. 그러나 자녀의 이혼을 비난하거나 지나치게 관여하는 부모, 거리를 두거나 무시하는 기혼 친구, 이전 배우자와의 인연이나 부부 모임 등에서 만났기 때문에 홀로 만나기 어려운 친구 등, 이혼한 부부는 전반적인 사회관계망의 변화나 축소를 경험하게 되기 쉽다.

또한 자녀양육 및 부모자녀관계와 관련된 문제들도 발생하게 되는데, 자녀 특히 남아의 경우 반항적이 되기 쉬워 부모는 일상적 대화의 어려움 등을 겪게 된다(주소희, 2003; Amato, 2000; Hetherington, 1979). 자녀가 사춘기에 진입하는 시기에 이혼을 하였다든가, 자녀가 이혼에 대해 거부할 때, 부모 중 일방의 입장만을 지나치게 옹호할 때 등 이혼 이후의 부모자녀관계를 어렵게 하는 요인들이 발생할 수 있다.

(2) 자녀에게 미치는 영향

자녀 역시 부모의 이혼으로 인하여 영향을 받게 되는데 이혼 당사자와 마찬가지로 심리적·정서적 문제, 생활변화의 문제, 대인관계 문제, 학교생활 문제 등이 발생할 수 있다.

우선 심리적·정서적 문제에 있어서는 분노, 공격성, 후회, 억압, 죄의식의 감정유발이 일어날 수 있다. 성인과 달리 자녀가 받는 심리적 상처는 오래 지속되며, 특히 부모의 이혼이 자신이 말을 잘 안 들어서라는 등 자신의 잘못 때문이라고 생각하는 경우가 많아, 적극적인 중재 노력이 없이는 이러한 문제들이 내면에 깊이 잠복할 가능성이 있다. 자신이 성장한 후에 동일한 상처를 반복하리라는 예견을 하면서 결혼이나 가족생활에 대한 부정적 인식을 갖기도 한다.

생활변화의 문제로서 으뜸가는 것은, 모자가족의 경우 경제수준의 하락으로 인한 주거변화, 전학, 생활수준의 변화 등이 올 수 있으며 양육권을 가진 부모 일방을 따라서 거주지를 옮기는 경우 친구관계, 학교 적응문제 등 다른 여타의 문제들과 복합적인 어려움을 초래할 수 있다. 또한 공동양육권을 받은 부모의 집을 이동하며 방문하거나 머물러야 하는 불안정성도 문제시 될 수 있다.

동료와 대인관계에서의 문제(이삼연, 2002; Hetherington, Cox & Cox, 1982 ; Zill, 1988)는 주로 친구나 교사, 친척관계의 변화에서 발생할 수 있는데, 거주지 변동에 따른 사회적 관계 변화 이외에도 아동 자신의 위축감 등이 대인관계에서의 변화를 유발할 수 있다.

자녀의 학교생활문제에 있어서는 우선 정서적 혼란과 갈등으로 인한 학업성적 수준의 하락(Hetherington, 1979 ; Zill, 1988)이 발생할 수 있으며, 부정적 자아개념, 인지능력 저하, 비사회적 행동(정지연 · 한유진, 2007; 주소희, 2007; Demo & Acock, 1988) 등의 문제까지 수반할 수 있다.

또한 이러한 자녀의 적응 혹은 부적응의 정도는 부모자녀관계의 수준에 의하여 영향을 받는 만큼(주소희, 2007; Sandler, 2001), 부모의 지지와 배려가 특별히 중요하다 하겠다. 부모의 죄의식, 분노, 이혼에 대한 수치심 등도 자녀의 적응을 방해하는 요소이다.

한편으로 점차 부모의 이혼이 자녀에게 주는 영향에 대한 부정적인 시각이 수정되기 시작하였는데, 김정옥 등의 연구(한국가족학연구회 편, 1993)에서는 부모의 이혼이 자녀에게 부정적인 영향을 크게 미치지 않는 것으로 나타났다. 자녀의 생활의 질은 중간을 약간 웃도는 수준이며, 신체적 무기력 및 외로움이나 자기비난은 낮은 편이다. 이혼한 부모의 자녀들 스스로보다는 사회에서 더 부정적 견해를 가지고 있다는 것이고, 따라서 사회의 부정적 시각에 의한 편견이 오히려 자녀들에게 문제를 배가시키고 있다고 하였다. 부모의 이혼으로 인해 부정적 영향을 크게 받는 자녀도 있지만 시간이 흐름에 따라 이를 극복해 가고 있음을 조사를 통해 알 수 있다.

3. 이혼가족을 위한 대책 및 서비스

1) 법률적 대안

(1) 이혼숙려기간 도입

이혼이 일반화되고 특히 협의이혼의 비율이 나날이 증가하면서 우리나라에서도 숙고하지 않은 이혼에 대한 제도적 제동 장치가 필요하다는 의견들이 대두되었고, 이에 대한 대안으로서 최근 이혼숙려제가 도입되었다.

과거에는 협의이혼의 경우 관할 법원에서 부부가 협의이혼의사를 확인받은 후 그 확인서를 첨부하여 관할 호적관서에 이혼신고를 하면 이혼의 효력이 발생하게 되는데, 기존에 법원에서는 신청서가 접수되면 오전에 접수한 사건은 당일 오후에, 오후에 접수한 사건은 그 다음날 오전에 협의이혼 의사확인을 하여 왔다.

2004년 12월 27일 서울가정법원 가사소년제도개혁위원회에서 협의이혼의사확인절차와 관련하여 숙려기간제도 및 상담제도를 도입하기로 의결함에 따라 서울가정법원에서는 2005년 3월 2일부터 숙려기간 및 상담을 시범적으로 실시하기 시작하였다. 이는 경솔한 이혼을 방지하고 이혼결정에 대하여 다시 한번 재고할 기회를 주기 위한 것으로 가정폭력 등 급박한 사유가 있는 경우를 제외하고 협의이혼의사확인 신청을 한 때로부터 1주일(일종의 숙려기간임) 후에 협의이혼의사사확인기일을 지정하였다. 다만, 법원에서 제공하는 상담을 받은 경우에는 당일이나 그 다음날 협의이혼의사 확인을 받을 수 있었다. 2006년 3월 2일부터는 협의이혼 시 숙려기간이 1주일에서 3주일로 연장되고, 법원에서 무료로 제공하는 상담을 받은 경우에도 1주일의 숙려기간을 거쳐야만 협의이혼 의사 확인을 받을 수 있었다.

2007년 12월 21일자로 민법이 개정되어 2008년 1월 1일부터는 이혼숙려제도가 강화되어 시행되게 되었다. 즉 협의이혼 당사자는 일정 기간(양육하여야 할 자녀가 있는 경우는 3개월, 양육하여야 할 자녀가 없는 경우는 1개월)이 경과한 후 가정법원으로부터 이혼의사 확인을 받아야만 이혼이 가능하도록 된 것이다.

(2) 협의이혼 시 자녀 양육사항 및 친권자 지정 합의 의무화

지금까지의 협의이혼제도는 당사자 사이에 자녀 양육사항 및 친권자 지정에 관한 합의 없이도 이혼이 가능함에 따라 이혼 가정 자녀의 양육환경이 침해되는 문제가 있었다. 이 역시 민법이 개정되어 협의이혼 하고자 하는 부부에게 양육자의 결정, 양육비용의 부담, 면접교섭권의 행사여부 및 그 방법 등이 기재된 양육사항과 친권자결정에 관한 협의서 또는 가정법원의 심판정본을 이혼 확인 시 의무적으로 제출하도록 하였다.

(3) 자녀의 면접교섭권 인정

지금까지는 부모에게만 면접교섭권을 인정하고 있어 자녀는 면접교섭권의 객체로 인식되는 문제가 있었으나 민법 개정으로 자녀에게도 면접교섭권을 인정하게 되었다.

(4) 재산분할청구권 보전을 위한 사해행위취소권 신설

그 동안 재산분할청구권이 구체적으로 확정되기 전에 재산분할청구권을 피보전권리로 하는 사해행위취소권이 인정되는지 여부에 대하여 다툼이 있었으나 민법 개정으로 부부의 일방이 상대방 배우자의 재산분할청구권 행사를 해함을 알고 사해행위를 한 때에는 상대방 배우자가 그 취소 및 원상회복을 법원에 청구할 수 있도록 하였다.

〈민법 중 이혼 관련 주요 조문 및 최근 개정 내용〉

제836조 (이혼의 성립과 신고방식) ① 협의상 이혼은 가정법원의 확인을 받아 「가족관계의 등록 등에 관한 법률」의 정한 바에 의하여 신고함으로써 그 효력이 생긴다. [개정 77·12·31, 2007.5.17 제8435호(가족관계의 등록 등에 관한 법률)] 〈시행일 2008.1.1〉
② 전항의 신고는 당사자쌍방과 성년자인 증인 2인의 연서한 서면으로 하여야 한다.

제836조의2 (이혼의 절차) ① 협의상 이혼을 하려는 자는 가정법원이 제공하는 이혼에 관한 안내를 받아야 하고, 가정법원은 필요한 경우 당사자에게 상담에 관하여 전문적인 지식과 경험을 갖춘 전문상담인의 상담을 받을 것을 권고할 수 있다.

② 가정법원에 이혼의사의 확인을 신청한 당사자는 제1항의 안내를 받은 날부터 다음 각 호의 기간이 지난 후에 이혼의사의 확인을 받을 수 있다.

1. 양육하여야 할 자(포태 중인 자를 포함한다. 이하 이 조에서 같다)가 있는 경우에는 3개월
2. 제1호에 해당하지 아니하는 경우에는 1개월

③ 가정법원은 폭력으로 인하여 당사자 일방에게 참을 수 없는 고통이 예상되는 등 이혼을 하여야 할 급박한 사정이 있는 경우에는 제2항의 기간을 단축 또는 면제할 수 있다.

④ 양육하여야 할 자가 있는 경우 당사자는 제837조에 따른 자(子)의 양육과 제909조제4항에 따른 자(子)의 친권자결정에 관한 협의서 또는 제837조 및 제909조제4항에 따른 가정법원의 심판정본을 제출하여야 한다.

[본조신설 2007.12.21] 〈시행일 2008.6.22〉

제837조 (이혼과 자의 양육책임) ①당사자는 그 자의 양육에 관한 사항을 협의에 의하여 정한다. [개정 90·1·13]

② 제1항의 협의는 다음의 사항을 포함하여야 한다. [개정 2007.12.21] 〈시행일 2008.6.22〉

1. 양육자의 결정
2. 양육비용의 부담
3. 면접교섭권의 행사 여부 및 그 방법

③ 제1항에 따른 협의가 자(子)의 복리에 반하는 경우에는 가정법원은 보정을 명하거나 직권으로 그 자(子)의 의사(意思)·연령과 부모의 재산상황, 그 밖의 사정을 참작하여 양육에 필요한 사항을 정한다. [개정 2007.12.21] 〈시행일 2008.6.22〉

④ 양육에 관한 사항의 협의가 이루어지지 아니하거나 협의할 수 없는 때에는 가정법원은 직권으로 또는 당사자의 청구에 따라 이에 관하여 결정한다. 이 경우 가정법원은 제3항의 사정을 참작하여야 한다.

[신설 2007.12.21] 〈시행일 2008.6.22〉

⑤ 가정법원은 자(子)의 복리를 위하여 필요하다고 인정하는 경우에는 부·모·자(자) 및 검사의 청구 또는 직권으로 자(子)의 양육에 관한 사항을 변경하거나 다른 적당한 처분을 할 수 있다.[신설 2007.12.21] 〈시행일 2008.6.22〉

⑥ 제3항부터 제5항까지의 규정은 양육에 관한 사항 외에는 부모의 권리의무에 변경을 가져오지 아니한다. [신설 2007.12.21] 〈시행일 2008.6.22〉

제837조의2 (면접교섭권) ① 자(子)를 직접 양육하지 아니하는 부모의 일방과 자(子)는 상호 면접교섭할 수 있는 권리를 가진다. [개정 2007.12.21]

② 가정법원은 자의 복리를 위하여 필요한 때에는 당사자의 청구 또는 직권에 의하여 면접교섭을 제한하거나 배제할 수 있다.

[본조신설 90·1·13]

제839조의2 (재산분할청구권) ① 협의상 이혼한 자의 일방은 다른 일방에 대하여 재산분할

을 청구할 수 있다.
② 제1항의 재산분할에 관하여 협의가 되지 아니하거나 협의할 수 없는 때에는 가정법원은 당사자의 청구에 의하여 당사자 쌍방의 협력으로 이룩한 재산의 액수 기타 사정을 참작하여 분할의 액수와 방법을 정한다.
③ 제1항의 재산분할청구권은 이혼한 날부터 2년을 경과한 때에는 소멸한다.
[본조신설 90·1·13]
제839조의3 (재산분할청구권 보전을 위한 사해행위취소권) ① 부부의 일방이 다른 일방의 재산분할청구권 행사를 해함을 알면서도 재산권을 목적으로 하는 법률행위를 한 때에는 다른 일방은 제406조제1항을 준용하여 그 취소 및 원상회복을 가정법원에 청구할 수 있다.
② 제1항의 소는 제406조제2항의 기간 내에 제기하여야 한다.
[본조신설 2007.12.21]

2) 사회적 대안

(1) 이혼 예방 및 적응교육

이혼은 개인적으로 어려운 과정이기도 하지만 사회적으로도 매우 중요한 문제이므로 이의 예방이 필요하다. 이혼에 대한 예방은 광범위한 사회인식 개선과 가족의 불안정성 개선, 사회적 조건 강화에 의해 가능하다고 볼 수 있는데, 사회 구성원들을 대상으로 한 이혼 관련 교육서비스나 프로그램은 하나의 대안이 될 수 있다. 이처럼 이혼 예방뿐만 아니라 이혼 이후의 적응에 있어서도 가족의 잠재적 자원을 극대화시킬 수 있다는 측면에서 교육프로그램은 효과적인 대안이 될 수 있다.

미국에서는 이혼 관련 프로그램이 활발히 진행되어 가정법원들도 연계 프로그램을 실시하는 등 효과를 거두고 있지만(유희정, 2005), 우리나라의 경우는 아직 민간 차원의 교육 프로그램만이 일부 실시되고 있는 실정이다. 이혼 예방 교육의 경우도 독립된 프로그램으로 보다는 부부교육이나 결혼 전 교육을 통하여 관련 내용이 전달되는 형식인 경우가 많다.

브레이버 등(Braver et al., 1996)의 분석에 의하면 미국의 이혼교육 프로그램에는 주로 자녀양육기술, 갈등관리기술, 비양육부모의 책임, 부모 이혼이 자녀에게 미치는 영향, 부모역할 계획수립, 지역사회자원 소개, 분쟁해결방법, 양육권 문제 등이 포함되어 있다. 우리나라의 경우에는 이혼상담자의 개입이 미국과 같이 공식화되지 않은 만큼, 구체적인 법적, 현실적인 문제에 대한 것보다는 이혼의 심리적인 영향과 이의 극복전략 혹은 자녀양육관련 기술 등의 내용이 포함되어 있는 경우가 많다. 그럼에도 불구하고 이러한 이혼 관련 교육은 여러 가지 방법으로 혹은 지속적으로 실시될 필요가 있으며 다만 우리나라의 현상에 맞는 체계적인 프로그램들이 개발되어 좀더 효과성이 확보될 수 있는 방안이 요구된다 하겠다.

구체적으로 이혼 관련 교육을 활성화시킬 수 있는 방안을 제시하면 다음과 같다.

첫째, 이혼 예방을 위해서는 가족생활을 유지하고 있는 부부를 대상으로 부부관계의 질적 향상을 위한 교육 프로그램을 강화할 필요가 있다. 이의 실시를 위해서는 민간차원의 프로그램도 더욱 활성화되어야 하겠으나, 미국의 결혼허가증제도와 같이 결혼 예비단계에서의 결혼교육 수강 의무화 등 좀더 강력한 공식적 제도가 필요하다. 미국 플로리다주의 '결혼준비 및 유지법률'에 의하면, 고등학교 이후에 결혼 전 교육을 받은 경우 결혼허가증 비용 감면 혜택을 주거나 이혼 후 부모교육을 의무적으로 수강하게 하고 있다.

둘째, 위기상태인 부부 혹은 갈등을 겪는 부부를 대상으로 좀더 적극적이고 치료적인 부부교육 프로그램을 실시한다. 또한 이혼했을 때 자신과 자녀의 생활 변화, 가족관계 변화, 생활양식 변화 등에 대하여 통찰할 수 있도록, 현실적인 내용 전달 및 교육을 실시한다. 이러한 교육은 상담기관과의 연계를 통하여 이루어질 수 있을 것이며, 상담프로그램의 경우에도 교육과의 연계 프로그램으로 구성하여 실시하면 더욱 큰 효과를 볼 수 있으리라 본다. 그러나 공개적인 교육프로그램의 경우에는 다수의 대상이 참여하여 객관적인 정보 습득만이 가능하므로, 부부의 갈등 정도에 따라 그 실시 방법이 조정될 필요가 있다.

셋째, 이혼 이후의 적응과정을 위하여 체계적인 교육을 실시한다. 미국의 경우처럼 소송과정, 자녀연령, 종교, 부 혹은 모 등 대상별로 다양한 교육 프로그램이 개발, 실시될 필요가 있다. 또한 가족 전체를 대상으로 하여 교육하거나 부모 및 자녀의 교육프로그램 연계 실시 등이 필요하다. 이혼하는 과정이나 이혼 이후에 부모간의 갈등이 심한 경우에는 자녀의 비사회적 행동이 두드러지므로(유희정, 2005), 협력적인 부모역할을 하도록 교육하는 것이 자녀의 적응을 위해 매우 필요하다.

(2) 이혼상담

이혼의 과정이 진행되면서 대부분의 사람들이 심리적 손상 이외에 물리적, 관계적 측면의 갈등과 부적응 문제를 겪게 된다. 따라서 누구에게나 이혼 전후의 상담은 매우 중요한데, 현실적 문제를 주로 다루면서 원만한 이혼을 지원하기 위한 중재적 상담과 가족구성원들에 대한 심리적 상담의 두 가지 목적으로 대별될 수 있다.

가. 중재적 상담

먼저 중재적 상담은 이혼을 결심한 부부를 대상으로 부부관계 회복을 위한 화해, 만족스런 이혼을 위한 조정 및 중재, 부부당사자의 판단을 돕기 위해 이혼관련 법률상담의 기회를 제공하는 것 등을 포함한다. 이혼을 결심한 부부라 할지라도 신중을 기하여 재고하되, 그래도 이혼을 해야 할 때는 이혼하는 당사자와 자녀들 모두가 상처를 덜 받고 상호협조적인 이혼협상이 이루어져야 하며, 이 과정에서 중재적 상담이 필요하다. 화해, 조정, 중재가 성립되지 않을 때는 법률적 재판이 있도록 한다.

우리나라에서도 가정법원에 가사조정 제도가 있어 부부가 이혼에 이르는 것을 방지하거나, 분쟁이 있을 때 평화적이고 원만한 해결을 하기 위한 절차가 있으나 이를 보다 활성화하고 홍보하여 조정위원회로 하여금 화해, 조정, 중재의 기능을 적극적으로 수행하도록 할 필요가 있다. 법에 의하면 가정법원은 필요한 경우 당사자에게 상담에 관하여 전문적인 지식과 경험을 갖춘 전문상담인의 상담을 받을 것을 권고할 수 있게 되어 있으므로 이의 적극적인 활용이 필요하다.

그리고 재판에 있어서는 재산분할, 위자료, 자녀에 대한 양육권 및 양육비, 면접교섭권 등에 대해서도 불공평한 결과가 이루어지지 않도록 충분한 법률적인 정보를 제공하고 필요한 경우 변호사 등과의 협조도 이루어져야 한다. 다만 이 때 내담자의 혼란이 가중되지 않도록 지나친 개입을 삼가는 등 상담자로서의 역할에 충실할 필요가 있다. 구체적인 상담 방안으로 상담자는 어떤 의사결정을 해주기보다는 대안을 추천하며 법원 명령의 한계를 인정하도록 도와주고, 부모역할을 조정해 나갈 수 있도록 협력한다. 흔히 갈등이 큰 커플은 의도적 책임회피, 공격적 반응 등 협상의 한계가 나타나기 쉬우므로 이에 대한 중재가 중요하며 부모역할 조정에 있어서는 할 수 있는 것과 할 수 없는 것을 분명히 하는 계약을 중시하도록 지원하며, 변호사나 다른 전문가들과 공조할 수 있도록 하되 공개적이고 과도한 중재는 금하여야 하며 양측 변호사끼리 충돌 시에는 자녀의 입장을 옹호하는 상담자가 되어야 한다.

나. 심리적 상담

심리적 상담을 위한 방법 중 대표적으로 인지행동적 개입방법으로서의 이혼상담의 영역은 다음과 같다(Atwood & Genovese, 2006).

① 부모역할 변화에 따른 적응과 참여 강화

② 상실감 등 부모와 자녀의 심리적 손상 회복

③ 확대가족과의 관계 지원

④ 모자가족의 모 자립 지원

⑤ 한부모가족으로서의 정체성 획득 지원

⑥ 사회적지지 체계 획득 지원

⑦ 전 배우자와의 합리적 관계 회복 지원

⑧ 가족의 잠재력과 자원 발굴 지원

이러한 상담 영역을 중심으로 이혼상담의 기본 원리를 살펴보면(Apell, 2006),

① 내담자의 현실적인 조건을 기초로 사회적지지, 자조전략 등을 최대화하여 내담자나 가족의 기능이 증진되도록 도와주어야 한다.

② 옳고그름을 따지거나 이혼 당사자 일방의 편을 드는 등의 행위를 하여서는 안되며 중립성을 유지하여야 한다. 이 때 가족중심(family-centered)의 상담이 이루어져야 하며 상담자의 단정적인 결정 등도 유의하여야 한다.

③ 부부 양측의 힘의 균형을 유지시켜 주고 상담자와의 접촉 기회, 정보 전달 등 상담관계에서도 평등하여야 한다. 분노를 조절하면서 자기주장능력을 강화하게 하는 등 전반적인 가족원의 건강성을 증진시켜야 한다.

④ 양측간의 단순한 의사전달자가 되거나 지나치게 분쟁에 개입하는 등 삼각관계를 만들지 않아야 한다.

⑤ 이혼 전의 부정적 행동 패턴이나 가족의 순환적 상호작용 문제가 반복되어 나타나지 않도록 조정하고 새로운 행동의 학습을 지원하는 등 또 다시 갈등이 재연되거나 지속되지 않도록 도와주어야 한다.

⑥ 가족뿐만 아니라 친척, 친구, 사회 등의 영향을 고려하고, 이혼에 미친 영향이나 이들간의 상호영향을 고려할 수 있도록 해주는 등 큰 그림을 그려주어야 한다.

⑦ 상담의 경계 혹은 상담자로서의 개입의 규칙을 명확히 하는 등 상담의 영역과 구체적 실행 사항을 명료화한다.

또한 이혼 상담자는 이혼 당사자뿐만 아니라 자녀들의 손상 방지를 위하여 최선을 다하여야 하는데, 자녀들에게는 부모의 이혼이 그 자체만으로도 충격이 되는데 갑작스럽게 이혼을 받아들여야 할 때는 마음의 준비까지 없어 더욱 큰 충격이 되기 때문이다. 따라서, 자녀가 이해할 수 있고 마음의 준비를 하여 자녀 스스로도 나름대로 대처할 수 있는 기회를 주어야 한다. 그리고 부모자신이 평정상태가 아니라 할지라도 희생당하고 있는 자녀에게 세심한 주의를 기울여 자녀에게 이성적인 대안을 제시해 주어야 한다. 이러한 의미에서 FAM 등과 같은 미국의 이혼가족 상담 프로그램은 주로 자녀의 입장을 옹호하고 지원하는 내용으로 구성되어 있다. 또한 부모나 자녀 개인을 대상으로 하는 상담 이외에 부모자녀 모두를 대상으로 한 가족 상담이 이루어질 필요가 있다.

〈미국의 이혼가족중재(The Family Arbitration/Mediation:F.A.M.) 프로그램〉

FAM 프로그램은 미국의 MFT(Marriage and Family Therapist)들이 이혼가족에게 행하는 전문적 중재 프로그램의 하나로, 이혼의 경제적, 법적 사항보다는 특히 자녀의 양육, 관리, 복지 문제에 초점을 두는 프로그램이다. 이들이 주로 다루는 문제는

1) **부모 사이의 아동 양육권 변동 사항을 중재** : 일정 및 장소변경, 훈육 및 학습지도책임, 자녀의 행동문제 다루기 등
2) **부모자녀간 의사소통을 중재** : 비양육기간동안의 접촉 문제, 다른 친척관계, 같이 보내는 시간약속을 지키지 못한 부모에 대한 태도 상담, 대화에서의 희생양 소거
3) **자녀의 활동을 중재** : 양육기간 및 비양육기간의 자녀 활동에 대한 승인, 옷이나 소지품의 이동, 종교적인 결정, 수면 시설 및 환경, 옷 등의 구매 행위
4) **이혼부모들간의 의사소통을 중재** : 부모들간 접촉 방법, 부모의 상황에 따른 변화, 의료적인 문제에 대한 의사결정 책임 여부, 여행에 대한 동의 등
5) **교육문제 중재** : 여름캠프 결정, 경제적인 준비 등
6) **기타 주제들** : 부모 일방에게 영향을 미치는 부모자녀간 결속을 도모하려는 시도, 부모의 판단에 대한 관심 등

(3) 이혼가족 복지 서비스

최근 이혼이 증가하면서 가족복지 서비스에서의 이혼가족에 대한 고려가 중요시되고 있다. 그럼에도 불구하고 아직 이혼에 대한 사회적 시각이 부정적이고 이혼은 당사자들의 책임이라는 의식이 일반적이다 보니 저소득 한부모가족 등과 같은 단순히 가족의 경제적 수준 등에 기초한 복지 서비스가 이루어지고 있는 실정이다. 일반 이혼가족에 대해서는 공적 체제에서의 사회복지 서비스가 별도로 이루어지지 않고 있으며 일부 민간 차원에서의 교육 프로그램 혹은 개인차원의 상담만이 이루어질 뿐이다. 이혼가족의 증가는 사회적 불안정 요인을 증가시키는 만큼 사회적 책임과 자세, 직접적 서비스 제도 확립이 필요하다고 보며 보다 다양한 복지적 대책이 필요하다고 하겠다.

이혼 후의 남녀는 일시적으로 또는 계속적으로 한부모가족이 되므로 한부모가족을 위한 복지대책과 중복될 수 있으나, 이혼을 과정적으로 대처하고 이혼의 특성에 연유한 가족복지 사업이 필요하다 하겠다. 아울러 이혼 후의 문제와 적응에 영향을 미치는 요인들이 고려된 대책이 필요하다. 구체적으로 살펴보면,

첫째, 정부차원에서 경제적, 일상적 지원제도를 마련한다. 비단 저소득층 한부모가정 뿐만 아니라 일반가정의 경우에도 이혼 후의 생활 조건의 변화가 매우 뚜렷하며, 특히 대부분의 모자가정은 경제적인 수준 하락을 경험한다. 따라서 복지대상 가정의 확대가 가장 바람직하나 그러지 못하다 할지라도 관련된 특정 프로그램별 지원이 다양하게 이루어져서 개인 가족 특성별로 결핍된 부분이 보완되어야 한다. 그러한 의미에서 부모의 야간 취업으로 자녀를 돌볼 수 없는 가족을 위한 자녀양육 및 지도지원사업, 부자가족에 대한 찾아가는 가사지원서비스, 조세감면혜택 등도 좀 더 활성화될 필요가 있다.

둘째, 이혼가족의 잠재력 확보를 위한 사업에 주력한다. 향후 이혼가족의 절대 수가 점차 증가할 것으로 예측되는 바, 이들에 대한 일방적 지원은 한계가 있을 것이며 가족 스스로의 자활능력 창출이 필요하다. 이러한 의미에서 이혼가족의 특성을 잘 이해하고 검토하여 복지정책 및 서비스에 활용하여야 한다. 특히 취업활성화는 복지서비스의 출발이라는 점에서 매우 중요하며, 생활변화에 적응할 수 있도록 저

소득층뿐만 아니라 일반 이혼가족의 경우에도 취업, 재취업, 재교육 등의 유예기간 동안 지원이 이루어져야 한다. 또한 중년기 이후의 이혼도 증가하고 있는 만큼 중노년기 이혼자의 자활 지원도 이루어져야 한다.

셋째, 사회단체 차원에서 심리적 지지 프로그램을 실시한다. 다양한 프로그램을 열어놓고 이혼한 사람들이 자신의 형편에 따라 선택하여 지원받을 수 있도록 그 기회를 제공하여야 한다. 그러한 의미에서 양적 평가에 의한 사업지원, 주간활동 위주의 프로그램, 소득 계층 등 전통적인 방법에 의한 일괄적 사업 등은 지양되어야 한다. 물론 이혼 당사자뿐만 아니라 주변인들의 이혼가족에 대한 인식 변화도 동반되어야 한다.

그리고 자녀를 위한 대책도 필요하므로 다음과 같이 제안한다.

첫째, 학교의 학습과정이나 사회정보 매체 등에서 다루는 이혼에 관한 내용은 대부분이 부정적이거나 제한된 것에 불과하다. 따라서 정규학교의 내용에서도 다양한 가족형태, 가족생활의 다양성, 가족문제 등에 대해 설명되어져야 하며 민간단체의 사회교육 과정에도 적용되어야 한다. 또한 대중매체의 시각도 교정되어 이혼가족 자녀의 심리적인 적응을 도와주어야 한다.

둘째, 이혼가족의 자녀를 위한 전문적 프로그램이 개발, 실시되어야 한다. 교육 및 상담 이외에도 이들을 지원할 수 있는 다양한 활동 프로그램, 정보 프로그램이 개발되고 이들이 온라인, 오프라인 상으로 활발하게 참여할 수 있는 장이 확대되어야 한다. 복지기관의 경우에도 부모와 더불어 실시하는 한부모가족 프로그램 이외에 이들 아동 및 청소년을 위한 전문적 프로그램이 실시되어야 하며 관련기관 종사자의 전문화 및 재교육 등이 필요하다.

셋째, 자녀를 양육하는 이혼모의 경우 양육비를 안정적으로 받지 못하는 경우 등 현실적인 어려움에 부딪칠 수 있으며, 이러한 경우 자녀양육 환경이 열악해질 수밖에 없다. 아동 양육은 국가적 책임이므로 서구 국가들처럼 국가가 양육비 청구에 대한 책임을 지고 대리하는 체제 정립이 필요하다. 법에 강제 조항이 있다 하여도 실제적으로 양육비 지불 당사자의 사정 등으로 지불이 불가능하거나 지연될 때 국가의 보완 능력이 절대적으로 필요하다. 아동의 성장 과정은 매 단계마다 매우 중요한 영향을 미치므로 잠시의 결핍도 장기적인 영향을 미칠 수 있음을 간과하지 않아야 한다.

또한 이러한 전반적인 이혼가족 복지서비스는 별도의 전문적인 기구에 의하여 실시되는 것이 바람직하다. 기존의 복지기관들의 경우에는 전문적 인력 혹은 재정 등의 사유로 인하여 집중적인 프로그램을 실시하기에 한계가 있게 된다. 개별 상담기관 등이 이혼가족에 관련된 서비스를 실시한다 하여도 이들에게 통합적인 정보나 프로그램을 제공하고 서비스를 주관할 기구가 절대적으로 필요하다. 최근 '결혼이주여성지원센터' 등이 속속 생기는 것에 비교하면, 절대적인 비율로 증가하고 있는 이혼가족에 대한 전문 서비스는 매우 일천하다고 할 수 있다.

제 8 장

한부모가족

현대사회의 변화가 야기한 가족의 변화는 궁극적으로 가족의 다양성이라는 유형적 변화를 초래하였다. 특히 가족의 해체 비율이 증가하면서 전통적인 가족유형, 즉 핵가족적 가족 형태의 전형적인 모습이 변화하고 있고, 한부모가족과 같은 가족유형으로 대체되고 있다. 따라서 한국가족은 근래 들어 세 가구 중에서 한 가구는 통상적으로 말하는 정상가족을 벗어난 다양한 가족 유형에 속해 있다. 이 밖에도 자녀관, 결혼관, 남녀역할관 등 가치관의 변화도 급격하게 이루어지고 있어 가족의 다양성은 필연적인 것으로 보여진다. 따라서 아직도 대다수의 가족유형이 핵가족적 기본을 유지하고 있다 하여도, 이러한 가족의 변화는 사회구조적 혹은 인구사회학적 측면에서 현대인들에게 수용되어야 할 과제로 등장하고 있으며, 특히 가족복지적 관점에서의 이러한 다양성에 대한 수용과 대안 모색이 요구되고 있다.

보수적인 입장에서 보면, 가족의 다양화는 가족해체를 가져옴으로써 한부모가족과 같은 가족구조상의 결함을 초래하고, 빈곤이나 아동적응 문제 등의 기능상의 문제를 가져온다고 볼 수 있다. 반면 진보주의적 입장은 가족의 변화를 개인의 선택의 지유가 신장되고 전통적인 가부장적 불평등관계가 해소되는 것으로 보는 긍정적인 시각에서 바라봄으로써, 한부모가족 등을 하나의 가족유형으로 인정하고 이들 가족이 직면하고 있는 가족문제를 적극적인 사회적 개입을 통해 해결해 나가야 한다고 하고 있다.

입장이 어떠하든 가족의 다양화는 결국 개인적인 선택이라기보다는 사회구조의 변화와 불가분의 관계가 있으므로, 어떠한 변화에도 가족이 안정적으로 유지되어 사회에 잘 적응하도록 하는 것이 무엇보다도 중요하다. 이 점에서 진보주의적 시각이 보다 적극적인 정책적 대안 찾기에 긍정적일 수 있다.

그러나 아직은 정상가족이데올로기가 팽배해 있어 한부모가족에 대한 적극적인 사회적 수용은 나타나지 않고 있다. 정책 역시 긍정적 확신이나 미래변화에 대한 통찰이 없는 상태에서 인구학적 변화를 지켜보고 있는 상태이다. 그러나 분명한 사실은 우리나라의 이혼율이 그 증가 속도에 있어 세계 1위 수준에 이른 만큼, 한부모가족에 대한 사회적 입장은 보다 빠르게 정립되어야 한다는 것이다. 그래야만 중요한 성장기에 놓여있는 한부모가족의 아동들에게 현재와 미래의 건강한 삶을 지원해 줄 수 있기 때문이다.

1. 한부모가족의 정의와 인구학적 특성

1) 한부모가족의 정의

한부모가족이란 결혼한 부부가 배우자의 사망이나 이혼 및 별거, 유기 등의 여러 가지 사유로 어느 한쪽 또는 각각이 미혼 자녀와 같이 사는 부자(父子) 또는 모자(母子)의 형태로 이루어진 가족을 말한다. 따라서 자녀의 보호를 누가 맡느냐에 따라 모가 주 양육자일 때 여성 한부모가족 혹은 모자가족으로, 부가 주 양육자이면 남성 한부모가족 혹은 부자가족으로 칭하고 있다. 또한 남편이 있다 하더라도 여러 가지 사유로 인하여 여성이 가계의 실질적인 주부양자 역할을 하는 여성가장가족의 경우도 정책적 면에서 한부모가족의 범주에 포함시키고 있다. 과거에는 이러한 가족을 결손가족이나 편부 및 편모가족이라는 부정적이고 차별적인 용어로 칭하였으나, 이러한 가족을 새로운 가족 형태의 하나로서 긍정적으로 수용하고자 하는 의도로서 최근에는 한부모가족이나 부자가족 및 모자가족이라는 용어가 더욱 일반적으로 사용되고 있다.

한부모가족 중에서 특히 모자가족이란 배우자와 사별 또는 이혼했거나 배우자로부터 유기된 여성, 사실혼 관계에 있는 자를 제외한 미혼 여성 및 기타 사유(지적 또는 신체장애로 인하여 장기간 노동 능력을 상실한 경우, 배우자의 생사가 분명하지 않은 경우, 배우자의 해외 거주, 장기 복역 등으로 인해 부양을 받을 수 없는 경우)에 의해 실질적으로 세대주가 된 여성이 18세 미만의 자녀를 양육하는 가족을 의미한다(모자복지법 4조).

모자가족에 대한 이러한 법적 규정은 가족의 구조적인 결손뿐만 아니라 가족 관계와 가족의 기능적 결손까지 포함하는 보다 포괄적인 규정이라고 할 수 있다.

이처럼 복지 제도적 측면에서는 한부모가족을 정의함에 있어 보다 포괄적인 측면을 선호함에 따라, 모자가족이 여성 가구주 가족과 혼용되어 사용되는 경우가 있지만, 기본적인 개념상으로는 약간의 차이가 있다. 즉, 여성 가구주 가정은 전체 가족원이 인식하고 있는 실질적인 가구주가 여성이거나, 실질적인 생계를 책임지고 그 가구를 대표하는 자가 여성인 경우로서 유배우자나 미혼 여성까지 포함하는 보다 포괄적인 개념이다.

2) 한부모가족의 인구학적 특성

이혼율 증가와 결혼율 감소는 전세계적으로 한부모가족의 증가를 초래하였다. 대표적인 고 이혼율 국가인 미국의 경우 1970년부터 1991년 사이에 전체 가족 중 한모가족 비율이 11%에서 22%로 상승하였고, 2000년에는 전체 가구(비가족 포함)의 16.4%, 전체 가족의 24.1%, 18세 미만 자녀를 가진 가구의 28%가 한부모가족인 것으로 나타났다. 이들 중 전체 한부모가족의 74.6%, 18세 미만 자녀를 가진 한부모가족 중 77.6%는 모자가족이다. 또한 종단적으로 보면 미국의 모든 아동의 반수 정도가 18세 이전에 한번 이상 한부모가족 시기를 경험할 것으로 추정하고 있다.

우리나라도 최근 들어 이혼율이 증가하면서 이혼이나 별거로 인한 한부모가족 발생 비율이 높아지고 있다. 한부모가족의 규모 및 변화추이를 보면(〈표 8-1〉 참조), 전체 일반가구 중 2세대 한부모가구가 차지하는 비율이 1990년 8.4%, 1995년

8.2%, 2000년 8.6%, 2005년 9.5% 순으로 점차 증가하였다. 2세대 가구 총수와의 비율로 비교해 볼 때에도 1990년 12.7%에서 2005년 17%로 대폭 증가하였다. 2005년 기준 우리나라 2세대 가구 중 가장 대표적인 가족 형태인 '부부+자녀' 가구는 6,702천 가구로 2000년에 비해 감소한 반면, '한부모+자녀' 가구는 21.9%(246천가구) 증가하였다.

특히 한부모가족 중 80% 가까이가 모자가족인데, 이러한 모자가족을 포함한 여성가구주 가구 수 및 그 비율을 보면, 전체 일반가구 대비 1990년 15.7%에서 2005년 21.9%로 그 비율이 늘어나고 있는데 미혼가구를 제외한 비율을 보면 2005년도 기준 총 가구에서 차지하는 비율이 16.8%에 이르고 있다. 2005년도에는 여성가장가구 비율이 한부모가구 비율보다 다소 적은데, 이는 모자가족 이외에 부자가족 수의 증가를 그 이유로 유추해 볼 수 있다(부자가족 비율은 2000년 19.6%에서 2005년 20.9%로 증가). 이러한 한부모가족 수는 최근 들어 이혼율의 급증으로 앞으로도 더욱 증가하리라 예상되고 있다. 또한 질병이외에도 교통사고와 산업화의 산물로 인한 중년남성의 사망률이 증가하고 있어, 사별 가구주수도 1966년에서 2005년 사이에 455천에서 154만8천으로 3.4배 정도 증가하였다. 이러한 추세로 본다면 한부모가족의 증가문제는 이제 주요한 사회현상으로 대두되고 있어, 이들 한부모가족의 적응과 문제 해결을 위한 다양한 접근 역시 더욱 요구된다고 할 수 있다.

〈표 8-1〉 한부모가구 및 여성가장가구 현황

	한부모가구				여성가장가구					
	일반가구(A)	한부모가구(B)	B/A(%)	B/2세대가구총수(%)	가구총수(C)	유배우자가구	사별가구	이혼가구	C/A(%)	(C-미혼가구)/A(%)
1990	11,354,540	958,927	8.4	12.7	1,786,755	315,745	1,005,871	99,733	15.7	12.5
1995	12,958,181	1,058,540	8.2	12.9	2,146,859	337,220	1,203,615	153,228	16.6	13.1
2000	14,311,807	1,237,137	8.6	14.2	2,653,010	439,662	1,338,501	306,960	18.5	14.6
2005	15,887,128	1,501,487	9.5	17.0	3,485,220	624,815	1,548,102	502,446	21.9	16.8

* 한부모가구(B)의 경우 2세대가구만을 포함함

전체 한부모가족 중 저소득층을 위한 공적부조 성격의 법률에 적용을 받아 보호받고 있는 저소득 한부모가구는 전체 한부모가구의 7% 정도에 해당되고 있다. 저소득 한부모가구 중에서도 82% 정도가 여성한부모가구로 이들 가구의 대부분을 차지하고 있다. 복지대상별로는 모자복지대상 가구 42.1%, 생활보호대상 가구 31.2%, 한시적 생활보호대상 가구 26.4%, 국가보훈대상 가구 0.3%의 분포로 모자복지대상 가구의 비율이 가장 많은 것으로 나타나고 있다. 「모자복지법」상의 보호를 받고 있는 한부모가구의 현황관련 자료를 보면, 한부모가구가 된 원인은 이혼(43.7%), 배우자 사망(43.3%), 배우자 가출 및 유기(5.4%), 미혼모(4.7%), 기타(2.9%)의 순으로 이혼으로 인한 비율이 점차 높아지고 있는 실정이다(장혜경 등, 2001).

〈여성가구주 현황〉

- **여성가구주가 급속도로 증가하고 있지만, 전체가구에서 차지하는 비중은 아직 낮음**
- 우리나라는 가부장적 전통과 성별 역할이 뚜렷한 관습과 규범 때문에 남자가 가구주로 인정되는 것이 일반적이나 최근 여성의 지위와 역할의 향상, 인구 고령화 현상 등으로 여성가구주가 늘어나고 있는 추세.
- 2005년 남자 가구주가 12,402천명(78.1%), 여자가구주가 3,485천명(21.9%)으로 남자가 여자보다 3.6배 정도 많지만 2000년에 비해 여자 가구주 증가율(31.4%)이 남자(6.4%)보다 높게 나타남.
- **이혼 여성가구주 증가 추세**
- 가구주 중에는 유배우가 2005년 전체가구주의 70.0%로 가장 많으나 시간이 지남에 따라 감소하고 있으며, 성별로 보면 남성 가구주는 84.6%가 유배우이나, 여성은 17.9%만이 유배우임.
- 그러나 가구주 중 이혼상태의 남성 가구주는 1995년 전체가구주의 1.2%에서 2005년에는 2.1%로 소폭 증가했지만, 여성 가구주는 동기간 중 7.1%에서 14.4%로 2배 이상 증가.

2. 한부모가족의 특성과 문제

한부모가족의 유형은 4가지로 구분할 수 있는데, 배우자선택에 소극적이어서 결혼이나 재혼을 미루는 데서 생기는 자발적이며 일시적인 유형, 결혼이나 재혼을 계속적으로 원하지 않는 자발적이며 장기적인 유형, 결혼을 원하여 배우자를 탐색하는 과정에 있는 비자발적이며 일시적인 유형, 나이가 들어 혼자된 후 재혼이 쉽게 이루어지지 않거나 결혼을 원하면서도 결혼경험이 없는 비자발적이며 장기적인 유형이 있다.

한부모가족에 있어서는 한부모가 자녀에게 부모 모두의 역할을 해 주어야 한다는 역할부담, 특히 모자가족에서 나타나기 쉬운 경제적인 어려움, 가족에 대한 자녀의 책임감 등의 정신적인 갈등을 극복해야 하는 문제, 미래에 대한 불안이나 결혼 또는 재혼의 의사결정 문제 등 제반 어려움이 발생하게 된다.

이처럼 한부모가족의 기능에 대해서는 지금까지 부정적인 측면에서의 접근이 많이 이루어졌으나 최근 들어 이들 가족유형의 양적 증가로 인한 사회적 수용, 한부모가족 자체의 자원변화, 사회제도적 지원방안 증대 등 여러 가지 이유로 인하여 부정적인 측면의 접근보다는 대안적 측면의 접근이 이루어지고 있다. 실제로 최근에는 지금까지의 사회적 편견과는 달리, 한부모가족의 가족에 대한 만족도가 높고, 가족원간의 친밀감이 상당히 높은 것으로 나타나고 있으며(고성혜 · 한유진, 1995), 모자가족의 청소년들이 높은 자율성과 책임감을 가지고 있음을 보고하고 있다(Richards & Schmiege, 1993). 그래서 최근에는 모자가족이 지닌 강점이나 모자가족의 성공적인 적응 전략을 강조하는 연구가 증가하고 있다. 특히 모자가족에서는 모(母)를 중심으로 가족이 강하게 결속될 수 있으며, 동시에 각 가족 구성원들의 자율성과 책임 의식은 모자가족이 가지고 있는 잠재적 강점이라고 볼 수 있다. 그러므로 이러한 긍정적 측면의 잠재력과 강점을 개발하는데 도움을 주어야 한다.

그러나 한부모가족이 처한 어려움, 즉 경제적 부양자원 감소, 역할 과중, 지지세력 감소 등 가시적으로 나타나는 일반적인 장애 요인들로 인하여 여전히 한부모가족의 특성별 문제를 파악해 나가는 일은 중요한 사회적 과제가 되고 있다. 일반적으로 한부모가족이 처하게 되는 어려움을 구체적으로 살펴보면 다음과 같다.

1) 경제적 어려움

한부모가족은 현실적인 문제로 경제적인 어려움이 가장 큰 것으로 나타나고 있는데, 이러한 어려움은 특히 모자가족에 있어 남편의 부재로 인한 주 부양자의 소득

상실에서 오는 것이 원천적인 원인이지만, 경제활동에 참여하는 모(母)의 불안정한 직종과 임금 문제가 어려움을 가중시킨다고 볼 수 있다. 따라서 모자가족의 경제적인 어려움은 '빈곤의 여성화'라는 이슈와 맥을 같이 한다고 볼 수 있다. 이것은 아직까지 결혼 자체가 여성들의 경제적 지지의 주요한 원천이기 때문이며, 이런 점에서 모자가족의 형성은 빈곤 여성의 수를 증대시키는 주요 요인으로 작용하고 있다.

2) 역할과중

한부모가족은 결손된 가족구성원이 행해왔던 주도적인 역할을 수행하는데 가장 큰 어려움을 느끼게 되는데, 모자가족에서는 가족부양자로서의 부의 역할, 부자가족에서는 가정관리자로서의 모의 역할이 그것이다. 따라서 과도한 역할 긴장, 역할 과부담을 느끼게 된다(Berman & Turk, 1981; Weiss, 1979). 특히 남편과 자녀에게 의존적인 삶을 살던 여성은 역할 상실로 인해 자아 존중감이나 자아 정체감에 심한 상처를 받을 수 있다. 특히 홀로된 이후에도 이미 상실된 아내로서의 역할에 계속적으로 집착함으로써 감당해야 할 새로운 역할의 가치나 합법성을 평가 절하하는 여성들은 새로운 삶의 요구들에 적극적으로 대처하는데 상당한 어려움을 경험하게 된다.

3) 정서적 문제

여성한부모들의 경우 생활상의 어려움 이외에도 상실감이나 재혼의 문제에 이르기까지 정신적, 육체적 곤란을 겪게 된다. 그리고 이에 못지않게 가족원에게 발생하는 어려움 중의 하나가 정서적인 문제인데, 특히 절망감이나 책임감, 슬픔, 스트레스 등의 부정적인 정서반응이 지배적으로 나타난다(김영희, 1996; 김정자, 1985; 백경희, 1987; 조희선, 1991; 한경혜, 1993; Amato, 1987; Weinraub & Wolf, 1983). 이혼이나 사별로 인한 충격은 당사자의 불안, 우울, 상실감, 소외감으로 이어지고, 환경을 통제할 수 없다는 무력감, 자신감 결여, 절망감 등 심각한 정서적 위기를 경험하게 하여 낮은 자존감을 나타내게 된다. 그러므로 이러한 역할긴장과 스트레스,

우울감 등을 극복시켜 줄 수 있는 방법이나 지원체계가 필요하다(김경신, 1999).

특히 자녀들은 부모부재 이후에 오는 감정처리나 생활의 변화에 적응해야하는 정서적 문제와 더불어 증가된 책임량을 완수해야하는 역할문제, 친구와의 관계나 학업성적에 영향을 받는 학교생활의 적응문제 등 위기적 상황에 직면하게 된다(김오남, 2004; 현온강·이순덕, 1992; Hetherington & Anderson, 1989; Wallerstein 등, 1988).

4) 부모자녀관계

한부모가족의 행복도는 부모자녀관계에서 결정된다고 해도 과언이 아닌데, 신화용·조병은(1996)은 모자가족의 적응에는 가족의 심리적, 상호작용적 특성이 매우 중요하다고 하였고 Hansen(1986) 역시 건강한 한부모가족의 특성은 사회경제적 지위, 사회적 지지 외에 가족간 의사소통, 문제해결 능력, 신뢰성 등과 관련된다고 하였다. 또한 자녀에게 있어서도 부모자녀관계의 질이 중요한 영향을 미치는데, 모의 적대적이고 통제적인 양육태도는 자녀 적응에 부정적인 영향을 주며(Berg & Kelly, 1979; Peterson과 Zill, 1986) 건강한 가족 상호작용과 의사소통이 자녀의 적응에 긍적적인 영향을 준다(김오남·김경신, 1998; 정현숙·서동인, 1996; Booth & Amato, 1991; Webster-Stratton, 1989). 모자가족에서는 일반적으로 모자관계가 기존의 상하관계에서 동등한 협력관계로 변화하게 된다. 또한 모(母)는 가족의 생존을 보장해야 하는 가장의 역할을 수행하게 되는데, 이 경우 과중한 역할 수행으로 인해 자신이 지칠 뿐만 아니라 자녀에 대해 충분히 돌보아 주지 못한다는 죄책감 때문에 자녀 양육 문제가 감정적으로 흐르기 쉽고 일관성을 가지기가 어렵게 된다. 모자가족의 자녀들은 집안일을 더 많이 하는 경향이 있는데, 특히 맏자녀가 아들인 경우는 자녀로서의 역할보다는 아버지의 역할을 기대 받게 됨으로써 역할 혼란을 경험하게 되며, 맏자녀가 딸인 경우는 어머니와 가사를 분담해야 하는 역할 과잉을 경험한다(변화순, 1996). 즉, 가족내에서 어머니와 자녀의 역할 전이 현상이 나타나 갈등을 초래할 수 있다.

가족유형과 청소년 비행과의 상관을 보면, 서울보호관찰소(1996)의 청소년 보호관찰 대상자의 보호자 유형에서는, 친부모 동거 57.9%, 계부모 동거 22.0%, 한부모

동거 18.0% 등을 이루고 있어, 비행청소년의 한부모나 계부모 동거 비율이 일반청소년에 비하여 높게 나타나고 있다. 또한 사별보다 이혼, 별거의 경우에는 비행과 의미있는 관계를 보였다는 연구(김준호 외, 1990)도 있다. 최근 들어서는 점차 단순한 부모 유무보다는 가족의 유형, 기능적 특성들이 더 중요하다는 연구결과들이 증가하고 있으나, 전반적인 가족의 불안정성 증가는 가족원의 발달과 적응에 어려움을 초래하는 것이 사실이다.

5) 사회적 지지

한부모가족은 경제적, 사회적, 정서적, 도구적 어려움을 경험하게 되며 대부분의 가족이 사회관계망의 변화까지 경험하게 된다. 따라서 가족내 상호작용 뿐만 아니라 새로운 사회적 상호작용에도 적응해야 하는 문제를 갖게 된다.

한부모가족의 적응에는 사회적 지지가 매우 중요한 영향을 미치는데(김오남, 2005; 최해경, 1997), 가장 우선적으로 친족관계가 중요한 영향을 미치나(안명자, 1994; 조희선, 1991; 한경혜, 1993; Gerstel, 1988) 실제로 친족간의 지원은 감소하는 것으로 나타나고 있으며, 특히 부자가족의 경우에는 배우자 친족과 상당히 멀어지는 경향을 보이고 있다(김정자, 1985; 안명자, 1994; 옥선화, 2003). 대인 관계 및 사회적 측면의 문제들은 친구들과의 관계 변화, 사회적 관계망의 축소와 사회적 고립, 혼자 사는 여성에 대한 편견, 이성 문제(재혼), 전(前)배우자와 관계 문제, 전(前)친인척 문제 등으로 요약할 수 있다. 모자가족은 배우자만을 상실하는 것이 아니라 배우자와 관련된 사회적 관계망도 상실하게 된다. 특히 친구나 가족 등 주변의 가까운 인물들이 이혼 당사자의 이혼 사실을 인정하지 않거나 지지하지 않음으로써 이혼자의 우울감과 긴장을 증가시키고, 이혼 결정에 대한 회의를 느낌으로써 자신의 이혼에 대한 부정적인 인식을 갖게 하는 원인이 된다. 그리고 자녀에게 있어서는 친구나 교사의 지지(김영희, 1995; 정현숙, 1993)도 중요한 영향을 주며, 교육지원이나 지역사회 지지가 중요한 영향을 미치므로(김경신, 1997; Kennedy, 1985), 가족과 사회의 유기적 관계를 파악하는 것이 중요하다.

따라서 한부모가족의 적응을 위해서는 과도한 역할 긴장을 해소하면서 개인적으로는 자율감이나 자아존중감을 확대시키고, 가족관계의 친밀성과 상호지지를 확장하면서 사회적 지지체계를 확고히 하는 노력이 필요하리라 본다.

3. 한부모가족을 위한 복지정책 및 서비스

1) 정부 지원정책

(1) 지원 현황

한부모가족에 대한 국가의 정책적 지원은 모·부자복지법 및 동법시행령을 근거로 하고 있으며, 지원사업은 크게 재가 저소득 모·부자가족지원과 모부자복지시설 지원이 대표적이다. 연 예산은 2007년 현재 365억원으로서, 2006년 353억원에 비하여 다소 증가하는 추세이다.

구체적인 지원내역을 보면, 먼저 저소득 모·부자 가족 지원사업은 모·부자복지법령에 의한 저소득 모·부자가정을 대상으로 아동양육비, 고교생학비, 복지자금융자, 영구입대주택 입주 지원을 하고 있다. 아동양육비는 1인당 월 5만원이며 고교생은 입학금·수업료를 지원하는데, 2007년 예산 기준으로 만 6세 이하 아동 양육비 지원금이 13,124백만원, 고교생 학비 지원금이 16,881백만원으로 해당 예산의 대부분을 차지하고 있다. 복지자금 대여 예산은 총 20억원으로, 저소득 모·부자가정에 농협을 통하여 장기저리의 창업자금을 대여함으로써 생업기반을 조성하여 조기자립 및 생활안정을 도모하기 위한 것으로, 1인당 대여한도액은 2,000만원 이내이고 연리 3%의 고정금리를 적용하며 대여기간은 5년 거치 5년 분할 상환 조건이다. 또한 영구임대주택 입주 지원의 경우 무주택 저소득 모·부자가정을 대상으로 지방자치단체가 관리하는 영구임대주택(아파트) 중 지역실정을 고려하여 일정량을 저소득 모·부자가정에 우선 공급하는 것이다.

이 밖에 일반 한부모가족을 대상으로 실시하고 있는 국가 정책 사업으로는 한부모가족 자녀양육비 이행확보 무료법률구조사업이 있는데, 아동을 양육하고 있는 이혼가족, 별거가족, 미혼모·부가족 등 한부모가족 및 조손가족(대리양육)을 대상으로 자녀양육비 청구소송 지원(법률상담, 사건조사 등 법률적 지원), 미혼부 상대 자녀인지 청구소송 지원(친자관계 입증을 위한 법률 상담, 유전자 검사 및 소송지원 등), 자녀양육비 이행확보 지원(과태료, 이행명령, 감치처분 등) 등을 하고 있다. 또한 한부모가족 생활안정지원사업으로는 사례관리 전담인력 배치, 지역사회 자원 네트워킹 및 상담프로그램 활성화, 문제해결 중심의 사전 및 지속적 사후관리 등 전문적 지원체계를 통해 한부모가족의 가족기능 강화 및 탈빈곤을 유도하고자 하는 정책을 실시하고 있다.

이러한 지원 대상자 선정에 있어서는 일정한 기준이 적용되는데, 세대주인 모 또는 부와 그에 의하여 양육되는 만 18세 미만의 자녀로 이루어진 가정을 기본으로, 배우자와 사별 또는 이혼하거나 배우자로부터 유기된 자뿐만 아니라 정신 또는 신체장애로 인하여 장기간 근로능력을 상실한 배우자를 가진 자, 미혼자(사실혼 관계에 있는 자는 제외), 배우자의 생사가 분명하지 아니한 자, 배우자 또는 배우자 가족과의 불화 등으로 인하여 가출한 자, 배우자의 해외거주·장기복역 등으로 인하여 부양을 받을 수 없는 자, 국내에 체류하고 있는 외국인 중 대한민국 국민과 혼인하여 대한민국 국적의 아동을 양육하고 있는 자 등을 포함함으로써 배우자의 존재 유무보다는 부양 기능 유무를 기준으로 한 포괄적인 기준을 적용하고 있다. 저소득 지원기준은 5인가족의 경우 월 183만원 이하(2인 가족 95만원 이하)를 기준으로 하고 있다.

모부자복지시설 운영에 있어서는 모자보호, 모자자립, 일시보호, 미혼모시설, 양육모그룹홈 등 전국 총 85개소를 운영 지원하고 있다. 그 내용은 아래 표와 같다.

〈표 8-2〉 모부자복지시설 현황(2007년 기준)

번호	시설별	시설수	대 상	보호기간	정 원
1	모자보호시설	41	18세미만의 자녀를 양육하는 무주택 저소득 모자가정	3년(+2년)	1,066세대
2	모자자립시설	4	18세미만의 자녀를 양육하는 무주택 저소득 모자가정으로서 모자보호시설에서 퇴소하였으나 자립이 미흡한 가정	3년(+2년)	60세대
3	모자일시보호시설	14	학대받는 모와 아동	6월(+3월)	476명
4	미혼모자시설	20	미혼의 임산부 및 출산 후 6월 미만	1년(+6월)	584명
5	미혼모자공동생활가정	16	2세 미만의 영유아를 양육하는 미혼모	1년(+1년)	154명

(2) 정부 정책의 제한점 및 개선 방안

우리나라의 민관 가족복지서비스 전달체계는 크게 여성복지, 노인복지, 장애인복지, 아동 및 청소년 등으로 대별되어 이루어지고 있어, 가족을 단위로 하는 가족복지의 기본 목적에 적합한 체계는 아직 명확하게 갖추어지지 못하고 있다. 또한 이들에 대한 복지 프로그램의 경우도 대부분 요보호가족에 대한 경제적 지원이나 구제에 치우치고 있어 포괄적인 복지 프로그램으로서 기능하지 못하고 있다(임춘희, 1999; 최연실, 1999).

정부의 가족복지 정책도 명목상으로는 2007년 현재 여성가족부 소관으로 되어 있으나 실질적으로는 여성, 아동, 청소년 등 제각각의 가족구성원 중심으로 부처별 서비스가 이루지고 있어, 한부모가족에 대한 정책은 진정한 의미의 '가족복지'가 제대로 실현되지 못하고 있다. 또한 그 대상에 있어서도 아직은 요보호저소득층 가족 중심의 복지서비스가 주로 이루어지고 있다.

가족정책은 가족개개인의 능력을 신장시키고 상호영향력을 발전시켜 가족의 잠재력을 최대한으로 개발함으로써 가족자원을 확보하고 가족 전체를 유기적으로 융합·발전시키려는 목적 아래 시행되어야 한다. 그런 의미에서 가족구성원 각자에 대한 시혜적 정책은 일시적인 효과만 일으킬 뿐 장기적인 관점에서 그다지 효율적이지 않은 방법이라 할 것이다. 따라서 한부모가족의 정책에 있어서도 이들의 가족적 특성에 대한 정확한 이해를 전제로 이들의 속성을 분석하고 총체적으로 가장 효율적인 투입을 결정하여야 한다. 이를 위해서는 사회구성원 개인이 아닌 '가족'을 이해하는 노력이 필요하고 이를 기초로 통합적인 가족정책이 도출되어야 한다.

이처럼 한부모가족을 통합적으로 지원해 주는 가족정책이 실현되기 위해서는 현재 각 기관 및 시설에서 제공되고 있는 대상자 중심의 프로그램 및 서비스가 가족 단위로 개선되어야 한다. 특히 아동의 경우 가족의 유기체적 기능에 영향을 받고 있고, 장기적인 관점에서 잠재력 개발이 보다 중요하다는 점에서 복합적이고 통합적으로 지원해 줄 수 있는 가족정책 서비스와 프로그램의 제공이 필요하다.

그러한 의미에서 각종의 정책적 시도들도 가족과의 연계성과 포괄적 영향력을 검토하여 실시 시기와 방법, 대상 등을 구체화하고 전략을 형성하여야 한다. 한부모의 적응력이나 근로능력 등을 신장시킴으로써 가족의 복지에 기여할 수 있도록 자원을 확보하는 것이 하나의 예가 되고 있다. 따라서 가족복지 혹은 정책의 진정한 목적을 실현할 수 있는 가족전담부서의 필요성이 다시 한번 강조될 수 있다.

현재 일부 한부모가족에게 제한적으로 실시되고 있는 서비스 프로그램은 수십년 동안 그 내용만이 변화되었을 뿐 기본 구조는 '모자복지사업'이라는 구빈적 성격에서 크게 벗어나지 못하고 있다. 따라서 모자복지시설의 경우도 한부모가족의 생활수준 변화를 고려하지 못한 열악한 조건 때문에 신청한 노숙이 되지 못하는 경우가 많아, 기본적으로 한부모가족에 대한 서비스 프로그램은 재검토될 필요가 있다.

우선적으로 저소득 한부모가족의 경우 절대 수가 증가하고 있어 공적부조의 수혜자 수를 늘려야만 하며, 기존의 지원프로그램은 사업체계와 내용을 변화시켜 대상을 확대하여 좀 더 포괄적인 지원이 이루어질 수 있도록 할 필요가 있다. 향후에 한부모가족 수가 더욱 늘어날 것에 대비하여 복지사업의 양적인 확대가 기본적으로 이루어져야 하지만, 대상 특성에 따라 프로그램도 다양화 되어야 한다. 이러한 과감한 정책 변화가 이루어져야 급격히 변화하는 한부모가족의 생활조건에 실질적 도움이 될 수 있고, 특히 자녀세대의 질적, 양적 요구에 다소나마 현실적 도움이 될 수 있으리라 본다. 21세기의 복지 요구에 따라오지 못하는 현 복지체계는 비단 물질적 자원의 제한뿐만 아니라 정책 자체의 적응성이 떨어지기 때문이다.

한편으로, 우리나라에서 복지 관련 사회제도, 법 등의 변화는 매우 더디게 일어나고 있다. 따라서 한부모가족의 실제적인 삶의 변화에 법의 변화가 따라오지 못하여 사회부적응이 양산되는 경우가 흔하다. 최근 그나마 호주제 폐지에 의하여 그동안의 법적 문제가 일부 해소되는 계기가 마련되었다. 과거의 호주제도 내에서는 여성이 자녀를 데리고 재혼한 경우, 남편과 자녀의 성이 다를 시에는 자녀가 학교생활 등에 있어 심리적인 피해를 입는 등의 문제가 있었으나 2008년부터 이러한 경우 법원의 허가를 받아 성을 바꿀 수 있게 되었다.

또한 현재 우리 민법은 미혼모의 자녀에게 출생 시부터 불이익을 주고 있다. 즉 자녀에 대한 인지여부의 우선권이 아버지에게 주어지고 아버지가 자녀로 인정하지 않는 경우에만 어머니 호적에 올라갈 수 있다. 즉 아버지의 존재를 밝히면 어머니 호적에의 출생신고가 불가능하다. 호적상 아버지란을 공란으로 비워두어야만 어머니 호적에 출생신고를 할 수 있는 것이다. 따라서 이러한 한부모가족의 법적, 제도적 걸림돌을 제거하는 일이 시급하다. 그러한 의미에서 국민기초생활보장제도 및 모자복지법 보완(보장법 내 한부모가족 지원근거 마련), 아동지원제도 개선, 자녀양육비 청구 및 지급관련 법, 제도 개선(선급제 등), 의료보호제도 보완 등도 필요하다.

그리고 한부모가족에 대한 복지 수준 제고도 필요한데, 특히 자녀양육 및 교육비 지원 현실화 및 대상 아동의 확대가 필요하다. 현재 저소득 한부모가족의 아동양육비로 책정되어 있는 액수는 한달 5만원에 불과해 '건강한 아동 양육과 균형있는 영양공급'이라는 취지에는 매우 불충분하다. 또한 자녀학비지원도 특히 입학금과 수업료가 없는 초등학생의 경우 부대경비의 지원이 필요한 실정이다.

2) 민간 서비스

(1) 지원 현황

한부모가족에 대한 복지서비스는 정부의 정책적 지원뿐만 아니라, 각종 민간기관에서의 다양한 프로그램을 통해서도 지원이 이루어지고 있다. 현재 한부모가족에게 프로그램 및 서비스를 제공하는 대표적인 민간기관으로는 지역사회복지관, 모자보호시설, 모자자립시설, 여성단체, 자활후견기관 등이 있는데, 복지관 등에서 제공하고 있는 프로그램은 크게 경제적 지원과 심리·사회적 지원으로 구분할 수 있으며 심리·사회적 지원은 상담서비스, 지역사회 연계서비스, 교육서비스, 보육서비스, 사례관리 등으로 분류할 수 있다〈표 8-3〉. 그러나 이러한 서비스들이 대부분 소수의 실무자 및 시설관리자들에 의하여 행해지고 있으므로, 지원규모의 물적 한계 이외에도 전문성, 체계성, 효율성 등의 측면에서 평가되기 어려우며 객관적인 실효성도 검증되지 못하고 있다.

〈표 8-3〉 기관별 한부모가족 프로그램 및 서비스

<table>
<tr><th colspan="2" rowspan="2">내용
분류</th><th colspan="2">사회복지관</th><th colspan="2">모자보호시설</th></tr>
<tr><th>부모</th><th>자녀</th><th>부모</th><th>자녀</th></tr>
<tr><td colspan="2">경제적 지원</td><td>▪부업 및 취업 상담·알선
▪의료비·보험료 지급
▪자립금적립지원
▪자조협동조합</td><td>▪학비(장학금)지급
▪학원비 보조
▪결식·급식지원</td><td>▪직업훈련
▪직업훈련의뢰
▪취업알선
▪생계비 지급
▪보육비용 지급</td><td>▪학비 지원
▪급식비 지원</td></tr>
<tr><td rowspan="6">심리·사회적 지원</td><td>상담 서비스</td><td>▪개별상담
▪집단상담/지도
▪자조모임
▪가정방문</td><td>▪개별상담
▪집단상담
▪자녀자조모임</td><td colspan="2">▪개인상담
▪집단상담/지도
▪종교생활지도</td></tr>
<tr><td>지역사회 연계 및 의료서비스</td><td>▪공공기관·의료기관 기업대상 옹호서비스
▪생활정보 제공
▪무료진료</td><td>▪문화·여가지도
▪학교 교사대상 옹호서비스
▪자원봉사자와 1:1 결연</td><td>▪건강검진
▪예방접종</td><td>▪신체검사
▪의료비보조</td></tr>
<tr><td>교육 프로그램</td><td>▪부모역할교육
▪자녀교육 프로그램
▪법률정보 등 특강</td><td>▪방과후교실
▪특기지도
▪야외학습 및 특별활동</td><td>▪부모역할교육</td><td>▪공부방(방과후지도)
▪예능활동(컴퓨터, 서예)
▪특강
▪공연관람</td></tr>
<tr><td>보육 서비스</td><td colspan="2">▪야간 보호서비스</td><td colspan="2"></td></tr>
<tr><td>가족행사</td><td colspan="2">▪가족캠프
▪가족의밤</td><td colspan="2">▪어린이날/어버이날 ▪추석
▪성탄 ▪수련회/야유회
▪체육대회 ▪가족캠프</td></tr>
<tr><td>사례관리 서비스</td><td colspan="2">▪대상자의 사례분석을 통해 서비스 개입계획을 수립하고 제공함.</td><td colspan="2">▪입·퇴소 상담 및 정기상담을 통하여 각 가정에 맞는 대인서비스 지원/연결</td></tr>
</table>

자료 : 장혜경 외(2001).

(2) 민간 서비스의 제한점 및 개선 방안

여성 관련 시설이나 기관은 지역에서 필요로 하는 여성복지 프로그램을 실시한다기보다 일반 여성을 위한 문화센터로서의 기능을 하고 있는 상황이며, 특히 한부모가족을 위한 서비스는 전혀 이루어지고 있지 않다. 더욱이 민간단체 등에서 실시하는 프로그램에는 예산이나 규모면 등에서 여러 한계가 있을 수밖에 없다.

가. 교육서비스

한부모가족의 복지 향상을 위해서는 경제적인 지원을 비롯한 다양한 정책이 필요하겠으나, 이들의 수가 점차 증가하고 있다는 점에서 과거와 같은 일방적이고 제한적인 지원서비스는 제고되어야 한다. 따라서 자립 능력 배양이라는 측면과 가족전체의 복지향상이라는 측면에서 가족원 스스로가 인식의 전환을 통해 인적, 물적 자원을 재창출할 수 있게 하는 것이 무엇보다 필요하다 하겠다. 이를 위해서는 전반적인 생활구조 개선 이외에도 정신적인 측면의 전환이 필요하게 되는데, 특히 현대사회가 학습사회로 변모하고 있다는 점에서 가족원의 잠재능력을 개발하고 가족을 강화시킬 수 있는 방법의 하나인 가족생활교육이 절실히 필요해지고 있다. 특히 한부모가정의 전체 구성원들을 대상으로 이들의 개별적 문제를 점검하고 가족원간 응집성과 상호작용을 증진시킴으로써, 변화하는 사회 속에서 가족 전체가 효율적으로 적응할 수 있는 힘올 길러주어야 할 것이다.

Booth와 Amato(1991), Webster-Stratton(1989)는 한부모가족의 자녀의 적응에는 경제적 어려움, 역할과중, 사회인식, 정서적 지원 부족 등이 부정적인 영향을 미치고, 어머니의 양육기술, 어머니의 적응 상태, 자녀와의 개방적인 의사소통 등이 긍정적 영향을 미친다고 하였다. 그런 의미에서 한부모가족에 대한 교육은 가족관계를 강화할 수 있는 교육이나 사회적 지원에 대한 교육이 더욱 필요하다(김양호 외, 2002; 옥선화 외, 2002).

그러나 현재 한부모가족에 대한 교육은 행정기관에서 주로 요보호 모자가정을 대상으로 실시하는 경우가 가장 일반적이지만, 교육시설, 재원 등이 빈약하여 교육환경이 풍부하게 확보되지 못한 형편이고, 특히 조직의 특성으로 인하여 사회의 빠른 변화에 민감하게 대응하지 못하고 있는 측면도 있다. 또한 지역별로 그 교육의 내용이나 과정에 있어 편차가 두드러져, 보다 전문화된 프로그램의 개발과 실시가 요구되고 있다.

지금까지 한부모가족에 대한 교육은 주로 모자복지 담당 행정기관을 통하여 저소득층 모자가족의 구성원들에 대하여 실시되어 왔는데, 가족구성원 중에서도 주로 여성가구주를 대상으로 한 교양지도, 생활개선 교육의 형식이 주를 이루어 왔다. 그러나 이들 교육은 사회가 변모하였음에도 불구하고 70년대 후반부터 시행되고 있는 사업이 그대로 답습되고 있고 각 기관별 협조체제가 효과적으로 이루어지지 않고 있어 그 효율성의 검토가 요구되고 있다. 특히 한부모가족의 자립능력을 고양시키고 건전한 가족발달을 유지시키기 위해서는 끊임없는 자기개발을 유도해 주어야 하며 이를 위하여 정기적인 사회교육, 자조집단 형성, 전문상담, 가정조성 서비스 등이 지속적으로 이루어져야 하고, 이들 교육이 여성 가구주뿐만이 아닌 자녀를 포함한 가족 모두를 대상으로 이루어져야 함이 강조되어야 하는데 이에 적합한 프로그램 실시가 적극적으로 이루어지지 못하고 있다.

더욱이 부자가족에 대한 교육은 그나마 거의 이루어지지 않고 있는 실정이어서 늘어나는 부자가족의 실태에 견주어 본다면 이들 가족구성원에 대한 체계적인 가족생활교육이 시급하며 이를 위한 조직적인 뒷받침이 강구되어야 한다.

그러나 전반적인 지역 행정기구의 해당 정책부서는 그 규모 면에서 매우 제한적일 뿐만 아니라 예산의 확보나 인적자원의 부족문제, 또 원칙과 규정을 중시하는 기관의 특성으로 인하여 전반적인 가족생활교육의 다면적 과제를 수행하기에 어려움을 안고 있다. 이러한 제반 문제를 해결하기 위해서는 민간기관들이 적극적으로 정확한 교육수요를 파악하고 한부모가족이 처한 현실적 환경에 기초하여 체계적인 교육 내용을 수립하는 일이 무엇보다 중요할 것이다.

구체적으로 한부모가족 교육을 위해 고려해야 할 사항을 예를 들어 보면, 한부모가족의 경우 생업에 종사하다 보면 교육시간을 확보하기가 매우 어려운 실정이므로 일회적인 강연 위주의 교육보다는 집중적이고 전문적인 교육이 필요하며 특히 농촌지역 같은 경우에는 산발적 거주 특성을 고려하여 인쇄물이나 정보매체를 이용한 지속적인 교육방법이 요구된다 하겠다. 모자가족 지원 방법도 단순한 경제적 지원보다는 장기적인 파급효과를 고려하여 다양한 수단을 통한 교육방법이 모색되어야 하겠다.

자녀의 경우 특히 자존감 등에서 지속적인 교육효과를 내기 위해서는 자녀의 성장기 동안 꾸준히, 그리고 자주 교육이 이루어져야 하리라 본다. 그리고 자조그룹결성을 통하여 교육의 지속효과를 가져올 수 있으리라 보므로 이러한 집단적 강화기회를 더욱 부여해주는 것이 필요하다. 결론적으로, 자원의 절대적인 결핍상태에 있는 한부모가족의 경우 가족의 잠재력을 개발하고 실천하는 노력이 특히 필요하다는 점에서, 지속적인 교육을 통하여 가족원의 응집력과 자존감을 향상시킴으로써 정신적, 물질적 결핍을 보완하여야 할 것이다.

〈홀로된 삶에 잘 적응하기 위한 일곱 가지 방법〉

1. 몸과 마음의 힘을 기른다.
 - 규칙적인 섭생, 건강 체크 등 신체를 건강하게 유지하기 위해 노력한다.
 - 자신을 존중하며 자신의 힘을 믿는다.
 - 마음 속에 일의 우선 순위를 정해 놓고 지켜나간다.
2. 책임과 정서를 나눈다.
 - 가사노동에 현실적인 기준을 수립한다.
 - 자녀와 가사노동이나 기타 일을 분담한다.
 - 자녀와 마음을 나눔으로써 서로 좋은 상담자가 된다.
3. 자기 자신을 잘 돌본다.
 - 가족이나 직업적인 것이 아닌 본인을 위한 활동을 계획하고 실천한다.
 - 좋은 친구관계를 유지한다.
 - 자녀에 대한 지나친 희생 등 부담되는 일을 거절하는 용기를 키운다.
4. 스트레스를 잘 관리한다.
 - 세상의 긍정적인 면을 보도록 노력한다.
 - 매일 기분 좋았던 일을 기록하고 잠들기 전에, 잠자고 나서 읽어본다.
5. 새로운 인간관계에 익숙해진다.
 - 누가 현재 도움을 줄 수 있고 그렇지 않은지 판단한다.
 - 다른 부모들과의 관계를 잘 유지하며 필요한 정보를 얻는다.
 - 사정에 알맞게 가족의 행사나 기념일 등을 챙긴다.
6. 일과 휴식의 균형을 유지한다.
 - 간단한 여가 활동이라도 할 수 있는 기회를 만든다.
 - 농담을 하거나 웃을 수 있는 시간을 늘린다.
7. 또 다른 이성과의 만남에 대비한다.

- 새로운 관계에 몰입할 수 있는 준비가 되었는지 판단한다.
- 이성에 대해 잘 알고 현실적인 이성관을 가진다.
- 자녀들과 갈등이 없고 공유할 수 있는 만남을 가진다.

나. 상담서비스

최근 들어 사회복지 실천방법에 있어 대인복지서비스 분야에서의 요구가 증가하고 있는 점에서 본다면 가족복지정책의 방향도 좀더 비금전적인 서비스, 즉 교육 및 상담, 가정원조서비스, 급식이나 보육 서비스 등에 관한 내용을 확대시킬 필요가 있다. 특히 상담은 가족의 문제에 대하여 직접적으로 개입하고 중재하면서 구성원의 잠재능력을 이끌어낼 수 있다는 점에서 한부모가족 복지 증진을 위하여 매우 필요한 수단이 되고 있다.

이러한 상담의 목적은 근본적으로는 가족생활을 풍부하게 하고 강화하게 하기 위한 것이지만, 사회문제가 계속 주목을 끌면서 가족과 사회의 연계성으로 그 응용범위가 확대되고 있다. 급격한 사회적 변화가 가족에게 미치는 영향을 고려해 볼 때 건강한 가족을 유지하기 위해서는 가족구성원 각자가 끊임없이 적응의 노력을 기울여야만 하는데, 그런 의미에서 가족상담은 가족원으로 하여금 개인과 가족생활을 향상시킬 수 있게 하여 주고 더 나아가 사회의 역기능적 현상을 회복시키는 데도 기여할 수 있다.

이처럼 한부모가족을 위한 상담은 이들의 다중적 문제를 해결해 나가는데 필요한 내면적 자원을 가시화할 수 있다는 점에서 그 중요성이 부각되고 있다. 따라서 한부모가족에 대한 상담은 상담 그 자체에만 그칠 것이 아니라 교육과의 병행을 통하여 문제예방적 차원의 교육, 치료적 측면의 상담(유영주 외, 2000)이라는 다차원적인 지원이 행해져야 한다는 것이 중요하며 자조그룹의 형성 등 지속적인 프로그램 역시 필수적이다(조성혜, 1997).

그러나 최근까지 한부모가족에 대한 정책적 관심은 많이 보였지만, 체계적이고 전문적인 상담으로 연결시키지 못하고 있고 다만 여성상담 혹은 일반가족상담의 범주 안에서 처리되고 있다. 지방자치단체마다 설치되어 있는 여성복지상담소를 비롯한 여성복지시설 역시 성폭력, 가정폭력 상담소를 제외하고는 모두 양적인 증가조차 되고 있지 않은 상황에서, 한부모가족에 대한 복지와 지원 프로그램을 실시하고 있는 사례는 드물다. 이처럼 전문적인 상담 프로그램이나 조직이 없이, 요보호가구의 경우 관할지역내 행정요원에 의해 경제문제 등의 기초상담만이 이루어지고 있어, 한부모가족을 위한 보다 효율적이고 전문화된 상담이 필요하다. 특히 부모나 자녀의 문제를 가족상담의 틀에서 다루어 주어야 이들 한부모가족의 적응에 보다 효율적이라는 측면에서 전문적인 가족상담적 접근이 필요하다. 그러나 일반적으로 행정기관이나 민간단체 상담원의 경우 가족복지에 대한 접근은 이루어지지 못하고 있다(임춘희, 1999). 특히 한부모가족의 특성상 이들의 적응문제나 갈등 등이 적극적으로 다루어져야 날로 증가하는 한부모가족의 사회적 파장을 축소할 수 있다는 점에서, 이러한 모색은 매우 시급한 일이라 할 것이다. 따라서 보다 발전적인 방법으로 이들에 대한 상담을 활성화시키는 방안에 대한 연구가 필요하다.

장혜경(2001) 등도 이혼여성에 대한 정책과제 제언에서 부모교육 활성화와 상담사업의 활성화를 단기적으로 가장 중요한 사업이라 하였고, 상담인력 확대 및 상담시설 확대, 다양한 프로그램의 지원 등을 필요로 한다고 하였다.

앞으로 한부모가족의 수가 급속하게 증가할 경우, 일부 한정된 계층이 아닌 전반적인 복지서비스 체계가 필요할 것인데, 이를 현재의 체계대로 다루어나갈 경우 매우 큰 혼란과 비효율성이 초래될 것이다. 그러한 의미에서 한부모가족 지원 실무자 훈련 및 역량 강화가 필요한데, 한부모가족을 담당하는 실무자는 단순한 전달자, 관리자가 아닌 전문상담자, 계획자로서의 역량이 필요하다. 특히 한부모가족의 변화에 민감하게 대응하기 위하여 이에 관한 적절한 훈련 및 교육과정을 거치고 수행 능력을 전문화시켜야 한다.

다. 자녀양육 지원 서비스

실제적으로 한부모가족의 아동에 대한 독립된 정책은 우리나라에서 현재까지 부재한 상황이다. 다만 자녀 양육비 지원 등과 같이 한부모가족에 대한 지원 정책 내용 안에 가족구성원으로서의 아동에 대한 지원이 이루어질 뿐이다. 이것도 아동의 특수성을 감안하거나 체계적인 목표를 가진 복지정책이라기보다 가족전체에 대한 경제적 시혜 성격이라고 보아야 한다. 그나마 이러한 혜택을 받는 경우도 일부 극소수의 저소득계층에 머물고 있어, 대부분의 한부모가족 자녀들은 정책적 배려를 받지 못하고 있다 해도 과언이 아니다.

또한 각급 기관에서 실시하는 한부모가족 아동지원사업도 체계성이나 일관성이 없어 독자적인 아동정책으로서 뿌리를 내리지 못하고 있는 실정이다. 그리고 한부모가족을 위한 가족정책으로서 통합적 아동지원사업이 이루어진다 하여도 아동복지의 측면이 좀 더 신중하게 고려되어야 할 필요가 있다. 모의 취업과 소득 향상이 어떻게 아동복지 측면과 연결될 수 있는지, 그 반대급부에 대한 탐색도 신중하게 이루어져 정책의 탄력성을 유지하여야 할 것이다.

한부모가족 아동의 적응을 위해서는 다양한 복지 프로그램 개발이 필요한데, 한부모가족의 부모자녀관계 교육프로그램 개발, 주간 보호, 단기보호 및 방과 후 지도시설 확충, 자녀 학업지도 확대 및 다양한 특기적성 · 취미교실 프로그램 마련, 자녀의 건강한 성장을 위한 신체적, 정서적 대안 마련 등이 재검토되어야 한다.

무엇보다 아동의 정서적 · 심리적 안정을 위한 다양한 교육이 이루어져야 하겠고 아동의 연령에 따라 생애주기별 프로그램이 특성화되어야 한다. 저학년 아동의 경우에는 취업에 따른 모의 부재가 주는 영향을 최소화시켜야 하겠고, 고학년 아동의 경우 자기조절능력, 독립성 고취 등을 모색하는 프로그램이 필요하다.

또한 문제가족원을 둔 아동의 특별관리가 필요한데, 알코올, 도박, 폭력 등의 문제를 안고 있는 한부모, 장애 및 만성질환, 정신질환 가족원이 있는 한부모가족의 아동에 대한 별도의 프로그램이 설정되고 시행되어 한부모가족과 문제가족이라는 이중, 삼중의 제한점을 겪지 않도록 배려해 주어야 한다.

그리고 한부모가족은 다양한 사회적 지지체계의 도움이 절실하다는 점에서 특히 아동을 위해서는 학교나 교사와의 연계망을 통하여 긴밀한 상호협조체제를 구축하여야 하겠고, 후원제도 등을 확대하여 지역민과의 연계성을 확보함으로써 이들에 대한 이해 증진과 인식전환의 기회를 도모하여야 한다. 또한 지역사회 민간기관과의 통합적 연계망 구축을 통하여 지원 프로그램의 확대 및 질적 향상을 추구할 수 있어야 한다. 그러한 의미에서 한부모 및 자녀에 대한 사회적 인식개선을 위한 노력이 필요한데, 아직도 한부모가정을 결손가정으로 보는 학교나 이웃, 지역사회 등의 인식이 크게 개선되어야만 아동의 적응이 원활해질 수 있으리라 본다. 따라서 이에 대한 교육, 홍보 등 적극적인 인식전환 노력이 필요하다.

이상과 같이 한부모가족 정책은 부모에 초점을 맞추기보다 다음 세대인 아동의 중요성에 대한 인식이 보다 중요하다. 특히 여성 한부모의 경우는 사회의 최하위계층으로의 유입 가능성이 매우 높고 이것이 자녀에게 대물림될 수 있기 때문에 다음세대의 빈곤계층으로의 유입 예방은 매우 중요한 문제이다(양해경, 2001). 그러한 의미에서 한부모가족 정책은 단순한 복지차원보다 차세대를 통한 국가인적자원개발이라는 대전제에서 정책 프로그램이 수립, 시행되어야 한다.

라. 정보전달 체계 및 네트워킹

한부모가족 지원을 위해서는 가족정책 전달체계 활성화가 필요한데, 정부 각 부처 소관분야별 한부모가족 정책에 관한 협의 및 조정기능을 강화하고 공공과 민간의 상호연계시스템을 구축할 필요가 있다. 특히 아동복지부서와 가족 및 여성복지부서의 연계 프로그램이 더욱 확대되어야 하고 민간의 아동지원 프로그램도 더욱 강화되어야 한다.

특히 앞으로 정보매체에 민감한 한부모가족의 자녀세대와 의사소통할 수 있는 체계 구축이 중요한데, 자녀세대의 민감한 변화에 적응하여야 이들을 지원할 수 있다는 점에서, 온라인상담 및 정보제공 확대, 정보 네트워크 구축이 필요하다. 또한 지역사회 네트워크를 통한 아동들의 역할의식 제고가 이루어짐으로써, 특히 농촌지역, 도서지역 등에 거주하는 아동들의 지역적 제한점을 극복할 수 있도록 도와주어야 한다.

또한 현재까지 한부모가족에 대한 각종의 프로그램이나 시설서비스들은 포괄적인 복지기관에서 사업의 일부분으로 다루어온 경우가 일반적이고, 상호 연계적이고 체계적인 조직화가 이루어지지 못하여 향후 정부나 지자체 등을 중심으로 이들 기관의 연계망 구축이나 협력체계가 절실한 형편이다(장혜경 외, 2001). 따라서 같은 지역에 있는 시설이나 기관이 서로 가까이 있는 점을 이용하여 한부모가족 관련 복지지원을 실시할 수 있도록 연계망을 구축하는 일이 무엇보다 필요한 것이다. 또한 한부모가족들을 지원하는 중심센터가 설립되어 종합적이고 전체적인 연계망을 관리하는 노력이 필요하다(양해경, 2001). 이처럼 한부모가족에게 보다 효율적으로 기능하기 위한 정보전달체계는 전문적인 관리자에 의하여 통합적으로 정보전달이 이루어질 수 있는 체계가 이루어져야 한다.

한부모가족을 위한 복지 프로그램은 앞으로 그 소요가 급증할 것이라는 점에서도 새로운 접근방법이 필요하다. 요보호가족뿐만 아니라 일반 한부모가족을 대상으로 포괄적으로 접근할 수 있는 다양한 정보전달체계가 필요하다 할 것이다. 예를 들어 모자가족의 경우만 하더라도 어머니가 생계를 책임져야 하기 때문에 소집교육이나 상담에 응하기가 매우 어려운 한계를 가지고 있다. 그러므로 이들에게 인쇄물이나 정보매체를 통한 정보전달이 적극적으로 이루어질 필요가 있으며 교육이나 상담의 경우에도 이러한 다양한 매체를 통한 접근이 필요하다(한국여성개발원, 1998).

특히 자녀의 경우 성장기 동안 지속적인 교육 및 상담이 필요하다는 점에서 접근성이 용이한 프로그램이 제공되어야 할 것이며, 그러한 의미에서 복지주체 차원에서 인터넷을 이용한 관련사이트 운영 등이 모색될 필요가 있다. 그리고 자조그룹결성 등을 통하여 교육의 효과를 가져올 수 있으리라 기대되므로 매체를 통한 집단적 강화기회를 부여해주는 것이 필요하다. 웹공간을 이용한 정보전달체계는 익명성, 시간 및 공간의 무제약성, 정보 접근의 용이성 등의 장점이 발휘될 수 있다. 또 사회적 편견으로 인한 대인관계의 어려움 등 자조집단 참여의 어려움을 극복하는데 도움을 줄 수 있다(강기정 외, 2002).

그리고 다양한 정보전달 방법이 등장하고 있는 최근의 변화에 부응하여 보다 효율적인 정보전달체계를 수립할 필요가 있다는 점에서, 이에 관련된 연구 역시 이루어져야 할 것이다. 특히 점차적으로 인터넷활용 인구가 증가하고 있는 현상을 감안한다면 정보전달이나 상담 등의 매체로 사이버 공간을 이용하는 방안을 매우 권장할만하다. 그러나 현재 몇몇 민간단체를 중심으로 한부모가족을 위한 사이버 공간을 제공하고 있을 뿐이며 이들은 예산이나 규모면에서 한계가 있을 수밖에 없어(양해경, 2001), 보다 전문적인 정보체계나 관리가 필요한 실정이다.

또한 한부모가족 구성원들은 교육 등 서비스 실시의 가장 유용한 기관으로 교육기관을 선호하는 비율이 높다(김경신, 1997)는 점에서, 정보전달매체의 선택이나 내용 구성에 있어 협조체제의 구성도 필요하다. 그러나 아직까지 일선 복지기관과 교육기관은 제도적으로 협조체제가 잘 이루어지지 않고 있으며 자원과 정보의 교류가 미미한 실정이다. 특히 교육 프로그램 개발을 위한 공동연구나 공동교육 등이 이루어져야 한다는 점에서 정보매체의 구성과 관리에 있어 연계적인 노력이 필요하리라 본다.

제 9 장

재혼가족

결혼이 개인의 선택 행위가 된 이래로 이혼의 자유 못지않게 재혼의 선택도 보다 자유로워지고 있다. 특히 여성에게 일생에 단 한번만의 결혼을 인정하던 전통사회의 규율과 비교해 볼 때, 현대사회의 변화는 적어도 결혼의 관점에서 개인의 선택과 종적 생애의 다양성을 크게 확대시키고 있는 것이다.

재혼은 혈연에 기초한 가족 구성의 원리를 비롯하여 전형적인 가족의 주기를 변화시키고 있으며, 기존 가족과 또 다른 가족이 만나 이루어지는 가족인 만큼 복잡한 제 요소를 가지고 있어 결혼의 성공을 이끌어가는 데 근원적인 어려움을 가지고 출발한다 볼 수 있다. 따라서 재혼의 문제는 오늘날 중요한 사회적 이슈가 되고 있으며, 특히 재혼의 실패율이 초혼의 실패율보다 높음으로써 재혼가족의 적응을 위한 노력이 더욱 요구되고 있다.

그럼에도 불구하고 아직은 사회 인식적 측면에서 재혼의 일반화가 이루어지고 있지 않고 제도적으로도 재혼가족이 보호받지 못하고 있으며, 재혼을 단지 또 한번의 결혼으로 봄에 따라 재혼의 특성을 감안한 별도의 결혼유형으로서 보호되지 못하고 있다. 더욱이 우리나라에서는 아직 이혼에 대한 사회적 적응도 잘 이루어지지 못하고 있기 때문에 이혼적응의 한 형태라 할 수 있는 재혼에 대한 접근은 매우 미흡하다.

그러나 이혼율의 급상승과 재혼율의 동반 상승 추세에 비추어 볼 때, 재혼의 문제는 곧 우리 사회의 중대 과제가 될 것이므로 이에 대한 탐색과 대안 제시가 신속히 이루어져야 한다. 다만 현재 재혼가족에 대한 뚜렷한 분별이 이루어지지 않아 복지제도 혹은 정책으로서의 접근은 매우 한계가 크며, 대부분이 현재의 실태 분석과 서구적인 경험에 기초한 탐색적 과정일 수밖에 없다.

1. 재혼의 실태

1) 재혼의 개념과 유형

재혼은 사별 혹은 이혼 등의 사유로 인하여 혼인관계가 해소되고 홀로 된 사람이 또 다시 결혼관계를 맺는 것을 일컫는 것으로, 재혼가족은 부부 일방 혹은 양방이 재혼인 경우 이루어지는 가족형태를 일컫는다. 이 때 부부 일방 혹은 양방이 전혼관계에서 낳은 자녀를 동반했을 때 상대방과 이 자녀와의 관계를 기준으로 재혼가족을 '계부모가족', '의붓가족' 등으로 칭하기도 한다.

미국에서는 이혼 후 약 90%의 어머니가 자녀의 양육권을 가지게 되어 계부와 친모, 그리고 의붓자녀로 구성된 재혼가족이 많은 비중을 차지하였다(Pasley & Ihinger-Tallman, 1988.) 즉, 재혼가족에서의 전혼 자녀의 존재와 관련된 양육권의 형태와 동거여부를 살펴볼 때, 미국의 경우는 자녀양육권이 주로 여성에게 있으므로 82%가 계부가족을 이룬다(Glick, 1989). 우리나라는 2006년 기준 이혼가족의 60.7%가 이혼 당시 미성년자녀를 동반하고 있으나, 재혼여성이 전혼 자녀를 데리고 결혼한 경우가 7.5%, 계자녀와 사는 경우가 24.1%로 나타났다는 조사결과(한국가정법률상담소, 1996)로 비추어 여성이 아직 자녀양육권을 차지하는 비율이 높지 않음을 알 수 있다. 또 다른 연구(김연옥, 1999)에서는 재혼여성의 68.8%가 전혼 자녀와 동거하고 있다고 하고 있어, 앞으로 우리나라에서도 재혼여성이 자신의 전혼 자녀를 계자녀와 함께 키우는 경우가 증가할 것으로 예상된다.

이처럼 재혼가족의 유형은 재혼부부의 결혼지위(미혼, 이혼, 사별), 자녀유무, 자녀양육 유무 및 재혼자의 연령에 따라 매우 다양하다. 〈표 9-1〉은 재혼부부 각각의 전혼 자녀 유무와 양육권 유무를 기준으로 재혼가족을 분류한 것이다.

〈표 9-1〉 재혼가족의 9가지 구조적 유형

<table>
<tr><td colspan="3" rowspan="3">부인의 전혼 자녀 유무
남편의 전혼 자녀 유무</td><td colspan="3">부인의 전혼 자녀 유무</td></tr>
<tr><td rowspan="2">전혼 자녀 없음</td><td colspan="2">전혼 자녀 있음</td></tr>
<tr><td>양육권 없음</td><td>양육권 있음</td></tr>
<tr><td rowspan="3">남편의 전혼 자녀 유무</td><td colspan="2">전혼 자녀 없음</td><td>무자녀 재혼가족</td><td>비동거계부가족</td><td>동거계부가족</td></tr>
<tr><td rowspan="2">전혼 자녀 있음</td><td>양육권 없음</td><td>비동거 계모가족</td><td>비동거 계부모가족</td><td>혼합계부형 계부모가족</td></tr>
<tr><td>양육권 있음</td><td>동거 계모가족</td><td>혼합계모형 계부모가족</td><td>동거 계부모가족</td></tr>
</table>

출처: Clingempeel, Brand & Segal(1987). A Multilevel-multivariable developmental perspective for future research on stepfamilies, In Pasley, K. & Ihinger-Tallman, M.(eds.). *Remarriage and stepparenting today : Current research and theory*. Guilford, p. 68.

2) 재혼 현황

우리나라의 경우 최근 들어 이혼에 따른 재혼율은 감소함에도 불구하고 이혼율이 꾸준히 증가함에 따라, 전체 혼인에서 재혼이 차지하는 비율이 점차 증가하고 있다.

재혼을 선택하게 하는 변수는 연령과 자녀유무, 소득, 학력 등인 것으로 알려지고 있다. 미국에서는 이혼한 사람들 중 70% 가까이가 결국에는 다시 재혼을 하여, 미국 결혼 중 1/3은 재혼인 것으로 알려지고 있다. 40세 이전에 이혼자의 90%는 재혼하게 되는데, 연령이 적을수록 재혼율이 높으며, 40세 이후의 이혼여성의 재혼율은 매우 낮게 나타나고 있다. 이혼과 재혼 사이 시간은 3년 미만인 것으로 알려져 있으며(Stinett et al., 1984), 25세 이전에 이혼한 여성 중 자녀가 없는 여성은 자녀가 있는 여성보다 재혼율이 높으나, 35세 이상 여성 중에는 자녀 없는 여성의 재혼율이 자녀가 있는 여성보다 낮게 나타나고 있다.

소득의 경우 남성은 소득이 높을수록 재혼율이 높은 반면, 여성은 반대의 경향이 나타나고 있고 학력의 경우도 마찬가지이다. 특히, 자녀가 있는 약간 나이 든 여성의 경우 경제적 안정성을 확보하려는 욕구에 의해 재혼을 결정하는 경향이 높다

(Glick, 1980). 따라서 부부 중 한사람 혹은 두 사람이 이전의 결혼에서 출생한 자녀를 데리고 재혼함으로써 형성되는 가족인 계부모가족의 수 또한 증가하고 있다 (Olson et al., 2002).

〈표 9-2〉 연도별 · 혼인종류별 혼인

(단위: 천건, %)

		1972	1981	1990	1995	2000	2003	2004	2005	2006
계*		244.8	402.6	362.7	398.5	334.0	304.9	310.9	316.4	332.8
남자	초혼	231.5	365.7	315.2	356.0	289.5	253.3	252.5	254.2	275.4
	재혼	13.2	35.8	46.5	39.8	43.6	50.2	56.7	59.8	55.7
여자	초혼	237.7	366.9	311.0	355.8	284.7	247.6	245.4	247.0	271.1
	재혼	7.1	34.6	50.6	39.8	48.3	55.8	63.6	66.7	59.8
구성비										
계*		100.0	100.0	100.0	100.0	100.0	100.0	100.0	100.0	100.0
남자	초혼	94.6	90.8	86.9	89.3	86.7	83.1	81.2	80.4	82.8
	재혼	5.4	8.9	12.8	10.0	13.1	16.5	18.2	18.9	16.7
여자	초혼	97.1	91.1	85.8	89.3	85.2	81.2	78.9	78.1	81.5
	재혼	2.9	8.6	14.0	10.0	14.5	18.3	20.4	21.1	18.0

* 미상 포함

자료: 통계청. 『인구동태통계연보』. 각 년도

〈표 9-2〉에서와 같이 우리나라의 재혼 건수는 전체 결혼 건수와 비교해 볼 때 증가하는 추세에 있으며, 특히 과거에는 재혼 남성과 초혼 여성의 결혼 비율이 높았으나 최근 들어 초혼 남성과 재혼 여성의 결혼 비율이 점차 증가하고 있다. 또한 재혼 남성과 재혼 여성의 결혼 비율도 꾸준히 증가하고 있다〈표 9-3〉.

〈표 9-3〉 부부의 혼인형태별 혼인건수 및 구성비

(단위 : 천건, %)

	1996	1998	2000	2001	2002	2003	2004	2005	2006
계*	434.9	375.6	334.0	320.1	306.6	304.9	310.9	316.4	332.8
남(초)+여(초)	370.8	315.4	273.1	254.1	241.2	235.6	233.1	233.7	256.9
남(재)+여(초)	15.7	13.1	11.5	12.2	11.8	11.9	12.1	13.1	14.1
남(초)+여(재)	16.5	16.5	16.3	17.9	17.1	17.5	19.1	20.1	18.3
남(재)+여(재)	28.6	30.3	32.0	34.6	35.4	38.2	44.4	46.4	41.3
구성비									
계	100.0	100.0	100.0	100.0	100.0	100.0	100.0	100.0	100.0
남(초)+여(초)	85.3	84.0	81.8	79.4	78.7	77.3	75.0	73.9	77.2
남(재)+여(초)	3.6	3.5	3.4	3.8	3.8	3.9	3.9	4.1	4.2
남(초)+여(재)	3.8	4.4	4.9	5.6	5.6	5.7	6.1	6.4	5.5
남(재)+여(재)	6.6	8.1	9.6	10.8	11.5	12.5	14.3	14.7	12.4

*미상 포함, 남(초):남자초혼, 남(재):남자재혼, 여(초):여자초혼, 여(재):여자재혼

재혼 연령에 있어서는(〈표 9-4〉 참조), 평균 재혼 연령이 최근 들어 꾸준히 상승하는 경향을 보이고 있으며, 남녀 연령 차이는 약간씩 줄어들고 있는데, 초혼의 연령 차이가 보통 3세 정도인 것에 비추어 볼 때 재혼의 연령차가 조금 많은 것으로 나타나고 있다.

〈표 9-4〉 평균 재혼 연령

(단위: 세)

	1975	1981	1985	1990	1995	2000	2004	2005	2006
남자	39.9	38.9	39.5	38.9	40.4	42.1	43.8	44.1	44.4
여자	34.7	33.9	34.5	34.0	35.6	37.5	39.2	39.6	39.7
차이	5.2	5.0	5.0	4.9	4.8	4.6	4.6	4.5	4.7

자료: 통계청, 『인구동태 연구』

2. 재혼의 특성

1) 재혼의 다양한 측면들

재혼자들은 비슷한 결혼지위를 가진 사람을 선호하는 경향이 있어, 이혼한 사람은 이혼한 사람과 재혼하는 비율이 높다. 따라서 재혼은 매우 복잡한 변수들이 등장하는 만큼 그 적응의 과정에서 다음과 같은 다양한 측면들을 포함한다(Goetting, 1982).

(1) 정서적 재혼

이혼한 사람이 다른 사람과 또 다시 사랑, 헌신 혹은 신뢰의 관계를 만들어나가는 것은 매우 느리고 때로는 고통스러운 과정이다. 이들은 인간관계에 대한 상처를 가지고 있고 실패에 대한 두려움이 있으므로, 새로운 결혼관계 수립에 어려움을 느끼게 된다. 따라서 이러한 정서적 문제를 극복하고 재혼에 정착하게 되는 과정이 필요하다.

(2) 심리적 재혼

재혼자는 이혼에서 얻은 자율성 혹은 자유를 다시 포기해야 한다는 점에서 심리적 적응이 필요하다. 즉 또 다른 동반자의식이 형성될 필요가 있다.

(3) 사회적 재혼

재혼자는 쌍으로서의 사회적 책임을 다시 시작하여야 한다. 친구관계도 변화하여 홀로 된 시절의 미혼 친구들과는 공통의 관심이 사라지게 되고 다시 커플 친구들이 생기게 되어 이에 대한 적응이 필요하다.

(4) 부모역할자로서의 재혼

부모 역할수행을 새롭게 한다는 것은 재혼의 가장 어려운 부분으로서, 배우자의 자녀는 이전 결혼과 연관되어 있으므로 자칫 계부모가 침입자나 방관자로 간주될 수 있다. 또한 결혼관계와 부모관계가 동시에 시작되므로 부부 결속이 방해받을 수 있다. 이처럼 복잡한 인간관계는 역할의 혼란을 초래하거나 부적응을 유발하기도 한다. 특히 친부모와 부모 역할을 나누어야 하므로 이를 잘 견디어 나가야만 재혼에 따른 혼란과 후회, 혹은 좌절감 등을 극복할 수 있다.

(5) 경제적 재혼

하나의 가구가 된다는 것은 공동의 재무 관리를 의미한다. 따라서 새로운 경제체계에 적응하여야 하는데, 실제로 재혼자들은 재혼 이후의 그들의 경제적 소비 수준 등을 쉽게 가름하기 어려우므로 결혼 전에 가족구성원 각자의 재정적 상황에 대한 이해와 치밀한 계획이 필요하다.

(6) 법적 재혼

재혼 이후에도 자녀공동양육, 양육비 부담 등 이전 결혼관계에서 파생되는 법적 의무가 지속되는 경우가 많으므로 이에 대한 명확한 경계가 필요하다. 예를 들어 연금이나 보험 등 전혼관계에서 발생한 장기적 권리를 어떻게 처리할 것이지 이혼 당시의 명확한 처리가 없는 경우, 책임과 권리상의 법적 모호함이 발생할 수 있다. 이러한 관계가 정확하게 정리된 이후 재혼의 단계로 진입하는 것이 필요하다.

2) 재혼가족의 적응

(1) 적응단계

일반적으로 재혼가족은 이질적인 가족구성원이 뒤엉킨 가족관계가 형성되고 시간이 경과하면서 다시 새로운 가족구성원이 추가되는 등 지속적인 적응의 과정을 요구한다. 미국에서 재혼가족의 자녀 2/3는 재혼으로 맺어진 형제자매 이외에 재혼부모 사이에 생기는 생물학적 형제자매를 갖게 된다고 한다. 따라서 가족구조에 대한 적응보다 가족구성원에 대한 적응이 더 중요하다. 따라서 재혼가족은 이러한 혼합된 형태를 나름대로 정리해가면서 새로운 구조로의 적응을 원만하게 이루어야 하는데, 이에는 일정한 적응단계가 있게 된다.

데이비슨과 무어(Davidson & Moore, 1996)는 이혼에서 재혼으로의 진행단계를 다섯 단계로 나누었는데, 첫째 이혼을 극복하고 홀로 된 개인으로 돌아가 한부모가족으로서의 정체성을 수립하는 단계, 둘째 데이트나 애정관계로 다시 진입하는 등 예전의 결혼 전 과정을 다시 시작하는 단계, 셋째 새로운 파트너와 친밀한 관계를 수립하거나 동거하는 등의 구애단계, 넷째 결혼식, 신혼생활 등 구체적인 재혼의 계획을 세우는 단계, 다섯째 새로운 파트너에게 적응하고 재혼가족을 구성하는 단계 등이다.

맥골드릭과 카터(McGoldrick & Carter, 1989)가 제시한 발달적 단계모델은 재혼가족의 발달과정을, 새로운 관계형성 → 새로운 가족에 대한 계획 → 재혼, 그리고 새로운 가족의 형성이라는 3단계로 구분하고 있다. 이 모델에서 강조하는 목표는 융통적이면서 기능적인 경계를 지닌 개방체계를 확립하는 것이며, 이를 달성하기 위해서는 특히 재혼가족의 문제를 다루기에 앞서서 우선 이전의 결혼이나 이혼에 관련된 문제부터 해결해야 함을 강조하고 있다.

페이퍼나우(Papernow, 1993)는 재혼가족의 주기를 크게 초기 · 중기 · 후기 3단계로 나누고, 이를 다시 환상기 → 몰입기 → 인식기 → 변동기 → 행동기 → 접촉기 → 해결기의 7단계로 구분하였다. 초기의 단계들은 끝마치는데 각각 2~3년이 걸리고, 중기와 후기의 단계들은 각각 1~3년이 걸린다고 하였다. 각 단계에서 재혼가족이 수행해야 할 과제로는, 우선 재혼가족이 형성되는 초기에는 재혼가족이 당면한 문제와 딜레마를 정확히 인식하고 주변에 자신을 이해해주는 사람을 확보하여야 하며, 가족원과 신뢰로운 일 대 일의 시간을 가지면서 친부모를 도와주는 계부모로서의 역할이나 친부모와 계부모 · 전혼 자녀 모두의 욕구를 파악하는 일을 하여야 한다고 하였다. 그리고 둘째로 가족의 재구성과 조화를 시도하는 중기에서는 공평하고 건설적으로 싸우는 법 배우기를 비롯하여 새로운 가족의 규칙과 전통 세우기, 가족행사 계획하기 등이 필요하다고 하였고, 셋째로 재혼가족 체계를 공고히 하는 후기에서는 성숙한 계부로서의 역할 확인, 충성심에 의해 등장할 수 있는 갈등의 축소, 가족원들의 '우리' 의식 강화를 위한 가족시간 가지기 등을 하여야 한다고 하였다.

(2) 적응요인

재혼의 성공률을 높이려면 어떻게 해야 할 것인가? 이를 위해서는 재혼의 적응 및 성공 요인을 분석해 볼 필요가 있다. 재혼자들은 확실히 초혼의 실패로부터 적절한 학습을 함으로써 좀더 성숙한 결혼생활을 해나갈 수 있다. 그럼에도 불구하고 초혼보다는 재혼에서의 이혼율이 더 높게 나타나고 있는데(Bumpass et al., 1990; Glick, 1989; Stuart & Jacobson, 1985), 퍼스텐버그와 스패니어(Furstenberg & Spanier, 1984)는 재혼이 깨지기 쉬운 이유 중의 하나가 재혼 당사자들이 이혼을 갈등의 해결책으로 쉽게 생각하기 때문이라고 하였고, 브로디(Brody et al., 1988) 등은 재혼자들이 심리적이며 행동적인 문제를 가지고 있을 가능성이 크기 때문이라고 하였다. 그러한 의미에서 기존의 자신의 행동 양식을 변화시킨 재혼자의 경우 초혼에서 보다 결혼만족도가 더 상승한다고 하였다.

재혼의 이유가 기본적으로 초혼의 이유처럼 서로에 대한 사랑과 매력에 기초를 두고 있다 하여도, 경제적 이유가 초혼보다 강함은 부인할 수 없다. 각자가 보유한 재화를 나누어 사용하고 독립된 가구를 유지하는데 필요한 비용을 나눌 수 있기 때문이다. 따라서 현실적인 자원의 평등한 나눔이 가능하여 경제적인 교환의 원칙이 지켜졌을 때, 재혼의 성공률이 더 높아질 가능성이 있다. 〈표 9-5〉에서는 미국의 종단연구 결과에서 보여주는 가족 유형별 평균 소득 수준을 제시하고 있는데, 이를 보면 한부모가족 시기와 재혼가족 시기의 소득 차이를 알 수 있다. 따라서 적정한 수준의 소득 보장이 재혼의 안정성을 높여줄 수 있다.

〈표 9-5〉 가족유형별 평균소득 수준(1992년, 미화 기준)

		양부모가족	한부모가족	계부모가족
전체		61,135	27,065	54,594
인종별	백인	63,270	31,349	55,360
	흑인	39,061	20,105	49,692
학력별	고졸 미만	43,693	22,305	39,234
	고졸	63,071	30,297	57,945
	대졸	83,748	37,745	71,220

출처: McLanahan, S. S.(1999). *Father absence and the welfare of children*. Hetherington, E. M.(ed.). *Coping with divorce, single parenting and remarriage*. Lawrence Erlbaum Associates, Inc.

또한 재혼만족도 역시 초혼에서의 결혼만족도와 마찬가지로 결혼기간이 지남에 따라 감소하는 경향이 있으나, 일반적으로 노년기의 재혼은 생활만족도를 증가시키는 것으로 나타나고 있다. 중년기나 노년기에 재혼하는 경우에는 사별인 경우가 많아서 그러하기도 하나, 재혼 후 이들의 스트레스가 감소하고 자아존중감이 상승하며 상실감 등의 부정적인 감정이 현저히 감소하는 것으로 나타난다. 특히 이들 배우자간에 혼전의 오랜 우정을 성숙시킨 경우, 자녀나 주변에서 지지해주는 경우, 재정적 수준이 어느 정도 보장된 경우 재혼의 성공률은 매우 높아진다. 재혼은 주위 사람들의 지지를 얻기도 쉽지 않은데, 초혼보다는 가족의 반대가 심한 편이며 이전 배우자와 비교하여 수용이 어려운 경우도 있다.

또한 많은 경우 자녀를 포함하므로 계부모로서의 적응이 매우 중요한데, 즉각적 수용이 어려운 만큼 서로간의 래포 형성, 신뢰, 애정관계를 쌓기 위한 시간이 필요하다. 또한 자녀를 방문하는 이전 배우자에 대한 적응 과정에서도 어려움이 발생하며 양육비 등 경제적인 압박도 간과하여서는 안 된다.

이처럼 재혼의 과정이 초혼과는 달리 복잡하고 상이하다고 보는 특징적인 차이에 대하여, 스패니어와 퍼스텐버그(Spanier & Furstenberg, 1987)는 다음의 4가지 이유를 들고 있다.

첫째, 초혼에서의 경험을 바탕으로 재혼자는 현재 상황을 비교함으로써 불만이나 만족을 느끼기 쉽다.

둘째, 자녀가 있는 경우의 재혼은 이전 배우자와의 관계가 지속될 가능성이 있다.

셋째, 초혼과 재혼은 개인의 생애에서 상이한 시점에서 발생하므로, 각 시기의 개인적 성숙, 기대수명, 사회경제적 지위 상의 변화로 인해 초혼과 다르다.

넷째, 재혼자는 두 가지 상이한 결혼연령 집단의 성원으로 결혼생활에 대한 문화적 기준에 노출, 재노출된다.

또한 재혼가족으로서 겪는 문제를 해결하려고 하기 이전에 전혼과 관련된 문제들을 우선적으로 해결하여야 한다는 재혼가족의 발달적 측면을 강조한 맥골드릭과 카터(McGoldrick & Carter, 1989)는 재혼가족의 적응에 장애가 되는 9가지 요인을 다음과 같이 제시하였다. 즉, '그'의 가족과 '그녀'의 가족이 발달주기 상 격차가 클 때, 이혼에서 재혼까지의 기간이 짧을 때, 전배우자에 대한 강렬하고 해결되지 않은 감정이 남아 있을 때, 재혼에 대한 자녀들의 정서적 반응을 이해하지 못할 때, 초혼가족의 이상을 포기하지 못할 때, 재혼가족의 경계를 확고히 하려고 노력하면서 성급하게 가족응집력을 기대할 때, 계자녀의 비동거 친부모 및 조부모를 배제하려고 할 때, 어려움을 부인할 때, 재혼에 즈음하여 자녀양육권이 이전될 때 등이다.

재혼가족은 문제해결력이나 대화체계에 있어 약간 비효과적이고 응집력이 약화되어 있는 것이 사실이다. 그러나 재혼에 대한 긍정적 관점이 형성되지 못한 사회적 분위기가 전반적으로 편견과 고정관념을 양산시켜 재혼가족의 긍정적 발전을 저해하기도 한다. 핵가족적 원리를 재혼가족의 복잡성에 그대로 적용시킨다든지 또는 문제중심적으로만 접근하는 경우, 그리고 동거하지 않는 친부모를 포함한 광범위한 역동성을 파악하지 못할 때 재혼가족에 대한 진정한 접근은 이루어지지 못할 것이다.

3) 재혼가족의 가족관계

(1) 부부관계

재혼하려는 사람들은 재혼의 배우자 선택에 있어 초혼과 비교하여 낭만적인 사랑을 추구하기보다는 동료애적인 욕구를 더 중시하는 경향이 있다. 재혼은 초혼에 비하여 복합적 문제들이 더 많이 개입하는데, 이러한 현실적인 문제들이 결혼의 낭만적 환상을 불가능하게 하는 것이다.

이처럼 재혼의 장애 요인들 때문에 혹은 결혼 실패에 대한 두려움 등으로 인하여 때때로 재혼하려는 커플들간에 혼전 계약관계를 형성하는 경우가 있는데, 그 내용으로는 부양의 의무 명시, 재산상의 권리 명시, 자녀양육 및 교육비용 확보, 공유재산과 개별재산의 경계 명시 등을 주로 다룬다. 이처럼 재혼가족의 부부관계가 다분히 현실적인 욕구나 필요에 의해서 영향을 받는 만큼, 장기적으로는 이를 정서적인 신뢰관계로 자연스럽게 승화시켜 나가는 자세가 필요하다.

〈홀로 된 사람들의 새로운 관계로의 접근과 회피 요인〉

접근 요인	회피 요인
-관심과 즐거움을 나누는 등 친구관계를 추구하면서 외로움을 극복하려는 욕구 -상대방의 신뢰할만한 태도 -새로운 사랑의 느낌과 예감	-자유로운 독립적 생활에 대한 욕구 -새로운 가족생활을 시작하고자 하는 동기 부족 -상대의 건강이나 재정상태 등에 있어 부정적 변화의 가능성

초혼과 재혼의 결혼만족도는 기본적으로 차이가 없다고 하기도 하나(Glenn, 1991), 재혼의 실패율이 더 높다는 측면에서 일반적인 만족도는 떨어진다고 볼 수 있다. 앞서 언급한대로 재혼을 하는 사람들이 자신의 실패의 요인과 단점을 면밀히 분석하고 이를 극복하지 못하였을 때는 초혼의 갈등이 반복되며, 이때 초혼보다는 더 복잡한 가족의 구조로 인하여 결혼만족도가 더 빠른 속도로 떨어질 수 있다. 반대로 기존의 자신의 행동 양식을 변화시킨 재혼자의 경우 초혼에서 보다 결혼만족도가 더 상승하는 경우가 많으므로, 재혼자들의 경우에는 자신의 부정적인 측면을 변화시키려는 적극적 노력이 필요할 것이다.

결혼만족도가 높은 재혼부부들의 경우 상호간에 의사소통 일치도가 높고 역할분담이나 시간 공유가 잘 이루어지며 성만족도가 높고 주변 친지들의 지지도가 높다. 재혼은 두 사람만의 출발이 아니라 가족 모두의 공동 출발이므로, 부부관계 역시 단 두 사람만의 요인이 아닌 복합적인 요인이 다루어질 필요가 있다. 재혼 당사자간에도 이러한 이해가 선행되어 재혼가족으로서의 복잡한 구조를 잘 헤쳐 나가야 한다.

이러한 의미에서 재혼 후 새로운 자녀를 가질 것인가가 재혼 부부들이 해결해야 할 또 하나의 과제이다. 미국에서는 재혼 후 흑인여성의 1/2, 백인여성의 2/3가 다시 자녀를 갖는 것으로 나타나고 있다(Davidson & Moore, 1996). 새 자녀에게 가족결속의 역할을 기대하기도 하며 실제로 자녀를 갖는 것이 부부에게는 긍정적 관계로 유도해 가는 효과를 주기도 한다. 한편으로 부정적 효과가 나타나기도 하는데, 정서적, 신체적, 재정적 스트레스의 발생이 그 한가지이다. 또한 새로운 자녀의 출현은 기존 자녀들에게 부모나 가족으로부터 소외되고 관심 밖으로 밀려나는 위협이 되기도 한다.

또한 자녀 출산 등 재혼가족의 변화는 가족주기 상으로도 부부의 적응을 더욱 어렵게 할 수 있는데, 재혼가족의 가장 어려운 점 중의 하나가 가족주기가 신혼기로부터 다시 시작하면서 기존 주기와 혼재된다는 점이다. 여기에 다시 자녀출산이 중복되면, 재혼가족은 부부 각자의 기존 주기(예를 들어 아동기자녀 가족 시기 혹은 청소년기자녀 가족 시기 등)에 더하여 영아기자녀 가족 시기가 혼재됨으로써 주기별 발달과업 수행의 어려움에 처하게 된다.

(2) 계부모자녀관계

초혼과 재혼의 차이점 중 가장 극명한 것이 자녀의 존재 여부이다. 그런 만큼 재혼의 적응에서 가장 어려운 점 중의 하나가 바로 계부모자녀관계이다. 남성이 자녀를 동반하지 않을 때 재혼의 성공률이 높아진다고도 한다. 근본적으로 계부모자녀관계는 친부모자녀관계보다 소원하며 갈등이 크고 스트레스의 원천이 될 가능성이 크다. 더욱이 계부모자녀관계에서는 서로간의 긍정적인 접촉의 정도가 매우 중요한데도, 계부모를 단순한 양육자로 인식하는 경향이 높고 실제로 양육결정에 참여하는 비율도 그다지 높지 않은 것으로 나타나고 있다.

브래이(Bray, 1988)는 재혼가정의 자녀에게 약간의 우울, 불안 등 내면적 행동장애나 동료관계 또는 학업에서의 외형적 행동장애가 나타난다고 하였고 청소년의 음주율이 다소 높게 나타남을 보고하였다. 학업성적은 한부모가족의 경우와 비슷하고 일반 핵가족의 경우보다는 다소 낮은 것으로 나타나고 있다(Zill, 1988). 또한 혼전성관계 비율이 더 높고(Kinnaird & Gerrard, 1986), 친구지향적이며 반사회적이라는 연구결과(Steinberg, 1987)도 있다. 그러나 이들 재혼가정 자녀들이 이혼에 대해 더 긍정적인 태도를 보이고 있다는 연구결과(Colman & Ganong, 1984)도 있다.

계부모자녀관계는 여러 요인 즉 재혼 당시 자녀의 연령, 재혼 지속연수, 자녀수,

동거하지 않는 친부모와의 접촉정도 등의 변수에 의해 영향을 받는다. 자녀의 연령은 매우 중요한 변수인데, 자녀가 어릴수록 계부모와 관계 형성이 더 용이하다. 재혼한 여성의 경우 계자녀 중 특히 남아의 수에 따라 자아존중감에 반비례적 영향을 받고 있다는 연구 결과(Guisinger 등, 1989)가 있다. 또한 친부모와의 모호한 감정적 관계도 계부모관계를 위협하는 요인이 되고 있는데, 친부모의 지나친 개입이 자녀의 스트레스나 갈등을 증가시킬 수 있다는 점도 고려되어야 한다. 대부분 동거하지 않는 친부모와의 관계는 어머니가 아버지보다 친자녀와 더 접촉하는 경향이 있으나 시간이 지나면서 감소하게 되고, 이러한 감소현상이 자녀에게 유해하지 않다는 연구결과들이 대부분이다. 그러나 질(Zill, 1988)은 동거하지 않는 친모와의 접촉이 자녀의 행동문제를 감소시킨다고 하였다.

또한 부모 모두가 자녀를 동반했을 때 계부모자녀관계가 더 소원해질 가능성이 있으므로, 특히 이러한 경우에 부모자녀간 또는 형제자매간에 새로운 상호관계 수립이 더욱 요구되며, 재혼만족도가 높을 때 계부모자녀관계도 양호하므로(Coleman & Ganong, 1987) 재혼 당사자들의 관계를 강화시키는 노력이 선행되어야 한다.

계부모는 흔히 부모 역할을 수행함에 있어 자녀의 친부모와 역할을 공유하는 경우가 있어 어려울 때가 많다. 그러한 의미에서 자녀가 친부모와의 접촉이 없을 때 충분히 친부모의 대리자 역할을 할 수 있으며, 자녀의 성별에 따라 상반된 연구결과가 나오기는 하지만 계부가 계모에 비해 양육과정상 실제 개입 정도가 적어 갈등을 적게 일으키므로, 계모보다 계부가 자녀와 더 좋은 관계를 가질 가능성이 있다는 연구결과(Ambert, 1986)도 있다.

일반적으로 계부에 비하여 계모의 경우 자녀와의 접촉 빈도가 더 많으므로 그 적응 여부가 더 중요시되고 있는데, 계모자녀관계를 둘러싼 여러 요인들을 종합하여 친구형, 친어머니형, 대립형 등의 유형으로 구분하기도 한다(Draughon, 1975). 친구 같은 형은 자녀가 친어머니와 정기적으로 접촉을 하면서도 계모를 받아들이고 어느 정도의 훈육 역할을 인정하는 경우인데, 계모가 자신의 친자녀를 동반하는 경우 위계적 혼돈이 발생할 수 있다. 친어머니형은 사별 등의 이유로 자녀가 친어머니와 접촉이 없는 경우, 친모자녀관계에 준하는 관계가 이루어지기 쉬우므로 비교적 용이하게 적응할 수 있다. 대립형은 관계 형성이 가장 어려운 유형인데, 자녀가 친모에 대한 충성심이 높아 계모와의 관계에 적응을 못하는 경우이다. 이 때 남편의 혼란스러운 태도는 부부관계까지 위협할 수 있다.

과거에는 재혼 후의 계부모자녀 관계를 주로 문제중심적으로 접근하였으나, 최근에는 수용적이고 긍정적으로 이해하려는 경향이 증가하고 있다. 예를 들어 과거 손상된 가족관계로 인해 저하된 자신감을 회복하여 새롭고 특유한 방식으로 가족생활을 영위할 수 있게 된다면 초혼가족의 부모역할이 갖지 못하는 긍정적이고 고유한 측면도 가질 수 있다는 것이다(정현숙 외, 1999). 따라서 재혼가족이 갖는 장애 요소들을 어떻게 현명하게 풀어 나가느냐에 따라 재혼가족의 가족관계는 달라질 수 있다.

〈계부모로서의 적응 방안〉

1. 자녀가 친부모와의 관계 유지를 원하는 경우 이를 지지해준다.
2. 계부모자녀간의 공동활동을 강화하여 새로운 관계를 만들어간다.
3. 관계형성의 초기 단계에서는 기존의 자녀 행동 패턴을 크게 바꾸려 하지 않아야 한다.
4. 자녀가 있을 때 자녀의 친부모를 비판하지 않는 것이 좋다.
5. 호칭에 대해서는 자녀가 결정하도록 내버려두라.
6. 자녀가 이혼한 친부모들간의 갈등에 끼지 않도록 하여야 한다.
7. 자녀에 대한 훈육은 공동으로 결정하고 실행하여야 한다.
8. 부재한 친부모의 영향을 지나치게 염두에 두거나 경쟁하려고 하지 않아야 한다.
9. 계자녀를 다른 자녀와 비교하지 않아야 한다.
10. 계부모자녀관계 형성에는 시간이 필요함을 인식해야 한다.

출처 : Stinnett et al.(1984). *Relationships in marriage and the family*. New York : MacMillan Publishing Co.

3. 재혼가족을 위한 대책 및 서비스

1) 법적 혹은 제도적 측면

근대법에서 여성의 재혼에 대한 법적, 제도적 제약이 사라진 이후에도 직간접적으로 재혼의 사회적 제약을 반영하는 제반 법 조항들이 영향을 미쳐 왔다. 여성이 계부와 성이 다른 자녀를 동반했을 때 계부의 성을 따를 수 없음으로 인해 사회적 낙인을 받아온 것과 같은 것이 그 예이다. 최근 호주제가 폐지되면서 2008년부터 법원의 허가를 받아 성을 바꿀 수 있게 됨으로써 이러한 법적 문제가 일부 해소되게 되었다.

〈재혼 후 자녀의 성을 바꾸는 방법〉

계부가 자녀를 친양자로 입양	자녀의 성과 본 변경허가 청구
· 재혼한지 1년 이상 · 자녀의 나이가 15세 미만 · 친부의 동의 필요 (친부와 법적 친자관계 종료)	· 친부의 동의 불필요 (친부와 친자관계 유지)

또한 지금까지의 협의이혼제도는 당사자 사이에 자녀 양육사항 및 친권자 지정에 관한 합의 없이도 이혼이 가능함에 따라, 제대로 양육비를 지불받거나 양육권자의 책임감 있는 보호를 받기 어려운 경우가 있었으나, 이 역시 민법이 개정되어 다소 보완이 이루어졌다. 즉 협의이혼 하고자 하는 부부에게 양육자의 결정, 양육비용의 부담, 면접교섭권의 행사여부 및 그 방법 등이 기재된 양육사항과 친권자결정에 관한 협의서 또는 가정법원의 심판정본을 이혼 확인 시 의무적으로 제출하도록 하였기 때문이다. 이혼에 관련된 이러한 법적 보완은 재혼 이후에 발생할 수 있는 전혼 배우자와의 갈등을 감소시키고 재혼가족 아동의 복리를 증진시켜 줄 수 있다.

또한 민법 개정으로 자녀에게도 면접교섭권을 인정하게 됨으로써 자녀의 직접적인 개입과 의견 개진이 강화될 수 있는 계기가 마련되었다. 그러나 우리나라에서는 이러한 자녀의 면접권 개입이나 친권에 대한 남녀 평등적 개입에 대해 사회적 인식이 아직 성숙되지 못하여, 부모가 재혼하는 경우 이러한 면접교섭권의 행사가 재혼가족의 갈등을 유발할 가능성을 배제할 수 없다.

2) 사회적 측면

(1) 교육

재혼가족에서 문제가 발생하는 주된 이유는 장애요인이 많음에도 불구하고 새로운 가족 내의 지위나 역할에 대한 준비와 계획이 부족했기 때문이므로, 재혼가족이 당면하는 대부분의 문제는 예방이 가능하다(Ganong & Coleman, 1994). 따라서 재혼가족에 대한 새로운 인식과 함께 재혼가족의 구체적인 생활실태와 이들이 사회에서 직면하는 어려움을 파악하고, 이를 해결할 수 있는 사회적 지원이 있어야 할 것이다. 특히 재혼의 높은 이혼율을 감안할 때, 재혼생활을 시작하려는 사람들을 대상으로 재혼준비를 위한 예비재혼교육이나 재혼초기 가족을 대상으로 하는 가족생활교육이 절실하다(임춘희, 1996). 재혼 교육프로그램들은 장기 목표를 수립하게 하여 재혼가족이 보다 현실적인 기대를 갖도록 돕기 때문에, 재혼의 초기 적응이나 가족관계 증진을 도와줄 수 있다.

결국 재혼으로 인한 새로운 가족관계의 적응과 유지를 위한 기술을 교육하는 재혼 교육프로그램은 재혼예정자에게는 예방적 기능을 하고, 초기재혼자에게는 실질적인 해결책을 제공하는 지침서의 역할을 할 수 있다. 따라서 재혼할 계획이 있는 예비부부나 개인에게는 재혼가족에 대한 정확한 이해를 통해 현실적 기대를 갖도록 도우며, 초기재혼자에게는 재혼가족 생활에서 야기되는 문제에 대하여 논의를 통해 그들 스스로 합리적이고 바람직한 결정을 할 수 있도록 돕는 재혼 교육프로그램을 개발해 나갈 필요가 있다(박은주, 2004).

재혼가족은 전통적인 혈연 중심의 가족과는 다른 새로운 가족모델이므로, 이를 긍정적으로 수용할 수 있도록 교육해야 하며, 재혼가족의 가족원이 변화된 역할에 적응할 수 있도록, 재혼가족의 부부관계 향상을 위한 방안과 자녀를 위한 프로그램 등이 제공되어야 한다(김영화 외, 2002). 따라서 그 구체적인 내용으로는 재혼의 특성과 관련 요소들, 건강한 재혼부부관계의 형성과 유지 방안, 새로운 부모자녀관계 형성과정과 대안, 재혼으로 인한 문제나 갈등해결의 구체적 방법 등이 포함되어야 한다.

그리고 재혼에 대한 사회적 인식 역시 재혼가족의 성공을 도울 수 있는 중요한 요인이므로, 일반인을 대상으로 한 사회교육과정에서도 재혼에 대한 객관적 인식을 제고할 수 있는 내용이 수렴되어야 한다. 무엇보다 우리 사회가 정상가족 이데올로기를 극복할 수 있도록 하는 다양한 공적, 사적 교육과정들이 개발, 실시될 필요가 있다.

(2) 상담

재혼가족에 대한 상담은 재혼의 예비 단계와 재혼 이후 단계가 일관된 형태로 연속되어 진행되어야 한다. 재혼을 선택하는 사람들은 크던 작던 전혼관계의 실패에 대한 경험자이므로 새로운 관계를 시작하기 전에 전혼관계에서 발생한 정신적 상처를 치유할 필요가 있다. 따라서 재혼가족에 대한 상담은 가족으로의 진입 이전에 이미 시작되어야 한다.

재혼의 예비단계 상담은 이혼 이후 상담과 유사한 형태로 이루어질 수 있으나, 이혼상담이 이혼 이후의 심리적인 안정과 현실적인 적응을 위한 상담에 치중하는 데 반해, 재혼상담은 재혼을 하고자 하는 분명한 의도에 대한 개인의 확신을 도와주고 올바른 판단을 할 수 있도록 안정감을 주는 과정으로 이루어진다. 이러한 과정에서 전혼관계의 문제점이 분석되고 문제가 반복되지 않도록 제반 조건을 검토해 주어야 한다. 그러한 의미에서 이혼자들 중에서도 재혼을 결심하거나 재혼 상대를 찾는 사람들에게 이러한 상담은 유효하다.

심리학자나 가족상담자들은 재혼자들이 이전 배우자와 유사한 상대를 고르는지에 대해 오랫동안 관심을 기울여왔다. 때로는 정반대의 상대를 고르기도 하는데, 어떻게 하든지 간에 이는 이전 배우자를 극복하지 못하였다는 증거가 될 수 있다. 따라서 전혼관계에서의 문제점이 반복되지 않게 하기 위한 노력이 상담의 과정에서 이루어져야 한다.

재혼 이후의 상담은 일반적인 부부상담과 마찬가지로 부부의 적응과 발전적인 관계 수립에 초점을 맞추어 진행되지만, 재혼이라는 특수 상황에 대한 이해나 재혼 적응의 장애 요인에 대한 고려가 이루어져야 한다. 따라서 상담자는 재혼의 특성에 대한 연구를 깊이 함과 아울러 전문적인 훈련을 받을 필요가 있다. 그리고 재혼가족의 계부모자녀관계는 그 특성 상 갈등이 발생할 여지가 매우 크므로, 구성원 각자를 대상으로 한 개인상담 이외에도 이들 가족 모두를 대상으로 한 가족상담의 기회가 제공되어져야 한다.

이러한 상담은 무엇보다 전문적인 인력과 조건 속에서 이루어져야 한다는 점에서, 전문상담기관의 기능이 필요하다. 물론 재혼상담이 이혼상담의 연결선상에서 이루질 수 있겠으나, 그 내용과 방법에 있어서는 보다 특성화된 접근이 요구된다. 그리고 재혼의 현실적인 문제들로 인하여 지속적으로 발생할 수 있는 재정적인 문제, 자녀 양육권 문제 등에 관하여 꾸준한 상담적 지원과 정보 제공이 필요하다. 또한 아직 우리 사회가 재혼에 대한 긍정적인 태도가 일반화되어 있지 못하므로, 노출을 꺼리는 재혼가족들을 위하여 온라인 상담 서비스 체제를 확충하고 기존 기관들도 활동 영역 다각화를 꾀하여야 한다.

(3) 복지서비스

가. 부부지원

재혼가족은 경제적 문제의 해결 방편으로 결혼하는 경우 등 현실적인 고려 요인이 다수 개입하는 만큼, 부부의 욕구를 복지서비스로 연결시켜 주는 노력이 필요하다. 그러한 의미에서 재혼가족의 실태 조사를 통하여 보다 치밀한 정책 구상이 이루어져야 한다. 이혼이 지속적으로 증가하는 만큼 재혼의 증가도 불가피하므로, 일반가정에 대한 보편적인 복지 정책으로부터 보다 특성화된 가족형태로의 정책들이 더욱 활발히 모색되어야 한다.

최근 출산 장려나 결혼의 불안정성 개선 정책의 일환으로 주거 지원 등 신혼자들에 대한 지원이 일부 시작되고 있는 바, 재혼자들의 경우에도 가족주기 상에 있어서는 신혼기를 보내게 되므로 가족정책이나 출산 정책에 의한 동일한 혜택이 가능하도록 해야 할 것이다. 또한 재혼 전후 부부들이 교육이나 상담에 적극 참여하도록 유도하는 것도 제도적으로 이루어져야 할 것이므로, 보상과 제재가 가능하도록 실효성 있는 정책을 개발, 실시하여야 한다. 여기에 덧붙여 재혼부부들의 커뮤니티나 자조활동 강화가 가능한 프로그램이나 서비스 수단 역시 강구되어져야 한다.

나. 자녀지원

최근에는 과거와 달리 재혼 후의 계부모관계를 수용적이고 긍정적으로 이해하려는 경향이 증가하고 있긴 하나 초혼보다는 재혼에서의 이혼율이 더 높게 나타나고 있어, 이 경우 자녀가 받는 연속적인 상처는 심각한 손상을 가져올 수 있다. 청소년자녀는 흔히 부모의 이혼보다 재혼을 더 받아들이기 힘들어하므로 근본적인 적응문제가 내재하기 쉬우며 더욱이 폐쇄적 의사소통 등 재혼가족이 기능화되어 있지 않을 때 자녀의 문제행동이 야기될 수 있다(최연실, 1995; Lamanna & Riedmann, 1991). 이러한 제반 조건들이 청소년자녀의 일탈 등 자녀의 성장을 방해하는 요소로 등장하고 있다.

〈표 9-6〉은 가족유형에 따라 자녀의 부적응 행동이 나타나는 비율을 보여주는 것으로, 계부가족의 경우 발달지체를 제외한 영역들에서 일반가족이나 모자가족에 비하여 그 비율이 높게 나타났다. 비단 미국의 사례이지만 이를 보면 모자가족보다 재혼가족의 경우 약간 더 자녀의 불안정성이 높으므로, 한부모가족 자녀에 대한 지원 못지않게 재혼가족자녀에 대한 복지적 지원이나 지지가 필요함을 알 수 있다.

〈표 9-6〉 가족유형별 자녀의 발달장애 비율(%)

	신체발달지체	학습장애	정서행동장애	기타 장애
일반가족	3.8	5.5	8.3	14.6
계부친모가족	3.7	9.1	23.6	29.6
모자가족	4.5	7.5	19.1	24.8

출처 : Zill, N., & Schoenborn, C. A.(1990). *Advanced data from Vital Health Statistics.* No. 190. National Centers for Health Statistics.

따라서 우선적으로 학교 사회복지 차원에서의 접근이 필요하다 하겠는데, 무엇보다 먼저 이들에 대한 실태 파악과 상담적 접근이 요구된다 하겠다. 학교 상담실에는 학교 사회사업가와 학교 상담 전담 교사를 함께 배치하여 이들 재혼가족 자녀들의 개인 심리적, 가정적, 사회 환경적 요인에 다각적으로 접근하여 가장 효과적으로 도울 수 있는 방안을 도출하여야만 한다. 반대로 전반적인 아동, 청소년 상담 과정

중에서도 부모가 재혼을 준비하거나 재혼을 한 경우 이를 적극적으로 지원해 줄 수 있는 가족상담체계를 구축하여야 한다.

다. 가족지원

앞서 언급된 바와 같이 자녀의 안정적 생활과 성장 발달을 위해서는 가정의 안정화가 필수적으로 요구되므로, 국가에서 재혼가족이 정착하고 적응할 수 있도록 관련복지사업을 더욱 강화해 나가야 할 것이다. 예를 들어 한부모가족에서 재혼가족으로 전환한 저소득가족들이 일정기간 동안 적응의 기간을 가질 수 있도록 생활자립 지원 기간을 연장해준다든지, 재혼 이후 모의 연령 상승에도 불구하고 출산하는 가족을 위하여 출산 및 보육지원 정책을 적극적으로 펼치는 등의 서비스로 재혼가족이 또 다시 문제나 장애에 부딪치는 일이 없도록 해주어야 한다.

또한 사회 내에 적절한 모델 수립이 가능하도록 공공매체나 학교 체계 내에서 재혼가족을 비롯한 다양한 가족에 대한 인식 개선이 이루어져야 할 것이며, 이러한 기본 모델 개발과 확산은 정책 부서가 주관하되 이의 수용과 실천은 사회 각 요소에서 이루어져야 한다.

이러한 의미에서 상담과 마찬가지로 재혼가족 복지서비스도 이를 전담할 전문기관을 정하고 기관간의 역할분담과 함께 협력방안을 체계화시킨 전달체계를 확립하는 일이 중요하다. 다만 개별 가족구성원 중심이 아닌 가족 단위의 가족복지 사업이 그 구심점이 되어야 하며 결혼과 이혼, 재혼 등 일련의 가족생활 행위 등이 연속적으로 관리, 지원될 수 있도록 생애지원 차원의 복지사업이 이루어져야 한다.

따라서 행정적 제도도 개선되어 이러한 일련의 가족복지 사업과 그 제반 문제를 전문적으로 다루는 전담 행정체계가 지역별로 수립되어야 하며, 기존의 가족복지 전담 기구가 있다 하여도 담당 인력의 전문화가 매우 절실한 형편이다. 이와 함께, 지역사회 내에서 정부, 학교, 가족, 사회단체, 유관기관간 공적 네트워크를 구축하여 생활권 내 지역사회에서 실질적인 서비스를 재혼가족에게 제공하는 것이 무엇보다도 필요하다.

제10장

빈곤가족과 조손가족

1. 빈곤가족

현대 산업사회는 질병이나 실업, 사고, 장애, 실직, 재난 등으로 경제적 생활이 위협받는 요소가 다양하게 증가되고 있다. 인간에게 있어 빈곤은 수치스럽거나 죄악은 아니지만 인간의 기본권인 인간다운 삶을 누리는데 있어서 고통스러움과 불평등을 인식하게 함으로써 삶의 질을 저하시킬 뿐만 아니라 사회적 일탈로까지 이어질 개연성이 매우 높다. 해소되지 못한 지속적인 빈곤은 급기야 가족해체를 가져와 또 다른 사회문제를 야기시키고, 이는 국가의 위협적 요소로 크게 작용하기도 한다. 따라서 전 세계적으로 빈곤은 우선적으로 해결해야 할 국가의 기본과제이며, 이를 해소하기 위해 나라마다 다각적인 노력을 기울이고 있다. 또한 빈곤은 해당국가의 문제는 물론 더 나아가 자국민 뿐만 아니라 국제적으로 빈곤국가의 빈민층에게도 탈빈곤할 수 있도록 도움의 손길을 제공함으로써 빈곤문제 해결에 전 인류의 관심이 집중되고 있다.

1) 빈곤가족의 개념

(1) 빈곤의 개념

빈곤의 개념은 시대, 사회, 기준에 따라 다양하게 정의되어 왔다. 빈곤을 보편적 관점에서 논하기는 어렵지만 일반적으로 욕구가 충분하지 않은 상태라고 정의할 수 있다. 그러나 인간의 욕구는 인간의 수만큼이나 다양하며, 다양한 욕구에 대한 만족에 있어서 어느 정도가 충분한 정도인지에 대해서는 사회적 합의가 결코 쉽지 않다.

이처럼 개념에 대한 기준은 상이하지만, 통상적으로 빈곤은 개인의 생물학적 생존을 유지하는 데 필요한 최소한의 물질적 자원이 결핍된 상태를 말하며, 나아가 문화적 생활에 의한 욕구가 결여되어 있는 상태까지를 포함한다. 즉, 빈곤은 물질적 자원의 부족만을 의미한다기보다는 교육 · 의료 · 계층이동의 기회 등 여러 가지 사회적 가치의 분배에 있어서 불평등을 포함하는 동시에 개인의 심리적 차원에 있어서의 박탈과 문화적 가치로부터의 소외 등을 의미하는 포괄적인 개념이다.

빈곤에 대한 개념은 학자마다 다른 준거틀과 관점을 가지고 접근되어 왔기 때문에 완전하게 일치할 수 없지만 일반적으로 절대적 빈곤(absolute poverty)과 상대적 빈곤(relative poverty)으로 구분하여 설명하며, 경우에 따라서는 주관적 빈곤을 포함하여 설명하기도 한다. 우리가 흔히 언급하는 절대적 빈곤과 상대적 빈곤은 객관적 빈곤에 해당되며, 주관적 빈곤은 객관적 기준 없이 주관적 판단에 근거한 빈곤으로의 인식을 의미한다.

가. 절대적 빈곤

절대적 빈곤은 인간의 생존에 필요한 최소한의 물자조차 부족한 극도의 빈곤으로 최저생활을 유지하는데 필요한 생계비를 충족하지 못하는 빈곤을 말한다. 즉, 어떤 사람이 생존하는데 필요한 최소한의 자원을 갖고 있지 못할 때 그는 절대빈곤 상태에 놓여 있다고 말할 수 있다. 그러나 생존에 필요한 최소한의 자원이 무엇이냐에 관한 정의도 시대와 사회는 물론 기준을 어디에 두느냐에 따라 달라진다는 점을 고려해 볼 때 절대적 빈곤의 개념에도 상대적 요소가 들어 있다고 할 수 있다.

나. 상대적 빈곤

상대적 빈곤은 불평등의 관점에서 바라본 빈곤 개념으로 대부분의 사회 구성원이 누리고 있는 생활수준과 비교했을 때 상대적인 박탈의 상태를 의미한다. 즉, 기본적 욕구가 충족되더라도 자원, 기회, 현물 등을 다른 집단에 비해 부족하게 소유하고 있다고 느끼는 일부집단의 박탈감을 상대적 빈곤이라 할 수 있다. 상대적 빈곤은 그 개념 안에 어떠한 내용을 포괄할 것인가에 대해 크게 두 가지 관점에서 설명된다.

첫째, 소득·권력·기회 등 포괄적인 가치의 상대적 박탈을 의미하는 개념이다. 이는 빈곤을 물질적 개념으로 국한시키지 않고 적절한 삶의 질 결여, 문화적 재화에 대한 접근성의 부재 등으로 이해한다.

둘째, 경제적·물질적 차원에만 국한시켜 절대적 빈곤에 대비되는 상대적 결핍으로 파악하는 것이다. 이러한 관점은 상대적 빈곤층을 파악할 수 있는 구체적이고 객관적인 기준을 제시하는 것으로 상대적 빈곤의 측정기준을 소득이나 지출과 관련된 경제적 개념에 국한한다(박영란 외, 2002).

다. 주관적 빈곤

주관적 빈곤은 자신이 충분히 갖고 있지 않다고 느끼는 것을 말하며, 제3자의 판단에 의한 어떤 객관적인 수준이 정해지는 것이 아니라 개인의 주관적인 판단 수준에 의해 결정된다. 상대적 빈곤과 주관적 빈곤은 비슷한 개념이지만 기준의 유무에 따른 차이점을 가지고 있다. 즉, 주관적 빈곤은 빈곤을 정의함에 있어서 자신의 생각과 느낌 외에 어떠한 기준도 두지 않으며, 현재 자신이 빈곤하다고 느끼는 상태 그대로를 빈곤으로 인정하는 개념을 의미한다. 자기 집이 없거나 자녀에게 사교육을 시키지 못하는 상태를 빈곤으로 생각하는 경우가 그 예이다. 이에 반해, 상대적 빈곤은 어떠한 정해진 객관적 기준을 적용함으로써 빈곤을 정의하는 것을 말한다. 예를 들면, 큰 차를 가지고 있는 사람에 비해 작은 차를 가지고 있는 사람은 상대적으로 가난하다고 말하는 경우와 전체 평균 소득이 50% 수준을 빈곤선으로 규정한 OECD의 빈곤개념은 상대적이면서도 객관적인 의미의 빈곤을 의미하고 있다(김종일 외, 2005).

한 사회가 전반적으로 빈곤한 수준에 머물러 있을 때에는 절대적 빈곤과 경제적 빈곤이 더 중요한 사회문제로 대두되지만 경제적·사회적으로 어느 정도 발전되는 사회에 있어서는 오히려 상대적 빈곤과 주관적 빈곤이 더 크게 작용될 수도 있다.

(2) 빈곤가족의 개념

빈곤가족은 대부분 경제적 빈곤뿐만 아니라 다양한 문제가 결부된 다중적위기가족(multicrisis poor family)의 복잡한 현실을 보여주고 있다. 빈곤가족에 대한 접근방법은 기본적으로 두 가지 원리가 있는데 하나는 가족에 초점을 맞추는 것(family-centered)과 또 다른 하나는 개입방법에서의 체계지향적인 접근(systemic)으로 나눌 수 있다.[1] 따라서 빈곤가족은 통합적(integrated)이고 체계적(systemic)이며, 지지적(supportive)인 접근이 강조된다.

빈곤 개념은 물질적 결핍, 심리적 박탈, 문화적 가치로부터의 소외 등을 포함하고 있는 것으로 이러한 관점에서 빈곤가족은 가족 전체 또는 가구원들이 인간으로 생활해 나가는데 있어서 기본적으로 필요하다고 인정되는 자원이나 경제적 능력을 갖추지 못한 가족을 의미한다.

우리나라의 경우 빈곤은 절대적 빈곤 기준에 입각하여 규정하고 있으며, ① 노동력이 없는 거택·시설보호대상 가구, ② 근로 능력이 있는 가난한 자로서 자활보호대상 가구, ③ 잠재적으로 가난한 자로서 불의의 사고나 사업실패 및 실직 등으로 빈곤의 가능성이 있는 한계대상 가구로 구분하고 있으며, 일반적으로 우리나라에서 빈곤가족이라 하면 최저생계비 이하인 대상을 의미한다. 다음 〈표 10-1〉은 2007년도 가구규모에 따른 최저생계비 기준을 제시하고 있다. 기초생활수급권자가 아니더라도 최저생계비의 120%에 속하는 차상위계층도 빈곤가족으로 간주하고 있다.

---

1) Minuchin, P., Colapinto, J. & Minuchin, S.(1998). *Working With Families of the Poor*: 김현수 외 2인(2001) 옮김, 빈곤가족과 일하기, p.13에서 재인용

〈표 10-1〉 최저 생계비 기준

(단위 : 원)

가구규모	1인가족	2인가족	3인가족	4인가족	5인가족	6인가족
2005년	401,466	668,504	907,929	1,136,332	1,302,918	1,477,800
2006년	418,309	700,849	939,849	1,170,422	1,353,242	1,542,382
2007년	435,921	734,412	972,866	1,205,535	1,405,412	1,609,630

자료: 보건복지부, 국민기초생활보장 수급권자 현황, 2007년 기준

2) 빈곤가족의 현황

(1) 기초생활보장 수급권자 현황

2006년 12월 기준으로 기초생활보장 수급권자는 약 153만5천명(83만2천가구)으로 총 인구수 대비 기초생활보장 수급권자의 비율인 수급률은 3.2%이다〈표 10-4〉. 수급권자의 종류별로 보면, 일반수급권자가 대부분으로 94.5%이며, 시설수급권자는 5.5%에 불과한 것으로 나타났다〈표 10-2〉. 국민기초생활보장 수급률은 2002년 691,018이었던 수급가구가 2006년 831,692로 늘어나 매년 증가추세를 보이고 있으며〈표 10-3〉, 시설수급권자는 유동성을 보인 반면 일반수급권자의 인원은 2002년 이후 계속 증가 추세를 보이고 있다. 16개 광역지방자치단체별 수급률을 보면, 전남이 6.9%로 가장 높고 전북 6.6%, 경북 4.9%, 강원 4.4%의 순이며, 울산이 가장 낮은 1.8%를 차지하고 있다〈표 10-4〉.

〈표 10-2〉 수급권자수와 구성비율

(단위: 명, %)

	계	일반수급권자	시설수급권자
수급권자수	1,534,950	1,449,832	85,118
구성비	100.0	94.5	5.5

자료: 보건복지부, 국민기초생활보장 수급권자 현황, 2006년 기준

〈표 10-3〉 국민기초생활보장 수급률

(단위 : 가구, 명)

연 도	계		일반수급자		시설수급자
	가구	인원	가구	인원	인원
2002	691,018	1,351,185	691,018	1,275,625	75,560
2003	717,861	1,374,405	717,861	1,292,690	81,715
2004	753,681	1,424,088	753,681	1,337,714	86,374
2005	809,745	1,513,352	809,745	1,425,684	87,668
2006	831,692	1,534,950	831,692	1,449,832	85,118

자료: 보건복지부, 국민기초생활보장 수급권자 현황, 2006년 기준

〈표 10-4〉 지역별 국민기초생활보장 수급률

(단위: %)

전국	서울	부산	대구	인천	광주	대전	울산	경기	강원	충북	충남	전북	전남	경북	경남	제주
3.2	2.0	3.8	3.7	3.7	4.2	3.1	1.8	1.9	4.4	3.9	4.1	6.9	6.9	4.9	3.5	4.1

주: 수급률 = 지역의 수급권자수/지역의 전체인구 × 100
  * 지역의 수급권자수 : 시설수급권자 포함
  * 지역의 전체인구 : 통계청, 연령별(시도) 추계인구
자료: 보건복지부, 국민기초생활보장 수급권자 현황, 2006년 기준

(2) 가구원수별 현황

기초생활수급권자 가구원수별 현황 〈표 10-5〉를 보면, 과반수 이상이 1인가구(58.0%)이며, 다음으로 2인가구(19.6%), 3인가구(13.1%)의 순이다.

〈표 10-5〉 수급권자의 가구원수별 현황

(단위: %)

계	1인가구	2인가구	3인가구	4인가구	5인이상가구
100.0	58.0	19.6	13.1	6.6	2.7

자료: 보건복지부, 국민기초생활보장 수급권자 현황, 2006년 기준

또한 일반수급가구 가구원수별 현황을 보면, 1인가구, 2인가구, 3인가구는 지속적으로 증가세를 보이고 있는 반면, 4인가구 이상의 경우는 증가세가 둔화되거나 또

는 감소하는 현상을 보이고 있다〈표 10-6〉.

〈표 10-6〉 일반수급가구 가구원수별 현황

(단위: 가구)

연 도	계	1인가구	2인가구	3인가구	4인가구	5인가구	6인가구	7인이상가구
2002	691,018	371,166	144,295	98,189	54,151	16,865	4,624	1,728
2003	717,861	399,220	146,655	98,532	51,997	15,636	4,248	1,573
2004	753,681	426,701	152,454	101,200	52,094	15,516	4,153	1,563
2005	809,745	463,181	161,044	108,067	55,050	16,444	4,304	1,655
2006	831,692	482,842	163,478	108,631	54,510	16,269	4,278	1,684

자료: 보건복지부, 국민기초생활보장 수급권자 현황, 2006년 기준

(3) 가구유형별 현황

수급권자의 가구유형별 백분율은 〈표 10-7〉에서와 같이 대부분 노인, 장애인, 모자·부자가구 등 취약계층 세대가 60.6%이며, 보다 안정된 가구인 일반세대는 34.6%로 약 1/3에 해당된다. 또한 세대에 따른 가구수는 〈표 10-8〉에서와 같이 모자세대, 부자세대, 장애인세대, 일반세대는 지속적으로 증가세를 보이고 있는 반면 노인세대나 소년소녀가장세대는 2005년까지는 증가추세를 보이다가 2006년에는 다소 주춤한 상황을 보이고 있다.

〈표 10-7〉 수급권자의 가구유형별 백분율

(단위: %)

계	일반세대	취약계층세대						기타
		소계	노인세대	장애인세대	모자세대	부자세대	소년소녀가장세대	
100.0	34.6	60.6	29.2	17.4	9.8	2.4	1.8	4.8

자료: 보건복지부, 국민기초생활보장 수급권자 현황, 2006년 기준

〈표 10-8〉 일반수급가구 세대구분(가구유형)별 현황

(단위: 가구)

연 도	계	노인세대	소년소녀 가장세대	모자세대	부자세대	장애인 세 대	일반세대	기 타
2002	691,018	235,893	13,638	65,132	17,289	104,009	216,645	38,412
2003	717,861	238,790	13,932	66,636	17,158	112,987	230,827	37,531
2004	753,681	240,030	14,387	70,951	17,916	123,418	249,393	37,586
2005	809,745	244,565	14,823	77,985	19,450	136,892	276,227	39,803
2006	831,692	242,470	14,713	81,189	19,963	144,747	288,945	39,665

자료: 보건복지부, 국민기초생활보장 수급권자 현황, 2006년 기준

(4) 취업 현황

수급권자의 취업특성은 〈표 10-9〉에서와 같이 77.9%가 비경제활동인구이며 22.1% 만이 경제활동인구인 것으로 나타났으며, 경제활동인구의 특성을 보면 전체의 18.1%, 경제활동인구의 82.1%가 고용이 불안정한 임시와 일일고용, 실직 및 미취업자로 나타났다. 한편 임시고용 등에 비해 상대적으로 안정된 상시고용이나 자영업 및 농수축산업은 전체의 4.0%, 경제활동인구의 17.9%인 것으로 나타났다.

〈표 10-9〉 수급권자의 경제활동 유무 및 고용형태

(단위: %)

계	15세이상 인구			
	경제활동인구			비경제활동인구3)
	소계	고용안정1)	고용 불안정2)	
100.0	22.1	4.0	18.1	77.9

주: 1) 상시고용, 자영업 및 농수축산업
2) 임시・일일고용, 실직 및 미취업자
3) 만 15세 이상 세대원 중 가사종사자, 학생, 노령, 장애, 사고・질병 등으로 취업도 실업도 아닌 상태에 있는 자

자료 : 보건복지부, 국민기초생활보장 수급권자 현황, 2006년 기준

3) 빈곤가족의 발생원인

(1) 빈곤가족의 발생원인

가. 개인적 요인

빈곤화의 개인적 원인으로 보는 관점은 직업, 지위, 학력, 연령, 성별, 가구원수, 지역 등의 인구학적 특성으로 인해 발생한다고 본다. 특히 가구주의 학력은 소득과 밀접한 관계를 가지고 있는데, 학력수준이 높으면 소득수준도 높고 학력수준이 낮으면 소득수준이 낮은 것으로 나타났다. 그러나, 빈곤가족의 발생요인은 학자마다 그 원인의 분석을 달리하기 때문에 정확한 요인을 제시하는 것이 쉽지 않다. 과거에는 개인의 나태나 무절제한 생활을 빈곤의 원인으로 보는 견해가 지배적이었으나 최근에는 교육이나 기술과 같은 인적자본의 결핍 등 사회구조적 빈곤으로 이어진다는 주장이 지배적이며, 개인의 자립·성취 동기의 부족, 나태, 무절제, 음주, 도박과 같은 개인의 부적절한 생활태도 등으로 인해 발생한다고 보고 있다. 인적자본론[2]에 따르면 인적자본에 대한 개인적 투자가 적거나 없는 경우 지식과 기술 부족으로 인해 생산성이 낮아지고, 이는 저임금과 저소득으로 이어져 결국 빈곤하게 된다고 보고 있다(김태성·손병돈, 2002).

나. 자연환경적 요인

자연환경적 요인으로는 예기치 못한 태풍이나 해일, 지진, 화산폭발, 산불과 같은 천재지변이 인명피해는 물론 재산상의 큰 손실을 초래하여 그 지역을 빈곤화 시킬 수 있다. 천재지변 이외에도 다양한 형태의 분쟁이나 전쟁 등은 한 국가 또는 일정 지역을 황폐화시키고 주민들을 빈곤화시킨다. 화재와 같은 사고도 개인이나 가족의 전재산 또는 재산의 일부를 손실시켜 이들을 빈곤하게 만든다. 이런 요인들은 가족

2) 인적자본이란 사람에게 투입된 교육, 훈련, 기술과 같은 '투자'의 총체적인 축적을 의미한다. 인적자본론에 의하면 노동자의 임금은 개인이 보유하고 있는 생산성에 의해 결정되고 생산성은 다시 숙련도에 따라 결정되는데, 이 숙련도를 결정하는 요인이 바로 인적자본의 양이며 빈곤은 낮은 수준의 인적자본의 결과라고 본다. 이러한 인적자본론이 빈곤의 현실 이해에 어느 정도 기여는 하지만 임금 이외의 다른 소득원에 대해서는 논의하지 않는 한계를 갖고 있다.

원의 사망, 장애, 질병, 교육기회의 박탈 등을 초래하여 간접적으로 가족을 빈곤화시키기도 하지만 직접적으로 가족의 기능약화와 경제적 붕괴를 가져오기도 한다(한국여성복지연구회, 2005).

다. 사회구조적 요인

빈곤가족의 발생은 개인적 요인에 의한 것도 있지만 사회구조적 요인에 의해 발생하기도 한다. 빈곤의 원인을 살펴볼 때 가장 기본적으로 자본주의 사회 구조의 특성을 이해해야 한다. 빈곤의 발생은 경제성장에 따른 급속한 산업화·도시화 과정을 통해 구조적으로 파생되는 현상이기 때문이다. 즉, 국가의 취업구조와 임금을 결정하는 노동시장의 구조적 불평등이 빈곤의 원인이 될 수 있으며, 여성에 대한 취업기회 및 임금 차별, 임시직의 확대, 최저임금제의 미정착, 직종간 및 직급간 임금격차의 심화 등은 여성가장가족, 여성한부모가족, 임시직 저임금 근로자가족을 빈곤에 있어 취약하게 만드는 요인이 되고 있다. 조세제도가 사회의 부를 재분배하는 기능을 제대로 수행하지 못할 때도 빈곤의 발생 요인으로 작용하며, 불로소득이나 비정상적인 부의 축적이 용인되는 사회에서는 소득계층 간 불평등을 심화시키기도 한다. 또한 소득재분배 기능을 수행하고 저소득층의 경제적 자립을 지원하는 사회보장제도와 같은 사회복지정책들이 제대로 실행되지 못할 때에도 빈곤이 심화된다(한국여성복지연구회, 2005). 특히, 빈곤층은 의료기회 및 교육기회의 제한과 함께 사고가 발생했을 때, 이를 효과적으로 대응하거나 극복하는데 있어서 자원이 절대적으로 부족하므로 사회보장제도의 미성숙은 이들 빈곤층을 더욱 심화시키고 장기화시키는 부정적 영향을 끼친다고 할 수 있다.

(2) 빈곤가족의 특성

가. 인구학적 특성

① 가족형태 및 가구원 수

빈곤가구의 가족형태는 일반가구와 마찬가지로 소가족형태를 이루고 있으며 핵가족화 현상이 지속되고 있다. 최근 빈곤층 가구의 가구원 수는 점차 줄어드는 경향을 보이고 있으며, 1인 수급자의 가구원수별 현황을 보면 앞에 제시한 〈표 10-5〉에서와 같이 과반수 이상이 1인가구(58.0%)이고, 다음으로 2인가구(19.6%), 3인가구

(13.1%)인 것으로 나타났다(보건복지부, 2007).

② 세대구성

빈곤가구의 세대구성은 대부분 노인, 장애인, 모자·부자가구 등의 취약계층 세대인 경우가 많다. 이들은 거의가 단독가구(51.2%)와 혈연가구(47.7%)이며 비혈연가구는 1.1%에 불과하다. 특히, 최근 들어 이혼율의 상승과 더불어 여성 가구주의 비율이 증가하면서 빈곤은 모자세대인 여성한부모가족에게서 두드러지는 현상이다. 이들은 기본적인 생계유지와 자녀양육비용 부담으로 인해 경제적으로 어려움이 크지만, 저임금의 불안정한 고용상태에 있는 경우가 많아 평균소득이 남성 가구주에 비해 상대적으로 낮기 때문에 항상 빈곤의 위험에 노출되어 있다.

③ 가구주의 연령

일반가구에 비해 빈곤가구는 가구주의 평균연령이 높다는 특성을 가지고 있다. 빈곤가구의 가구주의 연령은 계속적으로 고령화 추세를 보이고 있는데, 이와 같은 빈곤층 가구주는 고연령으로 인해 취업기회를 제한받게 되며, 소득 상실 또는 소득 감소를 발생시키기 때문에 빈곤 해소의 이중고에 시달리게 되는 요인으로 작용한다.

평균수명이 연장되면서 노인세대의 수는 지속적으로 증가하고 있으나, 이들의 열악한 취업기회와 저임금은 노령으로 인한 빈곤의 문제를 더욱 가속화시킬 것으로 예상되며, 고령화 사회에 이미 진입한 한국의 현 실정에서 이에 대한 대책 마련이 시급하다고 할 수 있다.

④ 건강상태

빈곤가구는 일반가구에 비해 만성적 질병률이나 이환율이 높게 나타난다. 이는 부적절한 주거상황, 영양부족, 비위생적 식생활로 인해 질병이 초래되기 때문이며, 이러한 만성질병은 높은 의료비 부담을 가져와 더욱 빈곤을 심화시킨다. 빈곤가구의 높은 만성병 이환은 이들의 근로능력을 상실하게 하거나, 정상적인 근로를 할 수 없게 만든다. 적절한 치료와 의료서비스를 받아 건강을 회복해야 함에도 불구하고 빈곤가족은 의료에 대한 접근성이 취약하기 때문에 건강이 더욱 악화되고, 이로 인한 빈곤의 악순환이 가속화된다.

나. 사회경제적 특성

① 빈곤가구의 취업활동

수급권자의 취업특성은 이들 대부분이 비경제활동인구이며 극히 드물게 경제활동을 하고 있다는 것이다. 경제활동을 하고 있는 경우도 빈곤가족의 가구주들은 막노동을 하거나 노점, 행상 같은 영세 상업에 대부분 종사하고 있으며, 여성 가구주의 경우는 영세한 하청공장, 가내수공업에 취업하거나 가사도우미 등의 단순노무직 또는 비정규직과 같은 열악한 직종에 종사하고 있다. 보건복지부(2007)에 의하면 빈곤가족의 비경제활동은 77.9%이며, 경제활동인구는 22.1%에 해당하나 경제활동인구의 82.1%는 고용이 불안정한 임시와 일일고용, 실직 및 미취업자가 대부분이었다 〈표 10-9 참조〉.

② 빈곤가구의 주거환경 및 주거형태

빈곤층의 주거환경은 빈민지역의 경우 여전히 화장실과 상수도 보급률이 떨어지고 비탈이 심한 이유로 쓰레기 수거가 잘 안되어 발생하는 위생 문제, 불충분한 난방시설, 소방도로 미비로 화재시 조기 진화의 어려운 문제점 등을 안고 있다.

또한, 빈곤가구의 경우 자가에서 사는 경우는 극히 드물며, 대부분 전세나 임대주택에 거주하는 경우가 많다. 보건복지부(2007)에 따르면 빈곤가구의 자가 거주율은 17.9%에 불과하고, 전・월세나 영구임차주택 등과 같은 임차주택거주자가 50.9%를 차지하고 있다. 그 외 31.9%는 부분무료임차, 전체무료임차, 움막비닐하우스, 무허가주택 등에서 거주하는 것으로 조사되었다. 무주택비율이 높은 지역은 서울 98.8%, 대구 97.2%, 울산 95.2%인 반면 낮은 지역은 전남 55.6%, 전북 69.0%로 대도시에 비해 농어촌 지역이 포함된 시・도 단위의 자가보유율이 높게 나타났다.

③ 사회문화적 특성

한 가족의 문화생활은 생활비품을 어느 정도 보유하고 있는지와 무관하지 않다. 빈곤가구는 일반 가구에 비해 세탁기, 컴퓨터, 식기세척기 등 가전제품의 보유율이 낮으며, 신문구독이나 잡지의 구독에 있어서도 낮은 비율을 보인다. 또한, 일반가구가 누리는 영화감상, 여행, 취미활동과 같은 문화생활의 향유는 물론이거니와 접근성 또한 낮은 특성을 보인다.

4) 빈곤가족의 문제점

(1) 경제적 문제

인간이 누릴 수 있는 기본적인 생활을 유지하기 위해서는 최소한도의 의식주가 필수적이지만 이는 재화를 어느 정도 보유할 때만이 가능하다. 이러한 기본적인 생리적 욕구가 충족되지 못하였을 때는 생존 자체를 위협받게 된다. 이러한 관점에서 볼 때 빈곤가족은 경제적으로 취약하기 때문에 생존의 어려움을 겪고 있다고 할 수 있다.

빈곤가족이 경제적으로 어려움을 겪는 이유는 다양하다고 할 수 있으나, 가장 중요한 요인 중 하나로 실업을 들 수 있다. 저소득층 세대주의 학력은 일반계층 세대주보다 비교적 낮으며, 저소득계층 남성 실업률은 일반계층 남성 실업률에 비해 높다. 이러한 저학력과 실업은 빈곤가족의 결정적인 원인인 동시에 특성이라 할 수 있다(노대명 외 2003; 김기원, 2004에서 재인용).

특히, 경제활동의 불안정성을 안고 있는 여성의 경우, 남성에 비해 상대적으로 더 빈곤할 수밖에 없는 사회구조적 환경은 여성의 빈곤화로 이어질 수 있다.

(2) 건강문제

빈곤은 건강과 직접적인 관련이 있는 여러 가지 물질적 조건, 즉 깨끗하지 못한 주변 환경, 영양부족, 비위생적 식수관리, 부적절한 주택 등의 악화를 가져오기 때문에 빈곤가족은 일반가족에 비해 만성적 질병률이 높게 나타난다(김창엽, 2002). 이러한 만성질병은 높은 의료비를 가중시켜 결국 가족을 더욱 빈곤화시킨다. 특히, 빈곤가족은 정신질환이나 약물남용의 의존성이 두드러지게 나타나는데, 이는 정신질환자나 약물남용 및 중독자가 빈곤층으로 전락하는 경우가 많기 때문이다. 빈곤으로 인해 가구구성원에게 건강상의 문제가 발생하면 적절한 치료와 서비스를 받아야 함에도 불구하고 빈곤가족은 의료에 대한 접근성이 떨어지기 때문에 건강악화가 가속화된다. 이는 가족의 경제적 어려움을 가중시킬 뿐 아니라 배우자나 자녀가 가출하는 등 가족해체의 요인이 되기도 한다.

(3) 심리사회적 문제

빈곤가족은 물질주의가 만연한 현대사회에서 무력감과 열등감을 갖고 대인관계를 유지할 수밖에 없는 경우가 많아 자신감과 자아존중감 등이 결여되어 있다. 빈곤은 물질적 결핍으로 인해 인간다운 삶을 누리고자 하는 개인의 욕구를 제한하며 교육기회의 박탈, 다양한 정보를 가진 인간관계망 단절, 정보수집 도구의 결핍, 정보수집 능력 부족을 동반한다. 정보화 사회에서 이러한 빈곤은 곧 정보로부터의 소외를 의미한다. 권력, 기회, 금전, 정보로부터 소외된 빈곤가족의 구성원들은 물질만능과 권력지향적 현대사회에서 상대적인 불평등과 박탈감을 학습하게 되며, 자신의 권리를 당당히 주장하지 못하고 결국 사회의 모든 부분으로부터 소외되고 배제되기 때문에 위축감을 경험하게 된다(한국여성복지연구회, 2005).

(4) 가족갈등 · 해체 문제

통계청(2007)에 의하면 2006년의 주된 이혼사유는 성격차이 다음으로 경제문제가 차지하였다. 경제문제로 인한 이혼은 2000년도에 10.7%, 2001년도에 11.6%, 2002년도에 13.6%였던 것이 2003년도에는 16.4%에 도달하여 경제문제로 인한 이혼이 급증하고 있음을 보여주었다. 그러다가 2004년에는 14.7%로 다소 주춤하였으며, 2005년 14.7%, 2006년 14.6%를 계속 유지하고 있다. 이처럼 경제문제인 빈곤이 가족해체의 주요 변수로 작용하고 있으며, 해체된 가족의 자녀들 또한 빈곤의 세대계승인 악순환에서 벗어나기 어려운 상황에 놓여 있다.

(5) 자녀의 양육 · 교육문제

빈곤가족의 경우 생계유지를 위해 맞벌이를 하는 경우가 많으나 보육시설을 활용할 수 없는 미취학자녀의 경우, 돌보는 사람이 없어 아동이 열악하고 위험한 주거환경에 방치되기 쉽다. 따라서 자녀방임과 유기는 빈곤가족에게 더 많이 발생한다고 볼 수 있으며, 교육이나 문화 체험에 접할 수 있는 기회가 제한되기 때문에 문화실조 내지 학습부진을 경험하기 쉽다. 또한 전반적인 교육비의 상승으로 인해 학비조달의 어려움과 생계문제 등으로 상급학교의 진학을 포기하는 경우가 발생하게 된다. 빈곤가족 자녀는 교육을 통한 성취감과 사회적 지위의 보장이 불확실하기 때문에 비교적 자존감이 낮은 편이며, 이로 인해 사회적 부적응은 물론 좌절을 겪으면서 비행에 노출될 가능성이 크다. 이렇듯 교육의 중단으로 인한 저학력과 비행 등은 빈곤가족 자녀의 안정된 노동시장으로의 진입을 어렵게 하기 때문에 빈곤의 세대전달 악순환을 가져온다.

5) 빈곤가족을 위한 복지서비스 현황

(1) 국민기초생활보장제도

국민기초생활보장법은 생활보호법을 대체한 법률로 1999년 9월 7일 제정되고, 2000년 10월 1일부터 시행되었다. 이는 초기의 시혜적 단순보호차원의 생활보호제도로부터 저소득층에 대한 국가책임을 강화하는 종합적 빈곤대책으로 전환되었으며, 국가의 보호를 필요로 하는 최저생계비 이하의 저소득층에 대한 기초생활을 국가가 보장하되 종합적 자립자활서비스를 제공함으로써 보다 생산적인 복지구현을 위한 목적으로 시행되고 있다.

가. 수급권자 선정

수급권자 선정은 가구(세대)단위로 보장하는 것을 원칙으로 하되, 특히 필요하다고 인정하는 경우에는 개인단위 보장도 가능하다. 가구단위 보장의 경우는 보장가구에 속하는 모든 가구원이 대상이며, 개인단위 보장의 경우는 특정 가구원을 대상으로 한다.

소득인정액제도 도입에 따라 종전의 수급권자 선정기준이 소득평가액 기준, 재산기준, 부양의무자기준에서 소득인정액 기준, 부양의무자 기준의 2개 기준으로 통합되었으며, 수급권자로 선정되기 위해서는 소득인정액 기준, 부양의무자 기준을 동시에 충족시켜야 한다.

〈표 10-10〉 소득인정액 도입에 따른 수급권자 선정기준의 변화

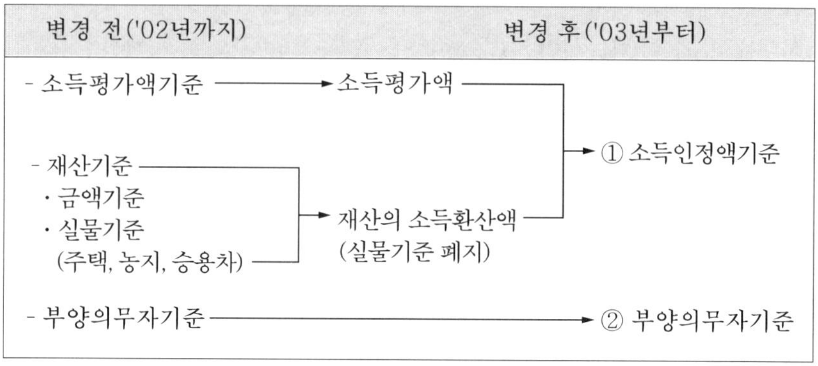

자료: 보건복지부, 국민기초생활보장 수급권자 현황, 2006년 기준

〈표 10-11〉 소득인정액 기준

(단위: 원)

구 분	1인가구	2인가구	3인가구	4인가구	5인가구	6인가구
최저생계비(월)	435,921	734,412	972,866	1,205,535	1,405,412	1,609,630

주: 2007년도 기준, 7인 이상 가구는 1인 증가시마다 204,218원씩 증가
자료 : 보건복지부, 국민기초생활보장 수급권자 현황, 2007년 기준

① 부양의무자 기준

부양의무자가 없거나 부양의무자가 있어도 부양능력이 없거나 또는 부양을 받을 수 없는 경우에 해당한다.

〈표 10-12〉 부양의무자 기준 적용 도해

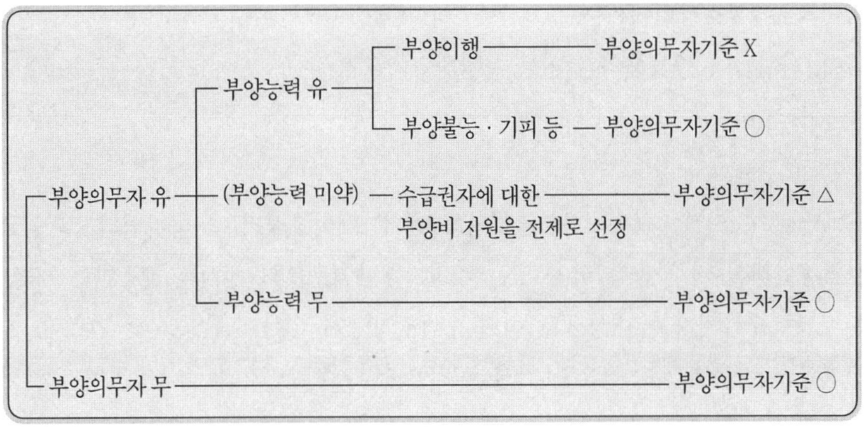

자료: 보건복지부, 국민기초생활보장 수급권자 현황, 2006년 기준

② 부양의무자의 범위

– 수급권자의 직계혈족 및 그 배우자

- 수급권자의 배우자
- 수급권자의 직계혈족(부모, 아들 · 딸 등) 및 그 배우자(며느리, 사위 등)

③ 부양능력 유무의 판정

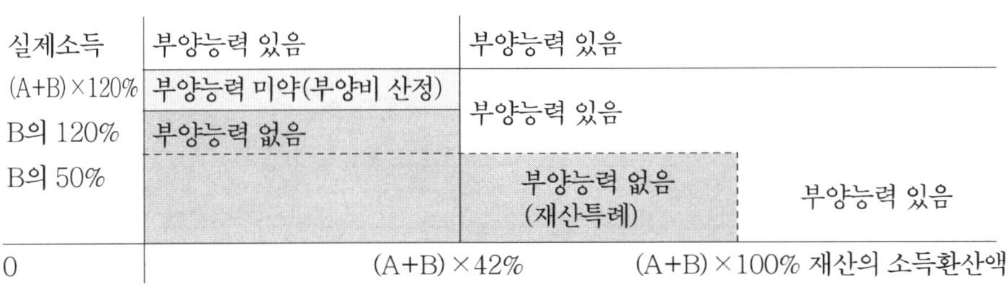

A: 수급권자가구의 최저생계비 B: 부양의무자가구의 최저생계비

자료: 보건복지부, 국민기초생활보장 수급권자 현황, 2006년 기준

나. 급여의 종류

국민기초생활보장법에서는 생계급여, 의료급여, 주거급여, 교육급여, 해산급여, 장제급여, 자활급여 총 7종의 급여를 보장하고 있다.

① 생계급여

i) 일반생계급여

생계급여의 의료·교육·자활급여의 특례자, 에이즈쉼터·노숙자쉼터 및 한국갱생보호공단시설 거주자 등 국가 또는 지방자치단체로부터 생계를 제공받는 자를 제외한 모든 수급권자를 대상으로 하며 수급권자에게 의복·음식물 및 연료비, 기타 일상생활에 기본적으로 필요한 금품을 지급한다. 수급권자의 소득인정액과 가구별 최저생계비의 차액을 각종 급여로 지원하는 보충급여제를 실시하고 있으며, 급여액 산정기준은 현금급여기준액에서 가구의 소득인정액과 주거급여액을 제외한 금액이다〈표 10-13〉.

가구별 생계급여액 = 현금급여기준액 - 가구의 소득인정액 - 주거급여액

〈표 10-13〉 2006년도 최저생계비 및 현금급여기준

(단위: 원)

구 분	1인가구	2인가구	3인가구	4인가구	5인가구	6인가구
최저생계비(A)	418,309	700,849	939,849	1,170,422	1,353,242	1,542,382
타 지원액(B)	60,400	101,196	135,706	168,998	195,396	222,705
현금급여기준 (C=A-B)	357,909	599,653	804,143	1,001,424	1,157,846	1,319,677
주거급여액(D)	33,000		42,000		55,000	
생계급여액 (E=C-D)	324,909	566,653	762,143	959,424	1,102,846	1,264,677

※ 7인 이상 가구의 최저생계비 : 1인 증가시마다 189,140원씩 증가(7인 가구 : 1,731,522원)
※ 7인 이상 가구의 현금급여기준 : 1인 증가시마다 161,831원씩 증가(7인 가구 : 1,481,508원)
자료: 보건복지부, 국민기초생활보장 수급권자 현황, 2006년 기준

ii) 긴급생계급여

긴급생계급여는 급여실시여부 결정전에 긴급히 생계급여를 하여야 할 필요가 있

는 경우 시·군·구청장의 직권에 의해 실시되고 있으며 다음과 같은 경우에 해당된다〈표 10-14〉.

- 주소득원의 사망, 질병 또는 행방불명 등으로 갑자기 생계유지가 어려운 경우
- 부 또는 모의 가출 등으로 갑자기 생계유지가 어려운 경우
- 천재지변이나 화재 등으로 재산·소득상의 손실이 발생하여 갑자기 생계유지가 어려운 경우
- 기타 거주지외의 지역에서 거주하고 있으나 소득이 없어 생계유지가 어려운 경우 등

〈표 10-14〉 최저생계비 중 식료품비에 해당하는 다음 금액을 지급

(단위 : 원)

가구규모	1인가구	2인가구	3인가구	4인가구	5인가구	6인가구
지급액(원)	168,160	281,750	377,820	470,650	544,010	620,040

주: 2006년 기준, 7인 이상 가구는 가구원 1인 추가시 76,030원 추가지급
자료 : 보건복지부, 국민기초생활보장 수급권자 현황, 2006년 기준

iii) 조건부 생계급여

조건부 수급권자로 결정된 자에게는 자활지원계획에 따라 자활에 필요한 사업에 참가할 것을 조건으로 생계급여를 실시하는 것으로 조건 불이행시 생계급여는 중지된다.

② 의료급여

저소득층에게 의료보호법에 의한 의료 서비스를 제공하는 것으로써 의료급여수급권자의 질병·부상·출산 등에 대한 의료급여를 말한다. 급여일수 상한제가 시행되어 수급권자 1인당 연간급여를 받을 수 있는 급여일수를 365일(윤년 366일)로 제한하되, 의료급여일수 연장승인제도를 통해 필요시 급여일수의 연장이 가능하다. 다만, 정신 및 행동장애, 뇌성마비 및 마비성증후군 등 보건복지부장관이 정하여 고시하는 질환을 가진 자에 대하여는 상한일수에 30일을 추가한 일수를 상한일수로 하고 있다. 수급권자가 의료급여를 받고자 할 경우에는 반드시 의료급여증과 신분증 등을 의료급여기관에 제출하여야 한다.

③ 주거급여

주거급여는 일반적으로 수급권자에게 주거안정에 필요한 임차료, 유지수선비 등을 주거급여로 지급하고 있으며, 주거급여와 생계급여에 포함된 주거비를 통하여 최저주거를 보장하고 있다〈표 10-15〉. 그러나 주거급여가 불필요하거나 타 법령 등에 의하여 주거를 제공받고 있는 다음의 수급권자에 대해서는 주거급여를 제공하지 않는다.

• 의료 · 교육 · 자활급여 특례수급권자
• 보장시설에 거주하는 수급권자
• 국가 및 지방자치단체가 운영비를 지원하는 '노숙자 쉼터' 및 '법무부 산하 한국갱생보호 공단시설'에 거주하는 수급권자
• 의료기관에 3개월 이상 입원한 1인 가구로서 무료임차자 또는 주거가 없는 자
• 기타 에이즈쉼터 거주 수급권자

또한 저렴한 비용으로 자가가구 등의 주거환경을 개선하고, 수급권자가 참여하는 '집수리도우미사업'을 활성화하기 위하여 주거현물급여를 제공하고 있다. '자가가구'에 해당하지는 않지만 수선 및 점검서비스가 필요한 가구에 대해서도 지급 가능하다.

〈표 10-15〉 주거급여 현금급여 제공 기준

(단위 : 원)

구분	1~2인가구	3~4인가구	5~6인가구	7인 이상 가구
주거급여액 (일반)	33,000	42,000	55,000	6인가구의 1인당 급여액에 당해 가구원수를 곱하여 산정
(자가가구 등)	23,100	29,400	38,500	

(예 1) 자가가구가 아닌 7인 가구의 주거급여액 : (55,000원 ÷ 6) × 7인 = 64,170원
(예 2) 자가가구인 7인 가구의 주거현금 급여액 : 44,920원(64,170원 × 70%)
자료 : 보건복지부, 국민기초생활보장 수급권자 현황, 2006년 기준

④ 교육급여

수급권자 중 중 · 고등학교에 입학 또는 재학하는 자 및 동등학력이 인정되는 각종 학교, 평생교육법에 의한 평생교육시설의 학습에 참가하는 자에게 입학금 · 수업료 · 교과서대 · 학용품비 등을 지원한다. 학비지원대상자인 수급권자, 수급권자의 친권자

또는 후견인이 신청하며 신청기관은 거주지 시장・군수・구청장에게 청구한다.

⑤ 해산급여

분만전과 분만후의 필요한 조치와 보호를 위해 수급권자가 출산한 경우 해산비를 지급하는 것으로 출산여성에게 1인당 50만원의 현금지급을 원칙으로 한다. 추가 출생영아에 대해서는 1인당 25만원을 추가 지급한다.

⑥ 장제급여

수급권자가 사망한 경우 사체의 검안・운반・화장 또는 매장 기타 장제조치를 행하는데 필요한 금품을 지급하는 것으로 장제급여는 실제로 장제를 행하는 자에게 지급하는 것을 원칙으로 하고 있다. 근로능력이 없는 자로만 구성된 가구는 가구당 50만원, 근로능력이 있는 가구원이 있는 경우는 가구당 40만원을 현금으로 지급하지만 금전지급이 적당하지 아니하다고 인정되는 경우에는 물품 지급도 가능하다.

⑦ 자활급여

자활급여는 기초생활수급권자의 자활을 돕는 제도로써 자활에 필요한 금품의 지급 및 대여에서부터 자활에 필요한 기능습득 지원, 취업알선, 공공근로 기회 제공, 시설 및 장비 대여, 기타 대통령령이 정하는 자활조성을 위한 각종 지원을 하고 있다.

(2) 자립・자활지원 서비스

자립・자활지원 서비스는 근로능력이 있는 저소득층이 스스로의 힘으로 자활할 수 있도록 안정된 일자리를 제공하고 자활능력을 배양하고자 실시되고 있다. 현재 우리나라는 기초생활보장 수급권자 중 노동능력이 있다고 판정되면 반드시 노동을 하도록 규정하고 있으며 이를 강제하는 사업이 바로 자활사업이다. 자활사업은 기초생활보장 수급권자, 조건부 수급권자, 차상위 저소득층에게 참여기회를 주고 있으며, 자활사업으로 제공되는 고용프로그램에는 취업알선, 공공근로, 직업훈련, 자활공동체, 창업지원, 대부프로그램 등이 있다.

가. 비취업 대상자 빈곤가족을 위한 고용지원 서비스

조건부 수급권자가 비취업대상자일 경우 취로형, 공익형, 시장형 자활근로사업으로 구분하여 자활사업에 참여한다. 이러한 자활사업으로는 자활공동체, 자활근로, 지역봉사, 재활사업, 창업지원 프로그램 등이 있다. 이 중 자활공동체는 개인 혹은 공동체 창업을 통해 자활이 가능하다고 판단되는 장년층을 대상으로 복지서비스 용역사업, 청소 및 시설관리 용역사업, 재활용 및 봉제 등의 공동사업장을 지원하는 사업이며, 자활근로는 노동시장에서 취업이 곤란한 장년층을 대상으로 공동창업을 위한 기초 능력을 배양하는 것을 목적으로 집수리나 간병도우미 사업 등이 있다. 지역봉사와 재활사업은 근로의욕이 현저히 낮은 계층을 대상으로 근로의욕 고취·유지를 목적으로 하는 사업이며, 창업지원 프로그램은 창업을 원하는 대상자에게 창업자금 지원 및 창업에 관한 전반적인 과정을 지원하는 사업이다.

나. 취업 대상자 빈곤가족을 위한 고용지원 서비스

고용지원 서비스는 구직활동 지원 프로그램을 내용으로 하여 실시되는 서비스로 취업알선 성취 프로그램과 취업촉진 프로그램이 운영되고 있다. 취업능력과 취업의사가 있는 빈곤가족의 취업대상자가 노동부 지원의 구직활동, 자활인턴, 창업지원, 지방자치단체 공공근로에 참여하는 서비스를 말한다.

(3) 주거 서비스

주택 부족 문제는 빈곤층뿐만 아니라 대부분의 중산층 이하의 문제이기도 하다. 빈곤층의 주거비 부담은 일반 소득계층에 비해 매우 높으며 이는 빈곤층 부채의 주요 원인으로 작용한다. 1989년부터 법정 생활보호대상자 대상으로 영구임대아파트가 보급되고 있으나 이는 절대빈곤 이외의 저소득층과는 거의 무관하다고 할 수 있다. 빈곤가족의 주거불안을 해결하기 위해서는 보다 현실적으로 적용 가능한 선정기준의 완화를 통해 주거 보급이 확대되어야 하며, 더 나아가 빈곤층의 욕구와 능력을 감안하여 임대주택 형태를 다양화할 필요가 있다. 또한, 임대주택 보급의 수혜자 이외의 사람들에게는 주택보조금제도 실시 등의 장기적이고 종합적 대책 수립이 요청된다.

(4) 의료급여 제도

빈곤가족의 건강지원을 위해서는 무엇보다도 의료서비스의 접근성을 높여야 한다. 이에 따라 실시되고 있는 의료급여 수급권자는 1종과 2종 수급권자로 구분된다. 1종 수급권자는 국민기초생활법에 의한 수급권자 중 근로능력이 없는 수급권자, 미취학

자녀, 질병・부상 또는 장애로 거동이 곤란한 가구원이나 치매 등으로 보호가 필요한 가구원을 양육・간병・보호하는 자에 해당된다.[3] 2종대상자는 근로능력이 있는 수급권자로 구분하여 매년 책정되고 있으며, 가족을 단위로 혜택이 제공되고 있다.

지역의료보험의 재정은 소득, 재산, 가구원 수 등을 기준으로 등급별 정액을 각 가정에 부과하며 총 재정의 50%를 정부가 부담하고 있다. 그러나 빈곤가족의 경우 가족구성원 또는 가구주의 만성질환 이환으로 인해 소득능력이 감소되고 지출범위가 제약되는 상황에 처해있으며, 진료시 비용의 20~55%는 본인이 부담해야 하는 과중함을 안고 있다.

(5) 심리사회적 서비스(가족관계 서비스)

빈곤가족은 사회의 모든 부분으로부터 소외되고 배제되기 때문에 굴욕감, 열등감, 무력감, 위축감을 경험하게 되고 이러한 경험은 자아존중감과 자신감을 상실하게 만든다. 따라서 빈곤가족의 심리사회적 측면에 대한 서비스는 물질적 원조와 더불어 중요한 부분이지만 이에 대한 서비스는 매우 빈약한 실정이다.

지역사회 복지시설의 대표기관이라 할 수 있는 지역사회복지관은 민간부문에서 빈곤가족의 심리사회적 서비스와 가족관계 서비스에 대한 욕구를 위해 재가복지서비스, 위기가정 지원, 가족갈등해소를 위한 상담, 가족생활교육, 청소년 비행예방, 노인 여가활동 지원 등을 통해 심리사회적 서비스를 제공하고 있으나 지역사회의 자원을 확보하고 사용하는데 어려움을 안고 있다는 한계가 있다.

여성가족부는 2005년 건강가정기본법을 제정하고 이에 근거하여 건강가족지원센터를 설립하여 일반가족은 물론 저소득층 가족에 대한 예방과 교육차원의 다양한 가족관계 증진 및 자원개발 프로그램을 실시하고 있다(여성가족부, 2005).

---

3) 이외에 임산부, 장애인생활시설, 노인의료복지시설, 아동복지시설 등의 보장시설에서 급여를 받고 있는 자, 이재민 등 법령 규정에 의한 요건을 가진 자 등이 포함된다.

6) 빈곤가족을 위한 향후 대책

(1) 국민기초생활보장제도의 개선과 확대

국민기초생활보장제도는 기존의 생활보호사업과 달리 권리적 급여의 성격이 강조되었다. 즉, 18세에서 60세 이하의 경제활동인구는 생활보호사업의 대상자격이 없었으나 기초생활보장제도는 이 조항을 삭제함으로써 경제활동인구도 급여를 수급할 수 있도록 하고 있다. 그러나 생활최저생계비 이하의 소득을 가진 절대빈곤층이 되어야만 수급권자가 될 수 있는 현행 제도를 개선하여 수급권자를 확대하고 수급수준을 개선할 필요가 있다. 또한 빈곤가족을 지원하는 급여수준이 점진적으로 증대된다고 하더라도 고용을 통한 안정적인 소득보장이 제대로 이루어지지 않는다면 빈곤에서 벗어나는 것이 거의 불가능하므로 고용문제가 최우선적으로 해결되어져야 할 것이다(김윤재 외, 2007).

(2) 자활지원 서비스의 보완

자활지원 서비스는 생산적 복지차원에서 근로능력이 있는 사람들에게 자활의지를 고취시키고 생계보호 서비스에 안주하는 것을 방지하기 위한 대책으로 실시되고 있는 서비스이다. 자활의지가 있는 수급권자가 적극적인 지원을 통해 빈곤으로부터 벗어날 수 있도록 여러 형태의 사업을 실시하고 있으나 지금까지 우리나라에서 실시되고 있는 자활사업은 효과면에서 매우 낮은 평가를 받고 있다. 이의 보완을 위해 이성기(2002)는 참여자의 욕구, 능력, 여건에 따라 자활사업에 참여하도록 하고 다양한 자활사업 프로그램과 자활복지 직종이 개발되어야 함을 주장하고 있다. 또한 자활보호 대상자가 이러한 직종에 우선적으로 참여할 수 있도록 제도화하여 사회적 일자리를 확보함으로써 자활을 도모할 수 있도록 배려해야 한다고 보았다.

따라서, 빈곤가족의 안정적 생계유지를 위해서는 자활사업 참여자의 특성과 여건에 맞는 일자리 창출을 위한 다양한 자활 프로그램의 개발과 적용이 필요하며, 자활지원에 대한 체계적 구축이 이루어져야 한다. 또한 사회보장정책과 고용정책을 적극적으로 연계함으로써 빈곤해소의 다각적인 방안을 모색해야 하며, 형식적으로 운영되고 있는 자활지원 서비스가 안고 있는 문제의 해결과 더불어 내실 있는 운영이 요구된다.

(3) 의료보장제도 정비

빈곤은 고령 및 질병과 깊은 관련성이 있다. 즉 고령은 질병에 걸릴 확률이 높기 때문에 이로 인해 건강을 상실할 수 있으며, 결국 빈곤에 빠질 위험에 노출될 가능성이 높다고 할 수 있다. 따라서 빈곤 예방의 수단으로 건강관리는 매우 중요한 문제이다. 빈곤가족은 만성질환자, 장애인, 암환자 등이 많음에도 불구하고 현재 이들에 대한 의료급여는 기초생활수급권자에 거의 한정되어 있으므로 급여 대상의 확대가 절실히 요구된다. 또한 실효성 있는 효과를 거두기 위해서는 한정된 의료급여 부분을 완화시켜 각종 질병에 대한 의료급여를 수혜할 수 있도록 해야 한다.

이러한 의료보장제도에 있어서 고비용의 사후적 문제해결보다는 저비용의 사전예방의 중요성이 강조되고 있는데, 이의 대책으로 빈곤가족의 질병이 만성화되지 않도록 건강진단 서비스와 예방접종 등을 적절히 제공할 필요성이 요구된다.

(4) 사회심리적 서비스(가족관계 서비스) 향상

빈곤가족은 경제적으로 궁핍할 뿐 아니라 심리사회적 자원이 고갈되거나 사회적 지지가 부족하여 신체적·정신적·정서적으로 소진되어 있는 경우가 많지만, 가족관계를 통한 충분한 지지를 받거나 스스로 자신의 삶에 대해 긍정적 태도를 형성하기가 쉽지 않다. 이에 빈곤가족을 위해서는 역량강화(empowerment)를 통한 지지와 자원을 제공해 주는 것이 필요하다(류종훈, 2007). 특히 빈곤가족 아동들은 부모의 이혼이나 별거, 학대, 학습부진 등의 문제로 인해 학교부적응 현상을 보이며, 생활스트레스로 인한 우울이나 불안, 공격성, 비행의 가능성이 높을 뿐만 아니라 이로 인해 자아존중감이 낮다. 따라서 이들에 대한 심리적 상담, 사회기술훈련, 문제해결능력 배양 등을 통해 학교와 가정, 나아가 사회에 잘 적응하도록 돕는 것이 매우 중요하다.

(5) 빈곤아동 · 청소년을 위한 지원 강화

우리사회의 가장 취약계층은 아동 · 청소년이라 할 수 있다. 생산활동에 직접 참여할 수 없는 아동 · 청소년들이 그들의 경계 밖에 있는 빈곤으로 인해 사회로부터 차별을 받고 소외되는 것을 방지하기 위해서는 다양한 서비스를 통한 집중적이고 통합적인 지원이 장기적으로 요구된다.

이를 위해 현재 실시되고 있는 급식지원에 있어서는 성과주의적인 정량적 접근보다는 선정 기준과 급식지원 체계에 있어서 정성적 접근이 필요하다. 특히 결식 아동 · 청소년들의 학교급식 확대는 물론이거니와 공휴일, 조식 등의 지속적인 급식지원이 요구된다. 교육지원에 있어서는 현재 실시되고 있는 지역아동센터의 내실 있는 운영과 대상자의 선정에 있어서 유연한 적용이 필요하며, 정서적 · 문화적 서비스가 제공될 수 있도록 제도적인 보장이 이루어져야 할 것이다. 또한 빈곤가족의 보육료 지원의 확대와 시간제한의 완화 등 다양한 보육서비스 형태를 도입하여 보육의 공공화와 더불어 빈곤가족의 경제활동을 촉진할 수 있는 제도가 실시되어야 할 것이다.

아동 · 청소년의 문제 해결 차원에 집중되었던 기존의 지원정책에서 벗어나 상대적인 박탈과 불평등의 상황에 놓여 있는 이들에게 자긍심 향상과 자기개발의 기회를 부여할 수 있는 프로그램 개발과 적용이 필수적이다. 즉, 빈곤으로 인해 상대적으로 높은 긴장과 심리적인 불안상태에 놓이기 쉬운 아동 · 청소년에게 교육비 부담으로 인해 접근하기 힘든 문화 · 예술 · 여가 · 스포츠와 같은 학교 교육 이외의 다양한 프로그램을 통해 사회로부터의 소외감이나 거부감을 완화시켜 주고 자신과 가족, 사회에 대해 긍정적인 태도로 변화할 수 있는 기회를 제공해 주어야 할 것이다.

2. 조손가족

조손가족은 가족해체의 급증과 더불어 파생되는 새로운 가족형태로 주목받고 있는데, 조손가족 손자녀들은 가족안에서 발생하는 다양한 사회문제들로 인하여 조부모와 함께 살고 있고, 조부모들이 부모를 대신하여 손자녀를 양육하고 있는 가족을 지칭한다.

도시화가 진행되면서 농촌의 젊은이들이 직장과 교육 등의 이유로 도시로 다수 이주하고 농촌에는 노인들만으로 구성되는 세대가 급증하고 있으며 특히, IMF 금융위기 이후 경제적 요인으로 인한 사회변동으로 가족의 불안정성이 증폭되면서 부모의 사망, 질병, 실직, 사고, 별거, 이혼, 맞벌이, 수감, 파산 등 여러 요인으로 인하여 조손가구가 증가하는 것으로 파악되고 있다. 조손가족은 2005년 5만 8천 가구로 전체 세대에서 차지하는 비율이 약 0.4%에 불과하지만 10년 사이에 65.1%의 증가율을 보인 것으로 집계되었으며, 앞으로도 조손가족의 증가는 가속화될 것으로 전망된다.

특히, 농촌 조손가족의 급속한 증가는 우리사회의 산업화와 도시화, 사회적・경제적 상황으로 인해 발생되는 구조적인 문제로써 또다른 사회적 빈곤계층으로 새롭게 대두되고 있다(박옥임 외, 2006).

1) 조손가족의 개념

조손(祖孫, grandfather and grandson)은 보통 할아버지와 손자녀를 일컫는 말이지만, 조손가족이나 조손가정이라는 말은 공식적인 용어로 사용되지 않고 있어 생소한 편이다. 조손가족이란 아동이 부모의 사망이나 부득이한 사유로 인해 부모로부터 직접 양육 받을 수 없는 상황 때문에 부모가 아닌 조부모에게 양육되고 있는 가족을 지칭하는 것으로 조손가정, 조손세대, 조손가구 등의 다양한 용어로 사용되고 있다.

다시 말해, 조손가족은 일반적으로 조부모와 손자녀로 구성된 가족을 의미하는 개념이며 그 용어와 개념 정의에 있어서는 연구자에 따라 유사하지만 약간씩 다른 차이를 보이고 있다.

김정은(2002)에 의하면 조부모가 일차적인 손자녀 양육 책임자로서 부모 역할을 대신 수행하는 가족을 조손가족이라고 정의하면서 조부모 가족, 조부모 가장 세대,

조손가족 등의 용어를 사용하고 있다.

옥경희(2005)는 조손가족을 가족해체 등의 원인으로 인해 아동의 부모가 아동과 실제로 동거하지 않은 상태에서 조부모가 아동과 함께 살면서 이들의 기본적인 의식주 및 생활전반을 일차적으로 책임을 지고 있는 가족으로 정의하고 있다. 즉, 부모가 아동의 양육을 책임지지 못하거나 함께 살지 않고 조부모가 아동의 양육을 전적으로 책임지는 경우를 포괄적으로 조손가족이라고 부른다.

이처럼 연구 내용에 따라서 사용되는 용어는 약간씩 차이를 보이고 있지만, 조손가족이란 일반적으로 부모가 아동을 양육하지 못하는 상황에서 조부모가 아동과 함께 동거하면서 양육을 책임지고 있는 가족 유형을 지칭하고 있다. 그러나 조손가족은 다른 가족에서 볼 수 없는 독특한 특징을 지니고 있어 새로운 가족형태로 정의하고 있으며, 이들은 일반적으로 저소득층을 형성하고 있다(김혜선, 2007).

2) 조손가족의 현황

전국 조손가족 현황은 1995년 35,194가구에서 2000년도 45,225가구로 5년간 28.5%로 증가하였으며, 2005년에는 58,101가구로 2000년에 비해 28.4%의 증가를 보였다 〈표 10-16〉. 전체적으로 농촌지역인 도(道)단위 지역의 조손가족 증가비율이 대도시보다 훨씬 웃돌고 있다. 2005년도 조손가구의 수는 전국이 58,101가구이며 특히, 전남은 조손가족이 4,711가구로 전국 조손가구 수 대비 전남 가구 비율은 약 8.1%를 차지하고 있어 다른 지역에 비해 인구 대비 조손가족의 비율이 높은 편이다.

전체가구 중 조손가구가 차지하는 비중을 도시와 농촌으로 나누어서 살펴보면 상당한 차이를 보이고 있음을 알 수 있다. 즉 2005년을 기준으로 해서 볼 때, 도시지역인 동부에서 전체가구 중 조손가구가 차지하는 비중은 0.28%로 나타나지만, 읍·면부의 조손가구는 같은 해에 0.68%로 도시에 비해 2.4배 이상의 비중을 보이고 있다. 이 중 전라남도 농촌지역의 경우는 2000년 조손가구가 4,401가구에서 2005년 4,711가구로 인구감소에 비해 조손가구는 상대적으로 증가하고 있음을 알 수 있다(통계청, 2007).

이와 같이 농촌지역의 조손가구 비중이 급속하게 증가하고 있다는 점은 전남뿐만 아니라 전국적으로 공통적인 현상이라 할 수 있다. 도시와 농촌지역 모두에서 조손가족의 절대 수는 증가하고 있으나, 농촌의 조손가족은 전체가구 수가 빠르게 감소하는 데에도 불구하고 급증하는 추세를 보이고 있어 농촌의 조손가족이 주요한 사회문제로 부상하고 있음을 반증하고 있다.

〈표 10-16〉 전국 조손가구 현황

(단위 : 가구수)

연도	전체	3인가구	4인가구	5인가구	6인가구	7인가구	8인가구	9인가구
1995	35,194	23,244	9,773	1,879	243	43	11	1
2000	45,225	30,175	12,924	1,903	184	35	4	-
2005	58,101	39,127	16,492	2,212	229	35	6	-

출처: 통계청(2007), 인구총조사, http://kosis.nso.go.kr

3) 조손가족의 특성

조손가족은 다른 가족의 형태에서는 볼 수 없는 독특한 특성을 가지고 있다. 이러한 이유로 많은 연구자들은 조손가족을 새로운 가족형태로 정의하고 이들의 현실을 파악하여 그에 적합한 개입방안 마련의 필요성에 대한 입장을 논의하고 있다. 조손가족이 가지고 있는 특성은 다음과 같이 몇 가지로 구분할 수 있다.

(1) 가족형성의 특성

조손가족 조부모들은 자녀와 연락이 되지 않거나 사망한 상황에서 자신들이 돌보지 않으면 손자녀가 버려져야 하기 때문에 손자녀 양육을 전담하면서 돌봄을 지속하고 있으며, 가문의 대를 잇는다는 혈연 중심의 가치관이 주요한 동기로 작용한다(한경혜, 2007).

조손가족은 부모의 별거, 이혼, 사망, 실직, 수감이 요인이 되어 형성된 가족이 대부분이다(박옥임, 2006). 이러한 요인은 가족의 해체로 이어져 한부모가족의 형태를 유지하지 못하고 결국 조부모에게 양육이 전가되는 조손가족의 형태를 띠게 된다. 이들은 조부모의 건강악화, 고령으로 인한 경제활동의 어려움 때문에 대부분

빈곤을 경험하고 있다. 빈곤한 조손가족 세대에 관한 연구결과를 살펴보면, 손자녀를 전담하여 돌볼 수밖에 없는 조손가족의 수를 공적 부조 대상 가구의 1~2%로 추산하고 있다(성지혜, 2001). 공식적으로 드러나는 소년소녀가장세대의 40~50% 이상이 실제 조부모와 함께 살고 있으며(김문정, 2006), 가구유형 중 5.1%인 기타 노인가구의 약 71%가 노인과 손자녀로 구성된 것으로 나타나(한국보건사회연구원, 1998) 2005년 현재 전국 노인인구 437만명 중 157,320명 정도가 조손가족 조부모로 추정된다. 그러나 이것은 공식적인 수치일 뿐 실제 드러나지 않은 조손가족을 고려한다면 그 수는 상당할 것으로 추정할 수 있다.

(2) 조부모의 특성

조손가족 조부모의 경우 근로와 자활이 불가능한 상황임에도 불구하고 극히 일부만이 정부의 경제적 지원을 받고 있으며, 현재 각종 연금을 수령하는 65세 이상 조부모인 노인은 전체 노인의 6.0%도 안 되는 것으로 나타나 조부모이면서 빈곤노인층의 경우 대부분이 기초생활보장제도와 경로연금에 의존하고 있는 것으로 조사되고 있다(이상현, 2005).

조손가족 자녀양육 보조비는 대부분 복지관이나 종교기관 후원을 통해 한시적으로 적은 액수를 지원받고 있으며, 손자녀의 학습능력이 뛰어난 20% 정도만이 단체의 추천을 받아 장학금과 후원금을 받는 것으로 나타났다. 의료혜택에 있어서는 큰 수술이나 장기 입원 등의 경우 복지관이나 지역 연계 및 보건소 방문간호사들의 도움을 받는 것으로 나타났고, 재가복지서비스를 통해 세탁·식사준비·청소 등의 가사서비스와 식사 및 반찬배달 서비스를 받고 있는 것으로 조사되었다. 조부모의 최우선적인 욕구는 생계비 보조였으며, 손자녀 학비보조, 직업알선 서비스 등을 기대하는 것으로 나타났다(이상현, 2005).

조손가족의 조부모는 대부분 여성 노인이며, 학력이 낮고, 손자녀를 일시적이기보다는 장기간에 걸쳐 돌보고 있는 것으로 나타났다(경북여성정책개발원, 2003). 평균 연령은 70세로 매우 높아 수입이 거의 없기 때문에 최저생계비에 준하는 열악한 상황에 놓여 있고 배우자가 없으며 일정한 직업을 갖고 있지 않는 경우가 많다. 미국의 경우 부모가 이혼했을 때 통상적으로 어머니가 자녀의 보호자가 되므로 조손가족의 경우 외할머니가 손자녀를 돌보는 역할을 맡는 경우가 흔하지만 우리나라의 조손가족의 경우는 대부분 친손자녀를 보살피고 있어 가부장적 혈통중심의 생활방식이 상당부분 지속되고 있음을 알 수 있다.

이를 종합해 보면 대부분 고령의 조모가 가족위기상황에서 열악한 여건에도 불구하고 부모로서의 책임감이라는 신념과 전통적인 가족주의 가치관을 바탕으로 장기간에 걸쳐 손자녀를 돌보고 있음을 알 수 있다(박경애, 2007).

(3) 손자녀의 특성

박옥임 외(2007)의 연구결과에 의하면 조부모가 돌보는 손자녀는 일반 3세대 가족의 손자녀와 비교했을 때, 가족생활 적응이 낮은 편이며, 사회경제적·심리적 불안정성이 높은 것으로 분석되었다. 이들은 자존감 또한 낮은 것으로 나타나 3세대 가족의 손자녀보다 자신에 대해 부정적으로 여기고 있으며 자신의 무가치함을 더 많이 느끼는 것으로 나타났다. 조부모가 돌보는 손자녀들은 초등학생을 중심으로 하는 저학년이 가장 많으며, 중학생, 고등학생의 순으로 나타난 조사결과(박옥임, 2006)가 있는 반면, 9세 이하보다 10세 이상의 고학년이 많은 분포를 차지한 것으로 나타난 조사결과(김혜선, 2004)와 7세 이하가 절반가량인 것으로 나타난 연구(김승훈, 2005)도 있다. 성별로는 남자가 더 많거나(김혜선, 2004), 비율이 비슷하다는 연구결과(김승훈, 2005)가 있으며, 동거하는 형제·자매가 있는 경우가 대부분인 것으로 조사된 바 있다(박옥임, 2006).

4) 조손가족의 문제

(1) 조부모의 문제

가. 경제적인 측면

조손가족의 조부모가 겪는 경제적 문제는 한부모가족의 부모가 겪는 경제적 문제와 또 다른 차이가 있다. 조손가족의 조부모는 노화나 신체적 질병으로 인해 70%가 직업을 갖고 있지 않으며, 대부분 정부의 지원금으로 생계를 꾸려나가고 있는 실정이다(이상현, 2005). 젊은 세대와 달리 상대적으로 직업의 취약성을 가지고 있는 노인들은 손자녀를 양육하게 되면서 직업전선에서 물러날 수 없는 상황에 놓이거나 직업이 없는 경우는 새로운 직업을 찾아 나서야 한다. 그러나 이들이 종사할 수 있는 직업에는 한계가 있어 취업이 어렵고, 취업이 된다 하더라도 저임금일 확률이 높다. 영유아기의 손자녀를 맡게 되는 경우는 그나마 하던 일도 지속할 수 없게 되거나 손자녀를 혼자 두고서 일을 해야 하므로 아동 방임의 문제도 함께 발생하게 된다. 이러한 경제적 문제는 단순히 경제적 어려움으로 끝나는 것이 아니라, 가족구성원들의 정서적·사회적 측면 및 가족관계에도 영향을 미치게 된다.

나. 양육 부담감

조부모가 손자녀의 양육을 전담하기 전에는 가족 내의 부모역할이나 배우자 역할에서 어느 정도 벗어나 있었다. 그런 상황에서 이들에게 주어진 손자녀의 양육은 새로운 역할이 생기는 것과 동시에 누군가에게 얽매이는 상황에 놓이게 된다. 손자녀로 인해 일상생활에 제약을 받고 자유롭지 못하게 된 현실은 안락한 노후를 꿈꾸던 조부모에게 있어 커다란 부담감이 아닐 수 없다. 또한, 손자녀를 돌보는 조부모들은 주관적으로 느끼는 신체건강 상태를 나쁘게 인식하고 있기 때문에 양육의 부담감이 더욱 높아진다(최해경, 2002). 손자녀 양육비용에 대한 부담감으로 인해 경제적 지출에 있어서도 많은 제한을 받으며, 자신의 취미를 위한 비용은 물론 심지어 질병에 대한 지출도 꺼려하는 상황은 이들의 심적 스트레스를 더욱 가중화시킨다.

그러나, 조손가족 조부모들은 양육에 대한 어려움은 있으나 손자녀를 양육하면서, 새로운 역할수행에 따른 즐거움과 보상을 경험할 수 있는 측면도 간과할 수 없는 중요한 부분이다.

다. 정서적인 문제

조손가족의 조부모는 자녀가족의 위기나 해체에 따른 슬픔을 극복하기도 전에 손자녀의 양육을 떠맡게 되고, 그동안의 조부모의 역할에서 벗어나 부양자로서의 부모의 역할까지 대신해야 하는 긴장감에 따른 스트레스가 가중된다고 할 수 있다. 경제적 부담감에서 오는 스트레스는 건강악화를 고려할 새도 없이 직업전선에서 벗어날 수 없게 만들뿐만 아니라, 힘겨운 육체노동으로 인한 과로는 손자녀를 제대로 돌 볼 정신적 여유를 갖지 못하게 한다. 이러한 생활의 연속은 결국 손자녀와의 유대감 형성에 장애요인으로 작용하고, 편안해야 할 노후를 손자녀와의 불화로 인해 자신의 처지를 비관하거나 그에 따른 고독감과 외로움을 경험하게 된다. 또한 사회적 지원의 불충분으로 인한 절망감을 느끼게 되고 사회로부터의 거부감으로 인해 소외감에 빠져들 수 있다.

라. 사회적응 문제

조손가족 조부모들은 손자녀를 양육함으로써 사회적 관계망 위축과 관계단절로 인한 고립을 경험한다. 손자녀에게 자신의 시간, 돈, 에너지를 쏟기 때문에 친척, 이웃을 함께 만나 여유를 즐기거나 자신을 위해 투자할 시간과 비용이 부족하다. 또한 친구는 물론 친인척과의 접촉도 상대적으로 빈약하여 그동안 구축해왔던 관계망이 훼손되고 이로 인해 사회변화에 지체되기도 하며, 정보 취득에 있어서도 한계를 많이 느끼게 된다.

마. 건강문제

조손가족 조부모의 신체상태는 노화로 인해 이미 쇠약해져 있거나, 질병을 가지고 있는 경우가 대부분이다. 손자녀를 전담·양육한 이후 육체적으로 현저히 쇠퇴하였으며, 손자녀 양육부담이 없는 홀가분한 조부모에 비해 신체적 건강과 기능이 낮게 나타나고 있다. 또한 조손가족 조부모의 신체적 상태는 부모나 배우자 수발을 전담하는 경우에 비해 매우 낮은 것으로 보고되고 있으며, 조손가족 조부모에게 흔하게 관찰되는 신체적 질병은 고혈압, 심장질환, 당뇨, 관절염 등으로 다른 수발집단에 비해 평균 2개 더 많은 만성질환으로 고통받는 것으로 드러나고 있다(Strawbide, Walhagen, Shema and Kaplan, 1997).

(2) 손자녀의 문제

조손가족의 조부모는 손자녀를 돌보는 데 필요한 적절한 자원이나 기능을 갖지 못하는 경우가 많기 때문에 돌봄의 질이 부족하다고 할 수 있다. 이로 인해 손자녀의 정서적·행동적·발달적·적응적 문제가 심각한 수준으로 보고되고 있다(김정은, 2002). 조부모의 심리상태 혹은 고통은 조부모 자신뿐만 아니라 손자녀에게도 부정적인 영향을 미치게 되며, 때로는 조부모들이 아동을 학대하고 방임할 수 있는 가능성도 크다고 할 수 있다.

가. 경제적인 문제

조손가족은 대부분 가족해체의 최후의 보루로 형성된 가족의 특성상 빈곤한 경우가 대부분이다. 따라서 조부모는 손자녀를 돌보는데 있어 자원과 재화가 충분하지 않으며, 부족한 재화로 인해 손자녀들은 일찍 직업전선에 참여해야 하는 어려움에 처해 있다. 경제적 이득이 되는 일이라면 아무리 힘들고 어려워도 일할 수밖에 없는 조부모 밑에서 성장하는 손자녀들은 시간이 나는 대로 조부모의 일을 도와야 하며, 경제적 부족으로 인해 고비용을 필요로 하는 사교육의 현장에서 거의 배제되고 있는 실정이다. 이처럼 자원이 한정되어 선택의 기회가 부족하고, 욕구충족의 한계를 절감하고 있는 조손가족 손자녀의 경제적 현실은 이들을 일탈, 비행은 물론 심지어는 가출로까지 이어지게 하고 있다. 또한 이들은 진학을 포기하고 고령의 조부모 대신 가장의 역할을 떠맡아야 하는 경제적 부담감마저 안고 있다.

나. 정서적인 문제

조손가족의 손자녀는 갑작스런 부모의 부재로 인한 가족내 구성원 변화에 따른 심리적 갈등과 정서적 문제를 경험하게 된다. 부모의 부재로 인한 슬픔을 견뎌내야 하고, 가족구조의 변화로 새로운 환경에 적응해야 하는 이중의 긴장감을 안고 있으며, 이전의 역할이 단절되고 새로운 역할에의 적응이 요구된다. 이들은 달라진 부양자와의 적응에서 오는 어려움과 자신이 선택하지 않은 상황을 수용해야 하는 부담감으로 인해 많은 갈등을 경험하게 된다. 또한 이들은 부모의 부재로 인해 감정적·정서적 안정에 지장을 받고 있으며, 자긍심과 신뢰감에도 손상을 입게 되어 혼란한 감정을 겪게 된다. 이로 인해 가정, 학교, 사회에서 부적응 현상을 초래할 경향이 높으며(옥경희, 2005), 조부모와의 세대 차이로 인해 의사소통의 어려움을 호소하고 있다. 이러한 의사소통의 어려움은 가족구성원 간 불화와 단절을 유발시키고 가출이나 비행 등의 문제가 발생할 개연성을 높이는 요인이 되므로 조손가족 손자녀의 정서적 안정과 삶의 질 향상을 위한 지원 대책이 절실히 요구된다.

다. 사회적응 문제

조손가족 손자녀의 사회적응은 조부모의 양육태도에 영향을 받으며, 학교적응력에 있어서도 상관이 있는 것으로 나타났으며, 저학년의 경우 사회적응력이 낮고 더 우울한 것으로 나타났다(김혜선, 2004; 박옥임, 2006).

또한, 조손가족의 아동은 양부모가족 아동에 비해 적응상의 어려움을 경험하여 학교생활에 부적응행동이 더 많은 것으로 나타났다(김승훈, 2005). 그러나 다른 연구에서는 조손가족 청소년이 적응수준에서 긍정적 신념 수준이 높고 자기효능감 수준이 대체로 양호하며, 가족갈등의 위험정도는 경계선상으로 인식하고 있으며, 또래와의 애착수준 또한 양호하며, 학교 분위기에 대해 긍정적으로 평가하는 것으로 보고하고 있다(최해경, 2006). 이와 같은 결과는 조손가족에 대하여 적절한 사회적 지원이 이루어진다면 다른 어떤 유형의 보호보다도 조손가족에 의한 보호가 안정적일 수 있으며, 건강한 적응능력을 유지할 수 있음을 시사하고 있다.

라. 행동상의 문제

조성연(2004)에 의하면 자녀에 대한 보호자의 감독이 소홀해질 경우, 자녀 행동에 대한 통제와 감독이 약화되면서 일탈의 범주 중 하나인 비행의 가능성이 증가하는 것으로 밝히고 있다.

조손가족의 경우, 부모가 같이 동거하지 않거나 양육할 수 없는 상황에서 조부모가 부모의 역할을 대행하면서 손자녀에 대한 보호와 감독이 상대적으로 소홀해질 가능성이 높아 비행의 가능성이 높다고 할 수 있다.

또한, 박옥임(2006)은 낮은 자존감을 보이는 조손가족 청소년들에게서 학업중단이나 비행 등의 일탈행동이 두드러지게 나타나는 것으로 보고하고 있다.

반면, 조손가족 아동의 정서·행동의 수준은 양부모 아동과 비슷한 수준이고, 이혼가족의 아동에 비해 긍정적이며, 행동영역에서 양부모 가족보다 부정적인 반면, 이혼가족보다는 긍정적이라는 주장도 있다(한경혜, 2007).

5) 조손가족을 위한 복지 현황과 대책

(1) 조손가족의 복지 현황

가. 국민기초생활보장법 개선

국민기초생활보장법에 의하여 조손가족 구성원인 조부모와 손자녀는 수급권자로 선정되는 경우 생계급여, 주거급여, 교육급여, 의료급여 등을 지급받는다. 저소득층의 경우 선정 기준을 완화하여 특례자로 선정한 후 의료, 교육 및 자활급여를 개별적으로 제공하고 있다. 별도 보장에 의한 개별 가구는 소득 인정액이 최저생계비 이하이지만 부양능력이 있는 부양의무자가 있어서 수급권자 선정이 어려운 가구 중 그 부양의무자와 법률상 부양의무 관계가 성립하지 않는 가구원은 가족해체 방지 등을 위한 별도가구로 인정하는 특례를 적용하고 있다(보건복지부, 2003).

나. 아동복지법

정부는 미성년자인 18세 미만의 소년소녀가장에게 보호자 없이 가장의 역할을 맡기는 것이 타당하지 않다는 논의와 UN의 아동권리협약에 의한 소년소녀가장 보호 폐지 권고를 받아들여 지난 2000년 아동복지법 개정을 통해 친(외)조부모에 의해 양육되는 가정을 대리양육 가정위탁으로 구분하여 보호하고 있다(보건복지부, 2006).

다. 노인복지법

조손가족의 조부모는 65세 이상인 경우 국민기초생활보장제도의 수급권자이거나 차상위계층에 속하는 경우 제9조에 의거하여 경로연금의 혜택을 받을 수 있다. 경로연금은 공적 연금의 혜택을 받을 수 없는 노인 세대의 소득보장을 위해 1998년에 도입되었다. 급여의 수준은 노인복지법 제10조에 따라 국민연금 중 특례노령 연금의 최저 지급액을 감안(국민기초생활보장 대상자 제외)하여 결정하도록 되어 있으며, 노인복지법 시행령 제16조에 의거하여 예산의 범위 내에서 보건복지부 장관이 정하게 되어 있다. 이에 따라 국민기초생활보장 수급권자의 경우 80세 이상은 월 50,000원, 80세 미만은 월 45,000원을 지급받는다. 저소득일 경우 혼자인 경우는 월

35,000원, 부부 수급권자인 경우는 각각 월 26,250원을 받고 있다(김종일 · 최혜지, 2006).

라. 긴급복지지원법

2005년 저소득층 가족구성원의 사망, 질병, 교도소 수감 등으로 인해 생계유지, 의료비 감당 등이 곤란한 위기상황에 놓이게 되면, 확인된 저소득층에 대하여 별도의 사전 조사 없이 생계비 · 의료비를 우선적으로 시행하는 것을 기본으로 하는 선 보호조치 성격의 지원법이 시행되고 있다. 2007년에는 수급권자 선정기준을 완화하여 차상위계층[4]도 동법에 의한 혜택을 받도록 하고 있다.

마. 기타 지원사업

조손가족에 대한 법적 지원 서비스로는 '04년 복권기금 사업'인 위기가정 지원사업, 빈곤가정 위기 지원사업, 결식아동 급식 지원사업 등이 있다. 위기가정 지원 사업은 복권사업을 통해 마련된 기금을 가지고 한시적으로 운영되었으며, 빈곤가정 위기 지원 사업은 사회복지공동모금회에서 국민기초생활보장법 수급권자를 제외한 저소득층 가정에 가구당 60만원의 생계비와 신청 당시 입원중인 국민기초생활보장법 수급권자와 차상위계층 가정에 200만원의 의료비를 지원하고 있으며, 결연사업으로서 시설보호 아동, 소년소녀가장 세대의 불우한 아동과 지역사회 인사와의 결연을 통해 물질적, 정신적으로 지원함으로써 이웃 사랑의 사회 기풍을 조성하고 불우 아동의 건전한 육성을 도모하기 위한 목적으로 진행되고 있다. 결식아동 급식 지원사업은 경제적 빈곤이나 가족 기능 결손 등으로 인해 결식하는 아동에게 연중으로 급식을 지원하여 성장기 아동의 심신발달을 도모하고 사회인으로서의 올바른 성장을 도모할 목적으로 하루 한끼 이상 1인 1식을 지원하고 있다(박경애, 2007).

그 밖에 보육정책을 통한 조손가족 아동 보육비 지원, 교육지원정책의 일환인 농촌지역 저소득층 자녀 유치원교육비 지원사업, 저소득층 고교생학비 지원사업, 농림부에서 시행하는 농업인 고교생 자녀 학자금 지원사업, 그리고 보건복지가족부와 교육과학기술부에서 실시하고 있는 아동급식 지원사업 등이 있다.

---

4) 최저생계비의 100분의 150에 해당하는 자, 금융자산기준 청약저축과 보험을 제외한 금융재산 합계액이 120만원 미만인 경우

(2) 조손가족을 위한 복지대책

가. 정책적 지원 대책

다양한 관련법에 근거하여 저소득 조손가족을 위한 지원이 이루어지고 있지만, 제공되는 급여의 수준이 실생활을 유지할 만큼 현실적이지 못하고 손자녀양육이나 교육을 위한 지원비 역시 절대적으로 부족한 실정이다. 이들의 경제적 어려움을 덜어주고 손자녀의 양육이나 교육 욕구를 충족시켜 주기 위한 경제적 지원의 확대가 무엇보다 선행되어야 하며, 이를 위해 현재의 제도적 틀을 뛰어넘는 특별 교육비 지원 및 의료비 지원 등에 관한 지원의 검토가 필요하다.

교육을 통한 성장과 취업에 최우선적인 목표를 두고 있는 조손가족에게는 생계급여만으로는 한계가 있기 때문에 교육이나 직업훈련에 보다 집중적인 통합적 복지의 확대가 실행되어야 한다.

나. 실천적 지원 대책

저소득 조손가족을 위한 통합적·맞춤형 서비스 제공 방식이 개발되어 조손가족 개별의 다양한 욕구를 충족시킬 수 있는 지원이 필요하다. 실천적 사업의 특성은 대상가족의 욕구에 부합되는 맞춤형 서비스 지원을 통해 그들의 욕구충족에 일차적 기여를 한다는 점이다. 즉, 지금까지의 정책적 지원이 조손가족의 손자녀 양육에 초점을 두거나 조부모인 노인의 복지 증진 차원에서 이루어졌다면 실천적 사업은 이러한 한계를 벗어나 조부모로서의 긍정적 역할정립과 자녀양육 기법을 제공함으로써 새로운 역할을 통해 긍정적 측면을 강화하고, 조손가족 손자녀를 위한 다양한 지원 중 정서적 지지나 생활지도는 물론 경제교육을 통해 조손가족 손자녀 자신이 스스로 삶의 주체가 될 수 있는 역량을 강화하는데 있어서 지역사회의 복지자원을 최대한 활용하는데 초점을 두어야 한다.

더 나아가 조부모의 심리적 자조집단을 통해 그들의 부담과 어려움, 특히 자신들의 자식이나 며느리에 대한 분노와 원망, 미움을 해소하게 도움으로써 손자녀의 부모에 대한 갈등을 완화시켜 주도록 해야 한다(이승미, 2007). 그러기 위해서는 조부모와 손자녀를 위한 특화된 프로그램이 개발되고 적용되어야 하며, 향후 조손가족의 다양한 욕구충족을 실현하기 위해 경제적 지원과 더불어 조손가족을 통합적으로 지원할 수 있는 가족복지정책이 최우선적으로 시행되어야 할 것이다.

제11장

학대가족

학대에 대한 개념이 다양하고, 학대의 형태와 경계선이 모호하며, 적극적이고 단호한 개입이 없는 한 학대는 만성적으로 진행된다. 그리고 환경의 변화에 따라 학대의 대상이 다양화되고 있다. 영유아 및 아동과 여성, 장애우 뿐만 아니라, 노인이나 남성도 학대의 대상으로 나타나고 있는 것이 현실이다. 학대를 가족 내의 문제라고 보는 시각과 개인적인 수준에서 해결해야 할 문제라는 인식 때문에 사회적 인식변화를 불러일으키는데 어려움이 있지만, 최근 들어서 학대를 예방하고, 이를 극복하기 위한 다양한 정책과 제도, 서비스와 프로그램들이 시행되고 있다. 이와 같은 상황들이 기반이 되어 더 적절한 정책을 수립하고, 개입을 위한 전문적 사정, 개입 프로그램 개발에 대한 노력이 이루어져야 할 것이다. 예를 들어, 일찍이 학대에 관한 법적 체계를 갖춘 미국의 경우 1990년대 초 배우자학대를 위한 치료프로그램의 종류가 150가지를 넘어설 정도였다. 북미의 경우 이 분야에서 사회복지사들이 중추적인 역할을 담당하여 지금까지 핵심 전문가집단으로 활동하고 있다. 우리나라도 1995년에 '성폭력범죄의처벌및피해자보호등에관한법률' 제정과 1998년 '가정폭력방지및피해자보호등에관한법률' 제정 그리고 2000년 아동학대방지법을 포함하고 있는 '아동복지법'을 전면 개정하면서 가정폭력 분야의 급속한 발전을 가져왔다. 그러나 그 내용을 들여다보면 이미 발생한 가족폭력에 개입하는 '사후조치' 단계에 머무르고 있을 뿐이다. 학대에 관한 예방 차원의 제도적 접근은 아직도 요원한 단계이다.

본 장에서는 가족폭력 중 배우자학대와 아동학대를 중심으로 살펴보려고 한다. 학대문제는 개인의 일생이 좌우될 정도로 심각하고 치명적인 문제이며, 그 가족에게는 다음 세대로 전수될 가능성이 높은 상처나 가족비밀을 남기는 문제임에도 불구하고, 본서에는 극히 개괄적이며, 제한적인 내용만을 다루게 됨을 미리 밝혀두는 바이다.

1. 가족폭력 · 학대의 분류 및 개념 정의

학대가족을 돕기 위한 통합적 접근은 대상별, 유형별 접근이 있다. 대상별 접근은 아동, 배우자, 노인 등으로 이루어지며, 학대 유형별로는 방임, 신체학대, 성학대로 분류된다. 따라서 학대가족을 이해하기 위해서는 아동방임 및 신체학대, 아동성학대, 배우자학대의 개념 정의와 관련된 제도와 법, 개입방법을 학습해야 할 것이다. 이뿐 아니라 가족폭력과 밀접하게 관련 있는 각종 중독문제(알코올중독, 약물중독, 도박중독, 게임 및 채팅중독, 쇼핑중독, 섹스중독 및 관계중독)와 인격장애(편집성 · 분열성 · 분열형 · 반사회성 · 경계성 · 히스테리성 · 자기애성 · 회피성 · 의존성 · 강박성 인격장애)를 포함하는 정신질환에 대한 지식을 갖추어야 할 것이다. 그 이유는 가해자는 대개 심리적 · 정신적 문제를 가진 경우가 많으며, 학대의 문제만을 다루어서는 임시방편적인 접근이 될 가능성이 많기 때문이다. 그러므로 타학문분야의 전문가들과 함께 협력하는 태도와 지식을 갖추는 것이 반드시 필요하다.

1) 학대의 분류

가족학대를 대상별 · 유형별로 나누어 보면 다음과 같다.

먼저 대상별 분류는 가족폭력에 직접적으로 연루된 가족원이 포함되지만 일반적으로 그 대상을 아동, 배우자, 노인으로 분류하고 있다. 그리고 학대행동의 유형에 따른 분류는 ① 방임(neglect) 및 유기, ② 언어학대(verbal abuse), ③ 신체학대(physical abuse), ④ 심리 혹은 정신적 학대(psychological or emotional abuse), ⑤ 성학대(sexual abuse) ⑥ 경제적 학대(economic abuse) 등으로 나눌 수 있다.

이 유형들은 크게 방임, 신체학대, 성학대로 유형을 분류하는데 그 이유는 대부분의 학대가 중복적으로 발생하기 때문이다. 예를 들어, 언어학대와 신체학대는 거의 동반되는 경향이 있고, 심리적으로 무시하고, 무관심하게 대접하는 등의 정서적 학대가 동시에 발생하기 때문이다. 객관화할 수 있는 피해증상이 신체적으로 나타난 상처이기 때문에 신체학대에 초점이 맞추는 것이다. 언어적·정서적 학대는 객관적 증거를 확보하거나 보존하기가 어려워서 이를 근거로 개입할 수 있는 단서를 제시하기 힘들기 때문이다.

2) 학대관련 용어

학대는 ① 방임(neglect,) ② 신체적 협박과 손상, ③ 가족·친구로부터의 격리, ④ 정서적 학대(무시하기, 욕하기 등,) ⑤ 경제적 학대, ⑥ 위협 ⑦ 스토킹(stalking), ⑧ 폭력(violence), ⑨ 폭행(assault), ⑩ 학대(abuse), ⑪ 구타(battering or beat-ing), ⑫ 학대(maltreatment) 등으로 나누어 분류되어진다. 학대에 관련된 용어사용에서 주의할 점은 일반적으로 사용하는 용어와 학술적 용어와 형사적·법적인 용어가 다르게 쓰인다는 것을 알고, 용어들의 구분과 정확한 의미를 구별하여 사용해야 한다는 것이다. '폭력'과 '폭행'은 유사한 용어지만 폭행은 흔히 형사적·법적 용어로 사용되어진다. 또, 부부간 폭력을 '배우자학대'로 칭하느냐 '아내학대' 혹은 '아내구타'로 지칭하느냐에 따라 큰 차이가 있다. 본서에서는 폭력, 구타, 폭행 등을 포괄하는 학술적 용어인 '학대'라는 용어를 주로 사용하고, 부부간 폭력도 아내구타, 가정폭력 등의 용어보다는 '배우자학대'라는 용어를 선택하여 사용할 것이다.

3) 학대의 개념과 유형

다음에 서술된 학대 유형들은 심각성의 정도가 다르며, 피해자는 하나의 학대

유형만을 경험할 수도 있고, 모든 학대유형을 동시에 경험할 수도 있다(Wallace, 2002).

(1) 방임

방임의 경우는 영유아나 아동 혹은 노인, 장애인이 대상이 되기 쉽다. 아동방임은 아동의 부모 혹은 보호제공자(아동 양육과 보호에 책임이 있고, 물질적인 자원을 가진 자)가 의료, 영양, 거주, 교육, 지도감독, 안정 혹은 최소한의 적정한 보호를 제공하지 못하거나, 의도적으로 제공하지 않는 경우이다(Kist-Ashman & Hull, Jr., 2002: 221). 드 판피리스(De Panfilis)는 아동방임을 정의하는 데에 적어도 다음과 같은 세 가지 기본 요소가 있다고 하였다. ① 가해 행위라기보다는 태만의 행위를 의미한다. ② 부모 혹은 다른 보호책임자에 의해서 가해지는 것이다. ③ 이는 유해 혹은 유해의 위험을 가져온다.

우리나라에서는 '방임'을 보호자가 아동에게 반복적인 아동양육과 보호를 소홀히 함으로써 아동의 정상적인 발달을 저해할 수 있는 모든 행위로 정의하고 있다. '유기'는 성인의 보호감독을 받아야 하는 아동을 버리는 행위로 정의하고 있다(보건복지가족부; http://www.korea1391.org에서 재인용). 중앙아동보호전문기관에서는 방임의 유형을 물리적 방임, 교육적 방임, 의료적 방임, 정서적 방임으로 구분하고 있다(http://www.korea1391.org).

(2) 신체적 학대

신체적 학대유형은 일반적으로 구타, 물건을 던지거나, 파괴하기, 신체적인 통제(방에 가두기, 집 밖으로 못나가도록 하기 등) 혹은 목조르기, 화상을 입히기, 머리를 부딪히기, 물건을 사용해서 반복적으로 때리기, 굴욕적인 폭력의 순서로 확대된다.

(3) 정서적 학대

서로 간에 감정과 의견을 고려하지 않는 언어적 지배, 상대방의 일상 활동이나 대인관계를 고립시키는 행위, 폭력행위의 책임을 상대방에게 돌려 비난하고 죄책감을 유발시키는 행위, 비밀을 폭로하거나 폭력적으로 위협함으로써 두려움을 주는 행위, 타인 앞에서 굴욕감을 주는 행위, 경제적인 의존을 초래하거나, 경제상황을 지나치게 통제하는 행위 등 다양한 형태가 있다. 정서적 학대는 상대방의 무력감을 야기하며, 장기간의 심리·정신치료를 요하는 심리적 외상을 남기고, 다른 사회적 기능 및 대인관계 기능을 총체적으로 파괴하는 경향이 있다.

(4) 성적 학대

성적으로 굴욕감을 주는 행위, 의도적으로 상대방에게 상해를 입히기 위한 폭력적 성행위, 신체적 학대에 이어지는 성관계 등이 있다. 성적 학대는 눈에 띄는 신체적 외상은 남기지 않을 수 있지만, 심각하고 오래 지속되는 정서적 외상을 남긴다. 피학대자는 자신에게 선택의 여지가 없다고 믿기 때문에 학대자의 요구에 순응한다. 성행위를 거부하면 폭력이 심해질까 두려워하는 경우도 많다.

2. 아동학대와 방임

아동학대가 아동 발달에 미치는 부정적인 영향이 너무나 지대함에도 불구하고 1990년대에 성폭력이나 배우자학대가 사회적 관심을 받은 것과 비교해 보면 아동학대에 대한 사회적 관심은 상대적으로 적었다고 할 수 있다. 1998년 한국보건사회연구원은 가구당 아동학대 발생률은 2.6%로 조사·발표하였다. 이를 우리나라 전체 가구수 1,439만 1천 세대에 대비해 보면, 37만 4천 가구에서 아동학대가 발생하고 있는 것이고, 환산하면 44만 9천명의 아동들이 학대로 고통 받고 있는 셈이다(한국보건사회연구원, 1998: 16).

2006년도 전국아동학대현황보고서를 토대로 살펴보면, 신체적 학대 8.4%, 정서학대 11.6%, 성학대 4.8%, 방임 39.1%, 유기 1.5%, 중복학대 34.6%로 나타났다. 아동학대는 80.9%가 가정 내에서 발생하였으며, 학대행위자가 부모인 경우가 83.2%였다. 이 중 친부모에 의한 학대가 78.1%, 계부모에 의한 학대가 4.5%, 양부모에 의한 학대가 0.6%로 나타났다. 이와 같이 아동학대는 주로 가정에서 부모에 의해서 발생하고 있었다(보건복지부 · 중앙아동보호전문기관, 2006).

우리나라 아동학대의 경우 서구와는 달리 학대가족 관련제도 중 법제정이 가장 늦은 기현상을 초래하였으나, 2002년 기존의 아동복지법을 전면 개정하여 기틀을 마련하게 되었다.

1) 개념정의

아동복지법(2004) 제2조에서는 "아동학대란 보호자를 포함한 성인에 의하여 아동의 건강 · 복지를 해치거나 정상적인 발달을 저해할 수 있는 신체적 · 정신적 · 성적 폭력 또는 가혹행위 및 아동의 보호자에 의하여 이루어지는 유기와 방임을 말한다" 라고 규정하여, 적극적인 가해행위뿐만 아니라 소극적 의미의 방임행위까지 아동학대의 정의에 명확히 포함하고 있다. 즉, '자기의 보호 또는 감독을 받는 18세 미만의 자에 대한 학대 행위'를 말한다. 여기에서 학대 행위란, '아동에게 가해진 행위로 인하여(우연한 것-accidental-은 제외) 아동의 건강 혹은 복지를 해치거나 혹은 정상적인 발달을 저해할 수 있는 모든 신체적 · 정신적 상해, 성적 행위 및 방임을 포함한다'. 이는 '아동의 복지나 아동의 잠정적 발달을 위협하는 보다 넓은 범위의 행동'으로 확대하며 신체적 학대뿐만 아니라 정서적 학대나 방임, 아동의 발달을 저해하는 행위나 환경 더 나아가 아동의 권리보호에 이르는 매우 포괄적인 경우를 규정하고 있다.

2) 아동학대의 원인과 위험요인

아동학대 행위자의 80%이상이 부모이고 정상적인 사람들이다. 단지 소수의 아동학대 행위자만이 성격장애나 정신장애를 가지고 있어, 대다수 학대부모들은 정상적인 사고와 행동이 가능한 사람들임을 알 수 있다. 그럼에도 불구하고 일반적으로 아동학대는 빈곤 및 가정 내의 스트레스 등과 연관된 경우가 많다. 부모의 교육 정도가 낮거나 실직 상태이고 생활수준이 낮고, 부부갈등이 존재할 때 더 자주 발생하고 있다. 또한 가정폭력, 부모의 정신질환, 부모가 약물이나 알코올중독이 있는 경우도 학대의 가능성이 더 높아진다고 볼 수 있다. 이외에 아동이 조산아이거나 정신지체, 신체적 장애가 있는 경우에 학대가 더 자주 발생하는 것으로 나타났다. 아동학대의 원인은 학대의 주가해자가 되는 부모, 학대를 받는 아동, 학대가 발생하는 가정 및 사회적 요인 등 매우 복잡하고 다양하다(http://korea1391.org).

(1) 부모요인

- 부모의 미성숙 : 나이가 어리고 안정되지 못한 부모들은 아동의 행동이나 욕구를 이해하지 못하여 아동학대를 쉽게 행하고 건전한 가족관계의 형성에도 어려움을 겪게 된다.
- 아동양육에 대한 지식부족 : 다양한 아동발달에 대한 지식의 부족은 어떻게 아동을 키울 것인가를 잘 모르거나 건전한 가족 관계가 어떤 것인지 잘 알지 못하는 경우이다.
- 지나친 기대 : 부모들은 종종 자신의 자녀가 가진 능력이상으로 행동해 주기를 원하는데, 이처럼 높은 기대는 아동학대의 가능성이 된다.
- 가정의 잦은 위기 : 경제적 어려움, 실직, 잦은 병치레, 가정불화 등 가정 내 위기요인으로 인해 부모들이 자녀를 학대하는 경우가 있다.
- 정서적 욕구불만 : 부모들은 자신의 욕구가 충족되지 못하거나 스트레스를 받을 때 아동에게 그 불만을 터뜨리게 된다.
- 사회적 고립 : 아동양육의 부담을 도와줄 수 있는 친척이나 친구, 이웃이 주위에 아무도 없는 경우에 아동학대의 확률이 높아진다.
- 어릴 적 학대받은 경험 : 아동을 학대하는 부모들 중 30~60%정도는 자신들이 어릴 때 부모로부터 학대받은 경험이 있다.
- 알코올 혹은 약물중독 : 중독문제에 빠진 부모들은 자신을 잘 통제하지 못하고 아동을 학대하기도 한다.
- 그릇된 아동관 및 양육관 : 아동을 소유물로 생각하며, 아동권리에 대한 이해가 부족하다. 또한, 체벌과 훈육을 혼동하는 경우에 학대가 쉽게 발생한다.
- 부모의 낮은 자아존중감, 낮은 감성, 의기소침
- 부모의 분노, 좌절 혹은 성적욕구와 같은 충동과 감정조절의 무능력

- 낳기를 원치 않았던 아동인 경우
- 부모의 불안, 우울증, 기타 정신질환

(2) 아동요인

아동요인이 학대를 유발하는 요인인지, 학대로 인한 결과인지는 확실하지 않다. 그러나 아래의 특성을 보이는 아동들은 부모나 양육자의 신체적, 심리적 부담감을 가중시키고 부모의 소진이 쉽게 일어난다. 또한 부모와의 애착형성이 어려운 경우가 많아 신체적, 심리적으로 지친 상태에서 아동에게 지속적인 관심과 애정을 주는 것이 어려울 뿐만 아니라 장애아나 기형아에 대한 사회적 편견은 부모에게 큰 스트레스로 작용하여 아동을 학대할 가능성이 높아지게 된다.

- 미숙아, 기형아
- 만성 혹은 급성질환을 가진 아동
- 신체적, 정신적, 기질적으로 특이하거나 장애를 가진 아동
- 운동 및 언어 등 발달이 늦은 아동
- 심하게 보채거나 밤에 잘 자지 않는 아동
- 문제행동을 보이는 아동
- 음식을 먹거나 잠을 자는데 어려움을 나타내는 아동
- 사회적 반응의 결핍, 고집스런 울음과 외모
- 수유의 어려움
- 분리 불안의 결함
- 자신감 결여, 지나친 경계, 무반응, 겁이 많음
- 적대적 행위, 충동적 특성, 폭력적 행동, 고집이 셈
- 대인 관계에 둔감하고 매력이 없음, 운동 조절 결함

(3) 가정적 · 사회적 요인

가정적 · 사회적 요인은 가족관계 및 구조의 문제, 사회전반의 분위기 등이 포함되며, 이 요인은 복합적으로 상호 작용하여 발생하게 된다.

- 가족관계의 문제 : 가족 구성원 간에 갈등이 존재하거나 상호작용이 약하여 아

동학대가 발생한다.

- 가족구조의 문제 : 미성년가족, 한부모 가족, 이혼가족, 재혼가족 등 구조적 특성을 가진 가족, 이는 양육에 대한 지식의 부족, 높은 스트레스, 가족 간의 긴밀한 상호작용의 결여 등에 기인하는 것으로 보인다.
- 사회적 고립 및 사회적 지지체계가 결여된 경우
- 신체적인 체벌에 대해 허용적인 문화
- 아동을 존중하지 않는 문화
- 자녀에 대한 소유 의식이 강한 경우
- 폭력에 대한 가치와 규범 : 체벌이나 훈육의 의미가 포함된 폭력은 필요하다고 생각하는 경우

3) 아동학대의 징후

아동학대의 징후에는 신체적 징후와 행동적 징후로 나뉘는데, 신체적 징후를 확인하기 전에 행동적 징후들을 보고서 학대 여부를 알아차리는 것이 중요하다. 다음의 내용들은 중앙아동보호전문기관의 자료를 정리한 것이다(http://korea1391.org).

〈표 11-1〉 아동에 대한 신체적 학대

신체적 학대	
신체적 징후	행동적 징후
· 설명하기 어려운 상처: 발생 및 회복에 시간차가 있는 상처, 사용된 도구의 모양이 그대로 나타나는 상처 · 설명하기 어려운 화상: 담뱃불 자국, 뜨거운 물에 잠겨 생긴 화상자국 · 설명하기 어려운 골절: 시간차가 있는 골절, 복합 및 나선형 골절 · 설명하기 어려운 절상: 입, 입술, 치은, 눈, 외음부 상처 · 머리카락이 없어진 부분, 스트레스로 인한 원형 탈모 · 흔들린 아기증후군(Shaken Baby Syndrome) · 두뇌손상 · 사망 등	· 어른과의 접촉회피 · 다른 아동이 울 때 공포를 나타냄 · 공격적이거나 위축된 극단적 행동 · 부모에 대한 두려움 · 집에 가는 것을 두려워함 · 위험에 대한 지속적인 경계 · 옷 갈아입는 것을 싫어함 · 더운 날씨에도 옷 벗는 것을 싫어함

〈표 11-2〉 아동에 대한 정서적 학대

정서적 학대	
신체적 징후	행동적 징후
· 성장장애 · 신체 발달 저하 · 언어장애	· 특정물건을 계속 빨고 있거나 물어뜯음 · 행동장애(반사회적, 파괴적 행동장애) · 신경성 기질 장애(수면장애, 놀이장애) · 정신신경성 반응(히스테리, 강박, 공포) · 극단행동, 과잉행동, 발달지연, 자살시도

〈표 11-3〉 아동에 대한 방임

방임	
신체적 징후	행동적 징후
· 지속적인 배고픔, 열악한 위생상태 · 계절에 맞지 않는 부적절한 옷차림 · 의학적 치료와 치과 치료의 불이행 · 지속적인 피로, 불안정감	· 수업 중 조는 태도 · 음식을 구걸하거나 훔침 · 비행 또는 도둑질 · 학교에 일찍 등교하고 집에 늦게 귀가함

〈표 11-4〉 아동에 대한 성학대

성학대	
신체적 징후	행동적 징후
· 신체적 지표: 학령 전 아동의 성병감염, 임신, 걷거나 앉는데 어려움 · 생식기의 증거: 아동의 질에 있는 정액, 찢기거나 손실된 처녀막, 질에 생긴 상처나 긁힌 자국, 질의 홍진(紅疹) · 항문 증후: 항문 괄약근의 손상, 항문주변의 멍이나 찰과상, 항문 내장이 짧아지거나 뒤집힘, 항문 입구에 생긴 열창, 항문이 좁아짐, 회음부의 동통과 가려움 · 신체적 지표: 입천장의 손상, 인두(咽頭)임질(pharyngeal gonorrhea)	· 성적(性的) 지표: 나이에 맞지 않는 성적행동, 해박하고 조숙한 성지식, 명백하게 성적인 묘사를 한 그림들, 타인과의 성적인 상호관계, 동물이나 장난감을 대상으로 하는 성적인 상호관계 · 비(非)성적인 행동지표: 수면장애, 유뇨증/유분증, 위축, 환상, 유아적 행동(퇴행행동), 자기 파괴적 또는 위험을 무릅쓴 모험적인 행동, 충동성, 산만함 및 주의집중장애, 혼자 있기를 거부, 특정 유형의 사람들 또는 성에 대한 두려움, 방화/동물에게 잔혹함(주로 남아의 특징), 섭식장애(폭식증/거식증), 비행, 가출, 자기파괴적 행동(자살시도), 범죄행위, 우울, 대인관계 단절, 늘 외톨이로 친한 친구가 없음

4) 만성적 학대의 영향

피해 아동에게 가장 흔하게 나타나는 문제가 아동우울증, 자살, 신체화 증상(somatic symptom), 이유 없는 심한 두통, 섭식장애, 또래집단과의 문제, 공격적 행동 그리고 심각한 회상(flash-back) 등을 동반하는 외상 후 스트레스 장애(PTSD) 증상 등을 들 수 있다. 한 번 학대를 당한 아동의 경우에는 계속적으로 학대를 당하는 경우가 있으므로 이를 예방하는 것이 매우 중요하다. 재희생(revictimization)되는 경우는 크게 두 가지 유형인데, 첫째는 학대하는 부모를 피해서 입양이나, 위탁가정으로 보내졌는데 다시 학대의 피해자가 되는 경우이다. 두 번째는 이들이 성장한 후 가해자가 될 위험성을 갖게 되는 것이다. 이같은 사례는 신체학대와 성학대 모두에서 나타나며 장기적으로 보면 학대의 세대간 전달을 의미하게 되는 것으로 학대가정을 위한 개입 시 유의하여야 한다.

5) 사정

학대를 받은 아동과 가족에 대한 사정은 매우 조심스럽고, 복잡하며, 준수할 사항이 많은 작업이다. 사정을 위해 빠짐없이 자료를 수집하고, 동시에 심리적인 지원도 해야 하므로 사회복지사의 전문성과 숙련성을 더욱 더 요구한다고 할 수 있다. 사정의 기본적 내용은 사건에 대한 구체적 정보를 획득하는 것, 재발 가능성을 타진하는 것, 대상아동과 그 가족의 특수성을 인식하는 것, 적절한 사회력 조사, 아동신체의 각 부분에 대한 검사 및 흔들린 아동증상을 확인하는 것 등을 들 수 있다.

학대신고가 들어오면 현장조사를 실시하도록 하는데, 현장조사의 목적은 다음과 같다.

첫 번째는 학대 판정 및 사례의 위급성 여부 확인하기 위해서, 두 번째는 피해아동에 대한 신변보장과 안전조치를 하기 위해서, 세 번째는 충분한 자료 및 정보를 수집 · 분석하기 위해서, 네 번째는 아동학대와 관련된 프로그램 및 제공할 수 있는 서비스를 설명하고, 권유하기 위해서, 다섯 번째는 부모역할에 대한 교육을 하기 위해서이다.

• 다음은 현장조사 시 실무자가 지켜야 할 유의 사항이다.

① 피해아동 및 학대행위자의 존엄성을 가장 우선으로 생각할 것

② 가능한 피해아동 및 학대행위자를 직접 대면할 것

③ 학대행위자로 의심되는 자가 진술하는 학대 상황과 아동의 상처 및 정황 등이 일치하지 않는 경우나 징후가 심각하지 않은 경우라고 할지라도 학대의 재발 가능성이 충분히 있으므로 주의하여 살필 것

④ 지속적인 방임은 신체학대만큼 치명적일 수 있으므로 가볍게 다루지 않도록 주의할 것

⑤ 피해아동의 나이가 어릴수록 더욱 주의 깊게 확인할 것

⑥ 상담원의 신분증을 반드시 제시할 것

⑦ 특정한 사회경제적 집단, 성별 또는 문화집단에서 아동학대가 발생한다는 선입견은 배제할 것

⑧ 아동의 어떠한 행동이라도 학대를 받아서는 안 된다는 입장을 확실하고, 학대행위자의 통제능력을 파악할 것

⑨ 학대 발생에 영향을 미치는 중요한 요인을 파악할 것

⑩ 피해아동 보호를 위하여 아동학대의 정황적 증거(신체적・물리적 증거 등) 및 증인 확보에 최대한 노력할 것

⑩ 필요에 따라 전문가의 조언을 구할 것: 사례회의 또는 사례판정위원회 이용

⑪ 비밀보장의 원칙을 준수할 것

6) 개입을 위한 서비스 및 프로그램

(1) 사례 개입을 위한 사례판정

아동학대 사례가 의뢰되어진 후 사례의 흐름은 다음 〈그림 11-1〉과 같은 과정을 밟게 된다. 아동학대예방센터에서는 사례의 수준을 응급과 단순아동학대, 잠재사례와 위험사례 등 4단계로 나누어 분류하고 있다. 개입 및 상담과정의 내용을 살펴보면 〈그림 11-1〉에서 보는 바와 같이 외부의 객관적 평가과정을 반드시 거치게 되는 미

국의 경우와는 달리 특별한 사례를 제외하고는 기관 내부의 사례 판정에 의하여 개입이 이루어지고 있다. 사례판정의 목적은 첫 번째, 해당사례를 아동복지법령의 정의 및 규정에 의하여 심각성의 정도, 위급성 여부, 적절한 개입 방법을 결정하기 위함이고, 두 번째는 응급아동학대사례, 단순아동학대사례, 잠재위험사례, 일반사례 네 가지로 구분하여 개입하기 위해서이다.

[사례판정 시 고려해야 할 사항]

① **상황의 위급성**: 생명의 위협 여부, 상해로 입원할 정도인가?, 계획적인가?, 학대가 진행 중인가?, 학대의 전례가 있는가?, 복합적인 상해의 보고 여부, 이전의 학대 상흔 여부, 머리·목·성기의 상처나 내장 출혈 보고 여부, 도구 사용 여부, 학대의 빈도나 강도가 심한가?

② **아동상황**: 자기 보호 가능여부, 아동이 부모나 양육자를 두려워하거나 귀가조치 거부 여부, 지역사회로부터 완전히 유기된 상태인가?, 학대행위자에게 즉각적으로 노출되어 있는가?, 아동에게 자살·자해의 위험이 있는가?

③ **부모/양육자 상황**: 처방된 치료를 거부하고 잔인한 행동을 보이는가?, 알코올이나 약물중독과의 관련성 여부, 학대자가 적대적이거나 위험하다고 판단되는가?, 아동에 대한 부모나 양육자의 견해가 비정상적인가?(예: 아동에게 귀신이 씌였다고 믿는 것)? 부모나 양육자 자신의 과거 학대 경험여부, 부모나 양육자가 아동에 대해 모성애가 부족한가?, 부모나 양육자의 비현실적인 기대 여부, 부모나 양육자가 사회적 고립 여부, 부모나 양육자가 최근 부부 간 불화, 이혼, 부채, 경제적 손실, 해고 등을 경험하였는가?

④ **가족 상황**: 부모나 양육자가 아동을 숨기는가?, 가족이 지역사회로부터 고립되어 있는가?, 가족구성원들이 위협적이고 통제력이 없는가?, 가정폭력의 징후가 있는가?, 가족 내에 아동을 도울 수 있는 사람이 있는가?

⑤ **집단(학교, 어린이집, 유치원 등) 상황**: 집단이 아동에게 벌어진 일들을 모니터링할 수 있었는가?, 이후에도 지속적인 모니터링이 가능한가?

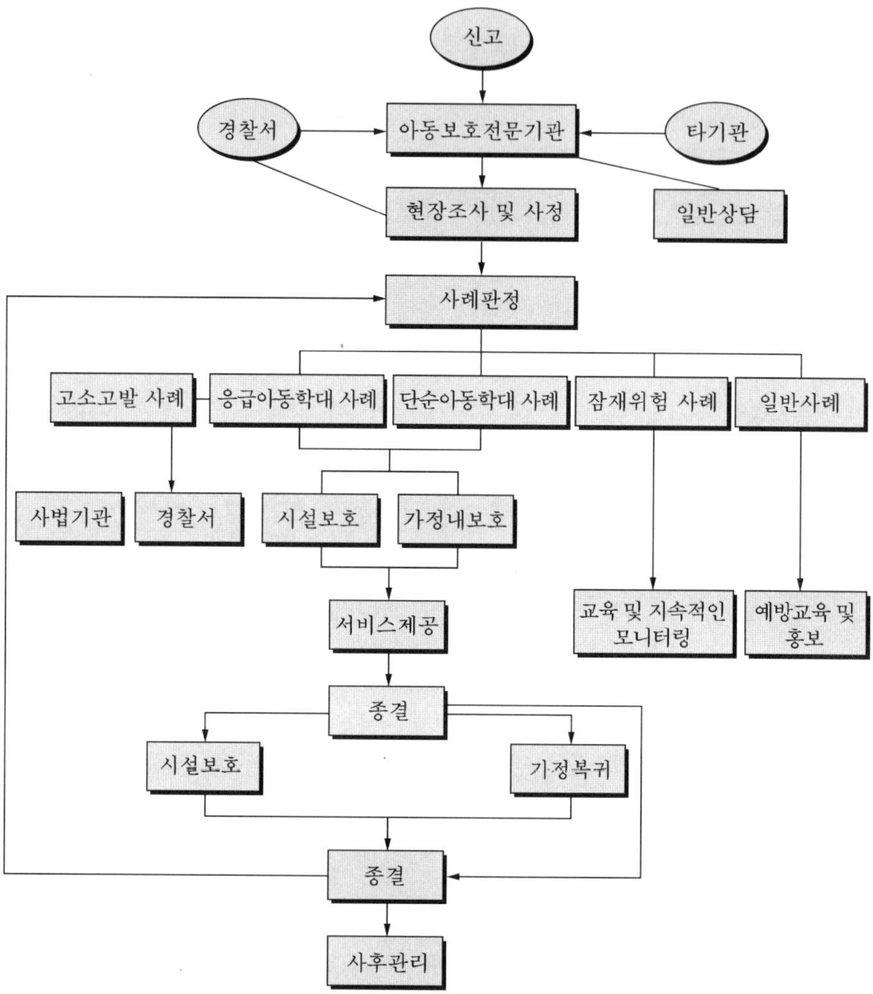

출처 : 중앙아동보호전문기관, http://www.korea1391.org

〈그림 11-1〉 아동학대 사례개입 흐름도

[사례판정 유형]

① 응급아동학대사례

▷ 판정기준

㉠ 아동학대가 현재 발생하고 있거나, 학대로 인해 즉각적인 의료조치가 필요하거나, 학대행위자로부터 즉시 격리가 요구되는 등 아동의 생명 혹은 안전이 매우 위험하다고 판단되는 사례

㉡ 성학대 혹은 유기 사례

㉢ 방임사례일 경우 아동의 연령이나 학대의 지속성 정도에 따라 응급하다고 판단되는 사례

㉣ 초기개입 시 고소, 고발이 필요하다고 판단되는 사례

㉤ 생후 12개월 이하의 영아에 대한 학대사례

※ 아동격리 시 고려할 사항

㉠ 아동격리 시 가능한 빨리, 안전한 가정으로 되돌아가는 것을 원칙으로 함

㉡ 아동격리는 가족해체의 한 현상이므로 이것이 아동에게 미칠 영향을 충분히 고려한 후 실시

㉢ 현장조사 시 아동학대 유형, 피해 심각성 정도, 신고자 및 이웃과의 면접 등을 기초로 아동 격리 문제 결정

㉣ 아동의 연령에 따라 자신의 의사표현이 가능할 경우, 아동의 의견을 수렴

㉤ 아동격리보호 시 아동 자신의 잘못 때문이라는 죄책감 갖지 않도록 할 것

※ 아동격리 기준

㉠ 아동이 가정 내에 계속 머무를 경우 위험한 학대상황에 직면하여 생명이 위급한 경우

㉡ 가정 내 성학대가 지속적으로 일어나고 있다고 의심되는 경우

㉢ 아동의 영양상태가 극도로 불량하여 신속히 응급처치를 받아야 하는 경우

㉣ 부모로부터 신체학대가 지속적으로 이루어지고 있다고 의심되며 아동의 상처가 심각한 경우

㉤ 아동에 대한 보호요인보다 위험요인이 많은 경우

ⓗ 아동자체가 가출, 부랑, 문제행동으로 행동수정이 필요한 경우

※ 아동격리보호서비스

㉠ 아동을 일시적으로 가정에서 분리시켜 응급처치, 일시보호 실시

㉡ 일시보호기관으로 위탁

㉢ 시 · 군 · 구의 아동상담소, 학대 받은 아동을 위한 쉼터, 위탁가정, 그룹홈 등

㉣ 심리적 진단 및 상담치료를 위한 서비스 제공 기관

② 단순아동 학대 사례

※ 판정기준

㉠ 아동학대가 발생하였으나 아동의 신체적, 심리적 상처가 경미하고 학대의 지속성 정도가 미약한 사례

㉡ 가정지원 서비스를 통하여 아동이나 가족의 욕구가 충족되고 상황이 호전될 가능성이 있는 사례

③ 잠재위험 사례

※ 판정기준

㉠ 아동학대 사례로 판정되지는 않으나, 향후 학대의 가능성이 높은 사례

㉡ 아동학대로 신고된 사례 중 아동에게는 피해가 없었으나, 가정 내 폭력이나 갈등이 있는 사례

㉢ 신고내용과는 달리 아동학대사례이기보다는 아동양육에 대한 지식 및 기술 부족, 일회성 신체적 체벌 등으로 판단되는 사례

④ 일반사례

※ 판정기준

㉠ 아동학대와는 관계없는 아동문제로서 다른 기관에서 처리하는 것이 더 효과적이라고 판단되는 사례

㉡ 아동양육 및 정서행동 문제와 관련되어 전반적인 아동상담을 실시한 사례

㉢ 신고접수 후 현장조사를 실시하였으나 주소가 신고자의 내용과 달라 피해아동

과 학대행위자를 모두 발견할 수 없는 사례

(2) 사회적 서비스 및 개입프로그램

학대 받은 아동을 돕기 위한 전 과정에서 요구되는 사회적 서비스는 재정보조, 고용 및 교육서비스, 의료보조, 주택서비스, 가사보조서비스, 부모를 위한 서비스(보육 보조 혹은 지원, 가사지원서비스), 방문간호서비스, 부모교육, 스트레스 관리교육 등이 있다.

① 학대가 일어나는 가족을 위한 서비스

※ 집중적인 가족 보존 서비스

㉠ 단기간 동안 집중적으로 서비스 제공

㉡ 아동이 가정에서 보호 받으며 서비스를 제공 받도록 계획

㉢ 아동뿐 아니라 학대가 일어난 가정에 가정지원서비스, 고용상담 및 훈련 등의 다양한 서비스 제공

※ 개별상담 : 개별상담의 범주로는 심리치료기법에서부터 행동치료기법까지 다양

※ 집단상담

㉠ 신뢰 관계와 자아존중감 향상 등을 위한 작업이 필요할 때 제공

㉡ 개인 간의 의사소통 확장에 효과적인 프로그램

㉢ 집단상담의 장점

- 부모들을 서로 알게 함으로써 고립을 줄이는데 도움
- 다른 가족들도 유사한 문제를 가지고 갈등한다는 인식을 갖게 함으로써 자아존중감을 개선시키는데 도움
- 다른 사람을 신뢰하는 것을 돕고, 집단 내부와 외부에서 발전시킬 수 있는 환경을 제공
- 또래들 사이에서 자신이 거부당하는 것에 대한 직면, 또래에게 투사하는 것, 그리고 자신을 합리화하는 경험을 제공
- 집단치료는 아동 성학대 학대행위자를 위한 치료의 방법으로 선택
- 아동기에 성학대를 경험한 성인을 위한 상담치료에도 효과적임

※ 기관상담 : 다른 기관과의 상담 및 연계 등에 관한 서비스를 의미함

※ 학대예방교육

㉠ 재학대 예방교육, 부모교육 등을 의미함

㉡ 아동발달이해, 아동양육방법 등 아동발달과 부모역할 전반에 대한 정보 제공

㉢ 부모집단은 정보와 충고를 제공/친구가 되고 도와줄 수 있는 관계 형성

㉣ 구조화된 부모교육의 장점

- 아동이 잘못된 행동을 통해 얻는 목표와 바람직한 행동을 통해 얻는 목표에 대한 정보를 제공받을 수 있음
- 부모와 아동 모두에게 정서적인 감정 교류를 가르칠 수 있음
- 성적인 발달 및 아동 개인의 안전에 관한 문제와 관심을 포함한 아동발달에 대한 정보를 제공할 수 있음
- 부모에게 적극적으로 경청하는 것을 가르치고 아동과 효과적으로 의사소통하는 기술을 전달할 수 있음
- 훈육에 대한 긍정적인 접근을 수립하고 일반적인 문제들(거짓말, 도벽 등), 아동 행동을 통제하는 기술을 다양하게 사용함으로써 폭력이나 벌주기와 같은 잘못된 훈육태도에 대한 대안을 제시할 수 있음
- 부모의 자아존중감 향상 및 아동발달과 아동심리를 이해할 수 있음

※ 가족상담

㉠ 가족의 한 사람으로서 학대에 개방적으로 직면하게 함

㉡ 가족체계 내에서의 학대상황에 대한 인식 또는 학대와 훈육의 구분방법을 설명함

㉢ 가족의 장단기 목표를 결정함

㉣ 가족기능을 높은 수준으로 촉진시키기 위한 가족규칙과 역할을 토론함

※ 소아과, 소아정신과 진료: 아동이 심하게 우울하거나 다른 정서적 혹은 사고장애를 보이는 경향이 나타날 때 소아과, 소아정신과의 진단을 고려할 필요 있음

※ 입원치료 및 통원치료

※ 알코올 및 약물남용 문제에 대한 상담

※ 지지서비스

㉠ 교육서비스

㉡ 고용상담과 훈련서비스

㉢ 재정상담과 조력서비스

㉣ 법률서비스

㉤ 가정지원서비스: 반찬서비스, 가사도우미서비스 등

㉥ 공중보건 서비스와 그 외 서비스

㉦ 일시보호 서비스

㉧ 지지집단과의 연계

㉨ 쉼터와 주택부조서비스

㉩ 교통편 제공서비스

㉩ 지역사회복지관 연계(지역사회서비스 연계)

② 피해아동을 위한 서비스

※ 심리검사: 표준화된 검사 도구를 활용하여 검사하고 관련 근거 자료를 첨부함

※ 개별 치료(Individual Therapy): 내담자의 욕구, 불안, 갈등해결, 긍정적인 자아 존중감 증진, 자신의 피해 경험을 언어로 표현할 수 있도록 도움

※ 놀이치료(Play Therapy)

㉠ 과거를 회상할 수 있는 능력이 되지 않은 나이 어린 아동에게 유용

㉡ 감정과 행동의 차이를 명확히 구분하지 못하는 아동에게 적합

㉢ 학령 전 아동과 저학년 아동에게 적합

※ 미술 치료(Art Therapy)

㉠ 감정과 갈등 그리고 정서적 자유스러움을 느낄 수 있음

㉡ 치료적 도구와 진단적 도구로써 유용하게 사용

㉢ 치료를 위한 미술치료는 희생화, 상실, 분리 등에 관련된 감정을 다룰 수 있음

※ 집단 치료(Group Therapy)

㉠ 나이에 적합한 역할과 정체감을 가질 수 있도록 도움

㉡ 또래들 간의 상호작용을 통해 가족 내에서 아동의 위치 재확인

㉢ 집단의 경험은 학대를 노출시켰거나 노출하였다는 결과에 대해 비난 받지 않음

㉣ 학대에 관한 아동의 감정을 정당화시켜 피해자로서 첫 경험을 하게 함

㉤ 안전감 제공

ⓑ 아동 개인의 문제나 가족 문제를 대화 또는 놀이를 통해 표출

※ 교육서비스: 피해아동의 학업활동을 목적으로 제공되는 모든 서비스를 의미함 (학습지도, 현장체험, 학원수업 등)

※ 일시보호서비스: 아동보호전문기관 내 일시보호시설에서 보호 받고 있는 피해아동에게 제공하는 생활지도 등의 서비스를 의미

③ 사후관리

※ 종결된 사례에 대해 재학대의 예방과 가족의 안정유지를 위하여 6개월 이상 사후관리를 실시함

㉠ 아동이 장기시설보호 될 경우 시설 측과 협의를 통해 사후관리 실시

㉡ 기타 사후관리가 어려운 사례에 대해서는 자체사례회의를 통해 향후 계획을 결정짓도록 함

※ 매월 1회 이상 직접방문, 전화상담 등의 방법으로 피해아동 또는 가족, 주변관계자들을 통해 재학대 여부를 확인

※ 피해아동과 가족에게 도움이 필요할 경우 언제든지 상담원을 통해 필요로 하는 도움과 자원을 제공받을 수 있도록 지원

※ 의뢰 및 연계기관과 협력하여 지속적인 모니터링 유지

㉠ 피해아동 및 학대행위자의 상태 및 변화 관찰

㉡ 가정상황의 파악과 변화 관찰

㉢ 학대 혹은 위기적 상황에 대한 예상 및 관찰

7) 아동학대와 방임의 예방

아동학대와 방임을 예방하려면 국민전체를 대상으로 하는 장기간의 교육이 필요하고, 이런 국가적 차원의 개입은 많은 예산을 필요로 한다. 예방적 개입을 위해 필요한 서비스들을 몇 가지 소개하면 모든 부모와 양육자들에게 아동 양육 시에 겪을 수 있는 일반적인 문제에 대한 올바른 지도를 제공하는 것이다. 이런 일반적인 부모교육은 부모가 되고자 하는 사람 혹은 아동양육자들은 반드시 받아야만 하는 교육으로 체계화하고, 의무화할 필요가 있다. 유아가 보채고 울 때나, 훈육 시에 부모

가 적절한 반응을 보이도록 교육을 받고, 통찰력을 갖는 것은 양육의 스트레스를 크게 줄여줄 수 있다. 특별한 문제가 없는 평범한 아동들도 성장과정 중에 몹시 보채고, 칭얼거리며, 예상치 못한 일로 부모를 놀라게 하는 경우가 많은데, 이런 때에 부모의 반응과 양육 방법은 매우 중요하게 작용한다. 양육으로 인한 가족의 스트레스가 발견되었을 경우 사회복지사, 아동상담가 등에게 의뢰하여 스트레스 관리 등의 서비스를 제공받게 하여 더 큰 문제를 사전에 예방할 수 있도록 돕는 서비스가 지속적으로 제공되어져야 할 것이다. 공중파의 방송프로그램 중에 "우리 아이가 달라졌어요"라는 프로그램은 부모가 자신의 양육방법 중 부적절한 부분을 깨닫고, 아동전문가로부터 새롭고 적절한 양육방법을 익히고, 실천하는 것이 얼마나 효과적이고, 중요한가를 알게 해주는 좋은 예이다. 이 프로그램에 등장하는 대부분의 아동들은 기질적으로 특별한 문제는 없으나, 전문가의 개입이 있기 전에는 그 누구도 손을 댈 수 없을 정도의 '악동'들로 비추어진다.

이와 같은 부모교육과 양육지원 및 양육상담서비스가 상시 가동될 경우 단지 전문가뿐 아니라 일반인들도 아동양육의 적절한 범위와 방임이나 학대행동을 구분할 수 있게 될 것이고, 그것을 문제로 보고, 신고의 의무를 지키며, 지역사회 내에 지원세력이 되어주려는 의식이 증가할 것이다.

8) 개정 아동복지법의 학대 관련 주요 내용

(1) 개정된 아동복지법의 주요 개념 정의

- '아동'이란? 18세 미만의 자
- '보호를 필요로 하는 아동'이란? 보호자가 없거나 보호자로부터 이탈된 아동, 또는 보호자가 아동을 학대하는 경우 등 보호자가 아동을 양육하기에 부적당하거나 양육할 능력이 없는 경우의 아동
- '아동복지시설 종사자'란? 아동복지시설에서 아동의 상담·지도·치료·양육, 기타 아동의 복지에 관한 업무를 담당하는 자
- '아동정책조정위원회'란? 아동의 권리증진과 건강한 출생 및 성장을 위하여 종합적인 아동정책을 수립하고 관계부처의 의견을 조정하며, 그 정책의 이행을

감독하고 평가하기 위하여 국무총리 소속하에 속한 기구이다. 위원장을 국무총리로 하고 위원장이 위촉하는 15인 이내의 위원으로 구성되어 있다.

- '아동정책실무위원회'이란? '아동정책조정위원회'의 심의안건에 대한 사전 심사 및 관계부처 의견 등을 조정하기 위한 기구이다. 실무위원회는 위원장을 보건복지부 차관으로 하고 위원장을 포함한 25인 이내의 위원으로 구성
- '아동위원'이란? 관할구역(시 · 군 · 구) 안의 아동에 대하여 항상 그 생활상태 및 가정환경을 상세히 파악하고 아동복지에 관하여 필요한 원조와 지도를 행하며 아동복지지도원 및 관계기관과 협력하는 자를 말한다. 이에 관해 필요한 사항은 시 · 군 · 구 조례로 정한다.
- '아동복지지도원'이란? 사회복지전담공무원이나 별정직 공무원으로 전문대학 이상의 학력으로 아동복지 또는 사회복지 관련 교과목을 이수하고 졸업한 자 중에서 지방자치단체의 장이 임용하며 자격이나 기타 필요한 사항은 대통령령으로 정한다. 이들은 자치구 및 아동상담소에 각 1인 이상을 두도록 한다.
- '아동복지시설'이란? 아동양육시설, 아동일시보호시설, 아동보호치료시설, 아동취업훈련시설, 자립자원시설, 아동단기보호시설, 아동상담소, 아동전용시설, 아동복지관, 공동생활가정, 그리고 지역아동센터로 총 11가지에 이른다. 또한 보호시설을 갖춘 아동상담소는 종합시설로 본다.

(2) 주요 내용

• **제23조**: 국가지방단체는 아동학대를 예방하고 수시로 신고를 받을 수 있도록 '응급전화'를 설치하여야 하며, 이에 관한 사항은 대통령령으로 정하도록 규정

• **제24조**: '아동보호전문기관'의 서리에 대해 규정하고 있는데 대통령령이 정하는 범위 안에서 아동상담소, 아동복지시설, 아동학대예방협회 등의 비영리법인을 아동보호전문기관으로 지정하고, 직원의 자격은 대통령령으로 정하고 설치기준과 운영은 보건복지부령으로 정하도록 한다.

• **제25조**: 아동보호전문기관 의무 규정 ⇒ ① 학대받은 아동의 발견, 보호, 치료 의뢰, ② 아동학대의 예방 및 방지를 위한 홍보, ③ 아동학대 행위자를 위한 상담, 교육 등, ④ 아동학대 행위자, 아동학대 행위자로 신고된 자 및 그 가정에 대한 조

사, ⑤ 기타 학대받은 아동의 보호를 위하여 필요한 사항을 하도록 규정

• **제26조**: 아동학대신고의무자 ⇒ ① 초·중등 교원, ② 의료인, ③ 아동복지시설 종사자 및 장, ④ 장애인시설에서 장애아동에 대한 상담·치료·훈련 또는 의료를 행하는 자, ⑤ 유아시설의 종사자, ⑥ 성매매피해상담소의 장이나 그 종사자, ⑦ 모·부자복지시설의 종사자, ⑧ 가정폭력상담소 및 피해시설의 종사자, ⑨ 아동복지지도원 및 전담공무원이 이에 속한다.

• **시행령**: 아동보호전문기관 직원의 자격지준은 사회복지 1급 이상의 자격을 가진 자, 사회복지학과를 포함하여 심리학과 또는 아동복지 또는 사회복지 관련 교과목(아래 상담원 교육과정을 참조)을 이수하고 졸업한 자로 규정하고 있다.

• **제29조**: 아동에 대한 금지 행위 ⇒ ① 신체학대행위, ② 성희롱, 성폭행 등의 학대행위, ③ 정서적 학대행위, ④ 방임행위, ⑤ 아동을 타인에게 매매하는 행위, ⑥ 아동에게 음행을 시키거나 음행을 매개하는 행위, ⑦ 장애아동을 대중에게 관람시키는 행위, ⑧ 구걸을 시키거나 아동을 이용하여 구걸하는 행위, ⑨ 오락 또는 여흥을 목적으로 곡예를 시키는 행위, ⑩ 양육을 알선하고 금품을 취득하는 행위, ⑪ 아동을 위하여 증여 또는 급여된 물품을 그 목적 외의 용도에 사용하는 행위로 규정하고 있다.

• **제32조**: 비용 보조는 국가 및 지방단체장은 기관 및 사업 등에 대한 비용의 전부 또는 일부를 보조할 수 있다고 규정하고 있다.

2004년에 개정된 아동복지법은 많은 부분이 개정하고 보완되었지만, 아직도 법적·제도적으로 미비한 점이 남아 있다. 먼저, 제도적 문제로 가족 내의 학대문제를 다루는 소관부처와 기관이 여러 부처와 기관으로 나뉘어져 있어서 서비스 전달체계가 일관성이 없거나, 통합적인 접근이 되지 않고, 학대자와 피해자간에 형평성이 부족한 개입이 되거나, 또한 피해자를 우선 보호해야 하는 원칙이 지켜지지 않는 등의 문제가 야기되고 있다. 개인, 학대자, 피해자별로 나누어진 전달체계에 일관성을 갖추고, 연계하거나 통합할 수 있는 체계가 거의 마련되어 있지 않다는 점이다. 따라서 아동학대 문제의 재발 방지를 위해 비가해 부모 혹은 보호자를 포함한 가족 전체를 포함하는 상담과 치료프로그램이 포함되어 있는 사례관리가 명확하게 실행

되지 못하고 있는 것은 매우 안타까운 현실이다. 법적 구속을 받게 된 가해자에 대한 관리가 이루어지고 있지만 불구속된 가해자의 경우는 잠적해 버리거나, 학대 행위를 재발할 가능성이 항상 도사리고 있기 때문에 각 사례마다 더 강력하고, 참여가 의무화된 적극적인 개입이 요구된다고 하겠다.

두 번째로는 아동학대에서 아동학대예방센터가 주된 전달체계임에도 불구하고 아동성학대의 경우 성폭력상담소가 동시에 관여하고 있어 서비스의 중복이 문제가 되고 있다. 가장 문제가 되는 것은 아동과 가족이 중복된 서비스를 받으면서 더 혼란을 경험하게 된다는 것이다. 사례에 대해 대상별로 주관기관을 정할 것인지 아니면 학대 유형별로 주관기관을 정할 것인지에 대한 혼란이 발생하므로, 학대가족을 하나의 체계로 보고 개입하는 통합적 사례관리의 주무 기관을 지정하는 노력이 시급하다. 그러나, 이것 역시 소관부처가 각기 다른 문제를 안고 있어서 거국적인 합의와 통합이 이루어지지 않는다면 단시일 내에 해결되기는 요원해 보인다.

(3) 아동보호전문기관 상담원의 교육과정

아동학대는 한 아동과 그 가족에게는 매우 심각한 외상을 남기는 문제이기 때문에 다음의 교육과정을 이수하는 것은 아동학대 실무전문가가 되기 위한 기초적인 교육내용으로 받아들여져야 할 것이다. 현장에서 아동학대 사례를 직접 담당하게 되는 상담원들은 계속적인 보수교육을 통해서 업무 수행의 질적 능력을 향상시켜야 할 것이다. 그리고, 사례를 다루는 과정 및 절차에 대한 지속적인 수퍼비전을 통해서 임상전문가로 성장해 가야 할 것이다.

〈표 11-5〉 아동보호전문기관 상담원 교육시간

단 계	교육과목(시간)	이수시간 (총 100시간)
기본교육	1. 아동복지의 기본가치 이해 (4) 2. 아동복지법의 이해 (4) 3. 아동학대의 원인 및 영향 (8) 4. 아동보호체계에 대한 이해 (8) 5. 가족보존서비스의 이론과 실제 (8)	32시간
	1. 초기조사와 사례기획 (8) 2. 위기 개입 (6) 3. 아동분리와 배치 (6) 4. 학대 유형별 개입 방법 (12)	32시간
	1. 아동학대와 방임에 대한 생태학적 관점 (8) 2. 통합적 접근방법 (8)	16시간
전문교육	1. 아동학대와 관련된 특수한 문제와 개입 방법 (8) 2. 학대 유형별 상담사례 실습 (12)	20시간

3. 배우자 학대

우리 사회에서는 1980년대 초부터 여성단체를 중심으로 아내학대 혹은 가정폭력이 사회문제로 제기되었고, 1990년대에 들어서는 가정폭력을 경험한 여성들의 피해사례를 사회적으로 쟁점화시키고 법과 제도적 차원의 대책마련을 요구하였다. 그 결과 1997년 12월 '가정폭력범죄처벌을위한특례법'과 '가정폭력예방및피해자보호를위한법률'이 제정되었다(변화순 외, 2001: 3). 그리하여 2006년 12월 말까지 전국 343개의 가정폭력상담소, 29개 가정폭력·성폭력 통합상담소 그리고 59개 피해자보호시설이 설립·운영되고 있다(여성가족부 인권보호팀 실무자료).

1990년대 이후 실시된 가정폭력 실태조사 결과를 보면, 대략 28-36%가 가정폭력을 경험했다고 나타나고 있다. 조사대상자나 폭력에 대한 정의가 상이하여 이를 한국 사회 전체의 결과로 받아들이는 데에는 다소 무리가 있으나, 가정폭력을 좀처럼 공개하지 않는 우리 사회의 특성을 고려할 때 실제 발생률은 이보다 더 클 것으로 추산할 수 있을 것이다(여성가족부, 2002: 243). 그리고 경찰에 신고된 가정폭력범죄 발생건수는 2002년 1만 5,151건, 2003년 1만 6,408건으로 증가하다가 2004년에는 1만 3,770건으로 다소 감소하였다(여성가족부, 2006: 126). 이와 같은 맥락에서 전국 가정폭력상담소의 상담건수 중에서 가정폭력 상담건수는 2002년 9만 7,728건에서 2003년 9만 9,376건 그리고 2004년에는 9만 297건으로 나타났다. 그리고 가해자가 배우자인 경우는 2002년 83.2%, 2003년 83.3%, 2004년에는 88.1% 그리고 2005년 상반기에는 88.3%여서 배우자가 절대다수를 차지하고 있다. 그 외로 과거 배우자가 가해자인 경우도 3~4% 정도 차지하고 있다(여성가족부, 2005: 220-222).

최근 가정폭력과 관련하여 새로운 경향이 나타나고 있는데, 결혼한 부부 사이 이외에도 동거한 커플 등 친밀한 관계에서 광범위하게 발생하고 있다고 밝혀지고 있다(Carlson, 2005: 119). 이에 따라 가정폭력이라는 용어와 더불어 친밀한 관계 폭력, 친밀한 파트너 폭력 등의 용어가 많이 사용되는 추세를 보이고 있다(Burke et al., 2004). 또한 과거에는 가정폭력은 이성관계에서만 발생하는 것으로 생각해 왔으나, 1980년대 후반 이후 가정폭력이 동성관계에서도 발생하고 있음이 밝혀지고 있다.

배우자학대는 흔히 가정폭력의 동의어로 사용되어지고 있고, 이런 분야를 전공하지 않는 사람들은 이 두 가지 개념을 같은 의미의 단어로 생각한다. 그러나 가정폭력(domestic violence)이란 용어의 의미는 가정 내에서 발생하는 모든 폭력을 말하며, 배우자학대를 포함하는 더 포괄적인 개념이다. 우리나라에서는 아직도 많은 사람들이 가정폭력을 배우자학대 혹은 아내학대로 받아들이고 있지만, 사회 환경이 변화함에 따라 학대의 대상은 점차 다양화되면서 노인 학대는 근자에 새롭게 문제시 되고 있다. 원론적으로 학대의 문제를 접근하자면, 가정폭력의 대상별 접근이 이루어져야 할 것이다. 그러나 이 문제는 본 장에서 다루기에는 너무 광범위하기 때문에 여기에서 다루지는 않을 것이다. 워커(Walker, 1979)의 분류에 기반해서 학술적이고 중립적 용어인 '배우자학대'를 이 장에서 다루려고 하고, 여기서 논하는 '배우자'란 '법적인 배우자'와 '사실혼 관점에서의 배우자'를 의미한다.

1) 개념정의

우리나라 '가정폭력범죄의처벌에관한특별법'에서는 가정폭력을 "가족구성원 사이의 신체적 · 정신적 또는 재산상 피해를 수반하는 행위"라고 정의하고 있다. 배우자학대의 개념은 일반적으로 배우자에게 신체적으로 상처를 입힐 정도의 힘이 사용되었을 경우를 말하고, 보다 구체적으로는 상대에 대한 폭행, 구타, 헤치거나 죽이겠다는 위협, 기타 법률에 저촉되는 강압적 행동 · 폭력이 사용된 경우와 나이에 관계없이 결혼관계 내에서 가해지는 정서적 학대도 포함하는 것으로 정의되고 있다. 이 같은 내용을 포괄하여 스트라우스(Strauss, 1979)는 폭력행동의 척도를 개발하여 보다 구체적인 행동으로 표시하고 있는데 폭력행동도 나누어 학대수준을 표시할 수 있도록 하고 있다. 이를 일반적인 기준과 비교해 보면 〈표 11-6〉과 같다.

〈표 11-6〉 배우자학대 증상 및 수준

정도	일반적 기준	스트라우스(Strauss)의 분류 기준
약함	-언어적 위협 -신체적 손상 혹은 의료적 치료가 필요치 않을 때	-상대에게 무엇을 던지겠다고 위협하는 것 -물건을 던지거나, 부시거나, 치거나, 차는 것 -실제로 상대편에게 물건을 던지는 경우 -상대편을 밀거나, 잡거나, 밀치는 것
중간	-상대편에게 무엇인가를 던지는 것 -밀거나, 잡거나, 밀치는 것 -빰을 때리는 것 -차는 것 -차거나, 물거나, 주먹으로 치는 것 -신체적 손상, 단기간의 의학적 치료가 필요한 경우	-빰을 때리는 것 -차거나, 물거나, 주먹으로 때리는 것 -치거나 물건을 가지고 때리는 것 -마구 때리는 것
심함	-임신 중에 상처를 입히는 것 -목 조르거나 달아 메는 것 -심하게 맞은 것 -총이나 칼로 위협하는 것 -칼로 자르거나 던지는 것 -피해자증후군(battered spouse syndrome)이 나타나는 것 -자동차로 치거나 치겠다고 위협하는 것 -성적으로 학대하는 것 -심각한 신체적 손상 혹은 장기간의 의료적 치료, 입원가료 혹은 안전을 위해 다른 곳으로 옮기는 것 등 -죽이는 것	-총이나 칼로 위협하는 것 -실제로 총이나 칼을 사용하는 것

* 1979년 이후 Strauss와 그 동료는 CTS(conflict tactic scale) Ⅰ과Ⅱ를 개발하여 아동과 배우자에 대한 폭력 행동에 대해 체계적으로 분류하였는데, 위의 분류는 그의 CST 척도에서 발췌한 것이다.

2) 원인론

배우자학대 발생원인에 대한 이론은 미시지향적・거시지향적・다차원적 통합이론으로 보는 견해가 있고(Lee, Sebold, & Uken, 2003 ; 김연옥, 2005에서 재인용), 전통적으로 다음과 같이 4가지 측면에서 바라보는 이론들이 있다(권진숙 외, 2006).

(1) 사회학습이론

사회학습이론에 의하면, "인간의 공격성은 다른 형태의 사회적 행동처럼 자극, 강화 및 인지적 통제 하에 있는 학습된 행동"으로 본다. 반두라(Bandura)는 개인의 행동을 규정하는 사회문화적 요소로서 규범·가치·법률·관습 및 도덕 등이 일차적으로 중요하다고 강조하면서 특히, 모델링(modeling), 강화(reinforcement)와 보상(reward)의 개념을 강조하였다. 그는 부정적으로 학습된 분노의 표현이 폭력행동에 결정적인 역할을 한다고 하였다. 사회학습이론에서 공격은 ① 좌절감을 공격으로 이끌어 갈 수 있는 조건, ② 공격을 학습하는 과정에서 일어나는 강화, ③ 좌절이나 불행한 경험으로 인한 많은 다른 가능한 결과가 있을 수 있다는 사실에 초점을 맞춘다. 그리고 역할 학습 과정에서 혹은 원하는 목표 달성에 폭력을 사용한 것에 강화가 주어진 사람들에게서 폭력행동이 발생할 가능성이 높다는 것이다.

그러나 반두라(Bandura)는 학습자는 학습과정에서 자신이 경험한 자극 상태를 능동적으로 지각하고, 해석하며, 저장도 하고 때로는 변경까지 한다고 보았다. 따라서 공격성과 같은 역기능적인 학습 내용을 건설적인 방향으로 재학습(relearning)할 수 있다는 것이다.

(2) 가족체계이론

이 이론은 가족폭력을 체계 간에 존재하는 복잡한 상호작용의 결과로 본다. 다른 이론들이 왜(why)라는 단선론적인 원인을 설명하려고 할 때, 체계이론은 갈등상황 속에서 폭력행동이 어떻게 발생하였는가를 설명하고자 한다. 이는 A가 B의 원인이 될 수도 있지만 B 역시 A에게 영향을 끼치고 있다는 순환적인 인과관계(circular causality)가 성립된다고 보았다. 체계이론의 관점에서는 일정한 시간이 흐르면 체계유지가 구체적인 갈등 해결보다 더 중요하게 됨을 지적하고 있다. 이것이 항상성의 개념을 도입하여 설명 가능한 부분이다. 이러한 주장은 폭력을 경험한 여성의 50% 이상이 여전히 부부관계나 동거관계를 지속하고 있으며, 실제로 가정폭력을 피해서 쉼터 같은 은신처에 숨었던 대부분의 여성들(90~92%)은 남편이 있는 집으로 돌아간다는 사실이 이를 뒷받침해 주고 있다. 체계이론에서는 결혼은 보다 큰 사회적 체계 내의 작은 단위의 체계로 간주되어야 할 뿐 아니라 배우자학대 역시

한 체계의 산물로 이해해야 한다는 것이다. 이와 같은 맥락에서 포턴과 챔버랜드(Fortin & Chamberland)는 이용이 가능한 개인적·전문적 지지망을 갖는 것이 가정폭력의 위험성을 감소시킨다고 주장하고 있다.

(3) 사회구조론

사회구조론은 구미에서 1970년대부터 활발하게 제기되었는데 배우자학대 문제의 주된 초점을 성차별과 같은 세계적 현상, 문화적 규범, 사회경제적 요인 그리고 여성행방 운동에서 주장하고 있는 성역할의 불균형에 두었다. 도바시 부부(Dobash & Dobash, 1978, 1992)는 가부장적 가족 구조의 기초가 여성에 대한 특히, 부인에 대한 남편의 폭력을 조장시킨다는 것이다. 도바시부부처럼 다른 연구팀들 즉, 스타크(Stark), 플릿크랩프트(Flitcraft), 그리고 플레이져(Frazier)도 배우자학대의 근본적인 원인이 가정에서의 가부장적인 관계이며 가부장적 가족의 발전, 유지, 지속은 배우자 학대를 '개인적 차원'의 문제로 국한시키게 된다고 주장하였다. 따라서 이들 이론가들은 사회의 구조적 변화, 여성지위 향상을 위한 제도적 뒷받침을 성취하기 위해 다양한 활동을 펼치고 있다.

(4) 개인병리이론

개인병리이론은 자신의 가족을 해치는 사람은 정신적 문제가 있는 일탈적인 사람이라고 가정하면서 배우자학대를 병으로 간주했다(Pagelow, 1984 : 111-112). 주 피해자인 여성에 대한 시각도 구타당한 여성은 심리적으로 문제를 가진 사람이라는 것이다. 스넬(snell)과 그의 동료는 공격적이고 남성적이며 지배적인 여성들은 성 불감(frigid)이거나 피학적(masochistic)인 여성이라고 하면서 그러한 여성의 특성이 폭력을 당하게 되는 이유가 된다고 했다. 이 관점은 따라서 남성 혹은 여성 개인이 모든 폭력의 원인에 대한 책임이 있다고 주장한다. 배우자 학대를 연구하기 시작한 초기의 연구들은 의학적 해석이 지배적이었고, 그 결과 이들은 병리적인 피학증 여성이 배우자 학대의 주된 역동이라고 주장했으나 큰 설득력을 지니지 못하고 있다.

위의 대표적인 이론 외에도 갈등이론, 사회교환이론, 스트레스이론, 시소이론 등이 소개되고 있으며 나름대로의 설득력 있는 주장을 펼치고 있다.

3) 가정폭력에 관한 이론적 관점

(1) 페미니스트 관점

페미니스트는 신체적 폭력이 여성을 통제하고 헤게모니를 유지하는 메커니즘이며, 가족을 포함한 사회의 모든 제도 그리고 사회 자체가 가부장적이라고 간주한다. 보다 구체적으로, 페미니스트는 여성의 행동이 가족 안팎에서 통제된다고 믿는다. 사회적 규범에 대한 엄격한 고수, 이를 지키지 않는 여성을 일탈로 간주하는 관행, 경직된 성역할 사회화, 직업 접근 가능성의 제한, 폭력(가정 안팎에서)은 모두 여성을 구속하는 데에 기여한다. 특히, 결혼과 가족은 가부장적 지배를 유지하는 데 핵심적 역할을 수행한다. 플렉(Pleck)은 '가족이상향(family ideal)'이 여성을 구속하는 데에 기여한다고 지적한다. 가족이상향의 세 가지 핵심적 요소는 ① 가족의 프라이버시에 대한 믿음, ② 부부 및 부모의 권리에 대한 믿음, ③ 남성가구주의 원가족 보존에 대한 신념이다. 역사적으로 여성은 자녀, 남편, 그리고 가족이상향에 대한 의무감을 가지고 결혼에 머물러 왔다는 것이다(Davis, 1995: 785에서 재인용).

(2) 페미니스트 심리학 이론

페미니스트 심리학자들은 학습된 무기력, 외상후 스트레스 장애 등을 통하여 가정폭력을 이론적으로 설명해 왔으며, 워커(Walker)는 대표적인 페미니스트 심리학이다. 워커는 매 맞는 여성이 학대적 관계에 머무는 이유를 폭력의 순환이론(cycle theory of violence)으로 설명한다. 이 이론은 긴장감소가설을 토대로 매 맞는 단계를 3단계로 구분한다(이원숙, 1998에서 재인용).

첫 번째 단계는 긴장구축단계인데, 피해여성은 학대를 모면하기 위해 구타자를 만족시키고자 노력한다. 긴장이 형성되면서 여성은 자신의 상황을 친구와 가족에게 알리기 싫어서 스스로 고립시키고 위축된 모습을 보인다. 하지만 궁극적으로 그녀는 폭력의 악화를 막기 위한 이러한 노력이 비효과적이라는 것을 깨닫게 된다. 이런 여성의 위축된 행동을 보면 가해자는 여성에 대한 통제를 상실할까봐 두려움을 느끼고 더욱더 화를 내게 된다.

두 번째 단계에서는 구타 사건이 발생하고 언제 구타가 멈출 것인가는 전적으로 가해자에게 달려 있다.

세 번째 단계는 조용하고 일시적인 휴식기인 회개 단계이다. 이 단계에서 남성은 심하게 후회하고 여성에게 사과하고 선물을 주고, 반성문과 같은 글을 쓰는 등 여러 가지 약속을 한다. 이 시점에서, 그는 다시 한 번 그녀가 처음 사랑했던 남성으로 되돌아가는 것 같은 느낌을 갖게 되며, 그런 상태가 지속되기를 희망한다. 그러나 이 단계는 점점 짧아지게 되게 된다(Davis, 1995: 784-785; Walker, 1984: 86-94; Walker, 1979; Whalen, 1996: 63).

그 후 워커는 반복적으로 매 맞는 여성의 행동을 설명하기 위해서 외상후 스트레스 장애의 하부체계로 '매 맞는 여성 신드롬'을 제기하였다. 외상후 스트레스 장애는 병리적 진단을 따르는 위험이 있으나, 적어도 이런 장애가 심한 스트레스와 외상에 의한 정상적 반응이라고 간주한다는 점에서 피해자를 비난하지 않는 이론이라는 평가를 받고 있다.

(3) 매 맞는 여성의 경험에 기초한 관점

페미니스트 관점에서 심리학이 피해여성의 경험을 어떻게 이론적으로 설명하는지 살펴보았다. 그렇다면 실제 매 맞는 여성의 경험은 어떠한가에 대한 의문이 제기된다. 여기에서는 호프(Hoff)의 연구를 중심으로 매 맞는 여성의 관점을 살펴보고자 한다(Hoff, 1990: 32-55 ; 이원숙, 2007에서 재인용).

① 수동적 피해자인가?

일반적인 통념과는 달리 피해여성은 폭력을 구사할 정도로 남편을 자극하는 것이 아니라 폭력적 남편을 자극하지 않기 위해서 온갖 노력을 다한다. 폭력에 대한 저항이 더 심한 폭력을 유발하는 악순환에서 일부 피해여성은 가장 극단적인 폭력을 통해서 폭력적 관계에서 벗어나는 것을 상상하거나 실제로 시도하기도 한다.

② 의존성

호프의 연구에 의하면 피해여성은 경제적 의존성, 아동보호문제, 주거문제 등으로 인하여 폭력적 관계를 떠나는 데 어려움을 가지고 있는 것이 사실이다. 그렇다고 해서 모든 피해여성들이 남편에게 경제적으로 의존하는 것은 아니다. 오히려 남편보다 나은 경제적 능력을 가졌던 피해여성들이 상당수 있었다. 이원숙의 연구(이원숙, 2001: 135)에 의하면 쉼터에 거주하는 절반 이상의 여성들이 기술을 가지고 있었다. 어떤 여성들은 소득이 남편보다 많아서 남편에게 재산을 양도하고 이혼하는 방식으로 해결책을 찾기도 한다는 것이 밝혀지기도 하였다.

③ 전통적 여성성

여성들의 결혼에 관한 가치관은 왜 일부 여성이 폭력적 관계에 머무는가를 설명해 준다. 이혼은 결혼, 아내와 모성의 역할에서 실패한 것으로 간주된다. 우리나라에서는 전통적 가치관을 가지고 성장한 50-60대 여성에게 특히 이런 경향이 강하게 나타난다.

④ 피해자화

호프의 연구에 의하면, 피해여성들은 구타상황에 관한 감정을 묘사하면서 때때로 무기력하다는 용어를 사용하였다. 절망적 상황과 도움의 출처를 찾는 것이 어려움에도 불구하고 피해여성들은 어떤 의미에서 완전히 무기력했던 것은 아니다. 이들은 구타를 멈출 수 있는 방법을 끊임없이 모색하였다. 도피할 수 있는 방법을 모색하고, 돈도 모아보고, 배우자의 기분을 맞추어 보려고 노력도 하였다. 다시 말하면, 피해여성들의 생존을 위한 다각적 노력에도 불구하고, 가정폭력은 피해여성의 자아존중감에 부정적 영향을 미치는 것으로 나타났다.

(4) 학대적 관계의 종식 과정

가정폭력은 피해여성들이 학대적 관계를 종식시키기 어렵게 만드는 자체적 메커니즘이 있는 것처럼 보인다. 압도적인 두려움, 학습된 무기력, 스트레스, 재정적 박탈, 안전에 대한 이슈, 그리고 불안정 등은 매 맞는 여성들을 묶어두는 사슬과 같은 역할을 한다. 그럼에도 불구하고 피해여성들은 어떤 과정을 거쳐서 학대적 관계를 떠나는지를 연구한 버크(Burke, 2004)의 연구를 보면, 벗어나는 과정을 행동전환의 단계적 모델로 파악할 수 있다. 센터(Senter)와 콜드웰(Caldwell)은 피해여성이 학대적 관계를 떠나서 적응하는 과정에 대해 영성과 변화유지의 차원에서 현상학적 연구를 시도하였고, 다음과 같은 12가지의 순차적 주제들을 발견하였다(Senter & Caldwell, 2002).

주제 1: 학대적 관계의 사실과 현실을 인정하는 것

주제 2: 옹호하는 목소리(가족, 친구, 종교지도자, 동료, 여성 자신들, 신과의 영적인 교류 등)를 수용하고 이들과 연합하여 행동하기

주제 3: 다른 사람들의 지지를 수용하기

주제 4: 새로운 방식에 삶을 적응해 나가기

주제 5: 분노·상실감·두려움을 인정하기

주제 6: 비생산적인 것을 떠나보내기 혹은 털어내기

주제 7: 자기에 대해서 자각하고 재발견하기

주제 8: 내면을 들여다보기와 자기에게 초점을 맞추기

주제 9: 지지적 관계를 다시 연계하고 강화하기

주제 10: 신앙에 기반한 신념을 재확인하고 실천하기

주제 11: 자신과 유사한 어려움을 겪는 여성들을 돕고, 리치아웃(reaching-out)하기

주제 12: 자기와 다른 사람 그리고 삶에 대한 새로운 관점을 갖기

4) 주요 치료이론

(1) 인지행동치료

이 이론은 인간의 무의식적 정신 내용을 찾아내는 것보다는 의식적인 인지과정을 변화시키고 계발시킴으로써 인지능력을 더 많이 넓힐 수 있으며, 사람들은 인지활동을 반복하는 동안 거의 무의식적 수준에까지 이르게 된다고 주장한다. 그러나 반두라(Bandura)는 이러한 생각과 그 결과로 생겨나는 행동의 일상화(routinization)는 행동을 지휘한다고 믿는 무의식적 정신활동과는 구별되어야 한다(Bandura, 1986: 5)고 주장한다. 이 치료법은 크게 세 가지 중요한 내용 즉, 엘리스(Ellis)의 합리적 정서치료, 벡(Beck)의 인지치료 그리고 행동주의 기법들로 나누어 살펴볼 수 있다.

이 치료법은 클라이언트의 신념(belief)이 그들의 폭력행동만큼이나 중요하다고 믿는다. 따라서 치료과정에서 클라이언트의 행동은 단순히 관찰되어진 것에 대한 반응이 아니라 그들의 관계를 방해하는 다양한 생각과 감정이 각자의 아동기경험과 관련

되어 있다는 것을 깨닫게 되는데 이 때 이들에게 스스로의 왜곡된 인지와 부정적 귀인(attribution)을 대치시킬 수 있는 자기-지시기법(self-instructional techniques)에 대한 교육이 필요하게 되는 것이다. 이 기법 중 한 가지 대표적인 것으로서 긍정적인 혼자말(self-talk)을 가르칠 수 있는 효과적인 기술인 분노일지(anger-log)를 양쪽 배우자 모두에게 과제로 주는 것이다(Thomas, 1992 : 307-311). 테일러(Taylor)는 배우자학대 문제해결을 위해서 인지-행동-교육적 접근법을 병행한 부부 및 가족치료가 필요하다고 하였다(Taylor, 1984 : 212).

(2) 의사소통 치료

체계이론 중 인공두뇌학에기반하고 있는 의사소통이론은 가족원들이 표현하는 문제를 가족의 상호작용에 의한 것이라는 관점에서 조명한다(Nichols, 1984 : 393). 의사소통이론을 대표하는 두 가지 주요 개념은 이중구속(double binding)과 가족항상성(family homeostasis)이다. 따라서 이 개념을 가족 내 폭력행동과 연결하여 설명하면, 보여지는 폭력행동 이면의 주 관심이슈와 겉으로 나타나지 않은 부부관계를 이해하려는 노력이 무엇보다 중요하다는 것이다. 이와 같은 관점으로 보면 가족 폭력 속의 두 사람은 모두 역기능적 체계 속의 피해자로 간주되며, 가해자 역시 희생양의 역할을 오랫동안 해왔을 것이라는 해석도 가능하다. 따라서 폭력행동의 중단이 결혼관계의 중단으로 이어지기도 하는 이유도 이와 같은 맥락에서 이해되어질 수 있다.

(3) 가족 치료

치료모델로서의 가족치료의 중요성은 많은 학대부부가 관계를 지속한다는 사실 때문에 더욱 강조되어진다. 따라서 그들과 다른 가족이 함께 살게 될 때 공동가족치료(conjoint family therapy)가 필요하다. 그러나 사카이(Sakai, 1991)는 결혼상담, 가족상담은 부부 두 사람 모두가 폭력에서 벗어나겠다는 굳은 결의를 한 다음에 실행되어야 도움이 된다고 지적했다.

5) 개입을 위한 서비스 및 프로그램

미국의 경우 정부에서 주관하는 체계는 아동보호서비스센터(child protective service)가 주 전달체계로 운영되면서 이 기관 내의 성인보호서비스(adult protective service) 파트에서 배우자 및 노인학대를 위한 서비스와 프로그램이 제공되고 있다. 이외에는 우리나라의 경우와 마찬가지로 주로 여성운동을 기반으로 하는 NGO단체에서 운영하는 피해자 쉼터는 물론, 다양한 서비스가 제공되어지고 있다. 그러나, 쉼터와 같은 곳에서의 집중적인 서비스는 모든 가족원을 대상으로 포괄적이고 통합적인 접근을 제한하는 문제를 야기시키기도 한다. 이에 대해서는 본 장의 후반부에 좀더 다루기로 한다.

(1) 우리나라의 배우자학대 사례 개입 순서

다음 〈그림 11-2〉는 학대가정에 관한 일반적인 처리절차이다. 피해자의 경우는 일단 보고나 고발된 후 처리과정이 전적으로 피해자의 의지에 달려 있어 실질적으로 처리과정에서의 피해자의 개입은 거의 이루어지지 않는 수준이다.

▶가정폭력에 관한 일반적인 실무지침

가정폭력 피해자가 외부의 도움이나 서비스를 요청하는 데에 장애가 많다(Fugate et al., 2004). 가정폭력은 가정 내에서 일어나는 폭력문제이고, 법적인 제재를 받아야만 하는 범죄라는 인식이 받아들여지고 있는 것 같지만, 이를 숨기려는 메커니즘의 지속성은 대단해 보인다. 이 분야에서 일하는 실무자뿐만 아니라, 사회복지실천 현장에 있는 임상실무자 역시 가정폭력 피해여성을 접하게 될 가능성이 크다. 이 경우 클라이언트는 자신의 가정폭력 문제 때문에 사회복지사나 상담자를 찾아오는 것이 아니라, 자녀 문제나, 부부문제, 고부갈등의 다른 문제를 가지고 도움을 요청하게 되는 경우가 많다. 여기에서는 실천현장에 있는 실무자가 어떻게 가정폭력 피해여성을 발견하고, 가정폭력 문제에 대해 어떤 태도를 가져야 하며, 또한 이를 어떻게 다른 사회복지 서비스와 관련시켜야 하는지 등의 실무지침을 살펴보고자 한다(Paul, 2004: 814-815).

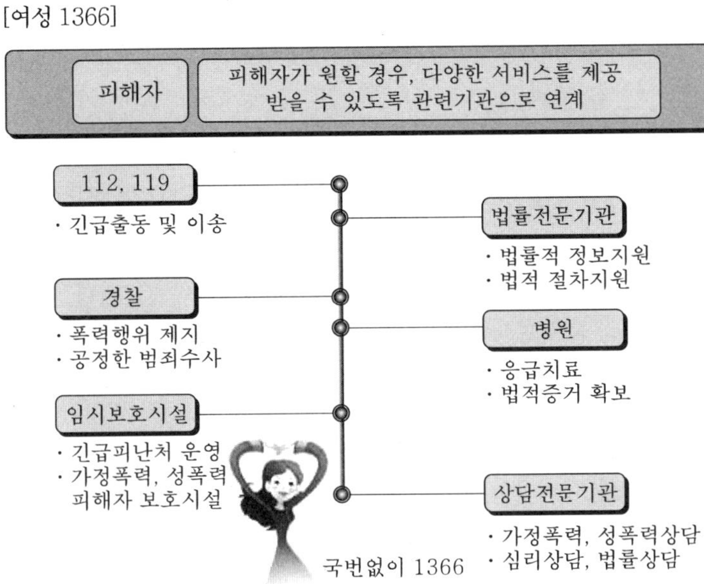

〈그림 11-2〉 가정폭력 신고와 처리 절차

① 현재 및 과거의 학대에 관한 스크리닝이 일상적으로 자연스럽게 이루어져야 한다. 가정폭력을 스크리닝하는 질문은 일반적인 질문에서 시작하여 구체적인 질문으로 진행해 나간다. "남편은 당신을 대할 때 존중하고, 돌보려고 배려합니까?", "당신은 남편과 문제가 있을 때 어떤 식으로 해결합니까?", "당신과 남편의 의견이 다를 때는 어떤 상황이 발생합니까?", 조금 더 직접적인 질문으로는 "남편이 두려웠거나, 무서웠던 적이 있습니까?", "남편이 당신을 밀치거나 때리거나, 몸에 상처가 나게 한 일이 있습니까?", "남편이 당신에게 원하지 않는 성적인 행동을 강요한 적이 있습니까? 등의 질문이 해당된다.

② 만약 가정폭력이 현재 발생하고 있거나, 최근에 발생하였다면 가정폭력의 위험성에 대한 사정이 즉시 이루어져야 한다. 실무자는 클라이언트의 안전에 대한 관심을 직접적으로 강하게 표현하고 "가족 내에서 어떠한 폭력도 일어나서는 안된다"는 메시지를 전달해야만 한다. 나아가서 실무자는 클라이언트를 위한 안전 계획을 수립하고, 필요하다면 언제라도 이용할 수 있는 상담소와 쉼터의 전화번호를 알려

주어야 한다.

③ 가정폭력 상황에서 실무자는 가정폭력에 대한 명백한 태도를 밝히고 '중립적인 발언'을 해서는 안 된다.

④ 가정폭력 가해자와 피해자가 동시에 있는 상황에서 정보수립을 할 경우에는 매맞는 여성이 위험에 처할 수 있으므로, 부부는 개별적으로 인테이크를 한다.

⑤ 임파워먼트는 매 맞는 여성에 대한 중요한 상담 목적이다. 이는 피해 여성에 대한 지지적 발언("많은 여성들이 남편으로부터 신체적 폭력을 경험한다", "이런 여성들을 도울 수 있는 여러 가지 자원과 사람들이 있다")으로부터 시작될 수 있다.

⑥ 피해여성의 이야기를 반복해서 들어주도록 한다. '말로는 도저히 할 수 없던 것들을 말하는 것' 자체가 이미 치유의 한 부분이다. 피해여성이 학대에 대해 털어놓을 수 있는 안전하고 편안한 환경을 조성해 준다.

⑦ 피해여성이 속해 있는 사회나 문화 속에 학대 관계를 성립시키거나 유지시키는 신화나 규범이 있는지 살펴보도록 한다.

⑧ 외상후 스트레스 장애가 있는지 평가하도록 한다.

(2) 사회적 서비스

가. 쉼터

1972년 영국에서 "The Chiswick House"라는 이름으로 시작된 쉼터는 학대상황으로부터 물리적 분리를 하고, 피해자의 급박한 욕구를 충족시키고, 공포와 두려움을 진정하고, 객관적이고, 현실적인 사고를 하도록 하기 위한 조치이다. 즉 위기상황 동안 피해자와 자녀를 즉각적으로 보호하고 그들이 원하는 자원을 충족시키고, 필요한 자원을 연계시킨다. 한국의 경우 2005년 말 현재 총 57개의 쉼터가 여성피해자들을 위해 운영되고 있다. 그러나 현재까지 쉼터는 남성이 새로운 행동을 배워서 폭력행위가 재발되지 않도록 충분한 서비스를 제공하고 있다고 보기는 힘들다.

나. 법률 서비스

대부분의 피해여성들은 자신의 권리에 대해 무지한 경우가 많다. 따라서 이 서비스의 목적은 피해여성들을 위한 포괄적인 법적 중재와 도움을 제공하는 것이다. 데이비스(Davis, 1987)는 피해여성이 결혼관계를 정리할 때 법적 충고를 해주고, 자존감을 다시 세우도록 돕고, 그들의 죄의식을 처리하도록 돕기 위해 사회복지사와 변호사 팀이 최상의 서비스를 제공할 수 있다고 주장한다.

다. 경제적 지원

주로 위기상황과 더불어 즉각적으로 이루어져야 하는 서비스 중 한 가지로 여러 학자들이 경제적 지원의 중요성을 언급하고 있으나, 실제로 직접적으로 경제적 지원을 제공하는 경우는 드물다.

라. 응급전화 서비스

한국의 경우 1366이 가정폭력방지법 제정과 더불어 설치, 실시되고 있다. 서구의 경우 많은 지역에서 이 응급전화 서비스는 병원 응급실 혹은 경찰서와 연결되어 있어서 위기상황을 24시간 모니터하는 역할을 한다.

마. 자원연결 서비스

응급상황에서의 처치가 끝난 후 부부 혹은 가족의 사후관리를 위해 적절한 상담가나 기관으로 의뢰된다. 특히, 사례관리는 복합적인 도움이 필요한 클라이언트에게는 핵심이 되는 서비스이다.

바. 응급실

심각한 상처를 입은 피해자가 가장 먼저 찾는 기관이 병원 응급실이다. 그러나 많은 경우 피해자 자신도 폭력 사실을 숨기려고 한다. 잘 훈련된 의사나 사회복지사는 상처와 피해자 진술의 일관성을 쉽게 구별할 수가 있다. 따라서 응급실에서의 적절한 개입은 전체 개입과정에서 아주 중요한 부분이 된다.

사. 경찰 서비스

경찰은 피해자가 연락을 취하게 될 때 법체계(고소, 신고, 고발)를 대표하는 최초의 사람이 된다. 파나스(Panas)는 가정폭력 사례의 발생건수가 살인, 폭행, 혹은 다른 심각한 범죄 숫자를 앞지르고 있다고 보고한 바가 있다.

아. 아웃리치와 옹호서비스

이 서비스를 통해서 잠재적 클라이언트, 숨겨진 클라이언트를 찾아내기도 하고, 지역사회 예방 교육을 실천하는 등의 중요한 개입이 이루어진다. 이러한 서비스를 위해서는 지역사회 기관들과의 긍정적인 관계를 유지하는 것이 매우 중요하다. 보다 구체적으로 사회복지사는 자신이 수행하는 가정폭력 관련서비스를 지역사회에 알리는 것이고, 이보다 더 중요한 것은 클라이언트가 적절한 곳으로 의뢰되도록 관련 기관들을 대상으로 교육해야 한다.

(3) 치료프로그램

가. 개별상담과 심리치료

자기주장 훈련(assertive training)과 의식강화 집단 등을 연계한 치료가 포함된다면 개별 치료가 배우자학대 문제 해결을 위해 가장 효과적인 프로그램이라고 보는 경향이 높다. 히버만과 먼슨(Hilbemen & Munson, 1977)은 피해자의 심리적인 면을 돕기 위해서 개별상담의 중요성을 강조한다.

나. 부부상담과 치료

이 모델의 치료목표는 일반적으로 ① 폭력의 즉각적인 제거, ② 부부의 분노상승 패턴에 대한 자각과 개입, ③ 문제해결 능력의 향상이다. 관계상의 어떠한 문제에 있어서도 유일한 치료모델이 없는 것처럼 부부상담도 배우자학대 치료를 위해 완전한 해결책을 제공하지는 못한다. 부부치료의 가능성을 결정하는 것은 폭력 중단에 대한 자기통제가 가능할 만큼 각 대상자의 심리사회적 기능수준에 달려 있다. 이러한 한계를 보완할 수 있는 대안으로는 집단부부치료(couple's group)를 들 수 있다.

다. 집단상담과 치료

배우자학대 문제의 접근모델 중 집단프로그램의 우월성에 대한 언급은 알코올과 약물중독을 위한 집단프로그램과 마찬가지로 그 대상이 누구든 여러 곳에서 효과적인 모델로 지적되고 있다. 왈톤(Walton, 1987)은 많은 연구가들이 신경증의 증상은 1:1 정신치료를 함으로써 좀더 효과적으로 치료될 수 있으나 개인의 사회적 행동을 개선하기 위해서는 집단치료가 효과적이라고 지적하고 있다. 로라 크리테스(Laura Crites)는 집단상담은 여성들의 경우에 고립을 줄일 뿐 아니라, 후에 그들이 가족과 지역사회에서 거부되어질 때 의지할 수 있는 지지체계를 제공하는 면에서도 매우 효과가 있다고 했다. 가해자를 위한 집단치료의 경우도 유사한 이유에서 많이 활용된다.

6) 안전계획

안전계획(safety plan)은 어떤 종류의 학대문제 건 가장 중요하게 다루어져야 하는 내용이다. 이미 저질러진 학대상황에 대한 개입의 성공여부는 학대가 되풀이되지 않도록 하는 것이다. 안전계획이 확보되지 않은 상황에서 가정으로 돌려보내진 경우 학대가 되풀이 되는 경험을 하게 되며, 아동학대의 경우는 그 피해가 더욱 치명적이다.

안전계획의 수립을 위해서는 사회복지사의 경험과 슈퍼비전이 필수적이며 이를 통해 재피해(revictimization)를 예방할 수 있게 된다. 재피해는 일반적으로 학대사건 직후에 많이 발생하나 장기간이 지난 재발(relapse)과 재피해도 흔히 볼 수 있다. 따라서 사건이 보고된 이후 피해자는 물론 가해자 모두 계속적으로 보호하고 모니터링할 수 있는 안전계획 수립은 매우 중요하다. 배우자학대의 재발 방지를 위한 사회복지사(사례관리자)와 클라이언트 자신의 준비내용을 살펴보면 다음과 같다.

(1) 사례관리자의 준비

① 인테이크를 포함한 매회 재발 위험에 대한 사정 및 객관적 근거 수립(본능적 느낌[1])을 포함)

② 스폰서 혹은 자연적 관계망 속의 사례관리자 혹은 보조자와의 연계

1) 본능적 느낌(gut feeling)은 임상실천에서는 매우 중요하다. 경험이 많은 전문가의 경우 이러한 느낌을 갖는 경우가 있다. 이 느낌은 매우 복합적인 요소들의 결정체이지만 논리적이거나 객관적이지 않아서 그 즉시 상대방을 설득할 수 있는 근거를 제공하지 못할 경우가 대부분이지만 학대의 유무나 재발 가능성 등을 정확하게 감지하는 경우가 많다. 이러한 느낌은 특히 뚜렷한 증상이나 표시를 남기지 않는 성학대 관련 영역에서 더욱 중요한 기능을 할 수 있다.

③ 피해자와 가해자의 협력을 통한 재발 방지

(2) 클라이언트의 개별 안전계획

① 중요한 전화번호 소지(예: 경찰, 응급전화, 친구, 쉼터 등)
② 폭력을 얘기할 수 있는 친구, 스폰서 그리고 필요시 경찰에 신고해 줄 사람
③ 집을 떠났을 때 갈 수 있는 장소 4곳 이상 준비
④ 비상금, 차 열쇠, 옷, 가까운 친구, 이웃, 중요한 서류의 복사본
⑤ 전화번호 변경, 새 은행계좌, 자신의 지원자를 방문하는 연습
⑥ 자녀를 함께 데리고 가는 것

7) '가정폭력범죄의처벌등에관한특례법', '가정폭력방지및피해자보호등에관한법률'의 개념 정의 및 주요내용

(1) 주요 개념 및 정의

• 제1조: '목적' ⇒ 가정폭력범죄의 형사처벌 절차에 관한 특례를 정하고 가정폭력범죄를 범한 자에 대하여 환경의 조정과 성행의 교정을 위한 보호처분을 행함으로써 가정폭력범죄로 파괴된 가정의 평화와 안정을 회복하고 건강한 가정을 가꾸며 피해자와 가족구성원의 인격을 보호하는 것.

• 제2조 1항: '가정폭력'이란? ⇒ 가정구성원 사이의 신체적, 정신적 또는 재산상 피해를 수반하는 행위를 말한다.

• 제2조 2항: '가정구성원'이란? ⇒ 배우자, 배우자관계에 있었던 자, 자기 또는 배우자와 직계존비속 관계, 계부모와 자의 관계 또는 적모(嫡母)와 서자의 관계에 있거나 있었던 자, 동거하는 친족관계에 있는 자를 말한다.

• 제2조 4항: '가정폭력 행위자'란? ⇒ 가정폭력범죄를 범한 자 및 가정구성원인 공범을 말한다.

• 제2조 5항: '피해자'란? ⇒ 가정폭력범죄로 인하여 직접적으로 피해를 입은 자를 말한다.

(2) 가정폭력관련 상담소의 설치기준 및 상담원의 자격기준 등(시행규칙 제3조 관련)

① 상담소의 설치기준

㉠ 상담소에는 상담내용이 노출되지 아니하고 자연스러운 분위기에서 상담할 수 있는 상담실을 갖추어야 한다.

㉡ 임시보호를 수행하고자 하는 상담소는 피해자의 숙식에 필요한 시설을 갖추어야 한다.

② 상담소 종사자

상담소에는 상담소장·상담원 등 상담 및 임시보호에 필요한 직원을 두어야 하며, 상담소장이 상담원의 자격을 갖춘 경우에는 상담원을 겸할 수 있다.

③ 상담소 실무자의 자격

〈표 11-7〉 가정폭력 상담소 실무자의 자격

자격 기준의 수준	내 용
일반기준	다음 1에 해당하는 자는 상담소장 및 상담원이 될 수 없다. (1) 금치산자 또는 한정치산자 (2) 파산자로서 복권되지 아니한 자 (3) 금고 이상의 형의선고를 받고 그 집행이 종료되지 아니하였거나 집행을 받지 아니하기로 확정되지 아니한 자
상담원	다음의 1에 해당하는 자로서 국가 또는 지방자치단체, 대학 또는 전문대학, 사회복지법인·법률구조법인 등 비영리 법인이 개설·운영하는 별지의 가정폭력관련 상담원 교육과정을 수료한 자로 한다. 다만, 고등교육법에 의한 대학 또는 전문대학에서 상담원의 교육과목의 일부를 이수한 경우에는 동 교육과목의 이수를 면제할 수 있다. (1) 고등교육법에 의한 대학 또는 전문대학을 졸업한 자 (2) 사회복지사업법에 의한 사회복지사의 자격을 가진 자 (3) 사회복지시설 및 사회복지단체의 임직원으로 3년 이상 근무한 경력이 있는 자 (4) 시행령 제5조 각호의 1에 해당하는 상담소에서 상담원으로 근무한 경력이 있는 자 (5) 가정복지 기타 사회복지행정분야의 공무원으로 3년 이상 근무한 경력이 있는 자

(3) 상담원 교육과정

〈표 11-8〉 가정폭력 상담원 교육과정

교육분야	교육과목	이수시간
소양분야	상담심리개론, 가정복지개론	10
전문분야 1	가정관리와 가족문제, 한국가족의 특성과 가족문제, 가정폭력의 원인과 대책	16
전문분야 2	가족법, 가정폭력관련법, 법률구조실무, 법적 절차 및 대응	24
전문분야 3	상담의 기초원리와 기법, 가족상담이론, 대상별 상담과정, 가족상담의 과정 및 상담윤리, 상담사례실습, 실무사례발표 및 역할연습	50

(4) 상담원 교육강사의 자격

① 고등교육법에 의한 대학 또는 전문대학에서 사회복지학 · 사회학 · 심리학 · 법학 · 가정관리학 · 의학 · 간호학 · 교육학 · 여성학 기타 이와 유사한 분야의 교과목을 강의한 경력이 있는 자

② 의사 및 변호사의 자격을 가진 자

③ 가정폭력관련업무를 담당하는 공무원

④ 상담소 또는 보호시설, 제5조의 규정에 의하여 통합하여 설치 · 운영할 수 있는 상담소 또는 보호시설에서 5년 이상 상담원으로 근무한 경력이 있는 자

⑤ 특별법에 의하여 설립된 법인이나 고등교육법에 의한 대학 또는 전문대학의 부설연구 기관에서 5년 이상 사회복지학 · 사회학 · 심리학 · 법학 · 가정관리학 · 의학 · 간호학 · 교육학 · 여성학 기타 이와 유사한 분야에 대한 연구 경력이 있는 자

이상의 내용을 근거로 배우자 학대 관련 논의점을 몇 가지 살펴보고자 한다.

첫 번째로, 배우자학대의 경우 소관부처의 이분화로 인한 가족구성원에 대한 서비스의 파편화를 문제로 지적할 수 있다. '가정폭력범죄의처벌등에관한특례법'의 소관부처는 법무부이고, '가정폭력방지및피해자보호등에관한법률'의 소관부처는 여성가족부이며, 학대에 연루된 가족구성원 중 아동과 노인의 경우는 보건복지부가 주 소관부처이다. 예를 들어, 배우자학대가 정식 고발되었을 경우 가해자는 가정법원의

선고를 거쳐 보호관찰소가 주 전달체계로 개입하게 되고, 피해자의 경우 여성의 전화, 민우회, 가정법률상담소 등 여성단체 및 기관이 개입하여 서비스와 프로그램을 제공하고 있다. 이 과정에서 부부를 동시에 혹은 가족을 하나의 개입단위로 접근하는 사례관리 체계에 대한 합의 혹은 서비스를 위하여 양 체계의 기관 간 연계는 매우 제한적으로 이루어지고 있는 실정이다. 또한 배우자학대의 경우 아동학대 문제를 동시에 가지고 있는 경우가 허다하다. 이 같은 문제들은 서구 제도의 무조건적 도입과 부처 간 이기주의 등이 야기된 문제로 꼽을 수 있다. 이를 개선하기 위한 노력이 일부 가시화되고 있기는 하지만 보다 높은 수준의 노력이 앞으로 더 이루어져야 할 것으로 생각된다.

두 번째로는, 가족폭력상담원의 자격(시행규칙 3조 관련)에 관한 문제로 법률에 명시된 상담원의 자격기준을 보면 그들이 학대가족을 사정하고 개입하는데 적합한 수준의 자격을 갖추고 있다고 볼 수 없다. 법제정 당시 학대가족 상담을 충분히 담당할 수 있는 준비된 전문가 집단이 거의 없었던 점도 주요 요인으로 지적될 수 있으나 지금이라도 자격규정을 재평가하고, 전문성의 수준을 향상시킬 수 있는 방안을 조속히 강구하는 노력이 필요하다.

세 번째는, 현재 많이 개선되고 있으나 가족폭력관련 기관의 서비스 제공자들은 교육과 훈련이 보다 높은 강도로 지속되어져야 할 것이다. 가정법원에 선고기준에 대해 적절한 법적 기준을 마련하고 의료인, 경찰과 법조인 등의 가족폭력에 대한 이해 향상을 위한 다양한 방법들이 모색되어야 할 것이다.

제12장

노인가족

1. 노인가족

1) 노인가족의 개념

우리나라는 고령화 사회로의 진입에 따라 고령인구에 대한 부양 및 보호 문제가 사회적 이슈로 부각되고 있다. 빠르게 진행되고 있는 고령화의 속도 및 장기요양보호 대상자의 증가추세를 반영하여 이에 대한 대책이 시급히 마련되어야 한다는 사회적 요구가 증가하고 있다. 노인인구의 증가로 보호를 필요로 하는 치매 및 만성질환 노인인구 층이 증가함으로써 가족의 부양부담 역시 증가하고 있다. 평균수명의 연장과 함께 장수의 길은 열렸지만 관건은 노인들의 건강이 아닐 수 없다. 실제로 우리나라 노인들의 평균수명은 늘었지만 이들이 건강한 노후를 보내고 있는 것은 아닌 것으로 나타났다. 보건사회연구원의 2001년 전국 22,000가구 5,058명의 노인을 대상으로 조사한 결과에 의하면 이중 45.6%(2,307명)가 신체적·정신적 제한을 갖고 있는 장기요양대상자였다(한국보건사회연구원, 2001). 이는 결국 우리나라

노인들의 평균수명은 늘었지만 상당히 많은 노인들이 건강하지 못한 와병상태에서 노후를 보내고 있으며 이들을 돌봐야 하는 노인부양문제가 심각해져 가고 있음을 의미한다. 그리고 우리나라의 경우 노인부양은 아직까지 사회부양보다는 가족부양에 의존해 있는 실정이다. 더군다나 가족 중에서도 노인부양의 주 책임자는 며느리나 부인 등 여성들이 대부분이다.[1] 이처럼 가족 중 여성의 노인부양의 의무감이 강조되는 사회이다 보니 여성의 역할이나 가족 내의 여성이 느끼는 노인을 부양하는 것에 대한 스트레스가 더해지고 있다.

우리나라의 가족구조는 핵가족화되어 가고 있다고는 하지만 아직까지 부모에 대한 공경과 부양을 미덕으로 하는 가치관이 지배적이며, 핵가족의 형태를 지향하는 경향이 지배적이지만 부모와 그리 멀지 않은 거리에서 자녀들이 살고 있는 경우가 적지 않다. 우리나라의 경우 대부분 며느리들이 부양의 주책임을 담당하는 실정인데 다른 가족구성원과 부양부담을 분담하기를 원한다 하더라도 역할분담이 쉽지 않다. 따라서 노인부양을 둘러싼 가족구성원의 역할분담의 문제는 가족 내 갈등의 주원인으로 작용할 뿐만 아니라, 가족내부에서 역할분담을 원하더라도 이를 거론할 수 없는 처지에 있는 주부양자에게는 커다란 스트레스 원인이 된다.

최근 들어 가족 내 노인부양부담을 완화하기 위한 사회지원 방안에 대한 활발한 논의가 이루어지기 시작하였으나 현재 진행되고 있는 노인부양정책 및 프로그램개발방향은 만성질환 및 기능장애노인들에 대한 요양시설이용 및 이에 대한 경제적 부담완화에 주로 초점이 모아지고 있는 실정이다.[2]

---

1) 한국보건사회연구원이 장기요양보호대상 노인을 대상으로 조사한 결과에 따르면, 조사대상자에 대한 전체수발율 74.0%로 50.9%가 가족수발, 23.1%는 가족이 아닌 사람으로부터 수발을 받고 있는 것으로 나타났다. 또한 수발의 주책임자는 며느리(35.1%)나 부인(31.5%) 등 여성이 대부분을 차지하고 있다(정경희 외, 2001).

2) 여성들이 노인부양 부담을 져야 하는 것 때문에 취업을 비롯한 사회참여가 어렵고, 이에 대한 문제제기가 있었다. 그러나 보다 구체적인 실태조사 및 대책 마련이 아직까지 이루어지지 못하고 있다(한국노년학연구회, 2007; 조추용, 2007.)

2) 가족구조변화

(1) 고령화 사회 가족구조와 노인부양

고령인구 및 장기요양보호 대상자의 증가는 이들을 부양해야 하는 부양자의 부담 증가를 의미하며 우리사회의 가족형태가 전통적인 대가족 형태에서 핵가족 형태로 전환되고 있다. 2005년 11월 한국여성개발원에서 시행한 한국가구조사에 의하면, 조사대상자의 가족형태는 핵가족이 63.8%로 가장 높은 비율을 나타냈으며, 다음이 단독가족, 부부가족, 직계가족 순이었다.[3)]

65세 고령자 거주형태를 통계청의 「인구주택 총 조사」(2005년)에 따라 살펴보면, 전체고령인구(3,347천명)의 29.9%가 3세대가구에 가장 많이 분포하고 있고, 다음이 1세대가구(28.7%), 2세대가구(23.9%) 순이었으며, 노인 혼자 사는 1인 가구도 543천명으로 전체의 16.2%를 차지하고 있다. 이는 1995년의 조사결과에 비하여 3세대 이상가구는 8.8% 감소한 반면, 1세대가구는 5.4%, 혼자 사는 노인단독가구는 2.9% 증가한 결과이다.

그러나 문제는 노인을 부양하는 세대는 이렇듯 점차 감소하고 있는 반면, 우리나라 노인들은 아직까지 전통적인 가족형태를 지향하고 있다는 사실이다. 여기에서 우리는 딜레마에 빠지게 되는데 가족은 노인부양을 방관하는 자세로, 노인은 가족에 매달리는 구조로 변형되어 버린 것이다. 우리나라 뿐만 아니라 사회부양제도가 잘 되어 있는 서구사회 역시 노인들의 삶의 만족도는 가족과의 유대관계가 강할수록 높게 나타나고 있다(박준섭, 2006). 현재 대다수의 노인들이 부양과 관련한 어려움을 호소하고 있고, 노인들에 대한 가족부양에 있어 국가의 도움을 필요로 하는 가구들이 점차 증가하고 있는 추세이다. 또한 전통적인 가족가치관의 변화 등으로 노인에 대한 가족부양체제가 악화되어 가고 있는 것이 현실이다. 따라서 이를 보완할 수 있는 사회적 부양체계의 확립과 재가노인복지서비스의 필요성을 절실히 느끼게 되는 것이다. 그러나 우리나라의 노인복지체계는 아직까지 기초생활보장에 주안

3) 조사지역별로는 동·구의 경우 부부와 그 미혼 자녀로 구성된 핵가족의 비율이 가장 높은 반면, 읍·면은 자녀가 없는 부가족의 비율이 가장 높았다(차흥봉, 2007: 21-22).

점이 주어져 있어 주 대상층이 저소득층 및 장애노인에 집중되어 있다. 그런데 고령화 사회의 진행에 따라 저소득층 노인뿐만 아니라 일반노인들도 역할상실 및 소외, 건강문제 등 복지욕구가 증대되고 있어 이에 대한 대책마련이 시급하다.

그리고 부양대상 노인인구는 증가하는데 반해, 핵가족 및 단독가구는 계속적으로 증가하고 있는 현재의 인구 및 가족구조의 변화추세는 우리사회의 노인문제의 심각성을 야기한다. 노인들의 구체적인 복지욕구를 파악하여 현대의 가족체계를 유지하면서 노인들에게 복지서비스를 제공할 수 있는 방법이 중요하게 인식되고 있다.

(2) 인구구조와 노인부양부담

노령인구의 증가와 출산율 감소라는 문제는 경제활동인구의 부양비의 구조변화를 의미한다. 즉, 유소년인구에 대한 부양부담의 증가는 줄어드는 반면, 노인부양부담은 증가한다는 뜻이다. 그러나 〈표 12-1〉에서 알 수 있듯이 2010년 현재 유소년부양부담(22.2%)이 노년부양부담(15.0%)보다 더 높게 나타나고 있다.

〈표 12-1〉 1980년 이후 유소년, 청장년 및 고령인구현황

	1990년	2000년	2010년
[구성비]	100.0	100.0	100.0
0-14	25.6	21.1	16.2
15-64	69.3	71.7	72.9
65+	5.1	7.2	11.0
유소년부양비1)	36.9	29.4	22.0
노년부양비2)	7.4	10.1	15.0
노령화 지수	20.0	34.3	67.7

주: 1) 유소년 부양비 = 유소년 인구 (0-14/ 청장년 인구(15-64)×100
2) 노년비 부양비 = 노년인구 (65세 이상)/ 청장년 인구(15-64)×100
자료: 통계청(2007) 한국의 사회지표

따라서 고령인구의 증가가 곧바로 생산연령인구의 부양부담증가를 의미하는 것은 아니다. 노년인구의 증가보다 급속히 진행되고 있는 유소년 인구의 감소로 현재까지 생산연령인구의 총부양비는 오히려 감소하기 있기 때문이다. 장래인구추계 자료에 따라 부양비를 산정해 보면, 노년부양비가 유소년부양비보다 높아지는 때는 2020년 즈음이다. 즉, 출산율 감소 및 고령화 추세가 인구구조의 변화에 의미 있는 영향을 미치기 시작하는 시점이 유소년 인구보다 고령인구가 많아지는 시점인 2020

년 즈음이다.

〈표 12-2〉 부양비

(단위 : %)

	2010년	2020년	2030년	2040년	2050년
유소년부양비	22.2	17.2	17.7	18.0	16.8
노년부양비	15.0	21.7	37.7	56.7	72.0

자료: 통계청 D. B.에서 재구성

그러나 〈그림 12-1〉에 나타나듯이 1980년 이후 꾸준히 감소추세에 있던 총 부양부담이- 현재의 인구변화 추세로 간다면 - 2020년을 시점으로 다시 증가하다, 2040년 80.5%로 피크를 이룰 전망이다. 즉 인구고령화에 따른 생산연령의 부양부담의 문제는 2020년 이르러 진정한 사회문제로의 피부에 와 닿을 것으로 보이며, 따라서 이에 대비하는 인구정책을 지금부터 마련해 나가야 할 것이다. 점차 증가하는 생산연령인구의 노령인구에 대한 부양부담을 감소하기 위해서는 취업을 원하는 생산연령인구를 노동시장에서 최대한 활용하여야 할 것이다.

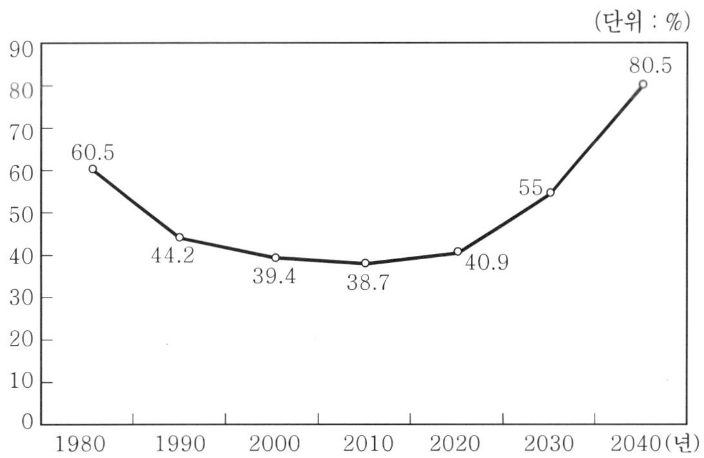

자료 : 통계청 D. B.에서 재구성

〈그림 12-1〉 총부양비

3) 노인부양에 대한 사회적 인식

(1) 노인부양부담과 가족의 역할

아직까지 한국사회는 효를 기반으로 한 가족주의 가치관이 노인을 부양하는 가치로 자리잡고 있으며, 노인가족 복지를 논함에 있어 가족의 역할이 중요하다. 가족은 가족구성원의 질병발생과 회복에 중요한 역할을 하는 일차적인 단위[4]이기 때문에 가족체계의 혼란이나 갈등은 가족구성원이 환자라는 사실만으로도 충분히 발생한다. 특히 가족 중에서도 환자를 책임지고 돌보는 가족원은 더 무거운 짐을 지게 되며, 다른 가족구성원과 갈등구조에 빠진다. 부양부담에 대한 개념은 Mills(1962)가 처음으로 환자가 가족에게 끼치는 영향분석을 통해 발전시켰으며 '환자가족에 대한 영향', '환자와 사는 것이 가족성원의 생활과 건강에 주는 영향' 등에 대한 연구를 통해 가족 내 신체적, 정신적 장애를 갖는 구성원에게 미치는 영향을 '부담'이라고 정의하였다.

부양의 사전적 의미는 '어떤 일을 맡아서 의무나 책임을 진다'라는 뜻을 지니며, 가족의 일원이 질병을 갖게 되면 가족 중 누군가 간호를 담당하게 되며, 이를 통해 인지하는 정서적, 신체적, 사회적, 경제적 고통의 총체를 의미한다.

노인부양에 대해 다루고 있는 연구들(Chappell, 1991 : Jett, Tennstedt, Crawford, 1995: Johnson & Troll, 1992)에 의하면 취약노인의 주부양자는 배우자나 자녀이며, 이러한 가족부양을 받는 노인들이 시설에 입소할 가능성이 적다고 지적한다. 이들은 동시에 노인이 공적 부양서비스를 이용한다고 하더라도 가족부양자의 부양시간이 줄어드는 것은 아니며, 공적 부양서비스가 사적 부양서비스를 대체하기보다는 보완적인 역할을 할 뿐이라고 본다. 그러나 대부분의 연구들은 사회적 지지의 관점에서 노인부양을 분석하고 있어 노인부양의 구조적 측면의 다양한 변수들을 포괄적으로 다루지 못하고 있다. 사회적 지지의 관점이 갖는 이러한 제한점을 보완하여 노인부양의 구조적 측면을 개념화할 경우, 크게 노인의 사회통합과 부양만으로 구

4) 박준섭(2006), "정신질환자 가족의 부담감과 영향요인에 관한 구조모형 구축", 초당대학교대학원 논문집.

분하여 접근할 수 있다. 먼저 노인의 사회통합은 노인의 배우자 유무나 주부양자의 동거여부, 종교행사에의 참석여부 등의 사회활동 등으로 표출되며, 부양만은 주부양자, 가족이나, 친척, 친구 등을 포함한 부양만의 크기 및 구성, 주 의논대상자와의 접촉빈도 및 상호작용기관 등으로 나누어 볼 수 있다. 부양자의 입장에서 노인부양을 다둔 연구들이 주로 부양자가 노인에게 어떠한 서비스를 제공하는가를 보고 있는데, 이는 사회적 지지의 관점에서 노인부양을 기능적으로 살펴본 것이다(Yates, Tennstedt, Chang, 1999).

외국의 선행연구들 중 많은 경우는 부양자가 취약노인들에게 제공하는 부양내용을 과업 중심적서비스(task-oriented service)로 측정하고 있으며, 이러한 서비스는 사회적지지 유형 중 도구적 지지의 측면에서 접근한 것이다. 국내의 연구들 중에는 '부양'을 정서적 부양, 경제적, 부양, 서비스적 부양 등 다차원적으로 접근하는 관점을 수용하고자 하는 경향이 늘고 있다. 여기에 박미옥(2006)은 물질적인 지원을 하는 차원과 세세한 배려의 차원, 그리고 전통적인 공경 등으로 구분할 것을 제안하고 있다. 그러나 이를 단순화 해보면, 물질적인 지원은 도구적 지지로, 배려의 차원과 전통적 공경은 정서적 지지로 볼 수 있다. 또한 차흥봉(2007)은 경제적 부양과 서비스적 부양 이외에 사회참여를 포함시키고 있다. 여기서 경제적 부양과 서비스적 부양은 사회적 지지에서도 도구적 지지에 해당하는 것으로 차흥봉은 정서적 지지와 도구적 지지를 동시에 측정하고 있다. 그러나 결국 국내의 노인부양연구 역시 '부양'을 대체로 정서적 부양, 도구적 부양, 서비스적 부양, 사회 참여적 부양으로 구분하고는 있으나 궁극적으로 사회적 지지를 지향하는 경향이 강하다.

우리나라의 부양행동을 측정하는 기준에 있어 외국과 차이를 보이는 것은 가족관련 가치관이나 가족행동에 있어서의 차이라 할 수 있다. 특히 가족가치관이나 행동에 있어 주목해야할 점은 남녀 역할분담이다. 서양의 경우 노인부양은 주로 노인이 병에 걸리거나 혹은 정신질환 등으로 수발을 필요로 하는 경우에는 가족이 부양하는 경우는 제한되고 주 부양대상자는 기능취약노인이나 인지취약노인들이 대부분이며, 시설 등 사회적 지원망에 주로 집중되고 있다(Bowling & Browne, 1991). 반면 우리나라의 경우는 자식이 부모를 모시는데 있어서 부모를 대하는 태도나 습관에 대한 자식들의 행동을 부모 공양의 태도 등으로 평가하는 경향이 높다. 특히 며느리의 경우 부모 공양의 태도 및 역할이 매우 중요하다. 부양을 받는 노인의 신체적, 정신적 취약성에 대해서는 크게 제한을 두지 않으며, 이런 이유로 부양을 받는 노인에는 정상노인과 기능취약노인이 모두 포함되어는 경우가 많다.

다른 한편으로 며느리 등 주부양자와의 갈등뿐만 아니라 기타 가족구성과의 상호관계, 노인 학대와 같은 부양의 부정적인 차원 등에 대한 관심 역시 증가하고 있다. 노인이 부양자에게 육체적, 경제적, 심리적으로 의존적인 경우, 이러한 의존은 부양자에게 과도한 부담이 되고, 따라서 적절한 부양을 제공하지 않는 소극적인 형태의 학대에서부터 상당히 심한 형태의 직접적인 학대까지도 나타나게 된다.(Johnson, 1995). 따라서, 부양자에게 의존적인 취약노인들 경우, 부양자와 부정적인 상호작용으로 인해 학대나 홀대와 같은 부정적인 부양을 제공받기도 하며, 이러한 부정적인 부양행동은 노인의 삶의 질에 심각한 영향을 미칠 것이라고 예측된다. 또 다른 문제는 부양자들이 피부양자의 인지적 병약함과 관련된 일들과 그들의 정서적 필요에 의한 일을 구별하기 힘들다는 사실에 있다(Albert, 1991). 이러한 문제들은 부양자가 의도한 부정적인 영향이 아니라 의도하지 않은 경우가 더 많다는데 심각성이 있다.

노인부양문제를 다루는데 있어 흔히 지적되고 있는 점이 노인부양의 사회·문화적 배경에 대한 것이다. 예를 들어 치매노인에 대한 부양에 있어 한국과 미국의 사회·문화적 차이를 갖는다고 보고되고 있다(박준섭, 2006). 미국인의 경우 주부양자는 주로 딸이고, 한국인의 주부양자는 주로 며느리이다. 며느리들이 노부모를 부양하는 것은 시부모님에 대한 사랑과 보은보다는 자식으로서의 의무감이 더 크기 때문이다.

한국인의 노인부양형태에 있어 또 다른 문화적 차이는 미국인은 공적서비스를 많이 이용하는 반면, 한국인은 확대가족 등 가족관계망을 많이 활용하고 있다는 것이다. 이러한 차이들로부터 한국인과 미국인 부모부양에 대한 적응방식은 다른 형태를 띠고 있다. 한국인 자녀들의 높은 책임감과 확대가족 형태의 가족관계망은 노인에 대한 부양부담을 줄이는 전략들이 되어 왔다. 반면, 미국인들의 공적서비스에 대한 높은 활용과 부모부양에서 느끼는 기쁨과 위안은 한국인들에 비해 그들의 부양부담을 낮추어 주는 중요한 요인으로 작용한다. 따라서 '노인부양을 며느리가 해야 한다'는 사회규범이 존재할 때 이를 수용하지 않는 여성보다 수용하는 여성들이 노인부양에 따르는 부담을 덜 느끼게 된다. 결국 며느리가 시부모를 모시는데 있어 심리적, 정서적으로 어떤 스트레스를 받고 있는가의 결정은 노인부양을 분담하고 있는 여성이나 며느리 또는 가족 내의 주부양자의 노인 부양에 대한 수용의 상태에 따라 그 질이 결정된다고 할 수 있다. 그리고 여성의 노인부양에 따르는 심리적, 정서적 스트레스에는 가족 네트워크가 또한 주요한 변수로 작동한다.

Cohen(1988)의 '완충이론'에 의하면 노인을 부양하는 보호자들이 확대가족의 지원이 없다고 인식하는 경우 상당한 스트레스를 받게 된다고 가정하고 있다. 확대가족의 도움체계가 최소한이었던 미국인 경우 가족의 비공식적 지원체계를 강화시켜주는데 사회사업적 개입에 주안점을 두게 되었다. 사회사업가들은 가족이나 친척으로부터 지원을 받지 못하는 보호자들을 위해, 가족이나 친족들의 도움체계를 강화하는 전략을 세워주는 역할을 주로 수행하게 되었다. 여기에서 가족 및 친지 모임은 가족지원체계를 개발하고 강화하는데 중요한 전략으로 이용되기도 한다. 이런 모임에 친척들과 친구들을 초대하고 참여자들로 하여금 치매노인을 돌보는 것이 얼마나 힘든 일인지를 알려주면 참여자들은 자원하여 노인을 돌보는 데 한 몫을 할 수 있게 된다고 한다. 따라서 주부양자 역할을 맡고 있는 가족성원이 기타 친족이나 가족들의 도움을 확보하는데 유용한 대화기술을 개발하도록 도와주는 것도 필요하다는 것이다. 실제로 Simon(1988)은 많은 주부양자들이 어떻게 도움을 요청해야 하는지 모르고 있고 기타 가족이나 친척들도 어떻게 도움을 주어야 할지 모르고 있음을 지적하고 있다. 그럼으로 예를 들어 상호작용을 촉진할 수 있는 대화기술 훈련 등이 필요하다는 것이다. 확대가족의 지지를 받지 못하고 있는 여성주부양자가 자신의 스트레스 및 부양의 어려움, 자식으로서 겪는 윤리적 입장 등을 통해 나타나는 갈등을 배우자나 배우자의 형제, 자신의 자녀들에게 표현하는 방법을 연습하는 것이 필요하다는 것이다. 이렇듯 확대가족의 도움을 강화하는 방법의 개발은 공적 도움체계가 발달하지 못한 한국의 현실에서 매우 중요하므로 시사하는 바가 크다. 자녀의 책임감이나 부모부양으로부터 얻는 기쁨이나 위안 등 부모부양에 대한 태도가 부양부담을 덜 느끼게 하는데 있어 중요한 요인들이 되므로, 이러한 변수들에 관심을 기울일 때 부양자가 어렵게 느끼는 부양상황을 상대적으로 완화시킬 수 있을 것이다.

(2) 노인부양부담 스트레스

Perlin(1990)은 스트레스를 유발시키는 상황이 있지만 우리가 어떤 가치를 그 상황에 부여하는가에 따라 그 스트레스를 운용해 나갈 수 있다고 지적하고 있다. 자녀의 책임감이라는 우리고유의 고결한 가치를 수행하고 있다는 동기를 부여하고 성취감을 인정해주면 부양에 대한 스트레스가 줄어들 수 있다는 얘기이다. 그러나 많은 조사결과들은 한국의 경우 부양자들이 부모부양으로부터 기쁨이나 위안을 상대적으로 덜 느끼고 있다고 보고하고 있다. 이는 아마도 시부모와 며느리라는 우리나라 가족구조로부터 유해한 매우 고질적인 문제와 관련되어 있는 것으로 보인다. 주로 맏며느리는 그렇지 않은 경우보다 시부모 부양에 더 많은 긴장과 스트레스를 받는다고 한다(박준섭, 2006). 며느리들이 비록 책임감을 부여받고 있지만 오래 기간에 걸친 세대간 갈등은 부모부양의 의욕을 상실시키고 있는 것이다. 전문가들은 부정적으로 남아 있는 고부간의 관계를 파악하고 과거문제로 인한 바람직한 생각이나 감정을 해결하고 극복하도록 도와 현재의 부양내용에 있어 과거의 갈등이 방해가 되지 않도록 도와주는 역할을 하고 있다. 많은 전문가들은 사회적 규범의 수용은 부양자들의 적응에 중요한 요인이 되고 있으며, 이에 대한 사회적 기대감은 부양자들로 하여금 부모부양에 대한 책임감을 갖도록 미리 준비시키는 역할을 한다고 제안한다.

그러나 문제는 이제 한국의 전통적 형태의 가족구조는 붕괴되고 핵가족화 되어가는 현실에서 이제까지 전통적 방식으로 부모부양에 있어 호소했던 가치관들을 대처할 공공정책과 프로그램 개발이 시급히 요구되고 있다는 사실에 있다. 앞서 살펴보았듯이 논의된 미국인들이 노인부양에 따르는 부담을 상대적으로 덜 느끼는 중요한 원인 중에서 하나는 공공서비스의 활용과 관련되어 있음을 감안한다면, 노부모들에게 상당한 시간적 노력을 들이는 보호자들에게 장기적이며 지속적인 서비스가 주어질 수 있도록 다양한 정책적 지원책이 개발되어야 할 것이다. 그리고 노인에 대한 수용시설은 우리나라의 정서상 맞지 않다는 생각이 지배적인 게 아직까지 우리의 현실이다. 또한 피부양자인 노인들이 필요로 하는 서비스 내용과 부양자의 수요도에는 차이가 나는 것으로 보고(최혜경 외, 1999) 되고 있어 노인부양을 위한 사회복지시설에 대한 수요도는 가족관계를 충분히 고려해야 할 것이다.

4) 각국 노인부양의 사회적 · 제도적 지원

(1) 한국의 노인부양제도

노인부양을 위한 복지사업으로 크게 사회부양의 측면에서 시설보호[5]와 가족부양 차원에서가족봉사원 파견, 노인수당, 경로우대 등으로 구분하였다. 노인에 대한 부양행위가 가족 밖, 즉 시설 등에서 이루어질 수 있도록 노인과 가족들에 대한 지원이 이루어질 경우 가족 부양지원체계로 포함하였다.

가. 주간보호사업(Day Care Center for the Elderly)

노인복지법에서는 주간보호사업을 "부득이한 사유로 가정의 보호를 받을 수 없는 심신이 허약한 노인과 장애노인을 낮 동안 시설에 입소시켜 필요한 각종편의를 제공하여 이들의 생활안정과 심신기능의 유지향상을 도모하고 그 가족의 신체적, 정신적 부담을 덜어주기 위한 사업"으로 정의하고 있다. 주간보호시설을 이용하거나 부득이한 사유로 가정의 65세 이상 노인으로서 신체적 기능훈련이 필요하거나 부득이한 사유로 낮 시간 동안 보호가 필요한 노인들이다. 노인에 대한 보호사업으로는 생활지도, 일상 동작훈련 등 심신의 기능, 회복, 급식, 목욕, 춤, 오락 등 여가생활 서비스가 제공되고 있다.

나. 단기보호사업(Short Stay)

노인복지법에서는 주간보호사업을 "부득이한 사유로 가정의 보호를 받을 수 없는 심신이 허약한 노인과 장애노인을 낮 동안 시설에 단기적으로 입소시켜 보호함으로써 노인 및 노인가정의 복지증진을 도모하기 위한 사업"으로 정의하고 있다. 심신의 장애가 있는 노인을 일정기간 동안 단기 보호하는 장소는 단기시설을 갖춘 병원, 요양원에 설치하고 경우에 따라 가정에 활용하게 되어 있는데 일반 국민의 인

5) 본 장에서는 사회부양을 주로 받으며 가족부양을 부차적으로 받든지, 반대로 가족부양을 주로, 사회부양을 부차적으로 받는 등 가족 부양자가 있는 노인을 주 대상으로 하는 시설을 말한다. 양로원과 같은 독거노인들이 주로 거주하는 시설에 대해서는 가족복지를 논하는 장이기에 대상에서 제외시켰다.

식부족으로 이용 실적이 미진한 실정이다.

사업내용으로는 기본사업으로 생활지도, 일상동작훈련, 보호가족 보호자교실, 건강진단이 있고 이송(자동자)통원사업으로 목욕서비스, 식사 서비스가 있으며 방문사업으로 목욕서비스, 식사서비스를 하고 있다.

다. 가정봉사원 파견 서비스

우리나라의 노인을 위한 재가복지서비스는 가정봉사원 파견서비스로부터 시작되었다고 할 수 있다. 가정봉사원 제도에 대한 개념을 한마디로 정의하기는 곤란하나 제도의 발전을 볼 때 시행 국가 고유의 특이성 그리고 그 사회에서 요구되는 제도의 기능, 경제적, 사회적 여건과 가정봉사원을 파견하는 대상, 역할 그리고 서비스의 내용 등에 있어서 조금씩 상이하다. 한국 노인복지회는 "자원봉사자가 거동이 불편하고 돌봐줄 자녀가 없는 65세 이상의 무의탁 노인가정을 정기적으로 방문하여, 가사일 등의 개인적, 정서적, 사회적 서비스를 제공하는 것"(한국노인회, 1993)으로 가정봉사원 서비스의 개념을 규정하고 있으며, 이가옥은 "요보호노인에게 가정에서 가사원조서비스를 제공하는 것"으로 요약한다. 또한 개정된 노인복지법 제20조2항에 가정봉사원 파견사업을 '신체적, 정신적 장애로 일상생활을(영위해 나가기 곤란한) 노인이 있는 가정에 가정봉사원을 파견하고 노인의 일상생활에 필요한 각종 편의를 제공하여 지역사회 내에서 건전하고 안정된 노후생활을 영위하도록 하는 사업'으로 정의하고 있다.

가정봉사원 파견사업은 심신장애 때문에 거동이 불편한 노인들을 정기적으로 방문하여 일상생활에 필요한 서비스를 제공하는 것을 말한다. 이 사업은 1987년 민간사회사회복지법인(한국노인복지회)에 의해 처음 시작되었으며, 1992년부터는 보건복지부가 민간기관을 재정적으로 지원함으로써 점차 활성화되어 가고 있다. 우리나라의 가정봉사원 서비스는 서비스내용에 있어 오래전에 제도화된 선진국과 맥을 같이하고 있으나 실제 제공하는 서비스는 매우 제한적이다. 선진국에 비해 건강관리서비스나 사회적 서비스는 거의 기능을 못하고 말벗, 취사, 세탁 등이 주된 내용을 차지한다. 노인의 신체적 특성상 건강 관련서비스는 필수적이며 욕구조사에서도 노인은 의료서비스를 가장 원하고 있는 것으로 나타났는데 현실적으로 나타났는데 현실적으로 이의 시행이 불가능하여 가정봉사원 서비스는 일부지역만 형식적으로 되어지고 있는 실정이다.

우리나라 재가복지서비스 대상자들은 대부분이 생활 보호 대상자들임에도 불구하고 이들에게 제공되는 서비스 인력을 자원봉사 자원봉사들로 파견해 제기되는 문제점이 많다. 즉 자원봉사자들이 생활보호대상자들의 가정을 방문해 간병, 용변 수발 등 어려운 일을 많이 해야 하므로 대부분 재가봉사활동을 기피하고 있다는 사실이다. 또한 가정봉사원에 대한 이해와 인식부족, 남의 도움을 받는 데에 대한 가족과의 갈등 등으로 서비스를 제공하기 힘든 경우가 많고 긴급 상황 및 장기간 계속적인 서비스가 요청되는 경우 가정봉사원이 서비스를 제공할 수 없는 것이 문제점으로 지적되고 있다.[6)]

라. 노령수당

노령수당 지급은 노인에 대한 가족부양, 특히 경제적 부양을 지원하는 사업으로 해석될 수 있으며, 우리나라의 노령수당은 1989년 개정된 '노인복지법'에 의해 국가 또는 지방자치단체는 65세 이상의 고령자에 대하여 노후수당을 지급할 수 있다고 규정하고 있고 동법 시행령에서는 노령수당의 지급대상자는 65세 이상의 노인 중 소득수준 등을 참작하여 보건복지부 장관이 정하는 일정소득 이하의 자로 보건복지부령이 정하는바에 의하여 신청인주소지를 관할하는 구청장, 시장, 군수에게 노령수당을 지급받고자 하는 자가 신청하여야 하며 노령수당의 지급수준은 노인복지 등을 참작하여 매년 예산의 범위 내에서 보건복지부 장관이 정한다고 규정하고 있다.

그러나 시행령상 "노령수당의 지급수준 노인복지 등을 참작하여 매년 예산의 범위 내에서 보건복지부 장관이 정한다"라는 규정은 대상 노인 노인의 노령수당 수준을 노인이 생활하는데 적당한 것이라기보다 예산의 범위에 노령수당 수준을 맞추고 있는 문제점을 갖고 있다.

마. 경로우대제도

경로우대제도 역시 노령수당과 마찬가지로 가족의 노인부양을 간접적으로 지원하는 사업으로 이해될 수 있으며, 이 사업은 어려운 노인들의 생활보호대책으로 노인들의 용돈지출을 다소나마 줄임으로써 도움을 주기 위하여 시작된 것으로 가족의

---

6) 중앙일보, 1995. 12. 5.

노인에 대한 경제적 부양을 지원하는 사업이라고 할 수 있다. 대표적 사업으로는 65세 노인에 대한 교통수당을 지급하는 것과 노인 복지카드를 발급받아 식당, 미용실에 대한 할인혜택과, 보건소 이용혜택 등이 있다. 그러나 교통수당과 같은 경우 첫 출발은 정부지원 없이 민간업체의 부담만으로 실시함으로써(65세 이상자에 대하여 할인우대 권유: 법 제10조 2항) 승차거부, 불친절 등의 문제를 야기함에 따라 정부는 이를 해소하기 위하여 이들 민영시설에 대한 재정지원 방안을 마련하고 이의 일환으로서 1990년부터 노인승차권 지급제도를 실시하고 있다.

그런데 노인승차권 지급 제도는 본인의 신청(신청주의)에 의거하여 매월 12매(분기별 36매)를 지급하고 있다. 그런데 월 12매씩 지급되는 노인승차권은 활동이 빈번한 노인들에게는 양적인 면에서 부족할 뿐만 아니라 농어촌의 경우 기본요금에 해당하는 별도의 승차권 지급요구 등 새로운 문제점이 제기되고 있다. 또한 민영업체가 자율적으로 실시하고 있는 목욕, 이발에 대한 할인혜택 역시 참여업체의 부족으로 노인들의 불만 요인이 되고 있어 지방정부가 지역노인복지 차원에서 설정에 맞는 확대방안을 강구해야 할 것으로 보인다.

(2) 외국의 노인부양제도

인구고령화에 대비한 각국의 노인복지정책을 노인부양지원체계를 중심으로 살펴보고자 한다. 나라마다 약간씩의 차이가 있지만, 대부분의 나라에서 노인부양을 지원하는 정책의 중요성이 부각되고 다양한 제도들이 도입하고 있다. 특히 장기보험 대상자에 대해서는 시설지원에서부터 경제적 지원에 이르기까지 가장 많은 지원이 이루어지고 있다. 또한 노인들의 부양만족도를 고려하여 재가복지서비스 체계를 구축하려는 노력들이 최근 들어 활발히 이루어지고 있다. 노인에 대한 주부양자가 여성이라는 사실에 주목하여 친여성적인 노인부양지원책을 제시하는 나라들은 아직까지 많지 않지만, 장기요양노인부양자에 대한 정책적 배려들이 증가하고 있다는 사실은 여성에게 간접적인 혜택이 돌아가고 있음을 알 수 있게 한다. 그 대표적인 예로 독일의 경우 노인을 장기간 부양하는 자들에게 대해 연금혜택을 주고 있으며, 특히 가족간호휴가제도 등을 도입하는 나라가 늘어가는 것이 이러한 추세를 반영하고 있다.

가. 영국

영국의 노인부양을 위한 지원체계는 크게 재택서비스와 시설서비스로 나눌 수 있다. 재택서비스로는 사회복지사에 의한 서비스(Social Work Service)와 가정원조 서비스(Home Help Service)가 대표적으로, 이 서비스들은 건강하고 완전한 자립생활을 할 수 있는 노인과 건강상태가 나빠서 시설에 입소해야 하는 노인과의 중간상태에 있는 노인을 대상으로 하고 있다. 재택서비스를 필요로 하는 가정에 대해 대상자의 건강상태, 일상생활행동, 친인척 등의 원조상태, 주거상황 등을 검토하여 봉사내용과 봉사의 회수 등을 결정하게 된다. 가정원 조사에 의해서 제공되는 서비스는 가사(청소, 식사준비, 난방 및 연료 준비, 침상정돈, 쇼핑 등), 대인적 원조(세탁 및 목욕 원조, 의복을 입고 벗는 데에 대한 원조, 위생유지 등) 사회적 원조(연금의 수령, 처방약의 수령 등), 훈련적 역할(자활능력 향상을 위한 노력)등이 있다. 가정원조서비스의 종사자는 지방당국의 사회서비스부에 고용되고, 그 고용상태는 파트타임이 많다. 그리고 이들 중 대부분은 중년의 기혼여성이다. 또한 가정간호, 순회보건 서비스, 가사보조서비스, 야간간병, 세탁서비스, 환자의 보호와 사후보호 등과 같이 노인들이 수용시설에 입원하는 것을 예방하고 자신의 집에서 독립하여 생활하도록 하기 위한 서비스가 많으며, 이는 전문 인력을 확보하기 어려운 점을 극복하고 시설보호에 드는 막대한 경비를 절약할 뿐만 아니라 노인들이 지역사회의 일반인들과 어울려서 생활할 수 있도록 하기 위해 도입 도입되었다. 이 밖에도 식사서비스, 주간보호센터(Day Care Center), 의료방문서비스, 전화기 및 경보장치 설비, 대중교통수단 제공, 휴식보호서비스, 간호인 보호그룹, 가족채용제도 등이 자정에서의 노인부양을 지원하는 서비스로서 제공되고 있다.

시설보호 서비스로는 노인 홈(Old People's Hone)과 노인보호주택, 요양시설, 노인전문병원과 정신병원 등이 대표적이며, 노인 홈의 입소자 대부분은 재택서비스에 의한 지원이 있으면 자택에서 어느 정도 생활해 나갈 수 있는 사람들이다. 그러나 대다수 사람들이 노인홈에 가는 이유는 빈곤, 무주택, 사회적 고립, 친척 및 친구들로부터 원조받을 수 없기 때문이다.

나. 미국

미국의 노인부양지원은 Medicare라는 의료보장 제도를 통해 비교적 체계화되어 있다. Medicare는 65세 이상의 노인에게만 적용되는 의료보험으로 환자의 부담을 경감하는 목적으로 사회보장세와 보험료에 의한 재원으로 사회보장비에 의해서 지불되고 있다. 65세 이상의 모든 노인이 이 의료보험제도에 가입할 수 있으나, 정년퇴직자가 65세에서 자동적으로 가입하게 되는 것은 아니다. 65세가 되는 노인이 이 의료보험제도에 가입하기 위해서는 65세의 생일을 보내기 전에 가입에 관한 연락을 사회보장사무소에 하여야만 한다. Medicare에는 병원의료보험(hospital insurance)과 보충의료보험(medical insurance)의 2종류의 보험급여가 있다. 병원의료 보험은 입원치료비, 퇴원후의 계속 치료비, 가정요양비를 기본적으로 부담해주는 것이다. 이 금액은 주로 노령연금보험료에 포함시켜 납입하였으므로 사회보장비에 의해서 지불되어진다. 보충의료보험은 임의의 가정요양, 외래 진료서비스, 기타 특정 의료공급 품에 관한 비용을 지급한다. 가입자가 월 보험료의 1/2을 지불하고 연방정부가 나머지 1/2을 지불하는데, 노령 연금수급 시 가입하여 매월 보험료를 납입함으로써 혜택을 받을 수 있다.

또한 Medicaid라는 의료부조 프로그램이 있어 65세 이상의 노인, 병인, 부양아동이 있는 가정과 맹인, 장애자들이 의료를 필요로 할 때 공적 부조를 받는다. Medicaid는 연방정부의 지침을 가지고 주정부가 관리하고 있다. 주정부에 따라서 의료부조 프로그램은 공적 부조의 대상자만을 적용하고 있기도 하여 자격이 다양한 편이다. 보충보장소득의 수급권자는 자동적으로 Medicaid에 의해 지급되는 의료서비스는 대체로 Medicare와 비슷하여 요양원에서의 서비스 비용이 지급된다. 노인은 자유로이 자기가 원하는 의료시설을 이용하여 서비스를 받을 수 있으며 어떤 병원이나 의사의 서비스 또는 요양원의 서비스를 받아도 보험의 혜택을 받을 수 있다. Medicaid의 신청자는 지역사회의 복지사무소와 공적 부조사무소에서 신청을 하여야 한다. 이에 따라 주정부 및 지방정부의 의료보호부는 신청자의 자격을 검토하여 Medicaid의 수급자 여부를 결정한다. Medicaid는 연방정부의 보조국과 주정부의 비용으로 운영되므로 주정부의 보조국과 주정부의 비용으로 운영되므로 주정부의 재량권이 많이 작용한다. 따라서 구체적으로 지급되는 의료서비스 내용 및 진료와 치료기간은 주에 따라 다양하다. 미국의 요양원은 주정부의 허가를 받아 설립하고 있으며 이 요양원에 입주하는 노인들에 대한 의료 및 의료와 관련된 서비스비용은 거의 대부분 Medicare와 Medicaid에 의해서 충당되고 있다.

이 밖에도 미국은 정부차원에서 이루어지는 노령보험, 의료보험, 노인복지법에 명시된 사회적서비스 등 노인복지에 대한 사회적 책임을 지속적으로 유지하고 있다. 그러나 노인들을 위한 공공프로그램을 '민간화'하려는 움직임이 계속되고 있으며, 다른 한편에서는 노인부양에 있어 가족에 대한 역할을 강조, 이에 대한 지원을 확대하려는 움직임 또한 일고 있다. 이는 미국역시 그간 가족 내에서 노인부양자는 여성이 주로 담당하여 왔으나 여성의 경제활동참여가 계속 증가하는 추세이므로 여성은 더 이상 노인부양자로서의 역할을 감당하기가 어려운 실정으로 가족에 대해 비공식적 보호를 지원해야 한다는 요구가 증가하고 있기 때문이다.

현재 미국에서는 가족의 노인부양기능을 강화하기 위해 노부모 동거에 대한 세금감면 혜택, 노부모 부양수당지급, 가족 간호휴가제 등 다양한 지원이 이루어지고 있으나 노인부양을 하는 가족에게 실제적인 도움을 주고 있지는 못하다는 평을 받고 있다. 특히, 많은 비용이 소요되는 요양시설의 입소방지 또는 이의 지연을 위한 대책으로 지역사회를 중심으로 재가복지서비스를 통한 가족부양서비스가 더욱 중요해지고 있는 실정이다. 가정 및 지역사회의 보호서비스, 자신의 집이나 재택보호시설(residental care settings)에 거주하는 노인들에게 정보서비스, 개인적 보호, 홈메이커, 잡일서비스, 주간보호서비스, 재활보호, 운송서비스, 가정건강보호, 부양자에 대한지지, 도움, 휴식서비스, 보조주택 선택서비스, 그리고 소비자 보호 및 옹호 등 서비스를 제고하는 추세가 늘고 있다.

다. 호주

호주의 경우 노인 간호인을 위한 휴식보호 프로그램(NRFCP : National Respite For Carer Program)이 잘 발달해 있다. 재가노인을 위한 간호인의 역할은 노인복지에 있어 매우 중요한 부분을 차지하고 있다. 이 프로그램은 특별히 간호인들에게 지원됨으로써 재가노인들에게 펼치는 간호가 더욱 성실하게 이루어질 수 있도록 하는 것이 주목적이며, 이들 간호인들의 대부분은 재가 장애노인의 배우자 혹은 자녀들이다. NRFCP를 지원하는 정부의 전략은 호주전역에 간호인 자원센터(Carer

Resourse Center)를 세워 재가 장애노인의 간호인 지원을 본격화하는 것이다. 한편, 이 프로그램은 정부의 전국 간호인 활동 안(National Carer Action Plan)과 연계하고 있다. 이 활동 안은 수당을 받을 수 있는 간호인의 자격을 보다 완화함으로써 융통성 있는 간호활동을 위해 다음의 2가지 사항을 강조하고 있다. 첫째, 간호인의 활동의 압박감을 덜어주기 위해 간호수당의 지급을 동일하게 하면서 연간휴식 일을 42일에서 52일로 늘린다. 둘째, 간호인의 직업 활동 및 간호활동에의 적응력을 높이기 위해 이들의 취업, 자원봉사, 교육 및 훈련 등에 참여할 수 있는 시간을 주당 10시간에서 20시간으로 확대한다.

이 밖에 간호인수당(Carer Payment)이 있어 호주정부는 간호인들에게 경제적인 도움을 주기 위해 간호인 수당을 지급하고 있다. 이 수당은 예전에는 간호인 연금(Carer Pensions)이라고 불린 것을 변경한 것이다. 이렇게 간호수당으로 변경한 것은 간호인들에게 소득을 지원함으로써 이들 간호인이 지역사회에 기여하고 일을 더욱 가치 있는 것으로 인식시키기 위함이라고 한다.

라. 스웨덴

스웨덴에는 친인적부양자 현금급여라는 것이 있어 심각한 질병을 앓고 있는 환자를 돌보고 있는 가족을 친인척(가깝게 관련된 사람)까지도 최고 30일 까지 유급휴직으로 질병보험에서 보상받게 하고 있다. 유급휴직은 하루를 단위로 온종일, 반일, 1/4일로 나누어 사용할 수 있으며, 유급휴직의 보상은 100, 50, 25%에 달한다. 환자를 돌보는 친인척 모두가 국민보험에 가입되어 있어야 하고 보호는 스웨덴 내에서 이루어져야한다. 이 밖에 노인을 위한 구체적 서비스로 다양한 형태의 주택과 의료적 서비스를 제외한 개별적 및 사회적 서비스와 주거와 관련된 서비스 등이 있다.

노인주택으로 서비스 빌딩이라는 것이 있어 가정봉사서비스(Home help service)를 받을 수 있다. 또한 혼자서 살 수 없는 노인들을 위해 가정봉사서비스와 가정간호 서비스를 받을 수 있도록 한 퇴직자의 집이 있으며, 집중적인 보호와 지도감독을 포함한 특별 요양보호가 필요한 노인들에게 시설보호를 대치한 주택부양으로 24시간 거주하는 직원에 의해 보호되는 집단거주 홈(Group Dweling)이 있다.

요양원(Nursing Home)은 치매, 신체부자유, 만성병으로 인해 자력생활이 불가능한 노인을 대상으로 24시간 보호서비스, 기능회복 서비스, 식사서비스 등을 제공하는 장기요양보호를 위한 시설서비스의 역할을 한다. 또한 치매를 가지고 있는 노인들을 위한 전문주간 보호시설로 주간보호시설(Day Care Center)이 있어 치매 노인 가족들이 휴식이 필요할 때 제한된 수의 노인들을 특별히 훈련된 직원들이 보호, 감독하고 있다. 이 시설은 현재 아주 빠르게 증가하고 있는 추세에 있다고 한다. 기타 노인분야 지원 서비스로 안전경호설치, 주간센터(Day Center)가 있으며, 노인들에게 교육과 여가선용활동, 식사 및 집단 활동 그리고 작업치료 등이 있다.

1982년 사회서비스법이 제정될 당시 모든 기초자치단체는 대체로 가정 내 지원서비스를 제공하고 있었다. 그러나 가정봉사원 제도는 보건의료 서비스 법에서 비로소 법적근거를 가지게 되었다. 1920년대에 민간부문에서 자발적으로 시작된 가정봉사원제도가 정착되었으나 가정봉사는 간호보조사에 의해서 가정 내 원조 및 원조와 의료봉사활동이 제공되는 것으로 일상적인 가정 일에서 쇼핑, 청소, 요리, 식탁, 위생활동 등이 포함되고, 의료봉사활동에는 의약품제공, 간단한 상처치료 등이 포함된다. 이런 가정봉사원 서비스는 다양한 주거시설과 합쳐져 있거나 독립된 단위로 있는 주간 센터에서 1980년대 말부터 80세 이상 주거노인들에게 제공되고 있다. 이밖에 의료적 진료를 위해서 가정에서 의사나 간호사의 방문을 받을 수 있는 간호(Home Health Care)제도가 있다.

마. 독일

독일의 경우, 60세 이상 노인인구는 1960년 16.0%에서 1980년에 19.4%, 1995년에 22.0%로 증가하였다. 2010년에는 27.4%롤 증가될 것으로 예상되고 있다. 80세 이상 노인의 증가율은 60세 이상 노인의 증가율보다 훨씬 높아 1960년 전체인구의 1.4%에서 1995년에는 4.3%로 지난 30년 동안 약 3.1배나 증가하였다. 독일의 노인에 대한 사회적 서비스는 이미 오랜 역사를 가지고 있다. 독일의 노인에 대한 사회서비스를 제공하는 체계로서 연방공적부조법이 있는데, 이의 시행은 각 주 또는 각 지방자치주에서 관할하고 있다. 공적연금제도가 시작된 지는 이미 1세기가 경과하였다. 그러나 독일에서 노인복지가 본격적으로 이루어진 시기는 노인에게 소득, 재원, 개인보조에 있어서 도움을 주는 연방사회보조법이 제정된 1960년대 이후이다. 이 법은 노인의 경제, 신체, 정신, 사회적 사항의 질적 향상을 목표로 하며, 노인의 경제적 상황의 향상뿐만 아니라 사회에서 인간다운 생활을 할 수 있도록 하는 각종서비스를 보장하기 위해 만들어졌다.

독일의 연금제도의 경우 모든 근로자가 의무적으로 가담하는 사회보험 프로그램으로 고용인과 고용주가 지불하는 각출금 및 정부의 보조금으로 운영되고 있다. 독일 연금제도의 특이한 사항은 노쇠한 노인을 위해 보호기간의 신용제도를 둔 것에 있다. 이는 노인에게 일주일 적어도 10시간 이상의 보호서비스를 제공하는 사람은 연금각출금을 지불한 것으로 간주함으로써, 보호제공자에게 노인들을 위해 봉사할 뿐만 아니라 소득에도 도움을 주고 있다는 점에서 그렇다. 또한 독일에는 병역의무를 대체하는 시민의무(Civilldienst)라는 제도가 있는데, 이 시민의무 제도를 통해 보호를 필요로 하는 노인들에 대해 일상생활의 다양한 서비스를 제공하고 있다.

독일에서 노인이 거주하는 시설은 여러 가지 형태로 구분되어 있다. 알텐본하임(Altenwohnheim)은 자립 가능한 노인을 대상으로 하는 것이며, 알텐하임(Altenheim)은 자립이 불가능한 노인에 대해 생활주거를 제공하고 신체적 보살핌을 하는 개호시설이다. 알텐크랑크하임(Altenkrankheim)또는 알텐레게하임(Altenpflegeheim)은 만성질환자에 걸린 노인이나 개호를 필요로 하는 노인에 대해 종합적으로 보살피는 곳이다. 최근에는 이러한 시설들이 주거지역의 인접부지에 건설되어 노인종합시설의 역할을 하는 알텐첸트럼(Altenpflegetrum)이 많이 생기는 추세이다.

노인보호시설에 대해 좀더 자세히 살펴보면, 수발형 양노원(Altenpfleghiem)의 경우 장기간 또는 지속적으로 수발이 필요한 노인들을 위해 숙소와 식사, 사회생활과 문화에 관한 정보 및 조언 그리고 수발을 제공한다. 경우에 따라서는 가정이 있는 노인이라 하더라도 가족의 여행이나 기타 특별한 사정이 있을 때 일시적으로 수발대상 노인을 맡길 수 있는 시설도 같이 운영되며, 최고 90일까지 거주가 가능하다. 주간보호시설(Tagespflegeheim)은 비교적 최근의 시설로, 특히 직장생활을 하면서도 노인을 계속해서 보살피길 원하는 가정을 돕기 위해서, 평일의 낮 동안 수발을 요하는 노인들을 맡아주는 시설이다. 이 시설에서 수발을 받고 주말의 경우에는 다시 가정에서 지낼 수 있도록 도와주는 것이 최고의 원칙으로, 독일의 새로운 노인정책의 실현에 중요한 역할을 하는 시설로 꼽힌다.

수발시설에 위탁되는 노인들의 수가 증가하고 있는 실정에서 현실적으로 해당자는 물론 그 가족들에게 물리적, 정신적, 재정적으로 커다란 부담이며, 많은 경우에 개인들의 능력범위를 넘어서게 된다. 따라서 독일은 수발보험법을 통해 수발을 요하는 사람을 돌보느라고 정상적인 생계활동을 하지 못하는 사람들에게도 사회적으로 생계를 보장하고 있다. 재가 수발활동을 지원하고 수발활동으로 인해 자신의 생계활동을 전적으로 또는 부분적으로 포기해야 하는 수발 활동 자에 대해서는 1992년 연금법 개정을 통해 보다 개선된 사회보장이 제공된다. 수발 활동 자란 직업적으로 수발을 위한 교육을 받은 전문요원이 아닌 수발을 하는 일반적인 사람들을 의미하며, 이들의 수발활동이 인정을 받기 위해서는 주당 최소한 14시간 이상의 재가 수발행이 확인되어야 한다. 이렇게 수발 활동자로 인정을 받은 사람이 수발활동으로 인해서 주당 30시간 이상의 생계활동을 하지 못하는 경우 연금 보험료를 수발보험사에게 지불한다.

바. 일본

세계 제 2차 대전이후 일본은 경제성장과 더불어 국민생활수준이 향상되었고, 위생수준의 향상과 의학, 의료기술의 진보로 평균수명이 현저하게 증가하였다. 평균수명이 1947년 50.57, 여자가 53.96년이었던 것이 1994년에는 남자가 76.57, 여자가 82.98년까지 신장되어 50년 동안 남자에서 26.51, 여자에서 29.02년 정도의 수명이 늘어나게 되었다. 따라서 일본의 평균수명은 현재 세계 제일의 수준으로 말 그대로 세계의 최장수국이 되었다고 할 수 있다. 일본의 노인인구는 1979년에 전 인구의 7.1%였으며, 1985년에는 17.0%에 달할 것으로 예측되고 있다. 노인인구수는 1985년 1,247만 명이었으나, 2000년에는 2,107만 명, 2025년에는 3,244만 명이 될 것으로 예측되고 있다. 일본의 인구문제연구소의 중위추계에 의하면 일본의 고령화율은 2018년25%, 2025년에 25.8%, 2045년경에는 28.4%에 이룰 것으로 보고되고 있다. 그래서 국민의 4명에 1명이 고령자라는 상태가 1세기 가깝게 계속되어 21세기는 고령자의 세기가 된다고 말하고 있다.

노인인구가 증가하는 가운데에서도 특히 후기 노인의 증가가 가장 큰 특징이 되었다. 80세까지의 노인은 겨우 2배 정도로 늘어났는데 비해 80세 이상의 노인은 4-8배로 늘어날 것으로 예측되고 있다. 즉 평균수명 이상으로 장수하는 노인이 늘어나는 것을 의미한다. 이와 같이 일본이 장수구가인 반면에 심각한 노인문제가 발생되어, 직업전선에서 은퇴하여 노년기를 어떻게 건강하게, 풍요롭게, 쾌적하게 보낼 것인가가 국민적 과제가 되었다. 이에 따라 노후의 경제생활을 안정시키기 위한 정년제의 연장이나 일의 확보, 연금제도유지, 노인병 예방, 허약한 노인에 대한 의료나 간호의 제공 등의 대책에 대한 관심이 집중되고 있다.

고령자를 대상으로 하는 시책은 여러 분야에서 강구되고 있는데, 이러한 노인을 위한 시책의 기본적 이념을 나타내고 있는 것이 노인복지법이다. 1963년도에 제정된 노인복지법은 노인의 복지에 관한 원리를 분명히 함과 더불어 심신의 건강을 보호·유지하고 생활의 안정을 위해서 필요한 조치를 강구하여 노인의복지에 기여하도록 하는 것을 목적으로 하고 있다. 한편 노인의 건강을 유지, 증진하는 목적으로 1983년에 노인보건법에 의해 제공되는 서비스는 시설서비스와 더불어 재가노인을 위한 서비스로 구분되어 다양하게 제공되고 있다.

먼저 재가노인복지서비스를 살펴보면, 지역사회에서 생활하는 와상노인과 매성노인 및 허약한 노인 등 원조를 필요로 하는 노인에 대한 재가복지서비스로 재택의 세 가지 축으로 불리우는 홈헬퍼서비스, 데이서비스, 쇼트스테이를 중심으로 종래부터 충실하게 실시되어 왔으며, 신골드플랜에서는 1999년까지의 목표수룰 선정하여 과거에 비해 대폭적인 확충 책을 강구하고 있다. 특히 최근에는 고령화 사회의 도래에 의해 시설복지 서비스 에 맞추어 재가복지서비스 확충을 가하고 있어 더욱 다양화되는 복지요구에 대응할 수 있는 체제가 필요해지고 있는 상황이다.

요보호노인대상을 중심으로 하는 재가복지 대책은 가정봉사원 서비스(home-helper service), 주간보호서비스(day service), 단기입소 운영사업 (short stay service), 일상생활용구의 급여 등이 주요 활동이며, 사회활동촉진대상으로는 고령자의 삶의 의미와 건강 가꾸기 추진사업, 노인클럽 조성비지급, 전국노인클럽 연합회 조성비, 고령자 능력개발 정보센터, 고령자 종합상담센터 운영사업 등이 있다.

노인복지법에서는 노인거택 개호사업(노인가정봉사원 서비스사업), 노인 데이 서비스 및 노인 단기시설 입소사업의 3가지 사업을 노인거택생활지원사업으로 하고 있으며, 노인 데이 서비스 센터, 노인 단기입소시설, 특별 양호 노인 홈, 경비 노인 홈 및 노인복지센터의 6개 시설을 노인복지시설로 설치하도록 하는 규정을 세우고 있다.

일본의 재택복지서비스의 체계에 대해서 간단히 살펴보면, 전문적 케어서비스와 재택케어복지서비스의 2가지를 협의의 재택복지 서비스라고 하며, 여기에 예방적 서비스와 복지증진서비스를 포함시킨 것을 광의의 재택복지 서비스라고 말하고 있다. 예방적 서비스로는 건강교육, 조기검진 등의 보건활동과 식생활 및 주생활의 개선 등 예방적 활동을 들 수 있다. 전문적 케어서비스는 일정한 수준 이상의 의료, 간호, 재활, 교육, 상담, 철저한 신변 개호적 서비스 등의 전문적 활동을 들 수 있다. 이 경우의 전문적 케어서비스는 가족 구성원상호원조로 충족될 수 없는 요구에 대응하는 것이다. 재택케어서비스는 가사원조서비스로 가정봉사원, 급식, 세탁, 모포의 건조, 물건구입, 보행원조, 잡일 등의 서비스를 들 수 있다. 또한 재택케어복지서비스는 가족의 요구충족이 기능이 건실하게 기능하고 있는 경우 사회복지요구로 현재화 되지 않은 요구에 대응하는 것으로 , 가족의 요구충족 기능을 보완, 대체하는 것이다.

복지증진서비스에는 노인클럽활동, 고령자학급 외에 고령자의 능력이나 취미를 사회적으로 활용하거나, 고령자를 위한 여가, 여행 등 고령자의 사회참가를 촉진시키거나, 교양을 높이는 서비스를 하고 있다. 홈 헬퍼 서비스는 시정촌이 실시주체가 되어 노쇠와 심신의 장애 및 상병 등을 위해 일상생활에 지장이 있다고 생각되는 65세 이상의 노인이 있는 가정에 홈 헬퍼를 파견해서 신체의 수발, 상담, 조언을 수행하는 것이다(후생통계협의, 1998). 또한 1995년도에는 심야에도 대등되는 24시간 헬퍼(순회형)를 창설하였다. 홈 헬퍼의 인원은 1989년도에 31,405명으로 대폭 증원되었고, 국고보조율도 1/3에서 1/2로 높아졌다. 1998년도에는 인원이 167,908명으로 늘어났다.

이상과 같이 살펴보았듯이 재가복지서비스의 전략은 앞으로 일정수준 이상의 의료, 간호, 재활, 교육 등을 재가노인복지서비스로 풍부하게 제공하는 것이 중요하다. 또한 종래 보호적서비스에 멈추어 있던 복지서비스에 예방적 서비스를 포함하고 있다는 점이 높게 평가되어야 한다. 보건, 의료, 복지서비스의 충실한 내용을 이해 2000년도 단기보호시설은 5만병상정도, 가정봉사원은 5만 명 정도, 주간보호센터는 소규모시설을 포함해 1만 개소 정도, 특별 양로 노인 홈 및 노인보건시설은 모두 50만 명 정도를 정비한다는 구체적인 정비목표량이 제시되었다. 이 시기는 골드플랜의 책정을 계기로 해서 금세기 중에 고령자의 보건, 복지서비스의 정비목표가 정해짐과 함께, 매년 법률개정이 정해져, 이를 실시하기 위한 기반정비가 추진되었다. 고령자의 보건, 복지서비스는 시정촌 중심으로 하고, 노인방문간호나 요양형 병상군이 새롭게 제도화되었다. 또한 복지, 간호 인력을 확보하기위한 조치도 강구되고 있다. 동시에 앞으로 증가될 것으로 예상되는 개호 요구에 충분히 대응하기 위해서는 현행의 고령자 개호시스템으로는 한계가 있어 새로운 고령자 개호시스템의 확립이 필요한 것으로 인식되기 시작하였다. 1993년도에 작성된 노인보건복지기획의 집계결과는 장래의 골드플랜에 비해 가정봉사원이 6.8만 명으로 늘어나는 것 이외에 day 서비스나 단기보호시설, 특별 양호 노인 홈 등의 시설이 목표량을 넘어서는 것이었다.

이와 같이 지방노인복지계획이 장래의 골드플랜을 넘는 수준임을 감안하여 이를 정비할 필요가 생김으로써 1994년 12월 고령자보건복지추진 10개년 전략의 전면적인 개선(신골드플랜의 책정)이 이루어졌다.

일본의 재가노인복지사업에 대하여 살펴본 결과, 일본은 우리나라에 비해 고령화되어 있었고 그에 따른 시책으로서 노인을 위한 다양한 시설 및 서비스가 제공되고 있음을 알 수 있다. 그리고 고령자시책의 발전경위도 오랜 역사를 가지고 서서히 전개되어 오다가 최근에 급격하게 고령화의 속도가 증가하자 골드플랜에서 신골드플랜으로 전개되고 있다. 이처럼 일본도 고령사회의 심각성을 읽을 수 있다. 우리나라도 고령화 사회로 빠른 기간 내에 진전될 것으로 전망되고 있어 노인을 위한 각종시책이 보다 다양하게 전개되어야 하는 실정으로, 일본의 재가노인보건사업에 대한 시책은 하나의 접근모델로도 활용할 수 있으므로 이에 대한 검토가 필요하다. 특히 재가노인을 위한 홈케어서비스에 대한 절대적 수요가 증가하고 있어 일본과 같은 가정봉사원파견사업, 주간간호서비스의 확대 및 단가보호서비스의 정착이 우리나라도 필요하다. 따라서 이에 대한 우리나라 실정에 맞는 정착화 방안이 강구되어야 할 것이다.

여기에서 참고로 신골드플랜에 대비하여 고령자개호의 기반조성을 위해 취해진 획기적인 조치로, 대장성, 자치성, 후생성 등 3성(省)은 「고령자 보건·보건추진 10개년 전략」 즉, 「골드플랜」에 대해 합의하고 이를 정책화 하였다. 이 계획의 주요사업 내용으로는 재가복지사업추진 10개년 사업, 병상노인 일소(一掃)작전, 장수사회복지기금의 설치, 시설대책추진 10개년 계획사업이 있으며, 1994년 이 내용을 급격히 변화하는 현실을 반영하여 보다 발전시킨 「신골드플랜」의 구체적 내용은 〈표 12-3〉과 같다.

〈표 12-3〉 일본의 신골드플랜 내용

서비스의 종류		골드플랜 - 신골드플랜
재택서비스	홈헬퍼	10만 명 → 17만 명
	(홈헬퍼 스테이션)	- → 1만 개소
	쇼트 스테이	5만 명 → 6만 명분
	데이서비스, 데이케어	1만 개소 → 1.7만 개소
	재택개호지원센터	1만 개소 → 1만 개소
	노인방문간호 스테이션	- → 500개소
시설서비스	특별양호노인 홈	24만 명 → 28만 명
	노인보호시설	28만 명 → 28만 명분
	고령자생활복지센터	400 개소 → 400 개소
	케어하우스	10만 명 → 17만 명 분
인재양성확보	보모 · 개호직원	- → 20만 명
	간호직원 등	- → 10만 명
	OP · PT	- → 1.5만 명

출처: 김용택, 「일본의 노인복지정책방안」 p. 110.

5) 고령사회의 가족친화적 노인복지전개방향

(1) 노인재가복지서비스와 시설보호서비스간의 균형적 발전

우리나라는 서구의 경험을 근거로 하여 시설보호는 지양하고 재가보호를 중심으로 정책을 전개하여 나가는 경향이 있다. 이러한 사회보호서비스의 방향은 시설보호에 대한 편견이나 부정적 인식을 강화시켜 실제로 시설보호가 필요하거나 혹은 시설보호로 더 많은 의료혜택을 필요로 하는 노인들도 가정에 남게 만들며 장기간 노인을 부양하는 경제적, 심리적 어려움으로 인해 가족관계는 물론 형제자매관계가 갈등이나 대립양상을 취하게 되는 경우가 주변에서 적지 않게 발견된다. 재가보호에 대한 강조는 노인들에게는 시설보호가 마치 가족들로부터 버려지는 것이라는 인식을 강화시키게 하며, 노인을 시설에 보내는 가족은 그것이 가족의 조건상 선택하게 된 대안으로 받아들이기보다는 죄책감을 느끼거나 부부 및 형제자매간에 상호불신과 반목을 불러일으키게 하는 등 부정적인 측면을 유발하게 하는데 영향을 미치게 하고 있다. 그러나 앞 절에서도 서술한 바와 같이 재가보호서비스 발전은 시설보호의 양적 확충 속에서 발전하였으며, 서구에서는 재가보호서비스와 시설보호서비스의 구분이 명확치 않고 필요에 따라 각각의 서비스에 접근할 수 있다(한경혜 외, 1999).

시설보호에 대한 사회의 부정적 시선과 편견 때문에 부모를 시설에 모시고 있는 자식들이 이러한 사실을 최대한 숨기려 한다. 대개 요양원에 노인을 보낸 가족들은 시설방문을 떳떳하게 하기보다는 조용히 찾아와서 뒷문으로 빠져나가거나, 요양원에 와서 노인부양을 둘러싸고 형제자매끼리 다투는 경우도 있다(박준섭, 2006).

근래에 들어 사회적으로 늘어나는 노인인구를 부양하기 위한 사회적 지원방안으로 재가보호(community care)방식이 근본적인 해결책인 것으로 여겨지는 정책기조는 변화되어야 할 필요가 있다. 재가보호는 시설보호서비스가 안고 있는 노인들의 소외나 고독감을 완화할 수 있으며, 지역사회 내에서 노인들이 필요로 하는 서비스를 제공받으면서 지역사회의 유기적인 통합 속에서 노후를 보낼 수 있다는 점에서 유용한 노인부양을 위한 사회적 방안이다. 그러나 1일 평균 12시간 이상의 의료보호를 받아야 하거나 지속적이고 장기적인 보호가 필요한 노인 분들에게는 시설보호가 효율적인 측면이 강함에도 불구하고, '재가보호 만능'의 사회서비스 정책 기조로 인해 시설보호에 대한 편견이나 부정적 인식을 줄어들지 않고 있다. 이에 따라 의료나 사회복지서비스직 지원이 보다 시급한 노인은 물론 이러한 노인을 보살펴야하는 가족들에게 감당하기 어려운 부담을 안겨주고 있는바, 이에 대한 개선이 필요하다. 즉 재가보호서비스는 증가하되 동시에 시설보호서비스도 증대하여 필요에 따라 재가보호와 시설보호를 균형적으로 이용할 수 있는 노인부양체계를 마련하여야겠다.

(2) 가족 친화적 고용정책의 현실화

노인인구를 중심으로 한 장기요양대상자의 증가는 앞으로 이들을 보호해 줄 보다 많은 부양자를 필요로 하게 된다. 그러나 기존에 이들 노인이나 장애인 등 가족 구성원에 대한 1차적인 보호역할을 해 왔던 여성들 중 계속해서 더 많은 수가 경제활동에 참여하고 있는 추세이며 취업을 비롯한 사회참여의 욕구가 날로 증가하고 있다. 또한 우리나라의 여성들 중 고등학력을 소지한 여성들의 비율이 증가하면서, 이들 고급노동력이 가정 내 보호역할 때문에 단기적으로는 3-5년, 장기적으로는 15-30년간 노동력을 사장시킨다는 것은 사회적 인력손실로 볼 수 있다. 따라서 노인부양의 부담 때문에 경제활동에 참가할 의사와 노동능력이 충분한 여성들이 취업기회를 잃지 않도록 하는 방법이다. 경제활동에 참가하게 할 수 있는 사회적 지원방안이 마련되어야 하겠다. 이는 단순히 노인부양에 국한된 사항은 아니며 아동, 장애인, 노인 등 보다 많은 보호가 필요한 가족구성원들을 부양하면서 동시에 경제활동을 지속시킬 수 있게 하는 제도들을 포함한다. 또한 노인부양 역할로 인해 취업을 중단했다거나 노인부양을 하더라도 재취업을 원하는 여성들이 많다. 그러므로 이들 여성들이 사회로 나아가 재취업을 할 수 있도록 사회적으로 지원해야 하겠다.

(3) 노인부양 완화를 위한 재가복지서비스 사업전개

1990년대 중반 이래 지속적으로 있는 재가복지서비스는 앞으로 노인부양을 하게 되는 가족들을 위한 부양부담을 완화하고 노인들이 지역사회에 통합되어 노후를 보낼 수 있는 방안으로 확대될 전망이다. 재가복지서비스는 절대적인 숫자 면에서 아직까지 노인인구의 수요를 반영할 만큼 확대되지는 않았지만 노인을 위한 신체적, 정서적 수발에 있어 가족들의 시간할애 및 부양의 스트레스가 증가되는 속도에 비해 서비스의 증가속도가 느리고, 다른 사회적 서비스의 증가속도에 비해서도 느려서 사회적 책임 분담의 차원에서 재가복지 서비스 사업이 활발히 전개되어야 할 것이 요망된다.

(4) 사회적 보호서비스 인력에 대한 적절한 보상

가정 내에서 노인을 돌보는 주요 수발자 역할을 하고 있는 사람에 대한 적절한 보상이 있어야 한다. 지역사회복지관이나 노인종합복지센터 등에서 보호서비스를 제공하는 사람 즉 간병자, 유급 혹은 무급 자원봉사자들이 대부분인데 이들 또한 지역사회 내부에서 발생하는 노인에 대한 보호서비스를 성실히 수행하고 있다. 그리고 이들이 수행하고 있는 역할은 대부분 노인을 위한 의료서비스나 생활서비스에 필요한 간호나 재활 및 간병 등에 있어서 간호사, 치료사, 사회복지사 등 전문 인력의 보조역할을 수행하고 있다. 세분화시켜 나누어 보면, ① 노인이 살고 있는 가정에 직접 방문하여 노인이 일상생활에서 겪는 각종 어려움(세탁, 청소, 집안정리 등)에 도움을 제공하는 가정봉사원서비스, ② 식사를 만들어서 노인 가정을 방문하거나 노인이용시설에서 식사를 제공하는 서비스 ③ 목욕, 식사, 외출, 산책, 쇼핑 등의 보조역할, 간병이나 보행훈련 등의 물리치료사의 보조역할, 작업훈련 등의 작업치료사의 보조역할, 학습활동지도 및 스포츠 활동 등을 도와주는 대인 서비스, ④ 재가노인복지시설에서의 프로그램 강사나 강사보조자, 혹은 서류업무보조원 등과 같이 다양하다. 그러나 이러한 다양한 분야에서 봉사를 하고 있는 부양자들의 정신적 · 물질적 보상이 미미한 수준이다. 제도적 개선이 시급한 실정이다(권육상, 2000).

(5) 가족 간 역할공유

다음으로는 부양자 여성의 부양부담을 완화시키기 위한 방안으로는 가족 내 가족구성원 간 역할부담이나 역할고유 방식에 대한 교육이 필요하며 특히 그동안 노인부양의 일차적인 역할을 하지 않았던 남성들의 참여가 증대 될 수 있도록 유도하는 사회정책이 필요하다. 노인부양에 있어 가족 간 역할공유나 배우자 남성의 참여증대는 여성부양자가 현재 안고 있는 심리적, 신체적 고갈(burning-out)을 완화할 뿐만 아니라, 장기적으로 가족 간의 심리적 해체 없이 노인부양을 성공적으로 해 나갈 수 있는 필수적인 방편이다. 또한 노인부양의 가족 간 역할공유나 남성들의 참여증대는 여성들에게 취업이나 사회활동의 기회를 열어주거나 취업과 노인부양의 역할을 병행할 수 있는 가능성을 열어준다는 점에서 성인지적 정책 중의 하나로 고려할 수 있다.

우리나라는 현재 지역사회복지관이나 기타 상담소 등에서는 치매나 만성질환 노인을 장기간 부양하는 가족을 대상으로 심리적지지, 정보, 의뢰서비스, 기술 훈련, 적응 훈련 등의 교육프로그램을 제공하고 있으나, 부양자 가족전체를 대상으로 노인부양역할을 공유하는 방식이나 수발역할의 부담을 통해 주요 수발자의 신체적, 심리적 고갈을 막을 수 있게 하는 교육은 상대적으로 미약하다. 또한 노인부양을 원활히 하기 위해서는 사회적 지원과 함께 노인을 부양하고 있는 가족 간의 역할 공유와 상회지지가 무엇보다도 필수적인 사항인바, 이에 대한 사회적 분위기 전환을 위한 사회정책이 강화되어야 할 필요성이 제기되고 있다.

따라서 사회의 고령화와 함께 증가할 가족 내 만성노인질환자 부양요구를 수용하면서도 여성들의 사회 심리적 고립이나 무력화를 해소할 수 있는 방안은 노인부양 부담을 사회화와 함께 노인부야의 일차적 대상이 되는 가족 간의 역할 공유와 상호지지가 실질적으로 강화되어야겠다. 배우자 남성들도 일상적으로 발생하는 노인부양의 신체적, 정서적 수발의 책임을 공유하여야 하며, 가족 내 노인부양으로 인한 요구가 발생할 경우 남성들도 파트타임제, 출퇴근 연동제, 연격근무제도, 청원휴직제, 가족 간호제 휴가를 적극적으로 사용할 수 있도록 사회적 홍보를 강화하여야 하고 이를 위한 가족 친화적 고용정책이 자리잡을 수 있는 분위기를 조성하도록 하여야겠다.

(6) 가족관계 교육

마지막으로 가족구성간의 관계를 대상으로 다양한 가족관계 교육을 실시하여야 하겠다. 가족관계교육은 대부분 2세대 가구를 전제로 부부간, 부모-자식 간, 형제간 관계를 중심으로 되어지고 있으며, 상대적으로 노부모-성인자녀관계나, 특히 시부모-며느리 관계나 행동방식에 대한 가족프로그램은 발달되어 있지 않다.

노부모와 정서적 갈등을 겪고 있는 여성들은 부양부담감이 훨씬 높을 것으로 예상되며, 노부모가 부양에 대한 만족감을 표현하는 가구는 그렇지 않은 가구보다 부양부담감이 낮을 것이다. 이것은 수발을 담당하는 사람이 피부양 노인들과의 관계나 행동, 따뜻한 태도, 언어 혹은 비언어로 표현하는 부양수발에 대한 고마움의 표시와 같은 것들로 실제로 부양으로 인한 심리적 스트레스를 상당히 완화시킬 수 있다는 것이다. 사회적으로 노인부양이 강조되는 현실 속에서, 자녀의 노인부양이 양적으로 뿐만 아니라 질적으로도 향상되기 위한 방안으로는 단순히 자녀들의 효사상이나 의식변화를 교육시키는 것보다는 노인-성인자녀(여성)관계를 새롭게 할 수 있는 가족관계 재교육 프로그램의 개발이나 일상적인 갈등을 줄일 수 있는 행동, 태도, 말씨 등에 대한 교육이 함께 이루어져야 한다.

2. 치매노인가족

1) 고령화와 치매노인의 증가

(1) 고령화의 가속화

우리나라의 인구 고령화는 선진국의 고령화 속도를 앞서고 있으며, 이에 따른 각종 노인 복지 이슈들이 등장하고 있다. 가장 시급하게 대응해야 할 이슈 중의 하나가 노인치매이다. 전체 인구 중 65세 이상 인구가 차지하는 비중이 7% 이상인 국가를 '고령화 사회(aging society)'라고 하고, 14%이상인 국가를 '고령사회(aged society)', 20% 이상인 국가를 '초고령 사회(super-aged society)'로 분류하고 있는데, 우리나라는 지난 2000년에 노인인구 비율이 7.3%로 고령화 사회에 진입한 이래 2020년에 14.7%, 2030년에는 23%에 달할 것으로 예측되고 있다. 보건복지부의 발표에 따르면(2006년 말 기준), 노인인구 비율이 30% 이상인 지자체는 모두 14곳(충북 괴산, 전북 임실 · 순창, 전남 곡성 · 고흥 · 보성 · 함평, 경북 군위 · 의성 · 영양 · 예천, 경남 의령 · 남해 · 합천군)으로 나타났다. 보건복지부는 "오는 2026년이면 우리나라 전체의 노령인구가 20.8%에 이르러서 초고령 사회에 진입할 것으로 전망되고, 현재 노인인구비율이 30%를 넘은 수퍼고령 14개 군은 오는 2035년 우리나라 전체 인구 비율 상태를 미리 보여주고 있다고 보면 된다"고 하였다.

75세 이상의 고령인구에게서 기능손상과 만성질환의 발생률이 높은 것은 어느 사회나 공통적 현상이다. 미국의 경우 65~74세 노인의 7% 정도만이 일상생활에서 타인의 도움을 필요로 하지만, 85세 이상 노인은 40% 이상이 타인에게 의존해야만 일상생활을 할 수 있는 상태인 것으로 확인되었다(Clark et al., 1998; Zarit, Johansson & Zarit, 1995 ; Malmgren, 1994). 우리나라도 75세 이상의 노인 인구 중에서 28%를 넘는 노인이 수발을 요하는 상태인 것으로 조사되었다(이혜원, 1996).

〈표 12-4〉 고령인구의 증가 추이

(단위: 천 명)

연도	합 계		0~14세		15~64세		65~74세		75세 이상	
	인구수	비율(%)	인구수	비율(%)	인구수	비율(%)	인구수	비율(%)	인구수	비율(%)
1980	38,119	100	12,950	33.0	23,716	62.2	1,048	2.7	405	1.1
1990	42,866	100	10,973	25.6	29,700	69.3	1,498	3.5	695	1.6
2000	47,005	100	9,911	21.1	33,701	71.7	2,303	4.9	1,090	2.4
2003	47,921	100	9,718	20.3	34,237	71.4	2,689	5.6	1,277	2.7
2010	49,589	100	8,551	17.2	35,740	72.1	3,305	6.7	1,993	4.0
2020	50,647	100	7,034	13.9	35,948	71.0	4,473	8.8	3,192	6.3
2030	50,292	100	6,217	12.4	32,475	64.6	6,956	13.8	4,644	9.2

자료: 우국회 · 이가옥 · 이규황, "재가노인복지사업의 민간부문 활성화 방안", 한국경제사회발전연구원, 2003, p. 14에서 인용

〈표 12-5〉 치매노인 수 추계

(단위: 천 명)

구분 \ 연도	2000	2007	2010	2020
65세 이상 노인인구 수	3,395	4,810	5,357	7,701
치매노인 수	282	399	461	693
치매유병률(%)	8.3	8.3	8.6	9.0

자료: 치매관리 mapping 개발 연구(1997년, 한국보건사회연구원)의 치매유병률을 토대로 '06년 통계청 「장래인구 추계」의 노인인구수를 활용하여 재추계한 결과임.
2007년 9월 20일 보건복지부 노인정책팀 배포 보도자료("노인의 날" 보도자료)

(2) 치매노인의 증가

노화로 인한 질환은 다양하지만 그중에서도 가족에게 가장 심각한 부담을 초래하

는 것이 노인성 치매이다. 2007년 현재 65세 이상 노인인구의 약 8.3%인 39만 9천명 정도가 치매노인으로 추정되고 있으며, 이 숫자는 노인인구의 증가에 따라 계속적으로 증가할 것으로 예측된다(보건복지부, 2007). 연령별·성별 치매유병률을 보면 연령이 증가함에 따라 치매유병률이 높아지며, 남성노인보다 여성노인에게서 치매발병률이 높은 것으로 보고되었다. 〈표 12-6〉에서 보는 바와 같이 우리나라의 경우 65~69세 연령대에서 2.3%이던 치매유병률이 70~74세 4.6%, 75~71세 13.6%, 80세 이상에서는 25.7%로 증가하고 있어서 후기 고령노인에서 치매유병률이 급속히 상승함을 알 수 있다. 또한 각 연령대에서 여성노인이 남성노인보다 두 배, 혹은 그 이상의 치매유병률을 보이는 것도 알 수 있다. 우리나라에서는 평균수명의 연장에 따라 80세 이상인 노인, 그 중에서도 여성고령노인의 수가 급격히 늘어날 것으로 보이며, 따라서 치매노인의 수는 점차 더 증가할 것임을 예측할 수 있다.

〈표 12-6〉 연령별·성별 치매유병률

(단위: %)

구 분	계	65~69세	70~74세	75~79세	80+세
계	8.3	2.3	4.6	13.6	25.7
남	3.7	1.2	2.6	5.2	15.2
여	10.9	3.0	5.9	18.2	29.4

자료: 보건복지가족부(2008), 『2006년 보건복지백서』, p. 197.

(3) 노인성 치매에 대한 이해

치매를 어원 중심으로 정의해 보면, '치매(dementia)'라는 말은 라틴어에서 유래된 말로서 '정신이 없어진 것'이라는 의미를 갖고 있다. 태어날 때부터 지적능력이 부족한 경우를 정신지체(mental retardation)라고 부르는 반면, 치매는 정상적인 지적능력을 갖고 있던 사람이 다양한 후천적인 원인으로 인해 뇌기능이 손상되면서 기억력, 언어 능력, 판단력, 사고력 등의 지적기능이 지속적이고 전반적으로 저하되어 일상생활에 상당한 지장을 초래하는 상태를 말한다.

다시 말하면, 치매는 첫째, 선천적으로 타고난 것이 아니라, 후천적으로 초래된 것이고, 둘째, 기억력을 포함한 여러 지적능력이 일상생활이나 사회생활에 심각한 지장을 초래할 정도로 지속적인 손상을 보이는 상태이다. 과거에는 치매를 망령, 노망이라고 부르면서 노인이면 당연히 겪게 되는 노화현상이라고 생각했으나, 최근에는 많은 연구를 통해 분명한 뇌 질환으로 인식되고 있다.

가. 치매의 원인

일반인들은 대개 치매를 단일한 질병으로 생각하고 있다. 따라서 치매는 모두 다 똑같은 것이고, 특별한 치료법이 없다고 속단해 버린다. 그러나 치매는 단일 질환을 가리키는 것이 아니며, 의학 용어를 사용한다면 특정 증상들의 집합인 하나의 "증후군"에 해당하는 것이다. 그러므로 치매라는 임상 증후군을 유발하는 원인 질환을 세분하면 수십 가지에 이르게 된다.

치매의 원인 중 가장 흔한 것은 퇴행성 뇌질환의 일종인 알츠하이머병으로 전체 치매환자 중에서 약 50-60%를 차지하고 그 다음으로는 혈관성 치매가 20-30%를 차지하며, 나머지 10-30%는 기타 원인에 의한 치매이다. 치매의 기타 원인으로는 우울증, 약물, 알코올 및 화학물질 중독, 대사성 원인으로 인한 전해질 장애, 갑상선 질환, 비타민 결핍증, 뇌 기능 장애를 초래하는 감염성 뇌질환, 두부외상, 정상압수두증 및 다발성 경색증 등이 있다. 본 장에서는 전체 치매환자의 80% 이상을 차지하는 알츠하이머병과 혈관성치매에 대해 간략하게 살펴보고자 한다.

① 알츠하이머병

알츠하이머병은 1907년 독일의 정신과의사인 알로이스 알츠하이머(Alois Alzheimer)가 최초로 보고한 퇴행성 뇌질환으로 치매를 일으키는 원인 중 가장 흔한 것이다. 이 병은 베타 아밀로이드단백질이라는 독성 물질이 뇌에 축적되면서 뇌신경세포가 점진적으로 소멸되는 병으로 임상적으로는 매우 서서히 발병하여 매우 서서히 악화되는 특징적인 경과를 보인다. 그래서 발병 초기에는 노년기에 흔한 양성 건망증과 혼동되는 경우가 매우 많다.

② 혈관성 치매

알츠하이머병 다음으로 많이 나타나는 것이 뇌혈관이 막히거나 좁아지는 등의 원인으로 발생하는 혈관성 치매입니다. 혈관성 치매는 갑자기 시작되고 갑작스럽게 상태가 악화되는 경우가 많아 점진적인 경과를 보이는 알츠하이머병과는 임상적으로 차이가 있다. 흔히 '중풍 앓고 나시더니 갑자기 이상해지셨다'는 경우는 혈관성 치매일 가능성이 높다. 그러나 모든 혈관성 치매가 이러한 전형적인 경과를 보이는 것은 아니며 미세 혈관들이 반복적 혹은 점진적으로 막히는 경우에는 알츠하이머병과 구분이 어려울 정도로 점진적인 경과를 보이는 경우도 있어 감별 진단을 위해서는 반드시 전문적인 진료가 필요하다. 흔히 혈관성 치매인 경우에는 초기부터 편마비, 구음장애, 안면마비(음식을 삼키는데 어려움을 느낌), 연하곤란, 편측 시력상실, 시야장애, 보행장애, 실금 등의 신경학적 증상을 동반하는 경우가 많다.

③ 기타 치매

그 외에도 아래에 열거된 것처럼 각종 퇴행성 뇌질환, 대사성 질환, 우울증, 결핍성 질환, 중독성 질환, 뇌종양, 뇌외상, 감염성 질환 등 매우 다양한 종류의 원인에 의해 치매라는 증후군이 유발될 수 있다.

또한 그 빈도는 낮지만 루이체 병(Lewy body disease), 전측두엽성 치매, 파킨슨씨병 등의 퇴행성 뇌질환들도 치매를 일으키는데, 질환별로 알츠하이머병과 구별되는 특징적인 뇌병리 및 임상증상을 보인다. 그러나 이러한 원인 질환들은 알츠하이머병에 비해 그 빈도가 매우 낮다. 기타 치매들에서 주목해야할 점은 이들 중 상당수가 원인 질환에 대한 치료를 통해 증상 개선이 아닌 근본적인 치료가 가능하다는 것이다. 연구에 따라 다소 차이를 보이기는 하지만 대체로 이렇게 치료 가능한 치매는 전체 치매의 약 10-15%를 차지한다. 치료 가능한 대표적인 치매 원인 질환으로는 우울증(가성치매), 약물 및 알코올 중독, 갑상선 질환(갑상선 기능저하증) 등의 대사성 질환, 비타민 B12 또는 엽산결핍 등의 결핍성 질환, 정상압 뇌수두증(normal pressure hydrocephalus), 경막하 혈종, 뇌종양 등이다. 이러한 가역성 치매의 치료 예후는 조기치료를 얼마나 빨리 받느냐는 것에 의해서 좌우되므로, 치매 증상을 보일 때는 빨리 전문 병원을 찾아 정확한 진단을 받는 것이 필요하다.

나. 치매의 증상

치매의 증상은 크게 인지적 장애 증상과 정신행동증상으로 구분할 수 있다.

① 인지적 장애 증상

㉠ 기억력장애

치매 초기에는 최근에 일어난 일을 잘 기억하지 못하지만, 병이 진행될수록 오래된 것도 망각하게 된다. 사람들이 치매에 대해서 오해하는 것 중 대표적인 것은 치매환자들이 옛날 일들을 잘 기억하고 있기 때문에 기억력이 괜찮은 것이므로 치매가 아니라고 생각한다. 오래된 기억은 치매 중기에 이르러서야 손상되기 시작하므로 옛날 일을 기억하고 있다고 해도 최근 일에 대한 기억이 현저히 저하되면 얼마든지 치매일 가능성이 있다.

㉡ 지남력장애

시간, 장소, 사람에 관한 파악력이 저하되는 것으로 일반적으로 시간에 대한 장애가 먼저 나타나 날짜 관념이 없어지고 점차 진행되면 계절이나 밤낮도 구분하지 못하게 된다. 장소에 대한 파악력이 흐려지게 되면 늘 다니던 길도 혼돈되어 길을 잃는 일이 생기며, 나중에는 집안에서도 방이나 화장실을 찾지 못하게 된다. 치매가 상당히 진행된 다음에야 사람에 대한 지남력이 손상되는데, 심하지 않을 때는 가끔씩 만나는 사람을 알아보지 못하다가 말기에 이르게 되면 직계가족도 알아보지 못하게 된다.

㉢ 언어장애

말을 표현하는 능력이나 이해하는 능력이 점차 감퇴되는 것으로 초기에는 적절한 단어를 떠올리지 못해 말문이 막히는 정도의 증상을 보이다가 점차 다른 사람이 하는 말을 제대로 이해하지 못해 엉뚱한 대답을 하거나 횡설수설하기도 하며 말기에 이르면 아예 표현력을 상실하여 함구증 상태가 되기도 한다.

㉣ 기타 고등인지기능 손상

치매에 걸리면 판단력, 추상적 사고력, 실행능력, 공간구성력 및 지각력, 계산력 등 다양한 고등인지기능들이 손상되는데, 치매의 종류나 심각한 정도에 따라 다양한 양상으로 나타난다.

② 정신행동증상

치매환자 자신이나 환자를 돌보는 가족을 고통스럽게 만드는 것은 기억력 감퇴와 같은 인지기능장애가 아니라, 다양한 문제 행동들이다. 이러한 증상들은 초기보다는 중기 이후에 빈번하게 나타나다가 와상 상태에 들어가면 오히려 줄어드는 경향을 보인다. 그런데 이러한 문제행동 증상들 중 상당수는 정신과적 약물치료를 통해 상당 부분 개선될 수도 있다.

㉠ 망상

망상 중에서 가장 흔한 형태는 자신의 물건을 누군가 훔쳐갔다는 내용의 도둑망상이다. 그 밖에도 누군가 자신을 해치려 하거나, 버리려 한다는 내용의 피해망상, 간병인이 사기꾼이라는 내용의 망상, 배우자가 부정한 짓을 했다고 믿는 부정망상 등 다양한 형태의 망상이 출현한다. 이러한 망상으로 인해 난폭행동이나 우울, 불안, 초조행동이 유발되기도 한다.

㉡ 환각

환각이란 실제로 존재하지 않는 것을 마치 있는 것처럼 느끼는 것이다. 치매에서 가장 흔한 환각은 환시이고, 환청도 비교적 자주 나타난다. 그 밖에 드물긴 하지만 촉각이나 후각, 미각 등에 대해서도 환각이 일어나기도 한다. 이러한 환각 증세도 망상의 경우와 마찬가지로 난폭행동이나 초조행동을 유발하는 요인이 될 수 있다.

㉢ 오인

환각과는 달리 실제로 존재하는 것을 실제와는 다르게 인지하는 것을 말한다. 가장 전형적인 예로는 거울에 비친 자신의 모습을 보고서 마치 다른 사람을 대하듯이 행동하거나, 텔레비전에 나온 인물의 영상을 보고서 마치 자신 앞에 실제로 존재하는 사람을 대하는 것처럼 반응하는 것 등이다. 이 밖에도 방에 놓여 있는 베개를 자신의 아기인 것처럼 다루는 행동과 같이 물건에 대한 오인도 나타날 수 있습니다.

㉣ 우울증

치매 환자에게 나타나는 우울증은 일반 노인에게 나타나는 것과 같은 형태로 나타날 수 있다. 즉, 잠깐 동안 나타나는 경미한 우울감에서부터 극단적인 허무감, 비관적 사고, 죽음에 대한 집착, 의욕이나 즐거움의 상실, 식욕의 상실 및 체중감소, 초조감, 죄책감, 울음 등이 나타나며, 치료나 재활에 대한 거부적 태도, 식사거부 등의 문제로 이어져 예후에 부정적인 영향을 미칠 수 있다. 초기 치매환자의 경우 자신의 지적능력이 점차 저하되고 있다는 것을 스스로 인식하면서 우울감을 겪게 되기도 하지만, 치매 자체로 인한 뇌손상이나 동반되는 신체질환 등 기질적 요인이 원인이 되어 나타나는 경우가 더욱 많다.

㉤ 불안증세

망상과 관련된 걱정, 주변 상황이 파악되지 않는 데 따른 막연한 불안, 특정 대상에 대한 공포반응, 공황발작, 긴장되어 보이는 얼굴표정이나 몸가짐 등 다양한 양상으로 불안증세가 나타난다.

ⓑ 초조행동

초조행동이란 사회적으로 부적절한 언어(또는 음성) 및 신체 활동을 총칭하는 용어이다. 명백한 이유 없이 방황하면서 돌아다니는 '배회행동'과 무의미해 보이는 부적절한 동작의 반복, 안절부절못하면서 왔다갔다 하는 행동, 동일한 문장이나 질문, 불평 등을 되풀이하는 것 등의 '반복행동'이 있다. 초조행동들은 여러 가지 선행요인에 의해 유발되거나 악화되는 경향을 보인다. 그 중 대표적인 유발요인은 앞서 언급한 망상, 환청 등 정신병적 증상이며, 그 외에도 신체적 통증, 급성 신체질환, 미숙한 간병 등이 흔히 선행요인으로 작용한다. 또 한가지 중요한 요인이 간병인의 심한 피로상태이다. 피로상태는 우울증, 졸림, 불안, 화남, 인내력의 상실 등으로 나타나는데 이러한 간병인의 상태가 바로 환자의 초조 및 공격행동의 발생이나 악화에 영향을 주게 된다.

ⓢ 성격변화

치매 환자의 성격 변화는 자주 관찰되는데, 활동이 그전에 비해 위축되고, 소극적 수동적인 자세를 나타내며, 원래 즐겨하던 취미활동이나 집안 대소사에 대해 무관심, 무감동해지는 등의 변화가 나타난다. 쉽게 짜증이나 화를 내거나, 이기적인 성격으로 변하기도 한다. 이러한 성격변화는 다른 치매 증상들이 분명해지기 이전부터 나타날 수 있으며, 특히 전두엽성 치매와 같은 경우에는 기억력 감퇴가 두드러지기 훨씬 이전에 심한 성격변화가 나타나게 된다.

ⓞ 수면의 변화

정상 노인에게도 노화과정의 일부로서 총수면시간의 감소나 수면 중에 깨는 횟수의 증가 등의 변화가 나타날 수 있으나 치매 환자에서의 수면 변화는 이보다 훨씬 더 극심한 형태가 나타난다. 심한 불면증 및 이에 동반되어 나타나는 초조행동, 수면주기의 변화, 착란상태 등이 있으며, 이러한 수면장애는 간병인을 지치게 만드는 주요 요인이다.

ⓩ 식욕의 변화

많은 환자들이 치매의 진행과 함께 식욕이나 좋아하는 음식의 변화를 보인다. 이러한 변화로 인해 영양 상태나 체중에 심각한 변화가 나타나기도 한다.

㉧ 성욕의 변화

드물긴 하지만 극소수의 환자는 노골적인 성적표현을 하거나, 다른 사람이 있는 데서 자위행위를 하는 등 과잉으로 항진된 성적행동을 나타내는 경우가 있다.

③ 치매의 진행

알츠하이머병 환자의 일반적인 유병 기간은 평균 약 8년(3~16년) 정도로 알려져 있다. 유병 기간 중 알츠하이머병 환자는 건망증과 구별이 어려울 정도의 경미한 기억장애만을 보이는 초기 단계에서부터, 의미 있는 대화가 불가능하며 여러 가지 신체적인 증상이 나타나는 말기 단계에 이르기까지 매우 다양하면서도 심각한 증상들이 나타난다. 전형적인 알츠하이머병의 경과를 3단계로 정리해 보면 다음과 같다.

㉠ 초기: 주변의 도움이 약간 필요한 단계

- 기억장애(특히, 최근 일이나 대화 내용 망각, 오래된 일은 비교적 잘 기억)
- 집중력 저하 및 계산 착오
- 언어장애(경미한 표현 감소)
- 일상생활이나 사회활동으로부터의 회피반응
- 성격이나 기분의 변화(우울증, 짜증, 의기소침)

㉡ 중기: 일상 생활에 상당한 정도의 도움이 필요

- 기억장애의 심화(오래된 기억까지 망각)
- 지남력 장애(시간관념이 흐려지고, 길을 잃는 경우 발생)
- 언어장애(표현력 저하, 이해력 저하)
- 행동증상(배회, 난폭행동 및 기타 초조행동, 환각, 망상, 야간착란, 수면장애)

㉢ 말기: 거의 전적으로 주변의 도움에 의존하여 생활

- 기억장애 더욱 심화(대부분의 기억 망각)
- 지남력 장애 심화(가족이나 가까운 친지를 알아보지 못함)
- 언어장애 심화(부적절하고 단편적인 발언 증가 또는 표현 상실)
- 행동증상 지속
- 신체증상 출현(대소변 실금, 보행 장애, 경직 등이 출현하기 시작하여 결국에는 와상 상태에 이르게 됨, 폐렴, 요로 감염, 욕창 빈번)

그러나 모든 알츠하이머병 환자들이 이러한 전형적인 경과를 순차적으로 보이는 것은 아니며, 사람에 따라 증상의 출현 순서가 바뀌는 경우도 있다.

2) 치매 노인 수발로 인한 가족의 어려움

우리나라 치매 노인 수발의 특징은 가족의 수에 관계없이 여성에게 수발책임이 집중되는 경향이 높다는 것이다. 부모에 대한 부양은 장남의 책임이라는 관념이 높지만 실제로 수발 업무는 여성인 며느리나 딸이 해야 하는 일로 여기는 경향이 높다. 이경자(1996)에 의하면 치매노인의 주 수발자는 94.4%가 여성이었으며 평균연령은 50.8세였다. 그리고 수발과정에 부담을 발생시키는 주요한 원인은 치매노인의 문제 행동들로써 기억력 저하, 불평과 비평, 상스러운 말, 공격성 등이다. 치매 노인의 일상생활능력은 식사, 거동 능력이 비교적 남아 있는 편인데, 음식조리, 세탁, 시장보기 등 수단적 생활 능력은 거의 기대할 수 없어서 전적인 돌봄이 필요하다.

이성희와 권중돈의 연구(1993)에 의하면 가족 내에 치매노인이 있다는 사람들 중에 그 치매노인이 직계가족인 경우가 61%로 나타나, 핵가족유형이 2/3를 차지하는 우리나라의 가족유형을 감안해 볼 때 직계가족간의 부양 부담이 매우 높음을 알 수 있다. 치매노인은 대부분 기혼인 아들 가족과 동거하는 비율이 가장 많고 다음이 딸의 가족과 동거, 노부부만 생활, 미혼자녀와 동거 순으로 나타났다. 평균 가족원 수는 4.5명이며 주부양자는 배우자, 며느리, 딸이 대부분이다. 주수발자의 평균연령은 49세이고, 이들 중 40% 이상이 자신의 건강에 대해 부정적인 평가를 내리고 있다. 이영미(2005)에 의하면 수발자가 며느리인 경우가 전체의 50%로 가장 많았고 딸이 21.4%, 배우자가 10.8%로 전체 부양자의 80%이상이 여성이었다.

우리나라의 치매노인 가족의 특징 중의 하나는 주수발자가 외부의 도움 없이 가정 내에서 홀로 수발을 담당하기 때문에 수발부담감에 대한 고통을 혼자 또는 직계가족이 온전히 감당하고 있다는 사실이다. 사회가 변화하면서 지역사회의 재가시설 서비스를 이용하려는 가족들도 점차 증가하고 있으나, 지역사회 내에 치매노인을 위한 주간보호센터나 단기보호센터가 부족하고, 서비스를 받으려고 해도 그 과정이 쉽지 않은 경우도 많다. 다음은 치매노인을 수발하는 가족들이 겪는 어려운 점들이다.

첫번째, 정신적 · 신체적 건강의 악화이다. 치매노인 수발은 일차적으로 간병을 담당한 가족구성원의 정신건강에 심각한 영향을 초래한다. 많은 연구자들이 치매노인 수발가족의 우울 정도가 높음을 검증하였다. 치매 노인 수발로 인한 스트레스가 너무 심해서 신경정신과 약을 복용하는 가족 수발자도 있다(Clyburn et al., 2000). 우울감 외에도 가족수발자들은 의기소침, 무력감, 불안, 좌절감, 죄의식, 분노, 정서적 고갈, 불면 등의 다양한 정서적 고통을 심각하게 경험하는 것으로 확인되었다.

치매노인의 주 수발자가 낮 시간과 더불어 밤에도 수발을 계속 들어야 하기 때문에 수면부족을 많이 호소하였고(권중돈, 2002), 이는 수발을 번갈아서 수행해 줄 인력이 반드시 필요하다는 것을 강력히 증명해 주는 것이다. 배우자가 수발을 하는 경우는 더 심각한 형편이고, 딸이나 며느리가 주 수발자라고 하더라도 앞에서 언급한 것처럼 그들도 대부분 40대 중 · 후반이기 때문에 체력의 한계를 심각하게 느끼며, 신체적인 무리가 생길 수 밖에 없는 형편이다.

두번째, 사회적 활동의 제약이다. 자유나 개인적 시간의 부족, 사회적 활동에 대한 지장, 고립, 여가의 결여 등이 치매노인 가족의 가장 큰 어려움으로 자주 지적되었다(Monahan & Hooker, 1995). 치매노인의 문제행동의 빈도가 높아지거나, 인지능력 손상을 보일 경우 가족은 계속 주의를 기울여야 하므로 개인 시간이나 사회활동은 생각할 수도 없게 된다. 예를 들면, 다니던 직장을 그만 두기도 하고, 휴가는 생각조차 못하거나, 계모임이나, 동창모임, 친구모임 등에는 일절 나가지 않고, 철저한 하루 일과 속에 자기를 몰입한다. 자녀가 수발을 맡을 경우 기존의 가사, 자녀양육, 취업 등의 역할에 노인수발까지 첨가됨으로 해서 가족 내의 역할과 부담이 매우 증가하게 된다. 가족들은 처음에는 어떻게 하는 것이 올바른 수발인지를 잘 몰라서 무조건 시간을 같이 보내려고 하고, 개인의 자유 시간을 줄이는 것으로 대응하는데, 이것은 스트레스의 근원이 된다.

세번째, 가족관계 및 노인과의 관계악화이다. 치매노인의 가족은 수발을 맡은 후 가족들 내에서 갈등이 생기는 경우가 많다. 노인을 돌보는 방식, 노인의 치료전략 등에 대한 의견차이로 가족관계가 악화되기도 한다. 며느리나 딸이 주수발자인 경우 주부로서의 역할과 엄마로서의 역할, 아내로서의 역할을 그 전처럼 제대로 해내지 못해서 가족들과의 관계에 문제가 생기기도 한다. 또 주수발자가 다른 가족들이 자신에게만 노인의 수발을 떠맡기고, 자신의 어려움은 이해해 주지 않는 것 같아서 섭섭함을 느끼고, 그런 악순환 속에서 관계가 악화되기도 한다. 이런 문제는 수발의 책임이 한 명에게 집중되면 늘상 발생하는 경우이기 때문에 수발에 있어서 역할 분담은 매우 필요하다.

또, 주수발자와 노인의 관계가 악화되기도 하는데, 이는 노인학대의 위험성도 내포하고 있다(Horowitz & Shindelman, 1983). 수발자와 노인의 관계는 시간이 지남에 따라 부정적 방향으로 변화하는 것이 보통이다. 수발자는 치매환자가 지나치게 의존하고 요구하는 것에 대해 분노와 불만을 느끼는 경우가 많다. 그리고 배우자가 치매노인의 수발을 맡을 경우 더 이상 정상적인 의사소통이 불가능하고 이전과 달라진 배우자의 모습을 받아들이지 못하여 부부간의 관계가 악화되기도 한다.

네번째, 경제적 부담의 증가이다. 이는 치료비용으로 인한 재정적 부담과 수발로 인한 경제적 활동의 제약이라는 두 차원으로 구분할 수 있다(권중돈 외, 2002). 미국의 경우 연금, 메디케어, 메디케이드와 같은 제도를 통해 치매노인의 수발 부담을 덜 수 있지만, 우리나라는 의료보험, 의료보호에 의한 의료서비스만을 받을 수 있고, 의료보험 환자의 경우는 자기 부담감은 모두 부담을 해야만 된다. 2008년 7월부터 시행되는 노인장기요양보험제도는 지역 사회 내, 혹은 노인요양병원에서 수발서비스를 받을 수 있게 하고 있으며, 이 제도는 노인수발을 개인적 사적인 부담에서 사회적 부담으로 확대하는 데에 그 의의가 있다고 할 수 있다. 그러나, 현재까지는 가족의 수입이 낮을수록, 의료비 지출 규모가 클수록 수발로 인한 가족의 재정적인 부담은 크다고 파악되고 있다. 경제활동에 대한 제약은 노인수발을 위해 퇴직하거나 전일제 근무를 시간제 근무로 바꾸는 것, 노인의 상태에 따라 외출·조퇴·결근 등 갑자기 근무지를 이탈해야 하는 것 등으로 인해서 생산성도 떨어지고, 조직 내에서 적응에 어려움을 겪는 것 등을 포함한다.

3) 치매 노인에 대한 가족복지실천 현황과 발전방안

보건복지부는 치매, 중풍 등으로 일상생활 활동(ADL, activities of daily living)에 장애가 있는 노인을 전체 노인인구의 10.1% 정도로 추정하고, 이 중 중증도 및 수발상태에 따라 재가복지 서비스가 필요한 노인은 약 8.1%, 시설보호가 필요한 노인은 약 2%로 추정하고 있다(보건복지부, 2003). 2008년 7월부터 실시되는 노인장기요양보험제도로 많은 치매노인들과 그 가족들에게 적절한 의료 및 복지서비스가 전달될 수 있기를 기대해 본다.

(1) 노인장기요양보험제도 실시

국가의 제도적 측면에서 치매노인 수발에 대한 가족의 비용부담을 덜어주고 사회적 지원을 강화해야 하는 것은 진작부터 요구된 사회보험 방식의 프로그램이었다. 독일은 1995년부터 간병보험을 실시하여 재가보호, 시설보호 등의 급여를 제공하고 있으며, 일본도 1990년대 이후 신골드플랜 등을 통해 방문간호, 재가복지, 시설보호를 제공하고 2000년부터는 개호보험을 실시하고 있다. 우리나라에서는 기초생활보장수급자에 대해서는 무료로 서비스를 제공하고 있으나 중산층을 위해서는 치매노인의 의료 비용부담이 상당한데도 이에 대한 경제적 지원이 없는 것이 사실이다.

2008년 7월부터 시행되는 노인장기요양보험제도는 그간 가족에 주로 맡겨져 왔던 치매, 중풍 등 노인에 대한 장기간에 걸친 간병과 장기요양 문제를 사회연대 원리에 따라 국가와 사회가 분담하는 데에 의의가 있다. 또한 노인장기요양보험제도는 노인뿐만 아니라 장기요양을 직접 담당하던 중장년층과 자녀 등 모든 세대에게 혜택을 주는 제도이고, 노인들은 더 이상 자식들에게 부담을 주지 않고 계획적이고 전문적 장기요양서비스를 받을 수 있어 보다 품위있게 노후를 보낼 수 있다. 가장 큰 의의는 치매노인의 수발을 직접 담당하던 중장년층은 정신적, 육체적, 경제적 부담에서 벗어나 경제·사회활동에 전념할 수 있게 되었다는 점이다.

또한, 치매에 대한 정책적 조기접근을 하기 위해서 2007년 치매 조기검진을 위해 전국 250개의 보건소에서 치매상담센터를 운영하고 있으며, 이 센터에서는 65세 이상 노인은 누구나 치매 간이검진을 받을 수 있게 하였다. 2007년 상반기에 전국 9만 1천여 명의 노인이 치매 간이검진을 받았다(보건복지부, 2007년 9월 20일자, '노인의 날' 보도자료).

(2) 시설보호 현황과 발전방안

2003년 기준으로 치매노인을 비롯해서 지속적 요양보호가 필요한 중증 기능 손상 노인을 입소시켜 보호하는 요양시설의 수는 232개이고, 이 시설들의 입소정원은 16,852명이다. 이는 우리나라 노인인구의 0.4%에 해당하는 숫자로 선진국의 시설보호 노인비율이 전체 노인인구의 5~6%인 것에 비하면 매우 적다. 미국의 경우 65세 이상 노인의 4분의 1 이상이 노인 요양시설에서 수발을 받고 있다고 조사되었다(Hooyman & Kiyak, 2000). 다시 말해서 우리나라에서 장기요양보호를 요하는 노인의 수는 선진국가들과 마찬가지로 급격히 증가하는 데 반해 장기요양보호시설의 수는 매우 부족한 상황이다.

치매노인을 보호하기 위한 시설은 양적으로 부족할 뿐 아니라 설비, 서비스와 프로그램, 인력 등에서 전문성을 갖추지 못해서 질적으로도 문제점이 있는 것으로 지적되었다. 정부는 이러한 문제점을 개선하기 위해 시설 신축비와 운영비, 시설종사자의 인건비 등을 지원하고 있다.

치매노인을 위한 요양시설의 양적 수요를 충족시키기 위해서 정부는 '노인의료복지시설 10개년 확충계획'을 세워 2011년까지 수요충족을 목표로 노인요양시설을 매년 확충할 계획이다(보건복지부, 2003).

또한 노인요양시설의 질적 개선을 위해서 앞으로 정부의 시설에 대한 지원을 늘려 노후되고 협소한 시설환경을 개선하고 인력기준도 정비하여 요양서비스의 질적 향상을 꾀하고 있다.

〈표 12-7〉 연도별 우리나라 노인의료복지시설 현황

(단위: 개소)

구 분	1999	2000	2001	2002	2003	2004	2005	2006
계	107	115	137	164	200	282	416	642
무료노인요양시설	73	70	83	96	113	131	149	174
실비노인요양시설	13	13	13	14	19	42	123	260
실비전문요양시설	-	-	-	-	-	1	5	24
노인전문요양시설	21	32	41	54	68	108	139	184

※유료노인요양 · 전문요양시설은 별도

자료 : 보건복지가족부(2008), 『2006년 보건복지백서』, p. 185.

(3) 재가복지 서비스

우리나라에서는 치매노인 중 대부분이 가정에서 생활하고 있기 때문에 노인수발을 담당하는 가족을 지원하는 재가복지 서비스가 매우 중요하다. 현재 치매노인을 수발하는 가족의 부담을 덜기 위해 실시되는 재가노인복지 서비스는 노인복지법 제38조에 근거한 가정봉사원 파견사업, 주간보호 및 단기보호 서비스가 있으며, 그 외 재가노인복지 관련사업으로 가정간호사업, 방문보건사업 등이 있다. 재가노인복지사업과 관련사업의 유형은 〈표 12-8〉에서와 같다.

〈표 12-8〉 재가노인복지사업의 유형

구 분		주요 활동
법정재가복지사업	가정봉사원 파견사업	정신적·신체적 장애로 일상생활을 영위하기 어려운 노인이 있는 가정에 가정봉사원을 파견하여 일상생활에 필요한 각종 편의를 제공
	주간보호사업	부득이한 사유로 가족의 보호를 받을 수 없는 장애노인과 허약노인을 낮시간 동안 시설에 입소시켜 필요한 각종 편의를 제공
	단기보호사업	부득이한 사유로 가족의 보호를 받을 수 없어 일시적으로 보호가 필요한 장애노인과 허약노인을 시설에 단기간 입소시켜 보호
재가복지관련사업	거동불편노인 식사배달사업	거동이 불편한 저소득 재가노인에게 식사를 배달하여 노인의 건강증진을 지원하는 사업으로 시장·군수·구청장이 주체가 되어 사회복지사업 관련단체 또는 급식소에 위탁시행
	가정간호사업	한정된 의료자원의 효율적 활용과 환자의 심리적 안정 및 편의를 위하여 의료기관의 장기입원 환자와 입원이 더 이상 불필요한 환자의 조기퇴원을 유도, 가정에서 의료서비스 제공
	방문보건사업	보건기관 인력이 지역주민을 대상으로 가정 또는 시설방문을 통하여 건강문제가 있는 가족을 발견하고 질병관리와 예방에 필요한 보건의료 서비스를 직접 제공하거나 의료서비스에 연계하는 건강관리 사업
	간병인 파견사업 (간병도우미)	국민기초생활보장 자활사업의 일환으로 식사, 용변, 목욕지원, 신체청결, 세수 및 머리감기 등의 신체 수발을 제공하는 것으로 되어 있으며, 이외에도 복지서비스(말벗·우애서비스, 가사지원) 및 간호서비스(체위교환, 입욕 및 욕창치료 서비스)를 제공

자료 : 우국회·이가옥·이규황, "재가노인복지사업의 민간부문 활성화 방안", 한국경제사회발전연구원, 2003, p. 20에서 인용.

2007년 보건복지부의 노인복지시설현황에 의하면 가정봉사원 시설은 523개, 주간보호시설은 409개, 단기보호시설은 113개이다. 국고미지원 시설을 포함한 재가노인복지시설 수와 이용인원을 보면 〈표 12-9〉와 같다. 또 2005년 말 재가노인서비스를 원하는 요보호노인의 수가 42만 4천명에 달하고 있으나, 실제로 재가노인서비스를 받는 노인의 수는 약 4만명에 불과하였다〈표 12-10〉. 현재 재가노인복지 서비스는 전문인력과 시설부족으로 치매노인과 가족의 수요를 제대로 충족시키지 못하는 실정이다. 정부에서는 치매노인보호에서 재가복지 서비스의 중요성을 인정하고 시설의 확대와 인력 및 서비스의 전문성 향상을 통해 노인이 집에서 필요한 서비스를 받을 수 있게 하고 가족의 수발부담을 감소시켜 나갈 계획이다.

〈표 12-9〉 재가노인복지사업별 시설 수와 이용인원[7)]

(단위: 명, 개소)

구 분	가정봉사원파견시설	주간보호시설	단기보호시설
이용인원	42,063	5,824	1,041
시설 수	523	409	113

자료: 보건복지부, '2007년 노인복지시설현황', 보건복지부 홈페이지 통계자료실 2007년 7월 4일 게시물에서 인용.

〈표 12-10〉 요보호 노인인구 대비 재가보호서비스를 받은 노인 수

연도별	노인 수(천명)	요보호 재가노인 수(천명)	재가보호서비스를 받은 노인 수(명)
2003.말	3,975	385	23,234
2004.말	4,182	405	31,212
2005.말	4,383	424	40,002

※ 노인 인구수 : 2005. "장래인구 추계", 통계청
※ 요보호 재가노인 = 노인수 × 12.1%(요보호율) × 80%(재가보호율)
- 요보호율 : 2005. "공적노인요양보장제도 평가・판정체계 및 급여・수가 개발", 보사연
- 재가보호율 : 2002. "노인보건복지종합대책", 보건복지부
※ 재가보호노인 : 주간보호시설, 단기보호시설, 가정봉사원파견시설 등 재가노인복지시설의 정원

자료: 보건복지부, '국회요구자료(재가노인보호서비스 관련)', 보건복지부 홈페이지 주요정책자료방, 2006년 10월 9일 게시물, 게시물 번호 67번.

2008년 실시예정인 노인장기요양보장제도에서 재가노인복지 서비스의 역할을 80%로 설정하고 이러한 수준까지 서비스를 확충할 계획이다. 우국희(2003) 등은 앞으로 2010년까지 노인인구의 증가에 따라 치매노인을 비롯한 장기요양보호노인과

7) 국고 미지원 시설을 포함한 숫자이며 2007년 6월 말 기준이다.

그 가족을 위해 필요한 시설의 증가추이를 〈표 12-11〉과 같이 추정하였다.

〈표 12-11〉 연도별 재가보호 및 시설보호에 대한 필요시설 추이

(단위: 개소)

연 도	재가보호				시설보호			
	가정 봉사원 파견시설	방문 간호 시설	주간 보호 시설	단기 보호 시설	요양 시설	전문 요양 시설	요양 병원	합 계
2006	1,805	859	1,277	732	843	421	141	1,405
2007	1,891	900	1,338	766	880	440	147	1,467
2008	1,967	936	1,392	797	912	456	152	1,520
2009	2,032	967	1,437	823	939	470	157	1,566
2010	5,360	1,332	4,958	2,807	965	483	161	1,609

자료: 우국희·이가옥·이규황, "재가노인복지사업의 민간부문 활성화 방안", 한국경제사회발전연구원, 2003, p. 19.

노인의 치매유형과 정도에 따라 치매노인과 가족을 위한 서비스를 유형화할 필요가 있고, 치매의 정도에 따라 재가보호 또는 시설보호의 대상을 구분하는 것은 매우 중요하다. 치매 정도에 따라 보호수준을 구분해 보면 재가복지에 의해 보호가 가능한 치매노인이 50% 정도인데 반해 24시간 간병이 필요해서 시설보호가 필요한 중증 치매노인은 15% 정도이며 나머지는 재가보호와 시설보호의 경계선상에 있는 것으로 나타났다(권중돈, 2002). 이러한 결과를 보면 가족 수발환경 및 수발여건과 더불어 치매 정도에 따른 보호의 구분이 필요함을 알 수 있다.

(4) 사회복지 직접실천서비스의 활성화

치매노인을 수발하는 가족에 대한 직접 실천 서비스로는 정서적인 지원을 목표로 하는 개별 및 가족상담, 교육이나 집단 프로그램들이 있다. 미국에서는 도시별로 가족수발자단체(Family Caregiver Alliance), 가족수발자자원센터(Family Caregiver Resource Center)를 통해 치매노인을 비롯한 장애노인 가족수발자들의 심리적·정신적 부담을 덜어주기 위한 집단교육 프로그램, 지지집단과 자조집단들이 활발하게 서비스를 전달하고 있다. 우리나라에서는 치매노인 서비스를 담당하는 각 사회복지

기관 나름대로 집단프로그램과 개별상담을 실시하고 있으나 가족수발자의 부담을 완화시켜줄 만큼 체계적이고 지속적인 개입이 이루어지고 있다고 보기 어렵다.

치매노인가족 집단프로그램은 교육집단 및 지지집단으로 나누어 볼 수 있다. 치매에 대한 의학적 이해와 대처방법, 가족의 스트레스 관리에 대한 교육과 정보제공 등 교육적 기능과 가족들의 수발부담을 공유하고 서로 지지하도록 해주는 지지적 집단이 그것이다. 대개는 사회복지사가 심리적 지지가 목표인 집단상담을 진행하고, 각 분야별 전문가를 초빙하여 강의와 질의응답을 갖는 식으로 진행된다. 이러한 교육·지지집단은 정해진 기간이 끝난 후에는 자조집단을 구성하고 상호지지와 정보교류 기능을 지속해 나간다(권중돈 외, 2002). 특히, 자조집단은 심리적 지지와 정보교류 등에서 강력한 힘을 발휘하는데, 자조집단의 활성화는 사회복지사의 개입부담도 줄여 줄 수 있고 가족수발자 중에서 치매노인서비스 분야에 준전문가를 양성해 낼 수도 있다. 가족들에게 심리적인 지지뿐만 아니라, 가족이 원하는 시간에 수발을 대리 수행해 준다든지, 원하는 시간에 치매노인을 이동시켜 준다든지, 주간보호와 단기보호를 해준다든지 하는 실제적 서비스가 더 많이 이루어져야 할 것이다.

제13장

알코올의존가족

알코올의존은 의존자 개인뿐만 아니라, 가족까지 심리적 · 신체적 · 영적인 손상을 주며, 사회적인 관계에 가장 치명적인 손상을 준다. 또한 사회적으로는 빈곤 및 학대의 주된 원인으로 알려져 있다. 음주운전과 같은 법적인 문제, 직장에서의 생산성 감소, 과음으로 인한 신체적인 이상 등의 의료문제까지 광범위한 파괴력을 가진 것으로 나타나고 있다(Sher, 1991: 2-3). 〈그림 13-1〉과 같이 2000년 한 해 동안 발생한 음주의 사회경제적인 비용은 직접 · 간접비를 합하여 14조 9,352억원으로(정우진 외, 2006) GDP대비 2.8%에 이르는 것으로 나타났다. 이는 음주의 사회경제적 비용이 GDP대비 1.9%인 일본이나 그 이외의 캐나다나 프랑스(1.09-1.42%) 등과 비교하여 볼 때 심각하게 높은 수준임을 알 수 있다. 알코올문제를 해결하는 것이 사회문제를 가장 효율적으로 해결하는 길이라는 말을 할 정도로 알코올관련 문제는 사회문제의 가장 근원적인 원인들 중의 하나인 것이다.

알코올의존자는 병이 진행됨에 따라 합리화하고, 부정하고, 투사하는 등의 심리방어기제가 발달하고, 가족들도 여러 측면에서 심각한 손상을 받으며, '가족병(family disease, co-dependency)' 증상을 나타내게 된다.

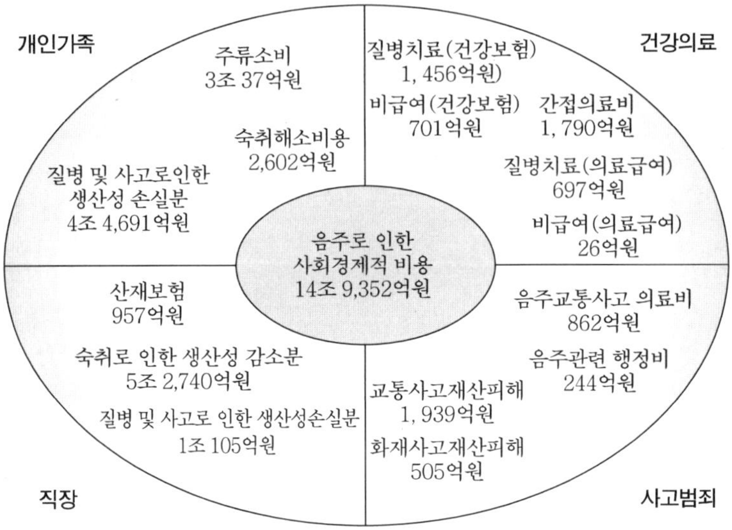

자료: 보건복지부 정신보건팀, 「파랑새 플랜」 보도자료, 2006년 8월 30일자.

〈그림 13-1〉 알코올로 인한 사회경제적 비용부담 내역

각종 가족복지적 자원들이 알코올문제를 겪고 있는 가족과 클라이언트에게 보호요소로 작용할 수 있도록 해야 할 것이고, 실질적인 도움이 될 수 있는 제도와 프로그램과 서비스가 실행될 수 있어야 한다. 알코올문제를 가진 가족에 대한 개입은 알코올의존자의 문제의식 증진, 변화동기 향상, 회복과정의 안정화 및 재발예방에 긍정적인 영향을 미칠 수 있어야 한다. 궁극적으로는 알코올문제를 가진 가족의 삶의 질 향상과 자체적인 역량강화에 초점을 맞춘 포괄적이고, 일관성 있는 가족복지 정책과 실천이 이루어져야 할 것이다.

1. 알코올의존의 정의와 실태

1) 알코올의존의 정의

국가와 국가, 지역과 지역간에는 서로 다른 언어와 사고방식을 가지고 살아가듯이, 어떠한 현상에 대한 설명도 상이하기 마련이지만, 본 장에서는 세계적으로 가장 많이 통용되는 정의에 관해서 논하도록 하겠다.

미국 정신의학계의 DSM-Ⅳ[1]에서는 임상적으로 심각한 손상이나 고통을 호소하게 되는 알코올사용의 비적응적 양상이 지난 12개월 동안 다음에 나열된 7가지 증상 중 3개 이상이 지속적으로 나타날 때 의존(물질사용장애, Substance Use Disorders)으로 진단을 내린다(APA, 1994: 175-191).

DSM-Ⅳ에 나오는 7가지 증상은 다음과 같다.

① 내성(tolerance): 원하는 효과를 얻기 위해서는 알코올의 양을 증가시켜야만 하거나, 똑같은 양을 사용할 때는 현저히 감소한 효과를 느끼는 것이다.

② 금단증상(withdrawal): 알코올 사용을 중단함으로써 생기는 독특한 증상(불안, 긴장, 초조함, 불면, 손발 혹은 온몸의 떨림, 환시, 환청, 환촉, 진전섬망 등)을 겪게 되거나, 금단증상을 약화·회피하고자 유사한 물질(알코올의존의 금단증상을 피하고자 진정제나 수면제를 사용하는 것)을 사용하는 것이다.

③ 처음에 마음먹은 것보다 더 많은 양을 마시고, 더 장시간 취해 있는 것이다.

④ 음주량을 줄이거나, 중단하려고 계속적인 노력을 했지만 실패를 경험하는 경우이다.

⑤ 술을 사기 위해서 많은 시간을 소비하거나, 술의 효과를 회복하기 위해서 많

---

1) DSM-Ⅳ(Diagnastic and Statistical Manual of Mental Disorders)는 미국정신의학회(American Psychiatric Association)에서 1994년에 출간한 정신장애의 진단과 분류에 대한 기준서이다. 1952년 DSM-Ⅰ이 출간된 후부터 현재까지 정신장애를 진단하고 분류하는 데에 세계보건기구의 ICD-10과 더불어 가장 큰 기준을 제시해 주고 있다.

은 시간을 소비하는 것이다.

⑥ 음주 때문에 중요한 사회적 · 직업적 활동과 여가활동이 포기되거나, 감소한다.

⑦ 음주가 원인이 되어서 악화되고 반복되는 심리적 · 신체적 문제가 생긴다는 것을 스스로 알면서도 계속적으로 음주를 한다.

다시 말하면, 미국 정신의학계의 진단 기준표인 DSM-Ⅳ에서는 내성, 금단증상, 조절능력상실, 집착, 강박증, 사회적 기능손실과 관련된 7가지 증상에 지난 12개월 동안 3개 이상 해당될 때 알코올의존(substance dependence)으로 진단하고, 1개 이상이거나 7가지에 해당이 되지 않더라도 그 개인의 사회적 기능이나 음주 운전, 법적문제, 주변과의 문제들이 반복될 때 알코올남용(substance abuse)으로 진단을 내린다. 중요한 점은 미국정신의학계에서는 알코올남용과 알코올의존 모두를 치료가 필요한 물질중독(Substance addiction)으로 다루고 있다는 사실이다.

2) 알코올의존 가족에 대한 정의

알코올의존가족(alcoholic family)은 알코올의존자가 있는 가족(family with an alcoholic member)을 구분해야 하는데, 그 이유는 알코올의존자가 가족 내에 존재함으로써 가족체계의 구조와 발달에 어떤 역기능적인 영향을 받았는지가 더 중요하게 다루어져야 하기 때문이다. 물론 알코올의존자의 병적인 상태가 심각할수록 가족체계가 받은 역기능적인 영향이 더 크다고 볼 수도 있겠으나, 임상 장면에서 볼 때는 반드시 비례하지는 않는다.

알코올의존가족은 다음과 같은 특성을 보이는 가족이라고 할 수 있다(Steinglass et al., 1987): ① 알코올의존자의 욕구에 맞추어 주는 방향으로 일상의 모든 행동들이 구조화되는 경향이 있다. ② 알코올의존이라는 병을 중심으로 가족의 일상생활이 구조화됨으로써 생기는 발달적인 '왜곡' 현상이 나타난다.

3) 알코올의존의 실태

〈표 13-1〉에서 보는 바와 같이 알코올의존에 관한 최근의 역학조사를 보면, 한국

성인의 4.2%-10.9% 알코올의존 유병률을 보여주고 있다(알코올상담센터기술지원단, 2004; 제갈정, 2000; 김용석, 1999; 조성진 외, 1998; 이정균 외, 1994). 이들과 가족까지 합산을 한다면 얼마나 많은 사람들이 알코올의존으로부터 역기능적인 영향을 받고 있는지 짐작할 수 있다.

〈표 13-1〉 선행 연구에 나타난 알코올의존 유병률

연구자	조사도구 (선별도구)	조사지역	알코올의존 혹은 알코올의존으로 추측되는 인구 비율(%)
이정균 · 이규항 (1994)	DIS/DSM-Ⅲ	전국(n=5,100)	9.92
조성진 외(1998)	CAGE	전국(n=5,331)	10.9
김용석(1999)	MAST NAST	전국(n=614)	4.6 4.2
제갈정(2000)	CAGE	전국(n=3,029)	10.9
알코올상담센터 기술지원단(2004)	CAGE 문제음주척도	전국(n=2,812)	CAGE: 18.8 문제음주척도: 12.5
『정신질환실태역학조사』 (2006)보건복지부	세계보건기구 (WHO)의 CIDI	전국(n=6,510)	알코올의존: 7.0 알코올남용: 9.2

2. 알코올의존의 이론적 배경

1) 알코올의존에 대한 이론(Miller & Hester, 1995)

알코올의존 및 약물의존에 대한 개입 모델에는 다음과 같이 여러 가지가 있으나, 실제로는 절충주의적 모델이 가장 많이 사용된다고 볼 수 있다. 예를 들면, 알코올의존에 대한 실제적인 치료 · 재활은 의학적 입장만을 충실하게 따르는 질병모델만으로 개입을 해서는 안 되며, 자조집단 모델인 A.A(Alcoholics Anonymous) 12단계 모델만으로 개입하는 것도 미흡한 점이 있다. 질병모델과 A.A. 모델의 결합은 거의 기본적이며, 사회학습 모델과 체계모델에 기반한 개입도 반드시 이루어져야 할 것이다.

(1) 질병 모델(disease model)

질병모델을 한마디로 요약하면, 알코올의존을 암이나 당뇨병과 같은 '질병'으로 보는 것이다. 알코올의존을 다영역적인 접근이 필요한 정신질환의 한 종류로 보는 것이다. 1930년대와 1940년대에 등장한 이 모델은 제 2차 세계대전 이래로 급속하게 확산되었다. 이 모델의 효시는 19세기 초 미국의 의사였던 벤자민 러쉬(Benjamin Rush)이지만 현대적인 관점으로 보면 1940년대 옐리넥(Jellinek)에 의해 소개되었다. 1956년 미국의학협회(AMA)는 알코올중독을 하나의 질병으로 인정하였고, 그 이후 질병 모델은 NCA(The National on Alcoholism)나 세계보건 기구(WHO) 등에 의해서 채택되었다. 1956년 이후 통용되어 온 미국의학협회의 정의에 의하면 알코올중독은 "만성적이고 과도한 알코올사용에 관련된 장애이며 신체적·사회적·심리적인 기능장애를 수반하는 질병"이다. 반면에 세계보건기구에서는 '알코올사용이 그 사회에서 수용하는 범주를 초과하거나 사회적인 활동에 손상을 입힐 때를 알코올중독'이라고 정의함으로써 문화적·사회적 요인들의 중요성을 강조하고 있다. 알코올중독은 사회문화적 배경에 따라 인식이나 수용도 등에 차이가 있기 때문에 문화적 배경에 대한 고려 없이 하나의 진단 기준을 일률적으로 적용하기는 어려운 일이다.

의료모델의 기반이 되어준 기초의학분야는 유전학, 내분비학, 뇌기능에 관한 생화학 등이다. 이는 알코올의존을 '점진적으로 진행되고 만성적으로 재발하는 질병'으로 인식시키는 데 기여하였다. 즉, 알코올의존자들은 '알코올중독'이라는 질병에 걸렸기 때문에 술을 마시지 않을 수 없다는 논리이다. 의료모델에서 주장하는 알코올의존자는 의존자가 아닌 사람들과 생리화학적으로 다르다는 것이다. 다시 말하면, '알코올의존자는 만들어지는 것이 아니라 알코올의존자로 태어난다는 것이다. 알코올의존자는 알코올에 대한 피할 수 없는 신체적 갈망과 심리적인 강한 충동을 느낀다고 보는 것이다. 알코올의존은 단계별로 진행되는 점진적인 질병이다'(Pattison & Sobell, 1977)라고 주장하였다. 이 모델은 알코올의존을 가진 개인은 반드시 식별되어야 하고, 자신들의 상태에 대해서 알아야 하며, 진단을 수용해야 하고, 평생 동안 단주해야 한다는 입장을 취한다. 또한 알코올중독자들은 합리적인 결정을 내릴

능력이 없다고 보기 때문에 이들에게 치료받도록 강권하는 사회적 개입이 필요하다고 본다.

알코올의존의 치료·재활에서 질병모델은 클라이언트와 그 가족들에게 도덕적인 스티그마를 감소시키는 역할을 해왔고, 정신의학분야 전문가들의 개입을 정당화하는 데에 큰 역할을 해 왔다. 그러나, 시대적 상황이 변화함에 따라 질병모델만으로는 적절한 개입을 할 수 없게 되었고, 다른 모델들과의 연계와 절충이 이루어지고 있는 것이 현실이다.

(2) 도덕·의지 모델(Moral-volitional model)

알코올의존을 바라보는 가장 오래된 모델로서 의존자는 도덕적으로 나약하기 때문에 약물이나 알코올을 지나치게 사용한다고 보고 그들을 죄인으로 취급하는 것이다. 의존자의 신체적·심리적·사회적 요인들의 영향은 전혀 고려하지 않고, 개인의 의지가 부족하거나 충동조절 능력이 부족해서 과도하게 음주한다고 보는 견해이다. 알코올문제의 원인을 과도하게 음주하는 개인의 선택 때문이라고 보는 것이다(Keller, 1979). 의존을 질병으로 보지 않고 그 원인을 성격적으로 나약한 의지에 초점을 두며, 알코올의존에 대한 과거 책임을 인정하고 회복과정에서도 도덕심의 회복을 중요시한다.

이에 따르면 중독자는 '유혹'에 저항할 '도덕적인 힘'이 약한 사람이며 '죄악에 영혼이 굴복한 사람'이고, 중독자에 대한 처벌이나, 지위나 자유의 상실 등과 같은 사회적 제재는 적절하다고 본다. 도덕 모델에서 재발은 단주에 대한 약속의 파기이며 도덕적 신념의 결여와 통제력 상실로 본다. 따라서, 중독자는 의지가 부족하기 때문에 술을 마실 수 있는 문화로부터 격리시켜야 한다고 본다.

(3) 사회학습 모델(Social Learning model)

사회학습 모델에서는 알코올 그 자체의 약리학적 또는 신체적·생리적 영향보다 인지적·환경적 요소가 알코올사용에 더 큰 영향을 끼친다고 보는 것이다. 알코올 사용 패턴을 형성하는 개인과 환경의 상호작용에 초점을 두며, 음주행동 모델링과 또래의 압력 및 대처기술의 중요성을 강조한다. 이 모델에서 볼 때 의존적인 행동은 문제 음주, 담배 피우기, 약물남용, 식사장애, 충동적인 도박 등은 '나쁜 습관'을 나타내는 것이다. 개인의 특정한 습관이 과거 학습경험에 의해 결정되고, 형성되었지만, 습관을 변화시키는 과정은 개인의 책임과 활동적 참여가 중요하다고 강조한다. 자신의 심리적 상태를 변화시키거나 문제 상황 처리 도구로 음주하였다고 보는 것이다. 알코올이 긍정적이고 바람직한 효과를 가져올 것이라는 기대가 더 심각한 음주를 유발하는 것으로 나타났다(Brown, Goldman & Christiansen, 1985). 즉, 대안적이고 효과적인 기술이 결여되어서 대처전략으로 계속 술에 의존하게 되는 것이 심리적인 의존과정이라고 본다. 이 이론은 개인이 새로운 대처기술과 인지적 전략을 습득하면 과거의 안 좋은 습관(음주)은 자신이 통제가 가능하다고 본다. 구체적인 변화전략으로는 부정적인 모델링과 친구집단을 변화시킨다거나, 문제처리 기술훈련과 인지적 재구조화와 새로운 기술을 습득하도록 하는 것을 강조한다.

이 모델은 알코올의존자의 사회적 기능 증진이 목적이고, 이 모델을 위주로 개입을 하려면 알코올 없이 생활이 지속될 수 있는 환경이 필요하다. 지역사회 내에 그러한 인프라가 구성되어야 하는데, 우리 사회에는 아직도 그런 인프라 구성은 미흡한 실정이다.

(4) 성격모델(Personality models)

정신분석학자들이나 심리학자들은 '의존'은 성격장애나 정상적 발달 혼란으로 나타나는 하나의 증상이라고 본다. 정신분석 이론에 근거해 보면, 알코올의존자는 구강 고착, 자기도취, 수동성, 그리고 의존성 등 심리적인 갈등으로 인해서 미성숙하고 발달의 초기 단계에 고착된 사람들이다. 알코올의존의 원인으로는 성장과정 중에 조기 부모 상실(이혼, 별거, 사망 등)이 많았으며, 부친과 형제들과의 갈등도 원인으로 작용한다고 한다. 다시 말하면, 알코올의존자들은 독특한 성격유형이나 문제를 기진 사람들이며, 음주문제를 해결하기 위해서는 인성의 재구조화가 필요하다는 것이다. 수많은 연구를 통해 그런 성격 특성들에 대한 명확한 파악이 어렵다는 것이 밝혀졌지만 아직까지도 알코올의존자는 공통된 비정상적인 성격을 가진다는 이론이 받아들여지고 있다(Vailant, 1983).

이 모델의 합리적 개입은 내재하는 갈등을 해결하고 보다 성숙한 수준으로 이끌어주는 정신심리치료이다. 이런 치료는 기본적인 저변의 갈등들을 풀고, 의존자를 좀더 성숙한 기능 단계로 끌어 올리는 데 매우 효과적이며, 예방적인 개입은 정상적인 심리 발달에 초점을 맞추어야 한다는 것이다.

(5) A.A.(Alcoholics Anonymous)모델: 12단계 모델

1935년에 시작된 A.A.는 근본적으로 영적인(spiritual)프로그램이며, 따라서 이것은 치료가 아니라 알코올의존자가 새로운 삶을 살아가는 길을 안내하는 것이며, 12단계 모델을 근간으로 하고 있다. 이 모델에서는 알코올의존을 영적인 결함 때문에 생기는 병이라고 본다. 알코올의존은 인간이 스스로 극복하기에는 매우 어렵고, 이러한 상태에서 극복하려면 절대적인 힘(higher power)에 자신의 삶을 내어 맡기고, '술 없이 온전하게 사는 법'을 배워 나가고 실천해야 한다고 강조한다.

알코올의존자의 음주는 영적인 삶과 잘못된 인간 욕구의 반영으로, 단주만이 알코올중독자의 삶의 방식을 변화시킬 수 있는 유일한 대안이며, 이것은 전체성(wholeness)과 평온함(serenity)에 대한 계속적인 탐색이라고 한다. A.A.의 12단계는 정직, 겸손, 인내를 키워 나감으로써 영적 성장을 꾀하려고 하고, 이 영적인 경험이 알코올의존자에게 중요한 회복의 수단이 된다고 본다. 이 모델의 시각은 질병모델과 연계하여, 의학적인 치료 뒤에 평생 동안 12단계 프로그램과 자조집단을 활용한 영적인 성장에 초점을 두는 형식으로 나타나고 있다. A.A. 멤버간의 멤버십과 후원관계(스폰서십)의 중요성을 강조하며, 12단계와 12전통을 지킬 것을 강조한다.

(6) 인지모델(Cognitive model)

의존을 인지하는 과정에 주된 관심을 두며, 알코올에 대한 긍정적인 기대가 빈번할수록 과한 음주를 한다고 본다. 이 모델의 접근방법은 알코올문제에 대한 강의나 영화 등을 활용하여 중독의 문제에 대한 인식을 높이고, 교육을 주된 방법으로 활용한다. 알코올의존은 정확한 정보의 부족, 지식의 결핍에서 비롯된 것이라고 가정하고, 따라서 정확하고 최신 지식을 얻게 되면 순간적인 충동에 넘어가거나 재발하는 예가 줄어들 것이라고 생각된다. 인지적 재구조화가 술에 대한 긍정적 사고를 바꾸기 위하여 사용되며, 갈망과 충동에 대처하고, 문제성 음주를 조장하는 신념을 수정하기 위해서 주로 인지적 치료방법을 선택한다.

(7) 일반체계모델

개인의 지나친 알코올사용을 그 개인을 둘러싼 환경과의 상호작용상의 문제라고 보거나, 혹은 그 개인의 상위체계와의 역기능으로 이해하려고 한다. 개인의 알코올 문제는 다른 가족구성원들과의 관계나, 그 개인이 속한 하위체계들을 고려하지 않고서는 이해할 수 없다는 것이다. 가장 중요한 체계는 가족으로서 알코올의존은 '가족'이라는 체계 전체에 대한 접근이 되어야 하며, 알코올문제에 내재된 복합적이고 역기능적인 상호작용을 풀어나가는 데에 가족치료가 효과적이라고 보는 것이다.

이와 같은 여러 가지 치료·재활 모델들의 단편성과 한계성을 극복하기 위해 절충적인 방법이 임상현장에서는 대두되었다. 밀러와 허스터(Miller & Hester, 1986)에 의하면 알코올의존 치료프로그램에 대한 효과성 연구는 모든 개인에게 가장 적합한 '유일한' 치료방법은 없다는 것이다. 그리고 같은 유형의 사람이 여러 형태의 알코올의존 치료방법론에 반응하는 것이 아니고, 사람마다 각각의 치료접근 방식에 대해 각기 다른 반응을 보인다는 것이다. 따라서 어떤 유형의 사람 혹은 가족에게 어떤 프로그램이 적합한가에 초점을 두고 평가하고, 각 개인과 가족을 최적의 치료·재활에 연결하여 회복 효과를 높이는 것이 중요하다.

2) 알코올의존가족의 특성

알코올의존은 '가족병(family disease)'으로 불리는데, 그 이유는 알코올의존이라는 '병'을 지닌 클라이언트 본인뿐만 아니라, 가족도 심리적으로, 정신적으로, 신체적으로 병이 들기 때문이다. 알코올문세는 타인들로부터 깨닫기 시작하며, 직계가족들은 비교적 나중에 깨닫게 되고, 본인은 가장 최후에 깨닫는다는 말이 있는데, 그 이유는 가족도 어느 시점까지는 알코올문제를 부인하기 때문이다.

1960년대와 70년대 초 일반체계 이론가들은 알코올의존과 가족체계를 한 단위로 보는 것을 고려하였고, 이런 관점에서 알코올의존은 가족체계의 질병이며 개인보다 현재의 가족관계를 특징짓는 상호작용 유형들에 일차적인 초점을 맞추게 되었다. 가족체계에는 상호의존적인 하위체계, 규칙, 개방체계, 폐쇄체계, 항상성 등이 있다. 알코올의존가족이란 알코올의존자의 음주가 가족생활의 중심이 되는 과정이 명확하게 드러나는 가족이다. 가족체계론적 입장에서 알코올의존자의 증상은 가족의 항상성을 유지하는 기능을 하는 것으로 본다. 즉, 알코올의존자의 행동이 가족에게 치명적인 결과를 가져온다는 사실을 알면서도 가족의 평형상태를 유지하기 위하여 여기에 적응하고 병적인 가족생활을 그대로 방치함으로써 항상성을 유지한다.

알코올의존 가족은 클라이언트가 벌여 놓은 문제행위들을 처리해 주면서 이번이 마지막이라고 위협하지만 또 다른 문제가 발생하게 되면 다시 뒷감당을 해 줌으로써 자신도 모르게 알코올중독자의 음주문제를 조장하는 역할을 하고 있는 것이다(천덕희 외, 2002: 49). 여기에서는 알코올의존 가족의 일반적 특성을 살펴보고, 배우자의 공동의존 유형과 자녀들의 역기능적 유형과 특성에 대하여 살펴보고자 한다. 그리고, 현재 사회복지제도 내에 관련 정책과 프로그램은 무엇을 어떻게 원조하고 있는지를 알아보고자 한다.

(1) 가족구조와 경계

알코올의존가족의 경계(boundary)는 지나치게 경직되어 있고, 술문제는 의존자의 가족들을 가족 내에서 고립시키고, 가족 전체가 지역사회로부터 고립되는 효과를 가져온다. 외부 환경에 술문제를 발설하지 않도록 강요받으며, 항상성은 유지할 수 있지만, 가족구성원들의 자아존중감과 성장발달은 상당히 치명적인 대가를 치르게 된다(Steinglass et al., 1987).

알코올의존 가족의 특성을 일반 가족과 비교한 선행 연구들을 보면, 의사소통, 대인관계, 상호작용기술 등이 심각하게 역기능적이며, 알코올의존 가족들은 사회 내에서 고립되고 지나치게 경고한 가족경계를 갖는 것으로 나타났다. 알코올의존 가족은 나름대로 가족의 항상성을 달성·유지함으로써 알코올의존에 적응해 나가는 과정을 겪게 되는데, 이는 오히려 알코올의존을 더 진행하도록 순응적 역할을 하기도 한다(Steinglass, 1980 ; 윤명숙·최송식, 1995에서 재인용).

알코올의존 가족에서는 술문제가 없는 부모가 부모체계로서의 권위와 책임을 대부분 담당하게 되며, 의존자는 부모로서의 권한에서 한 걸음 물러서게 된다. 이와 같은 역할의 치우침 현상이나, 아내와 남편의 역할전환은 술문제가 없는 배우자에게는 무거운 짐이 되고, 알코올의존자인 배우자를 원망하는 삶을 살게 된다. 때로는 조부모나 맏자녀가 부모의 역할과 권위를 담당하기도 하지만, 나머지 자녀들은 심리적인 부모가 누구인가에 대한 혼란감을 극복하기 어렵다.

(2) 가족 규칙

알코올의존 가족은 경직되거나 불건전하고, 모순된 규칙들을 따르면서 폐쇄적인 가족체계를 유지해 나간다. 샤론 벡샤이더(Wegscheider)에 의하면, 알코올의존 가족이라면 거의 대부분의 가족이 다음과 같은 일반적인 특성을 가지고 있다고 한다.

- 알코올의존자의 음주가 가족의 생활에서 가장 중요한 부분이다. 의존자는 술을 마시는 것에 집착하고, 가족들은 어떻게 해서든지 술을 못 마시게 하려고 애를 쓴다.
- 알코올문제는 가족문제의 원인이 아니라고 주장한다. 가족들은 술문제가 심해지기 전까지는 알코올의존자의 술문제를 부인(denial)하지만, 주변의 조소와 비난을 받게 된다.
- 알코올의존은 의존자의 책임이 아니며, 다른 사람이나 일 때문에 일어난 문제라고 합리화하고, 투사하며, 남의 탓을 하는 심리기전을 발달시킨다.
- 알코올의존자는 변화로부터 자신을 방어하기 위해 가족체계를 엄격하게 고수하고 어떤 희생을 치르더라도 그 상태를 유지하려고 한다.
- 가족들은 알코올의존자에 대해 과잉보호함으로써 알코올의존 행동을 되풀이하도록 보호적인 환경을 만들어간다. 예를 들면, 알코올의존자의 잘못을 대신 사과해 주고, 직장에는 결근하는 사유를 대신 얘기해 주며, 술값으로 인한 카드빚 등을 대신 갚아 준다. 술문세로 직장을 그만두게 되면, 가족들의 인맥을 동원해서 다른 직장을 알아봐 주는 등의 행동을 한다.
- 가족이 실제 겪고 있는 일을 가족 안에서나 밖에서 의논하지 않는다.
- 실제로 느껴지는 진정한 감정을 표현하지 않는다. 모든 가족구성원들은 진실된 감정을 느끼지 않고, 속으로 감추도록 요구받으며, 결과적으로 가족의 의사소통

과 기능은 손상을 입게 된다.

- 가족들은 날이 갈수록 경제적인 어려움을 피부로 느끼며, 심리적인 긴장이 증가하게 된다. 알코올의존자는 가장으로서의 기능을 상실하고 가족들은 가장을 제외하고 똘똘 뭉치거나, 해체되기도 한다.
- 알코올의존자의 성적인 혼란이 가정불화의 원인이 되기도 한다. 성기능이 저하된 이유를 배우자에게 거꾸로 의심하며 투사하거나, 성적 욕구불만에 대한 항변으로 음주를 하게 되기도 한다.
- 알코올의존자의 자녀들은 삶에 상당한 질곡을 겪게 되는데, 무용지물이 된 아버지, 어머니와 자녀들에 대한 학대와 방임, 만취된 아버지의 자기중심적인 만행에 가까운 행동들이나 폭력적인 언행들을 목격하면서 성장을 하기 때문에 정상적 발달과정의 과업은 뒷전으로 밀려나게 된다.
- 부모의 비일관적인 태도, 약속 불이행, 실망 등을 경험하고 성장하면서 가족 간의 불신은 만연하게 된다.
- 자녀들이 희생이 되고, 부모가 자녀를 방임하는 것이 일반화됨으로써 자녀들은 부모로부터 버림받았다고 느낀다.
- 알코올의존자를 남편으로 둔 아내는 어머니의 역할과 아버지의 역할까지 떠맡기 때문에 상당히 강인하게 삶을 살아가게 된다(Wegscheider, 1989).

(3) 공동의존

'공동의존(codependency)'에 대한 연구를 처음 시작하게 된 계기는 다음과 같다. 미국의 유명한 알코올의존 치료센터 및 연구소에서 성공적으로 치료프로그램을 수행하고 퇴원한 후에 재발하게 된 환자들의 재발원인에 대한 질적조사가 이루어졌다. 재발환자들은 자신의 재발 원인을 '가족' 때문이라고 주장하였고, 치료진들은 처음에는 이 말을 신뢰할 수 없었다. 왜냐하면, 그 환자들이 단주하기를 가장 원했던 사람들은 가족들이었는데 그 가족이 재발의 원인되었다는 것은 도저히 믿기 어려운 사실이었기 때문이다. 그러나, 가족에 대한 심층면접조사가 이루어졌고, 그 조사결과를 분석하는 과정에서 가족들이 어떻게 재발의 원인으로 작용하게 되었는지가 밝혀졌다. 그것은 몇몇 가족만의 문제가 아니고, 대부분의 알코올의존 가족에게서 나타나는 일반화된 현상이었고, 심지어는 약물의존자나 도박중독자의 가족들에게서도 유사한 증상이 나타나고 있었다. 이런 공동의존의 가장 대표적이 증상으로 '나'라는 사람의 '자아 상실'을 가장 많이 거론하는데, '나'라는 사람의 실존은 온 데 간 데 없이 사라지고, 오로지 상대방의 기분과 상태에 따라서 '나'의 상태가 좌우되고, '그 사람(알코올의존자)'의 상태에 대한 집착은 무서우리만큼 지속된다. 실례를 들어보면, 지금 현재 6개월째 단주하는 남편의 일거수일투족을 의심의 눈초리로 살피고, 체크하는 것("나는 남편을 자세히 살피는 것이 거의 습관화되어 있기 때문에, 살피지 않는 것이 더 힘들다", "나는 자세히 살펴보고, 심지어는 냄새도 맡아봐야 안심이 된다", "내가 살펴보아야만 사고를 안친다"는 부인들의 얘기를 자주 들을 수 있고, 배우자들은 과거 경험을 행동 강령으로 의식화하고 이런 행동을 지속한다)은 단주 중인 의존자에게 이런 현실은 힘든 것이다. 물론 그렇다고 해서 공동의존적인 증상을 재발의 원인이라고 주장하는 의존자가 있다면 그는 아직도 알코올의존과 단주에 대한 통찰력(insight)이 부족한 사람이지만, 그런 상황을 매번 만들어 내는 가족도 건강하다고는 할 수 없을 것이다.

공동의존에 관한 학술적 연구의 대표학자인 찰스 위드필드가 주장하는 공동의존에 대한 학술적인 정의는 다음과 같다(Charles L. Whitfield, 1991 ; Joyce H. Lowinsond et. al., 1992에서 재인용).

첫 번째, 공동의존은 타인의 필요와 행동에 내 삶의 초점을 맞추기 때문에 자신에게는 고통과 역기능이 신체 · 마음 · 정신 · 영혼에까지 나타난다. 예를 들면, 술문제가 있는 아들에게 모든 에너지를 쏟아 붓느라고 부모님은 자신의 삶을 거의 다 포기하는 수준에까지 이르게 되고, 술문제가 없는 다른 자녀들에게는 거의 아무런 신경도 못쓰고, 나중에는 원망을 듣게 된다.

두 번째, 공동의존은 가속 내의 억압석 분위기에서 발생한나.

이유가 무엇이든지 자기 느낌을 표현하면 안 되는 분위기 혹은 공개적 토론과 대화가 금지된 분위기에 오랜 기간 동안 노출되었거나, 그런 환경에서 성장한 후에 나타나는 정서적 · 심리적인 행동 양상을 말한다. 예를 들면, 아버지의 술문제를 공개적으로 의논하는 것은 절대 금기시되며, 남들 앞에서 "늘 괜찮아 보이도록 하라",

"아무 일 없는 듯이 행동하도록 하라", "집안 얘기는 속으로만 간직하고 살아라", "집안의 얘기를 누구와도 의논해서도 안된다" 아니면 "더 모범되게 행동하도록 하라"는 등 무언의 지시를 지켜야만 하는 것으로 생각하고, 그것을 지키려고 노력하는 자녀가 되기 쉽다. 이런 삶을 사는 자녀의 입장을 임상에서 보면, 얼마나 힘든 삶을 살아가는지를 감히 말이나 글로는 표현할 수 없을 정도이다.

세 번째, 공동의존은 성격장애의 형태로도 나타난다.

① **심각한 부작용(반발, 싸움, 결별)이 예상됨에도 불구하고, 타인을 조절·통제하려고 한다.** 예를 들면, 남편의 술문제를 통제하려고, 남편의 친구들에게 "내 남편이 술을 덜 마시도록 도와 달라"는 전화를 했던 것이 화근이 되어 남편에게 구타를 당했음에도 불구하고 또다시 그런 유사한 행동을 계속 한다.

② **나 자신이 무언가를 필요로 할 때(나 자신의 필요성)는 무시해버린다.** 예를 들면, 알코올의존인 남편이 병원에 입원해 있는 동안에 자녀들과 함께 심신의 피로를 풀고 재충전을 해야 함에도 불구하고, 오로지 남편만 걱정하느라고 하루에도 몇 번씩 병원에 전화를 걸어서 남편의 안부를 묻고, 오히려 남편과 집에 함께 있으면서 지지고 볶을 때보다도 더 안절부절 못하고 불안해 하는 상황에 놓이게 된다.

③ **인간관계에서 친밀 혹은 분리의 경계선이 없다.** 예를 들면, 친정아버지가 알코올의존인 어느 딸은 친정의 문제에 매어서 자기 가정을 돌보는 일을 등한시 한다. 그러다가 남편이 "왜 당신은 친정의 일에만 신경을 쓰냐?, 우리에게도 신경을 써 달라, 애들이 오늘 무엇을 먹고, 학원에는 갔다가 왔는지, 신경 좀 써라"고 하면, 오히려 화를 내면서 "당신과 아이들은 내가 없어도 잘 살 수 있지만, 우리 친정집은 내가 없으면 안 된다. 당신이 자꾸 그런 말을 하는 것은 나를 사랑하지 않는다는 증거다"라고 억지 주장을 하며, 자기 가정을 오히려 위기에 빠뜨리기도 한다.

④ **역기능적인 타인과의 인간관계가 그물처럼 얽매인다.** 예를 들면, 나를 해롭게 하거나, 이용하려는 의도가 있다고 판단되는 경우라도 그 사람과의 관계를 정리하지 못하고, 계속 관계를 유지하며, 이용당하고 손해를 본다. 그러면서도 그(혹은 그녀)는 나를 사랑해서 그러는 것이고, 나를 이용하려는 의도는 없었다고 오히려 두둔을 한다.

⑤ **부정하는 특성(denial) : 현실 상황을 객관적으로 받아들이지 않으며, 부정한**

다. 쉽사리 해결되지 않는 문제를 가진 역기능적인 집안에서 성장한 경우에는 자신의 아동기를 회상해보면, 받아들이기에 너무나 어려운 상황들이 많았기 때문에 자기 눈앞의 상황이나 각종 소리들(비명소리, 물건이 부딪히고 깨지는 소리 등)을 "이건 사실이 아니야", "이건 꿈이야" 혹은 "이게 꿈이었으면"하고 의식적으로 혹은 무의식적으로 인식하지 않으려고 하고, 기억의 저편으로 억압하려는 노력을 하게 되며, 이런 메커니즘은 성인이 되어서도 잔존하는 경우가 있다. 그래서 친정아버지와 남편 두 분 모두 알코올의존인 경우에 남편의 술문제를 끝까지 받아들이지 못하는 부인들을 종종 보게 된다. "내가 어떻게 해서든지 잘 하면 될 꺼야!, 내 남편이 알코올중독(의존)일 리가 없어, 그건 너무나 불공평해…, 난 중독자를 잘 알아. 그런 사람은 직장도 없이 하루 종일 술에 절어 있고, 가족을 구타하고, 수전증이 있는 사람을 말하는 거야, 내 남편은 직장도 있고, 사업상으로 가끔 과음하는 것뿐이잖아"라고 하면서 합리화를 하기도 한다. 부정하는 특성은 내가 믿고 싶은 것만 믿고, 내가 믿고 싶지 않은 것은 부정하는 것이다. 그러면서 현실을 억압하고, 왜곡하거나, 합리화함으로써 결국은 문제 해결과는 반대 방향으로 나가게 되는 것이다.

⑥ 감정 느끼기와 감정표현이 자유롭지 못하고 주로, 우울한 성향이 많다.

예를 들면, TV 개그프로그램을 보면 남들은 배꼽을 쥐고 웃는데 공동의존인 어떤 사람은 그저 싱긋 미소만 지을 뿐 소리 내서 웃는 법이 없고, 왜 남들이 그렇게 재미있어 하는지 혹은 뭐가 그렇게 슬프다고 우는지, 기분을 왜 표현해야 하는지, 도무지 이해가 가지 않는다. 심지어는 기분이나 느낌이 무엇인지를 모르는 경우도 있다. 내가 지금 무슨 감정인지, 나 스스로가 모르는 것이다. 감정은 가슴에 묻어두고 사는 것인데, 왜 그것을 꺼내서 말이나 글로 표현을 해야 하는지 이해가 가지 않는다. 혹은 자기가 그렇게 기분이나 느낌을 묻어 놓고 살고 있다는 현실을 모르기도 한다. 더 정확하게 이 경우의 심경을 묘사한다면 다음과 같을 것이다. "내 감정 혹은 기분이 어떤지, 나도 잘 모르겠는데, 말이나 글로 표현까지 하라고?, 참! 기가 막혀서, 당신들이 내가 살아온 인생이 어땠는지 알기나 해. 인생 살면서 감정을 느끼거나 거론하는 거 자체가 내게는 사치야!, 내게 감정은 사치라고 알겠어?".

⑦ 공동의존인 사람은 스트레스와 관련된 질병을 앓는 경우가 많다.

네 번째, 공동의존자는 다른 사람의 인생살이에 지나치게 집착하고, 이렇게 하라, 혹은 저렇게 하라고 주문하거나 교묘하게 뒤에서 조종하고, 이로 인한 각종 갈등의 소용돌이 속에서 사는 것이 익숙하다. 예를 들면, 타인의 인생살이에 관여함으로써 그 사람의 인생을 내 뜻대로 좌지우지하려고 하지만, 그것이 내 맘대로 될 리가 없고, 그렇게 하다 보면 친밀하던 인간관계들이 저절로 멀어지거나, 하나 둘씩 어느새 적이 되는 것을 경험하게 된다. 자기의 인간관계가 왜 그렇게 안 좋게 끝마무리가 되는지, 자기 검토를 하지 못하고 남 탓과 세상 탓을 함으로써 "자기처럼 인복이 없는 사람도 없다"는 식의 부정적인 사고방식에 쉽게 사로잡히게 된다.

다섯 번째, 역기능 가정의 성인자녀(ACOA, Adult Children Of Alcoholism)의 특징이 나타난다. 성인이 되었지만, 상처받은 어린이의 이슈를 가지고 인생을 살아가게 되는 것을 말한다. 발달과정의 정지로 인해서 청소년기의 자아정체감 형성에 미숙한 부분이 나타난다. 나 이외의 외부 상황에 대해서는 지나치게 민감하게 반응하고 반대로 나 자신의 상황에 대해서 무반응이거나, 애써 무시하거나, 알려고도 하지 않는다. 중요한 것은 성숙과 회복을 위한 회복 노력을 하지 않은 상태에서 성인이 된다면 "또 다른 의존"으로 발전할 확률이 높아진다. 예를 들면, 외관상으로는 어른이지만 내적으로는 "해결되지 않거나, 충족되지 못한 어린아이의 이슈"를 가지고 있어서 지나치게 어른스럽기도 하고, 지나치게 어린아이와 같은 반응을 보이기 때문에 종잡을 수 없는 사람이라는 인상을 주는 경우가 많다.

여섯 번째, 공동의존자들은 다음과 같은 어려움을 겪는다.

① 낮은 자존감: 적절한 수준에서 존경 · 사랑 · 관심 · 격려를 경험해 보지 못했기 때문에 적절한 자기 존중이 어렵다.

② 인간관계에서 적절한 경계 설정이 어렵다. 예를 들면, 나의 문제인지? 가족의 문제인지? 어머니의 문제인지? 내 문제와 남의 문제를 분리하기 어렵고, 자신이 어디까지 나서야 하고 어디서부터는 나서지 말아야 하는지를 잘 모르며, 알고 있어도 실천하기가 매우 어렵다.

③ 나 자신의 실체를 겉으로 드러내서 어떻게 표현해야 하는지를 잘 모른다. 예를 들면, "나는 이런 사람이다", "나는 어떤 부인이 되겠다 혹은 어떤 남편이 되겠

다", "나는 어떤 며느리가 되겠다 혹은 어떤 사위가 되겠다"는 식의 실체에 관한 표현을 하기 어려워한다.

일곱 번째, 공동의존자들은 나 자신의 심리적·신체적·정신적 안정을 확보하기 위해서 남들로부터 인정을 필요로 한다. 강박적인 행동을 계속 해서라도 칭찬과 인정을 받으려고 한다. 예를 들면, 가정생활이 희생될 정도로 지나치게 일에 집착하거나(직장에서 인정받기 위해서), 가족보다는 타인을 돌보는 것에 집착함으로써 자신의 삶을 인정받고, 위안을 받으려고 한다. 다시 말하면, 지나치게 남의 눈을 의식하는 삶을 살게 된다는 것이다.

이와 같은 공동의존의 여러 가지 증상으로부터 회복되는 길은 자기의 문제를 인식하고, 하루하루를 온전히 보내는 연습에서부터 시작된다.

공동의존에서 회복된 어떤 어머니를 사례로 들어보겠다.

30대 중반인 큰 아들의 알코올의존 때문에 서울시 광진구 중곡동 ○○신경정신과의원(알코올 및 약물의존 회복클리닉)을 찾았던 어떤 어머니(당시 58세)의 이야기이다. 이 어머니는 남편이 알코올의존으로 술문제가 심했고, 가정폭력을 심각하게 휘두르던 사람이었기 때문에 평생 숨소리조차 제대로 내지 못하면서, 남편 대신 돈을 벌고(자영업), 가정경제를 책임져 오신 분이었다. 큰 아들을 병원에 거의 반강제로 데리고 오기까지 거의 6개월이 넘는 설득 과정이 있었고, 입원을 하게 된 직접적인 사유는 아들이 진 빚(카드값) 때문에 살던 아파트를 팔아야만 했고, 그것을 계기로 어머니가 눈물로 호소해서 겨우 아들의 승낙을 얻어낸 것이었다. 입원 당시 아들의 입장은 어머니가 불쌍해서 입원을 해준다는 식이었다. 입원 초기에 어머니는 아들이 오라면 오고, 가라면 가고, 뭐가 필요하다면 당장 달려오고, 면회를 할 때도, 오히려 아들이 큰소리를 치면 그것을 받아주고 그저 달래기만 하는 식으로 행동하셨다. 이 어머니는 가족교육과 알아논(알코올의존자 가족들의 자조모임)에 열심히 참여하시라는 치료적인 권유를 받았고, 그것을 잘 실천하셨는데, 그 과정에서 심리적 어려움을 겪으셨다. 어머니는 지푸라기를 잡는 심정으로 그런 교육과 모임에 참여하셨노라고 나중에 말씀하지만, 거기서 처음에 들었던 얘기들은 결코 마음에 와 닿지 않았다고 한다. 예를 들면, "왜 냉정해지라고 하는지, 나는 알코올의존자의 부인이 아니고 엄마인데 왜 내가 냉정해져야 하는지, 부모-자식지간은 천륜인데 어떻게 그렇게 무자르듯이 대하라는 얘기인지?, 도통 알 수가 없었다"고 하셨다. 그러나, 이 어머니는 가족교육과 알아논에 참여하신지 2개월이 좀 지나면서부터는 알코올의존이 "병"이라는 것을 조금만 빨리 알았다면 남편이 그렇게 죽도록 놔두지 않았을 것이고, 아들도 이렇게까지 되진 않았을 것이라는 죄책감을 심하게 느끼셨다. 그리고 본인도 친정아버지의 술문제 때문에 필요 이상으로 참고 억누르고 사는 것에 익숙하고, 가정을 깨지 않고 사는 데에만 집착하다 보니 빨리 전문적인 도움을 받았어야만 하는데, 내 집안의 구차한 상황을 누구에게 의논한다는 것은 엄두도 낼 수 없는 일이었다고 하였다. 어머니는 친정아버지가 바람을 몹시 피우셔서 온 동네 사람들이 자신과 형제들에게 "어느 집 자식"이라고 하면서 "지 애비는 인간 망종인데, 쯧쯧… 안됐군, 안됐어"라고 하는 소리를 제일 듣기 싫었다고 한다. "나는 이다음에 커서 시집가면, 정말로 남들이 부러워할 만큼 잉꼬부부로 행복하게 살아야지"라고 늘 다짐을 했었다는 것이다. 그러나, 막상 이 어머니의 결혼생활은 신혼 초부터 알코올의존자인 남편의 행패 때문에 눈물 마를 날이 없었고, 가정경제는 본인이 처음부터 끝까지 책임을 지며, 끝내는 아들마저도 알코올의존으로 진행되는 것을 보게 되었다. 이 어머니는 많은 한탄을 하시면서 "공동의존" 에 대해서 서서히 통찰력이 생기고, 경험담을 말씀하면서 자신이 어떻게 변해야 하는지 서서히 인식하셨다. 우선은 아들에게 좌지우지 되지 않기 위하여 아주 사소한 결정이라도 치료진과 알아논 협심자와 의논을 한 후에 아들과 대화를 나누었고, 본인의 한계를 명확하게 하면서 이야기하는 것을 배우려고 노력을 하셨다. 이것은 그전처럼 아들이 원하는 것이라면 무엇이든지 "O.K"을 하던 어머니에게는 매우 힘든 과정이었다. 아들과 단 한 번도 떨어져서 살아본 적이 없었지만, 아들에게 홀로서기를 연습시키기 위해서 3개월 입원치료 후에, 퇴원과 동시에 아들에게 고시원을 얻어주고, 거기서 기거하도록 하였다. 아들에게 아주 기초적인 생활비는 주었지만, 이제부터 본인이 돈을 벌어서 쓰도록 하고, 엄마의 돈은 엄마의 것이라는 것을 정확하게 말씀하기 시작했다. 아들은 도저히 받아들일 수 없는 어머니의 변화에 많은 저항을 하고 화를 내고, 나중에는 울면서 애걸복걸하면서 어머니의 태도를 돌이키려고 애를 썼다. 그러나 이 어머니는 자신이 죽기 전에 아들에게 '단주'와 '홀로서기' 하는 법을 제대로 알려 주지 않으면 이 세상의 어느 누구도 알려주지 못할 것이고, 아들은 결국 부랑인이 되어서 수용시설을 떠돌거나, 거리에서 죽을 수도 있는 인생이 될 수밖에 없다는 것을 받아들이셨다. 어머니는 아들의 어떠한 태도나 반응에도 흔들릴 수가 없었다. 어머니는 이 험한 세상에서 술마시는 것과 어머니에게 '큰소리치기와 협박하기'라는 특기 밖에 없는 아들이 살아남는 것이 얼마나 어려운 일인가를 현실적으로 받아들이신 것이었다. 후일에 어머니는 이 때의 심정을 이렇게 말씀하셨다. "선생님들로부터 아들을 홀로 서도록 해야 한다는 말씀을 들었을 때, 나는 망치로 머리를 얻어맞은 것처럼 멍해졌어요. 내가 아들을 위한다고 뭐든지 다 들어주고, 뭐든지 대신 처리를 해주곤 했던 것이 결국은 아들을 망치는 길이었고, 세상 사는 법을 가르치지도 않고 세상을 제대로 살라고 등을 떠미는 것이었구나 하고 말입니다". 어머니가 변화하자 아들도 아주 조금씩 서서히 변화할 수밖에 없었다. 아들의 홀로서기 작전이 실시된 후에도 아들은 몇 번 더 재발하였고, 어머니는 입원비를 내셔야만 했지만, 더 이상 울면서 다니시거나, 잘 아는 길도 못찾을 정도로 정신이 혼란스럽거나, 아들 걱정 때문에 식사를 못하시거나 잠을 못 주무시는 일은 없었다. 그리고, 다른 가족들에게 좋은 협심자가 되셔서 조언을 해주시곤 하였다. 어머니는 본인이 가진 어릴 적 상처 때문에 남편도, 아들도 제대로 치료적인 접근을 하지 못한 것이라고 하시면서, "나도 공동의존이라는 병을 앓고 있고, 나도 회복을 해야 할 사람이라는 것"을 받아들이기가 가장 힘드셨다고 하셨다. "나는 아들을 위해서, 남편을 위해서 최선을 다해서 참고 또 참으면서 악착같이 살아온 죄밖에 없는데, 나더러 공동의존 문제가 있고, 나부터 변해야 한다고 하니, 정말로 기가 막혔다. 환자는 아들인데, 아들보다도 나더러 먼저 변하라고 하니 처음에는 무슨 말인지, 통 알 수가 없었다"고 하셨다. "그러나, 알고 보니 아들보다 내 문제가 더 심각했다는 것을 이제는 알겠다. 아들은 술을 마셔서 중독(의존)이 됐지만, 나는 술 한 잔도 못 마시는 사람인데, 정신적으로는 내가 더 환자였던 거 같다"고 하셨다.

결론적으로 말하면, 알코올의존이 총체적으로 한 인간과 가정과 사회에 손상을 주는 병인만큼 공동의존도 막강한 파괴력을 가진다. 성장기에 부모님의 알코올의존 혹은 다른 심리적인 이유 때문에 자녀가 받은 손상과 상처는 성인이 되어서 건강한 배우자를 만나도 치유되기가 쉽지 않고, 자신이 부모가 되어서도 자녀 양육에 심각한 영향을 끼치기도 한다. 그러나, 공동의존을 연구하는 학자들과 임상가들은 공동의존으로부터 회복될 수 있음을 강조하고 있으며, 그 과정은 "재학습과 재양육(reparenting)"과정을 통하여 가능하다고 한다. 다시 말하면, 공동의존에 대한 병식을 얻고 회복하고자 노력만 한다면 얼마든지 회복이 가능하다는 것이다. 이는 알코올의존 및 약물의존 뿐만 아니라, '집착' 내지 '탐닉'하는 병(도박중독, 쇼핑중독, 인터넷 중독, 섹스중독, 섭식장애 등)에도 마찬가지로 적용되는 개념이고, 이런 어려움을 겪는 클라이언트의 가족들에게도 역시 공동의존적 증상이 동반되며, 유사한 어려움과 시행착오를 겪게 된다는 것을 의미한다. 그렇기 때문에 공동의존에 대한 교육과 회복프로그램이 도박중독, 쇼핑중독, 인터넷중독, 섹스중독, 섭식장애 환자의 가족들에게도 적절히 제공되어야 할 것이다.

(4) 배우자의 역할유형

알코올의존자와 함께 생활하고, 그의 병이 호전되었으면 하는 희망을 가지고 갖은 노력을 하는 직계 가족들 특히, 배우자들은 다음의 유형(Cermak, 1986)과 같은 역기능적인 모습을 보여주게 된다.

가. 순교자적 유형(The Martyr)

이런 유형의 배우자들은 자기는 어떤 희생을 치르더라도 배우자가 술을 끊게 되기를 소망한다. 치료자가 남편이 입원중인 클라이언트의 부인에게 "지난 일주일 동안 어떻게 지내셨냐?"고 물으면, 그에 대한 대답을 하지 않고 "우리 그 이는 어떻게 지냈나요?"라고 되묻는다. 순교자적인 배우자들은 자신이 희생을 하는 것은 당연시 하며, 그런 희생을 통해서만 자신의 존재 이유를 찾는 것처럼 보인다. 부인은 분식집을 운영하며, 하루하루를 힘들게 살아가고, 가정경제를 떠맡고 있는데도 입원해 있는 남편의 속옷과 양말까지 빨아다 주려고 한다. 순교자적인 유형은 주변으로부터 너무나 많은 칭송과 격려를 받으며, 이런 것이 삶의 에너지원인 것처럼 보일 때도 있다. 특히, "당신은 내가 아니었으면, 벌써 저 세상 사람일꺼야"라는 은근한 자부심과 도덕적 우월감을 가지고 있다. 배우자들은 대개가 의존의 초기과정에는 순교자적인 역할유형을 하는 경우가 많으나, 세월이 흐름에 따라서 점차로 변하게 된다. 클라이언트의 주변에 순교자적인 유형인 가족구성원이 더 이상 존재하지 않아야 클라이언트가 자신의 병을 빨리 깨닫게 된다. 그러므로 임상에서는 가족들이 이런 순교자적인 유형에서 신속하게 벗어나도록 알아논과 같은 자조집단・가족교육・집단상담에 참여할 것을 강력히 권유하여야 한다.

나. 박해자적 유형(The Persecutor)

이 유형은 술을 마시는 남편이나 부인을 공공연하게 드러내 놓고, 구박을 하고, 심지어는 폭력을 행사하고 깔보는 말과 행동을 서슴없이 한다. 알코올의존 가정의 자녀들은 대개 술을 마시지 않는 엄마 편인 경우가 많은데, 부인이 이런 유형일 경우는 자녀들이 술문제가 있는 아버지를 가엽고 측은하게 여기는 모습을 많이 목격하게 된다. 남편이 맑은 정신일 때는 모든 언행을 조심하다가도 남편이 술에 취해 있으면(특히, 폭력적인 성향이 없는 클라이언트들의 경우), 남편에게 심한 언행을 하는 경우가 있다. 심지어는 술에 만취해 있는 남편이나 아내를 구타하여 심각한 부상을 입히는 경우도 있다. 이 유형의 부인들은 남편이 술로 인해 저지른 각종 사건, 사고들을 부풀리거나, 더 심각하게 말하는 경향이 있다. 심리 내적으로 "내가 이렇게 심한 사람과 살아준다"는 우월감도 있고, 어떤 경우에는 남편에 대한 분노와 과거에 친정아버지에 대한 분노가 뒤섞여서 표출되기도 한다.

다. 공모자적 유형(The Co-Conspirator)

이 유형은 남편의 술문제로 인한 '또다른 이득(secondary gain)'이 있는 경우이다. 여기서 말하는 '또다른 이득'은 가정 내의 경제권이거나, 그 밖의 무형의 권한(power)과 권위(authority)를 말한다. 즉, 남편이 술에 빠져 있는 동안 부인은 남편으로부터 각종 권한이나 경제권을 위임 받아서 자기 뜻대로 행사할 수 있기 때문에 남편이 맑은 정신으로 돌아오는 것이 그리 반갑지 않은 것이다. 그래서 남편의 과도한 음주를 '진정한 문제가 아니라고' 생각하고, 술문제를 가지고 남편과 직면하지 않기 때문에 갈등도 일어나지 않는다. "당신은 애주가다", "당신은 조금만 조심 하면 된다", "어떻게 술을 안마시고 살 수가 있냐?", "당신이 중독자라면 대한민국 사람이 모두 중독자다"라는 말을 서슴없이 한다. 이런 유형의 부인들을 임상에서는 간혹 볼 수 있는데, 치료에는 비협조적이다. 시댁가족들이 남편을 입원시켜놓으면 부인이 와서 퇴원시키고자 한다. "이 사람은 나랑 같이 있고, 내가 지켜보는데서 술을 마시면 괜찮은데, 왜 시댁식구들은 입원까지 시키고 난리냐?, 형제들이 내 남편을 정신병자로 몰려고 한다"고 한다.

라. 술친구적 유형(The Drinking Partner)

이 유형은 남편과 술친구로서의 관계를 유지하는 것이다. 임상에서 보면, 다음과 같은 두 가지 경로로 남편의 술친구가 되곤 한다. 첫 번째 경로는, 남편이 밖에서 술을 마시면서 매번 이성문제나, 돈문제(술값)를 일으키기 때문에 부인들은 "내가 기분 좋게 같이 마셔주면, 집에서만 마시니까, 안전하고, 돈도 적게 들어간다"는 실질적인 계산 하에 술친구가 되기도 한다. 두 번째 경로는, 부인이 본래부터 술을 좋아해서 늘 같이 마셔왔던 경우이다. 대개는 연애시절부터 술을 잘 마시는 두 남녀가 만나는 경우가 많다. 알코올이 가져다주는 생리화학적 작용(취하는 것)의 긍정적인 면을 서로 예찬하기 때문에 보통의 연인들보다도 더 필(feel)이 통하는 것처럼 느낀다. 이런 유형의 부인은 음식을 만들어도 술안주가 될 만한 것들을 주로 만들고, 시장을 보아도 술부터 구입하고, 계절별로 특별한 술을 담그고, 술을 종류별로 항상 집에 몇 병씩 비치해 두고, 쌀은 떨어져도 술은 떨어지지 않도록 신경을 쓴다. 이런 가정에서 성장하는 자녀들은 술에 대한 예찬론자가 되거나, 부모의 술문제가 심한 경우에는 심리적으로는 유기된 상태에서 성장하게 된다. 자녀들은 자기들끼리 의지하거나, 조부모를 부모처럼 여기고 성장하며, 상당한 외로움과 혼란함을 경험하게 된다. 다른 유형의 배우자들과는 달리 술친구적 유형의 경우는 부모 두 사람 모두다 술에 항상 취해 있기 때문에 부모가 있지만, 심리적으로는 부모 부재(不在) 상태인 것이다. 다른 유형의 경우는 어느 쪽 부모든지 맑은 정신을 가진 부모가 있지만, 이 유형의 경우는 그렇지 않기 때문에 자녀들이 받는 심리적 · 정신적 타격은 더 심각할 수 있다.

마. 냉담한 유형(The Apathetic Co-Dependent)

이 유형은 대개 냉담함이 겉으로 표현되고, 보호자 역할을 하지 않으려고 하거나, 아니면 마지못해서 억지로 한다. 가족상담이나, 가족교육에는 거의 참석하지 않고, "그런 교육이나 모임에 오라고 하지 말라"고 정색을 하면서 얘기하고, 환자가 긍정적인 회복의 기미를 보여도 무관심하거나 받아들이지 못한다. 치료자를 만나는 것조차 별로 달가워하지 않고, 치료과정의 변화도 궁금해 하지 않는다. "입원해 있는 동안이라도 잘 있어라"는 식의 메시지만을 보내고, 가급적이면 환자를 만나지 않고 싶어 한다. 이런 유형의 부인은 자녀에게도 역시 냉담하게 대하기 때문에 자녀들은 심리적인 지지기반이 매우 취약해진다. 알코올의존은 장기간에 걸친 회복과정을 요하고, 그 결과는 긍정적인 경우도 있지만, 끝내 자신의 병을 받아들이지 않고, "내가 좋아하는 술을 마시다가 죽겠다는데 왜 이렇게 난리냐, 나를 좀 내버려둬라"고 하는 클라이언트들도 많기 때문에 여러 병원으로 입원치료를 시도해 보고, 알코올 상담센터나 각종 전문기관으로 도움을 요청하러 다니던 가족들도 나중에는 이런 냉담한 유형으로 변화되기 쉽다. 이렇게 냉담한 유형의 배우자가 되지 않으려면, 환자와 자신을 심리적으로 분리하고, 환자의 회복과 재발에 모든 희망과 기대를 다 걸고, 일희일비(一喜一悲)하지 않도록 노력해야 하며, '내 삶을 위해서 내 회복은 내가 책임진다'는 자세를 가져야 한다.

(5) 자녀의 역할유형

알코올의존 가족에서 성장하는 자녀들의 역할유형에 관한 정리를 해보면 다음과 같다(Claudia, 1981 ; Wegscheider-Cruse, 1989). 임상에서 보면, 한 자녀가 한 가지의 역할만을 하는 것은 아니고, 한 자녀가 여러 역할을 돌아가면서 하는 경향이 있다. 예를 들면, 오늘은 가족 영웅역할을 하고, 내일은 가족의 익살꾼 역할을 하기도 한다. 특히, 현대사회는 자녀의 수가 적으므로, 자녀들은 다음의 역할들을 순환적으로 수행하는 것이 관찰된다.

〈표 13-2〉 알코올의존 가정 자녀의 4 가지 유형과 심리적 특성

	가족영웅 (Family hero) = 부모같은 아이, 수퍼스타	희생양 (Scapegoat) = 문제아	잊혀진 아이 (lost child)	귀염둥이 (mascot) =가족의 익살꾼
외부로 드러나는 모습	· 과도한 책임감 · 즐거움을 느끼지 못함 · 작은 엄마 혹은 작은 아빠의 역할을 수행	· 적대감, 반항, 위축 · 부정적 관심을 받음 · "말썽꾼"역할	· 조용하고 수줍어함 혹은 독립적으로 보임, 갈등을 피하고자 함 · 백일몽, 요구사항이 적은 이런 자녀는 양육자의 관심을 덜 받음	· 미성숙, 과다행동 · 집중력 · 학습장애 가능성 높음 · 보호받기 원함
내부적인 특성 (드러나지 않음)	· 혼란, 죄책감, 두려움 · 낮은 자존감, 부적절감 · 자신에게 불만족함	· 분노, 부적절감, 낮은 자기가치감 · 버려진 느낌	· 외로움, 버려진 느낌 · 자신이 중요하지 않다는 느낌	· 낮은 자존감, 정서적 단절 · 외로움, 공포심 · 부적절감
가족 내에서 수행하는 역할	가족에게는 자랑스러움을 가져다 줌	부정적 행동으로 가족의 주목을 받음 가족의 관심을 다른 문제로 잠시 전환하는 역할	걱정 · 근심 · 문제를 일으키지 않으므로 안도함	일시적으로 즐거움과 유머를 가져다 주므로 안도함
내부적 어려움을 극복하지 못한다면?	· 일 중독자 · 타인에 대한 조절과 통제요구가 큼 · 충동적 · 의존적 배우자와 결혼할 가능성이 높음	· 알코올 · 약물문제를 일으킬 가능성이 높음 · 사회적응을 어려워함	· 우유부단, 무기력함 · 주로 혼자 지냄 · 불안 · 우울 등의 정신과적 문제 발생 가능성 높음 · 무절제한 생활을 할 가능성이 높음	· 충동적, 히스테리적 · 스트레스 조절이 어려움 · 가족영웅과 결혼하기 쉬움
마음의 상처를 극복해낸다면?	책임감과 능력을 겸비한 사회인, 조직적인 사람으로 성공	회복, 현실수용 타인을 도우며 살아감	독립적, 창조적 상상력이 뛰어남 자기주장적인 사람	독립적, 기지, 유머를 지닌 매력적인 사람

알코올의존 가정은 "알코올의존" 때문에 생기는 가족 내의 폐쇄성, 침묵, 부인, 고립 등의 대표적인 가족규칙의 영향을 받게 되어서 다음과 유사한 특성들을 발달시키게 된다. 알코올의존가족에서 성장하여 성인이 되었으나, 그들 내부의 심리적인 어려움을 극복하지 못한다면 다음과 같은 특성을 지닌 성인아이증후군(Adult children syndrome)을 가지기 쉽다.

〈표 13-3〉 성인아이증후군(Adult children syndrome)의 특성

정서적 특성	정신적 특성	신체적 특성	행동적 특성
· 공포 · 분노 · 상처 · 적개심 · 불신 · 외로움 · 슬픔 · 수치심 · 죄의식 · 무감각	· 절대적인 생각 (흑백 논리) · 정보의 부족 · 강박적인 사고 · 우유부단 · 발달장애 · 혼돈 · 지나친 경계심	· 긴장한 어깨 · 축 처진 등 · 위장-내장기관 장애 · 스트레스 관련 행동들 · 알러지 · 심인성 질환	· 위기중심적인 생활 · 조작적 행동 · 친밀감의 문제 · 즐거움을 가지는 것의 어려움 · 충동적이고 중독적인 장애들 · 알코올 및 약물남용 · 섭식장애, 관계중독, 섹스중독, 완벽주의 등

알코올의존 가족의 자녀들은 위와 같이 성인아이증후군을 가지고 있으며, 전반적으로는 다음과 같은 어려움을 겪게 된다(Wegscheider, 1989).

최우선적으로 정서적인 피해를 받는다. 알코올의존자의 자녀들은 공포감, 두려움, 증오심, 죄책감, 외로움, 무력감(나의 힘으로는 어쩔 수 없음)들을 자주 느낀다. 자녀가 나이가 어리기 때문에 집안이 어떻게 돌아가는지 모르고 있으리라는 것은 큰 오해이다. 아이들은 오늘은 또 무슨 일이 어떻게 일어날지에 대해서 항상 걱정하고 불안해하며 초조한 시간을 보낸다. 대부분의 자녀들은 자신이 뭔가를 잘못하고 있기 때문에 이런 일이 일어나고 있다는 잘못된 책임감을 느끼며 마음의 상처를 받는다.

① 감정표현을 억제한다 : 대개의 자녀들은 착해야 한다는 것과 엄마를 많이 도와야한다는 사실에 지나치게 집착한다.

② 마음에 안정감과 평온함을 느끼지 못하게 된다.

③ 자녀들이 두려움이나, 몹시 화난 것을 표현할 때에는 대부분 자신을 해롭게 하고 파괴적인 방법으로 표현한다.

④ 의존적인 성향을 갖기가 쉽다: 어려서부터 자신의 감정을 솔직하게 표현할 수 없는 분위기 속에서 살아왔고, 힘든 감정들을 다른 사람과 얘기해본 적이 거의 없다. 지금 자신이 가지고 있는 감정적인 문제가 무엇인지 혼란스러워 하며, 자기를 사랑받을 만한 존재라고 여기는 마음도 부족하다. 그들은 어려서부터 감정을 억제하고 완벽해지려고 노력했기 때문에 겉으로 보기에는 보통 밝아 보이지만 자신의 느낌이나 생각을 표현할 줄 모른다. 그리고 쌓인 분노나, 적대감을 자신을 파괴하는 방법으로 표현하기도 한다. 어떤 자녀들은 의존의 대상을 술, 약물, 이성, 일, 도박 등으로 삼기도 한다.

(6) 알코올의존가족의 심리사회적인 특성

알코올의존을 아직도 도덕적인 시각으로 바라보는 사람들이 많고, 병의 진행이 만성적이고, 치명적이며, 쉽게 회복할 수 없는 병이기 때문에 가족들에게서 다음과 같은 심리사회적인 특성이 나타난다.

알코올의존 가족은 일반가족에 비해 가족응집력, 적응력, 생활만족도가 유의미하게 낮으며(김소야자 외, 1989), 가족 내의 갈등과, 폭력, 자녀와의 갈등, 성적(性的) 불만족도가 높으며, 그리고 직계존속과의 갈등 등 음주로 인한 가족 내의 문제가 심각하고(김경빈 외, 1995), 직업만족도, 친구만족도, 배우자만족도 등이 매우 낮은 것으로 보고되고 있다(최송식, 1995). 또한 알코올의존자의 부인은 사회적 음주자의 아내에 비해 우울증, 강박증, 신체화증상, 히스테리 등의 정신병리나 정서장애를 보이는 경향이 높다.

알코올의존 가족의 자녀들은 비행이나 반사회적 행동에 연관될 확률이 높고, 불안이나 외상후 스트레스장애를 보일 수 있으며, 음주시작 연령이 사회의 전반적인 연령보다 빠를 가능성이 높다. 많은 경우 학교공포증, 학습장애, 주의력결핍장애, 정서장애 등의 다양한 문제들로 고통을 겪는다(Chassin, Rogosch & Barrera, 1991). 국내의 선행연구에서도 알코올의존 가족의 자녀들은 일반가정의 자녀들에 비해 자아존중감이 낮으며, 부모의 알코올의존 문제가 자신 때문이라는 죄의식을 느끼고 있으며, 가족 내에서 언제 일어날지 모르는 갈등과 알코올의존 부모의 예측할 수 없는 태도 등으로 긴장을 경험하며, 불안 및 우울 등의 증세를 보였고(손영균,

1994; 이경래 외, 1994), 자살충동을 더 많이 경험하는 것으로 나타났다(전수미, 2000). 또한 음주문제 가족력이 있는 문제음주자는 가족력이 없는 문제음주자에 비해 알코올의존의 심각도가 상대적으로 높으며, 정신적 증상과 신체화 증상을 보다 심각하게 느끼고, 학대경험도 많다는 연구결과가 있다(유채영, 2000).

알코올의존자의 자녀들은 극심한 스트레스에 대처해야 하는 반면에, 기능적 가족의 아동에 비해 신체적·사회적·정서적·정신적 자원은 오히려 결핍되어 있는 경우가 많다. 수면부족으로 피로감을 느끼고, 스트레스가 내적으로 축적되거나, 학대받는 경우도 많은 편이다. 게다가 발달상으로는 태아성알코올증후군(Fetal alcohol syndrome)으로 인하여 고통받을 수도 있다. 다른 친구들을 집에 데려오거나, 남들과 집안 얘기를 하는 등의 행동은 금기시 되어 있어서 가족 외부의 자원도 생성되기 어려운 편이다. 생활환경의 불안정성, 경제적 어려움, 어긋나는 약속, 예기치 않게 발생되는 사고, 공공장소에서 부모의 술문제로 인한 추태와 그에 따른 부끄러움·두려움·곤혹감에 의해 정서적 어려움 등이 자녀들 발달에 영향을 미친다.

3. 단주(sobriety)와 가족의 회복과정

회복은 술 없는 삶에 대한 적응, 직업적 적응, 주요한 생활스타일의 변화를 포함한다. 또한 음주를 중단하면서 나타날 수 있는 깊은 상실감, 우울증, 자살이나 자포자기의 감정 등을 함께 고려해야 하며 자신과 타인에 대한 태도변화와 같은 중요한 구성요소들을 포함한다. 자신과 타인에 대한 태도변화는 A.A.(Alcoholics Anonymons) 구성원들이 본질적으로 '영적(spirituality)'이라고 이야기하는 "위대한 힘(higher power)"과의 관계를 뜻한다. Brown(1985)은 회복과정을 시간에 따라 다음과 같이 구분하였다.

첫째, 음주단계로서 음주문제와 음주를 조절하려는 자신과의 갈등이 계속되는 시기이다.

둘째, 전환단계로서 음주를 중단하려는 노력이 행동으로 나타나고 술에 대한 자신의 조절능력 상실을 받아들이는 시기이다. 이 시기에 조절능력 상실을 받아들이지 못하는 사람들은 주기적으로 음주와 음주중단을 반복한다. 선행연구에 따르면 A.A. 구성원들이 A.A.를 최초로 접촉해서 A.A. 자신이 멤버임을 받아들이는 데 약 20개월이 걸렸고, A.A. 멤버십을 받아들인 후 단주하기 시작하는데 평균 8개월 가량이 더 소요되었다. 이것은 음주에서 금주로 전환하는 것 그리고 자신이 알코올의존자가 아니라는 믿음에서 알코올의존자임을 인정하는 정체성의 변화가 유동적인 과정이라는 것을 제시하고 있다.

셋째, 초기회복단계로 중독자는 술 마시지 않고 다른 사람이나 환경과 상호작용하기 시작한다. 단주 중인 개인은 가족과 직장에 함께 조화해 나가거나 새로운 적응을 하기 시작한다. 새로운 가치와 태도 그리고 자신과 타인에 대한 재해석을 통해 자신의 경험과 다른 사람을 평가하는 새로운 방법을 발달시킨다.

넷째, 지속적인 회복단계로 단주 중인 알코올의존자들은 시간이 지남에 따라 자신을 활용하여 알코올의존으로부터 고통받는 다른 사람들을 돕는다. A.A. 원칙에 대한 강한 동일시와 상호의존·공유된 문제해결을 함께 하는 보완적 성장을 하게 된다.

요약해 보면, 알코올의존 치료를 시작하거나 자조집단에 참여하는 기간도 회복과정의 연속선상에서 회복에 영향을 미친다는 점을 고려해야 한다. 또한 알코올의존 치료 이전에 나타났던 알코올의존 진행과정과 단주과정을 각 개인의 발달적인 특성에 맞추어 개별화해야 한다.

가족의 회복도 이와 마찬가지로 알코올의존자의 회복과 함께 이뤄지며 가족 역시 회복과정의 다양한 단계들을 통해 각기 개별화된 욕구들을 처리해야 한다. Bepko (윤명숙 외, 1995) 등은 알코올의존치료를 3단계로 나누고 각 단계의 치료목표와 전략들을 제시하였다.

첫 번째 단계는 단주의 달성이다. 즉 불균형한 가족체계를 치료에 참여시킴으로써 건강하고 기능적인 변화가 가능하다고 보았다.

두 번째 단계는 단주에 대한 적응이다. 가족들은 단주라는 새로운 세계에 따르는 새로운 역할이나 가치체계 등에 적응함으로써 체계를 안정화시키려는 노력을 하는 것이다.

세 번째 단계는 단주의 장기적인 유지단계로서 '재발'없는 체계를 균형화하는 것이다. 가족들은 의존자가 다시 재발할까봐 상당히 불안해하게 되는데, 그 이유는 다음과 같다. 단주를 하는 중에 의존자가 음주로 인해 생겼던 각종 보상을 포기함으로써 생기는 분노, 술 마실 때 자기에게 있었다고 믿었던 힘을 잃어버리는 박탈감, 의존자가 자신의 단주에 대해서 칭찬해 달라거나, 보상을 요구하는 것, 가족들이 받는 스트레스 등이 그것이다. 의존자가 새로운 생활을 시작할 때 가족들도 새로운 적응을 하게 되며 음주기간 중에 드러나지 않았던 부부갈등, 고부갈등, 자녀와의 갈등, 성격부조화 등의 문제가 표면화된다. 단주 초기에는 가족들에게 일시적이고 깊은 안도감을 가져다주지만 동시에 새롭고 복합적인 문제들이 생겨난다.

단주로 인해 제기되는 주요한 문제는 다음과 같다.

첫째, 의존자인 남편이 가족역할로 복귀하는 중에 생기는 갈등이다. 단주하는 의존자는 궁극적으로 책임감 있는 가장이 되어야 하며 신뢰할 수 있는 가족관계를 다시 만들어 나가야 한다. 그러나 단주 중인 남편이 유능하고 책임감 있는 가족원이 되기까지 오랜 시간이 필요하다. 배우자들은 성급하게 가족생활이 '정상화' 되기를 원하기 때문에 낙심한다. 일부 부인들은 남편의 단주를 환영하고 남편이 가족 내에서 위치와 역할을 잡아가도록 받아들이지만, 어떤 부인들은 남편이 A.A.에만 몰두해서 오히려 단주 후에 더 소외감을 느낀다고 하면서, 왜 술을 안 마셔도 남편은 가족들의 품으로 돌아오지 않느냐고 반문하기도 한다. 그러나 회복 초기 1-2년 동안은 가족과 시간을 보내기보다는 A.A.모임에 나가고 A.A.멤버들과 시간을 함께 보내면서 공동의 유대 속에 경험과 힘과 희망을 나누어야 한다.

둘째, 의사소통을 둘러 싼 어려움을 음주기간 동안 지속된 대화의 부족으로 가족 간에 나눌 대화의 소재 자체가 매우 적고, 의사소통 기법 면에서도 많은 문제점들이 나타난다. 알코올의존자인 아버지는 단주를 하고 있어도 자녀들과 부인에 대해서 아는 것이 없고, 부인과 자녀들, 특히 자녀들은 아버지에 대해서 알고 싶어하지 않고 아버지가 가까이 다가오는 것이 두렵기 때문에 대화를 일상적으로 나누고 이어나가는 것이 매우 힘들다.

셋째, 단주기간 중에 부인들이 불안이나 자기존중감의 감소, 일시적 우울, 원한 등을 경험하는 경향이 있는데, 이것은 단주 중에 느껴지는 전혀 다른 모습의 남편과 그의 생활방식, 낯설음 등과 관련되어 있다. 또는 음주 중의 학대나 부부싸움 등

불행했던 과거시절에 감추어 두었던 분노가 폭발할 수도 있다.

넷째, 의존자의 파괴적인 특성과 행동이 가족들에게 파괴적 영향을 미치는 "마른 주정(dry drunk)"증상으로 나타날 수 있다. 의존자가 단주 중임에도 불구하고 사소한 일에 지나친 분노나 성급함 같은 비합리적 행동들을 계속할 때 가족들도 과거에 상호작용하던 익숙한 방식으로 돌아가고자 하는 열망을 갖게 된다. 즉, 단주 중인 의존자의 마른주정에 가족들도 거의 흡사한 방식으로 회피적으로, 자기중심적으로, 변덕스럽게, 무책임하게, 지나친 민감성으로 반응을 하게 되고, 반복적인 후회도 하게 된다. 그리고, 이러다가 어느 날 갑자기 재발하면 어쩌나 하면서 두려움에 휩싸이게 된다.

다섯째, 알코올 또는 알코올 관련 문제들을 포함하는 상황들 때문에 생겨나는 어려움이다. 우리나라와 같이 술을 권하는 사회에서 음주거절이나 중독자임을 밝히는 것은 매우 큰 문제로 등장한다. 어떤 식으로 거절할 것인가 그리고 어떤 식으로 사회로부터 고립되지 않고 활동을 유지해 나갈 것인가 하는 것은 중요한 문제지만 단주기간이 길어질수록 가족들은 재발에 대한 두려움을 덜게 된다.

4. 알코올의존 치료과정에서의 가족개입

알코올의존 치료에서 가족을 긍정적으로 활용하고, 가족 또한 공동의존으로부터 회복되도록 하기 위해서는 음주에 대한 가족의 대처방법과 역할에 관해서 이해를 증진시키는 것이 가장 중요하다. 가족개입은 알코올의존의 회복단계에 맞추어 다음과 같이 세 과정을 거치게 된다(김연옥 외, 2005).

첫째, 변화에 합의하는 단계이다. 가족 개입은 도움을 원치 않는 알코올의존자에게 변화를 일으키는 최초의 동기가 될 수 있다. 이 단계에서는 알코올의존자의 미세한 변화 노력이라도 지지해 주도록 한다. 이를 위해서는 우선적으로는 음주와 관련된 가족의 상호작용 패턴에 변화를 가져오도록 해야 한다. 예를 들면, 음주자의 일상적인 행동을 계속 비난한다든지, 현재 단주를 위한 행동들을 무시하는 등의 의사소통은 중단되어야 한다.

둘째, 변화가 구체화되는 단계로써 알코올의존자가 음주를 중단하고 긍정적 변화가 6개월가량 지속되는 단계이다. 부부 및 가족치료는 전통적 개별 치료보다 치료 6개월 후까지 부부문제나 음주문제에 더 나은 효과성을 가져온다. 이 단계에 적합한 부부 및 가족 치료로는 행동주의적 가족치료와 의사소통 가족치료 접근법이 있다. 치료목표는 생산적인 단주를 할 수 있는 환경을 제공하기 위해 가족유형을 변화시키는 것이다. 이는 과거 오랜 음주로 손상받았던 관계를 다시 회복시키기 시작한다.

셋째, 변화 유지단계로써 알코올의존으로부터 회복을 장기간 유지하는 즉, 재발을 방지하는 부부 및 가족치료를 실행하는 단계이다. 이 단계는 장기적 변화유지를 목표로 하는데, 부부와 가족들이 재발을 예방하도록 돕고, 장기적 회복과정에서 일어날 수 있는 부부 및 가족 문제들을 다룬다.

다음과 같은 다양한 종류의 가족 개입 프로그램들이 임상에서 사용되는데, 알코올의존자 및 가족의 회복단계에 따라 적합하게 선택된다.

- 가족교육(가족교육 시에는 반드시 교육 후에 궁금한 사항들을 묻고 답하는 질의 응답과 구성원들끼리 정보와 경험담을 나누는 시간이 동반되어야 한다)
- 집단부부치료(적어도 2쌍이상의 부부들을 집단치료의 형식으로 진행하는 것)
- 배우자 교육집단 혹은 자녀교육 집단(배우자교육집단과 자녀교육집단을 별도로 운영해야 할 때는 배우자들만의 이슈나 자녀들만의 이슈를 다루고자 할 때이며, 대개는 배우자와 자녀들을 함께 교육집단으로 구성한다.)
- 가족 개별상담(가족 개개인을 개별 상담하는 것을 말하며, 대개는 최초에 라포형성과 정보를 얻기 위해서, 혹은 특별한 주제를 다루어야 할 때 진행한다. 가족들이 아직 알코올의존이나 공동의존에 대한 병식이 부족하면 개별 상담을 많이 요구하지만, 병식이 생기면 다른 가족들의 경험담을 듣는 것이 중요하다는 것을 알게 된다)
- 알아논(Al-anon, 알코올의존자 배우자들의 자조모임), 알아틴(Al-ateen, 알코올의존자 자녀들의 자조모임) ⇒ 말 그대로 자조모임(self-help group)이며, 전문가들의 개입은 철저히 방지되어야 한다. 이 모임은 A.A.와 마찬가지로 12단계

와 12전통을 기반으로 이루어지며, 전문가들은 가족들이 자조 모임에 나갈 수 있도록 정보를 주고, 권유하는 것이 가장 큰 임무이다.

5. 알코올의존에 대한 가족복지 현황

1) 알코올문제 관련 정책

우리나라는 1997년 정신보건법을 제정한 이후 지역사회의 정신보건사업을 보건복지부에서 추진하는 정규사업화하였다. 그러나, 만성정신질환자에 대한 지역사회정신보건사업(정신보건센터 및 사회복귀시설 등)의 확장과 체계화에 비하면 알코올문제에 대한 지역사회정신보건 차원의 접근은 미미하였다 해도 과언이 아니다. 2000년 4월 26일 알코올의존자에 대한 치료 및 재활대책을 수립・발표하고 알코올상담센터를 설치하여 알코올의존의 예방, 상담 및 재활사업을 수행하고 있다. 알코올상담센터는 2000년부터 2002년까지 시범사업으로 운영되었고, 2003년부터는 보건복지부의 정규사업화하였다. 향후 인구 20만 이상 시・군・구에 96개소의 알코올상담센터를 확대・설치하고, 운영프로그램을 개발하고 보급하며 사업을 평가하고 기술지원을 하는 등 알코올의존 치료재활사업의 조기정착을 위한 지원을 강화할 계획이다. 정부는 2002년 4월 발표한 '국민건강증진 종합계획'(Health Plan 2010)에서 알코올・약물 전문치료기관 및 알코올상담센터 운영에 대한 구체적인 비전을 제시한 바 있다. 아울러 정부는 민간의 적극적 알코올의존사업 참여를 위해 2000년에 재단법인 한국음주문화연구센터의 설립을 허가했으며, 2002년 발족한 한국절주운동협회의 활동을 지원하고 있다.

그러나, 우리나라의 알코올관련 정책은 선진외국에 비하여 시작단계에 불과하며[1]

1) 미국을 경우를 살펴보면 다음과 같다.
1970년 알코올남용과 의존에 대한 예방 및 치료・재활에 관한 법 (Hughes Act)을 제정
국립알코올남용연구소(NIAAA, National Institute on Alcohol Abuse and Alcoholism) 설립 ⇒ 알코올문제의 원인과 결과, 치료와 예방에 관한 연구 지원・수행
1992년 건강 및 대인서비스부(DHHS, Department of Health & Human Services) 산하에

클라이언트의 병식과 알코올의존의 수준에 따른 다양한 보호수준과 치료서비스를 제공하지는 못하고 있다. 아직도 알코올의존을 도덕적 관점으로 바라보고, 개별 가족 내에서 해결해 보려는 노력을 하다가 말기 단계에 이르러서 입원치료 장면에 유입되는 현재의 실정이 대형정신전문병원에 알코올병동을 증설하는 결과를 낳고 있는 현실은 매우 안타까울 따름이다. 그 이유는 입원치료 세팅의 알코올 병상 수에 비하면 지역사회에서 알코올의존자와 가족에 대한 서비스를 할 수 있는 세팅의 수는 절대적으로 부족한 편이고, 지역사회 치료·재활서비스는 극히 미흡한 수준이기 때문이다. 알코올의존에 관한 치료는 입원프로그램에서부터 시작하지만, 진정한 회복의 시작은 지역사회로 퇴원하는 순간부터이다. 입원치료에서 알게 된 약간의 병식을 가지고 지역사회로 퇴원한 알코올의존환자가 자신이 거주하는 지역사회에서 무슨 서비스를 어떻게 받을 수 있는지를 알려주고, 실제적인 직업재활을 포함하는 관련 서비스를 실행해 줄 수 있는 지역사회 기관은 얼마나 존재하는가? 또, 체계적인 지역사회예방이나 포괄적 가족개입도 이뤄지지 못하고 있으며, 그나마 진행되고 있는 지역사회서비스는 대부분 민간에 위탁하여 실행하고 있다.

한편 알코올의존 및 알코올남용과 관련된 정부부처도 여러 부처(보건복지부, 법무부, 문화관광부, 교육부, 청소년보호위원회, 식품의약품안전청)로 나누어져 있어서 비일관적이며, 비효율적이고, 중복된 사업 수행, 비합리적 경쟁까지 하는 경우도 있어서 정부의 부처간 업무 통합·정리와 업무에 따른 이관도 필요하다고 보여 진다.

물질남용 및 정신보건서비스청(SAMHSA, Substance Abuse & Mental Health Services Administration)을 설치

- SAMHSA ⇒ 물질남용과 정신질환으로 인한 질병·사망·장애 그리고 사회비용을 감소시키기 위해서 예방·치료·재활 서비스의 질과 이용개선 업무를 담당하는 연방정부기관, SAMHSA의 2000년도 예산은 26억 달러, 550여 명의 스태프들이 근무.
- SAMHSA의 하위기관들: 물질남용예방센터(CSAP, Center for Substance Abuse Prevention) 물질남용치료센터(CSAT, Center for Substance Abuse Treatment) 정신건강서비스센터(CMHS, The Center for Mental Health Services) 등

2) 알코올의존가족에 대한 서비스 현황

(1) 알코올상담센터

알코올상담센터는 정신보건법에 근거하여 알코올의존자와 남용자 및 그 가족을 위한 전문적인 치료·재활서비스를 제공하고, 지역주민을 대상으로는 알코올문제에 대한 예방·홍보를 함으로써 알코올의존자의 사회 복귀를 도모하기 위한 목적에서 설치 운영되고 있다.

알코올상담센터의 기본 사업내용과 특수 사업내용은 〈표 13-4〉와 같다.

〈표 13-4〉 「2007년도 정신보건사업 안내」에 나온 알코올상담센터의 사업 내용

구 분	사 업 내 용	비 고
기본 사업	○ 알코올남용 및 의존자 발견·등록사업 * 음주문제 조기발견 검진도구(성인 및 청소년)를 활용하여 문제음주자 조기발견 및 상담연계 ○ 알코올의존자 및 가족전화·내방상담·교육 ○ 알코올의존자 재활프로그램 개발 및 시행 ○ 알코올의존자 및 가족 사례관리 ○ 학생, 직장인, 지역주민 대상 알코올문제 예방홍보·교육·자문 및 프로그램 진행 ○ 음주운전자 및 음주범죄자 보호관찰(수강명령 및 상담명령) 프로그램 ○ 지역사회 학교와 연계한 방과 후 프로그램 운영 ○ 지역사회 자원 발굴 및 유관기관과의 연계체계 구축 ○ 지역 내 알코올문제자 조기발견 및 치료연계 ○ 자원봉사자 관리 및 연결 ○ 운영위원회 운영 ○ 자문위원회 운영	- 월 1회 - 연 1~2회
특수 사업	○ 지역사회 조사사업 ○ 주간보호(day care)프로그램 ○ 알코올의존자 및 가족 자조모임 지원 ○ 알코올문제 관련 세미나 ○ 소식지 발간 ○ 사이버 상담 등 ○ 직업재활 준비 및 타 기관 재활프로그램 연계 등	※ 지역사회 조사사업: 센터개소 원년은 필수적 실시하고, 그 이후는 3년마다 1회 실시

자료: 보건복지부, 『2007년도 정신보건사업 안내』

[지역사회 알코올사업 연혁]

- 1997년 정신보건법 시행
- 2000년 알코올상담센터 시범사업 4개소 시작
- 2001년 알코올상담센터 시범사업 9개소로 확대
- 2002년 알코올상담센터 시범사업 14개소로 확대
- 2003년 알코올상담센터 17개소 운영 지원, 시범사업에서 벗어나 정규사업으로 전환
- 2004년 알코올상담센터 17개소 운영 지원
- 2005년 알코올상담센터 20개소 운영 지원
- 2006년 음주폐해예방 및 알코올중독 치료·재활지원, 알코올상담센터 26개소 운영
- 2007년 정신보건법 및 시행령, 시행규칙 개정
  국가알코올종합대책「파랑새플랜 2010」추진
  음주폐해 예방 및 알코올중독 상담·재활지원, 알코올상담센터 30개소 운영

2000년 보건복지부 지원 알코올상담센터 4개소가 권역별로 설치되어 시범사업을 시작했으며 2007년 12월 현재 전국 30개가 센터가 알코올의존의 예방·상담 및 재활사업을 수행하고 있다. 한편 사회복지공동모금회에서도 '기획사업'으로 2002년부터 3년간 알코올상담사업을 지원하기 시작하여 2005년까지 지역사회알코올상담센터 6개소를 지원하였다. 이처럼 알코올상담센터가 전국적으로 확산되고는 있으나, 아직까지 센터의 정체성과 기능에 대한 논의가 계속되고 있어서 일선 실무자들에게 혼란을 주고 있다. 또한 외국의 경우와 같이 알코올의존 치료재활 프로그램을 국가가 인증하고 관리·감독하는 기구가 부재하기 때문에 알코올상담센터의 사업내용과 수준에서 기관간의 편차가 큰 편이다.

알코올상담센터의 사업내용은 그 지역사회의 음주문제의 특수성 및 양상에 따라서, 가용자원 그리고 인력구성이나 사업 수행 주최인 해당 법인의 사업경력에 따라 어느 정도의 융통성 있는 운영을 할 필요가 있다.

(2) 관련기관

2007년 8월 말 현재 165개소의 정신보건센터(모델형 100개소, 기본형 65개소)와 97개소의 사회복귀시설에서도 정신보건법에 근거하여 알코올의존자와 그 가족을 위한 치료재활 서비스를 선택사업으로 제공하고 있다. 지역에 따라서는 알코올상담센터와 정신보건센터 간에 서비스 중복의 문제와 가용자원의 분배 및 활용 문제가 나

타나고 있다.

알코올상담센터를 포함함 알코올 관련 기관의 업무기능은 〈표 13-5〉와 같이 정리할 수 있다.

〈표 13-5〉 알코올관련 사업의 기능 분담

구 분	수 행 기 능	
알코올전문 병·의원	치료	입원치료 외래치료, 부분입원치료(낮병원 밤병원) 작업치료, 사회복귀훈련, 주간보호, 가족상담, 자조모임 지원
알코올상담센터	예방, 재활, 상담치료	예방·교육·홍보, 사례발견 및 관리, 사회재활, 직업재활, 주간보호, 가족상담, 자조모임 지원
정신보건센터	예방, 의료치료 행정	알코올관련 행정, 예방사업, 가족상담, 자조모임 지원
보건소	예방, 의료치료 행정	알코올관련 행정, 예방사업, 사례발견 및 의뢰, 건강관리
사회복귀시설	재활	사회재활, 직업재활, 주거 제공
사회복지관	예방 재활	지역사회 예방교육, 사례발견 및 의뢰, 자원 연계 가족상담 및 지원, 자조모임 지원
자활후견기관	재활	직업재활, 예방교육
가정폭력상담소 학대예방센터	예방	예방 및 아웃리치(out-reach) 상담 지원, 사례발견 및 의뢰
보호관찰소	예방	음주운전자 사회봉사 수강명령, 사례발견 및 의뢰
보호시설(청소년, 여성, 노숙인, 쉼터)	예방 재활	예방 및 아웃리치(out-reach) 상담 지원, 사례발견 및 의뢰, 주거 제공, 사회재활, 자조모임 지원
학교, 직장	예방	예방교육, 알코올전문기관의 예방사업 지원
응급이송체계 전화상담 기관	예방	위기상황 관리, 응급입원 지원, 사례발견 및 의뢰
읍·면·동사무소 (사회복지전담공무원)	행정지원	사례발견 및 의뢰, 저소득층 재활 지원 지역사회 알코올예방사업 지원
보건복지부 정신보건과 시·도 행정 주관부서	행정총괄	알코올사업 기획 및 실행, 예산지원 및 집행, 알코올사업 평가 및 지도감독, 기술지원단(중앙) 자문위원회(지방)운영, 알코올관련 사업의 조정

자료: 알코올상담센터기술지원단(2004), "음주문제 예방 및 재활을 위한 지역사회 서비스 전달체계 구축사업", p.127; 윤명숙(2004), "한국의 알코올·약물남용 문제해결을 위한 지역사회 정신보건 개입방안: 지역사회 알코올상담센터 중심으로", 『한국사회복지학회 2004년 춘계학술대회자료집』, p.684 참조; 김연옥 외(2005), 『가족복지론』, pp. 493-495 참조 보완.

(3) 자조집단

A.A.는 음주에 관한 조절능력을 상실하였음을 인식하고 받아들이며, 술을 끊겠다는 열망만 있다면, 성별 · 나이 · 직업 · 학력 · 종교에 관계없이 누구나 참여할 수 있는 익명(Anonymous)의 자조모임(self-help group)이다. A.A. 프로그램은 의존자들이 음주문제에 대해 자신의 경험과 힘과 희망을 멤버들과 함께 나누며 A.A. 12단계와 12전통의 실천을 통해 의존에서 벗어나도록 서로 돕는 모임이다. 전 세계에 2백만 명이 넘는 알코올의존자들이 A.A. 모임에서 정기적으로 만나고 있으며 모임의 규모는 소규모 지역모임에서부터 수백 명이 모이는 지역공동체 모임까지 다양하다.

알아논(Al-anon)은 알코올의존자의 가족들의 모임이며 알라틴(Al-ateen)은 자녀들의 모임으로써 알코올의존이 심각한 가족병이라는 인식을 일깨워주며 그에 알맞은 대처를 할 수 있도록 멤버간에 힘과 용기와 희망을 나누는 모임이다. 가족 스스로 12단계를 실천하여 자신과 가족 그리고 다른 알코올의존자들의 가족을 돕고자 한다.

우리나라에는 1982년 골롬반수도회 외방선교회를 통해서 한국에 들어온 안성도신부가 A.A. 모임을 소개하였으며, 1984년에 동일한 장소에서 알아논 모임이 시작되었다. A.A.의 처음 시작은 단출하였으나, 2007년 12월 말 현재 A.A. 모임은 서울지역에 44개, 경기와 인천지역에 32개, 부산과 경남 지역에 38개, 대구와 경북 지역에 11개, 광주와 전남지역에 19개, 대전과 충청 지역에 14개, 강원지역에 6개를 합하여, 전국에 164개의 그룹이 있고, 점차 그룹의 수가 증가하는 추세에 있다(www.aakorea.co.kr 참조). 알아논은 전국에 68개의 그룹이 운영 중이고, 역시 그룹의 수와 멤버들의 수가 증가하는 추세에 있다(http://blog.daum.net/al-anonfamily/5758619 참조).

알코올의존의 치료 · 재활 역사를 보면 정신보건 및 심리치료전문가들의 참여보다 오히려 자조그룹인 A.A.와 Al-anon의 역할이 더 컸던 것을 알 수 있다. 이 병은 진행성 질환이기 때문에 "하루하루에 살자", "첫 잔을 피하자"는 등의 A.A. 슬로건이 말해주는 것처럼 평생 동안 재발예방과 영적 각성을 유지하고 발전시켜 나가야 하기 때문에 클라이언트와 그 가족들이 자조그룹에 안착을 할 수 있도록 안내하고 권유하는 것이 매우 중요하다.

6. 알코올의존가족에 대한 가족복지실천 방향

1) 가족단위 개입의 필요

알코올의존자에 대한 개입은 이미 앞에서 논의한 것처럼 클라이언트 개인에 대한 개입만으로는 궁극적인 문제해결에 도달할 수 없다. 가족을 하나의 체계로 보고, 가족 전체에 대한 개입이 체계적으로 이루어져야만 할 것이다. 특히, 가족의 구조와 상호작용에 초점을 두어야 한다. 다시 말하면, 클라이언트 한 사람이 개선된다고 해서 해결되는 문제가 아니기 때문에 가족 전체에 대한 개입이 필수적이라는 것이다. 특히, 자녀들에 대한 개입을 통해서 다음 세대로 공동의존이나 알코올의존 혹은 또 다른 의존의 양상(약물의존, 도박중독, 인터넷 · 게임 중독, 쇼핑중독, 섹스중독 등)들이 전수되지 않도록 하는 것이 1차 · 2차 · 3차 예방을 동시에 실행하는 방법일 것이다.

알코올의존가족 개입은 클라이언트와 가족의 병식 단계에 따라서 각기 다르게 개별화된 서비스가 이루어져야 한다. 이런 개별화된 서비스를 수행할 수 있는 전문화된 기관과 전문적인 실무자들이 지역사회에 얼마나 포진하는가는 매우 중요한 문제이다. 정부에서 내세운 '국민건강증진 종합계획'(Health Plan 2010)과 '파랑새플랜 2010'(국가알코올종합대책)이 실질적으로 추진되려면 알코올의존 치료 · 재활에 관한 지역사회 내의 인프라와 인적 인프라가 구축되어야 할 것이다.

2) 예방과 치료를 동시에 실행하는 실천모델의 구축 요망

알코올의존 문제에 대한 개입은 1차 예방(일반 국민을 대상으로 한 알코올 사용에 대한 예방)과 2차 예방(고위험군에 대한 조기 개입), 3차 예방(알코올 문제를 가진 클라이언트를 대상으로 하는 치료 재활 및 재발예방)이 동시에 이루어져야 한다.

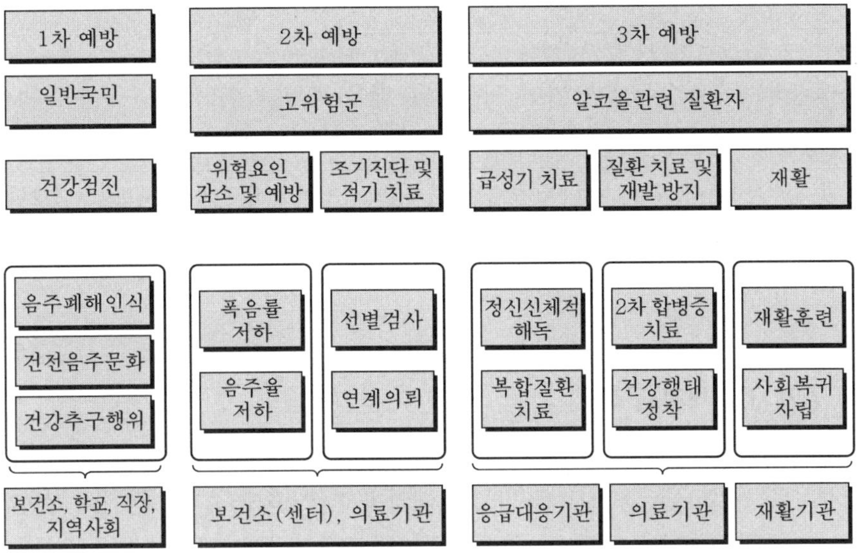

〈그림 13-2〉 국가알코올종합계획 "파랑새 플랜"의 추진체계도

기존의 예방연속모델은 '예방'과 '치료'를 이분법적으로 나누었지만, 이제는 동시에 다차원적으로 추진해야만 한다. 2006년에 발표된 국가알코올종합계획 '파랑새 플랜'은 정부가 계획하는 대로 1, 2, 3차 예방이 동시에 실행되어야 할 것이다.

3) 사례관리 차원의 개입 요망

알코올의존은 클라이언트 본인도 모르는 사이에 진행되며, 단시간에 이렇다 할 회복의 결과를 내놓기 어려운 만성적인 질환이다. 잃어버렸던 사회적 기능들은 서서히 되찾을 수밖에 없기 때문에 회복에는 '급행'이라는 표현을 쓸 수가 없다. 혹자는 말하기를 알코올의존으로 진행된 기간만큼 회복기간도 소요된다고 하였다. 게다가 알코올의존에는 '완치'라는 개념이 없기 때문에 하루하루 더 나아지는 '개선'만이 있을 뿐이다. 다시 말하면, 병의 완치를 목표로 삼을 것이 아니라, '삶의 질'을 향상하는 목표가 더 바람직하다는 것이다. 이런 이유로 인해서 알코올의존자와 그 가족들에게 사례관리가 필요한 것이다. 평생에 걸친 회복 여정을 밟아야 하며, 의료서비스부터 법적 서비스, 심리 상담 및 치료서비스, 교육서비스와 직업재활서비스, 주택

서비스까지 다채로운 여러 차원의 서비스가 동시에 필요한 사람들이 바로 알코올의존자와 그 가족들이기 때문이다.

사례관리는 알코올문제를 가진 노숙자와 같이 개입이 어려운 인구집단, 범법자 및 이중진단 클라이언트를 대상으로 개입하는 주된 실천방법이며, 치료 참여율과 성과를 향상시키며 치료 탈락률을 감소시키고 심리사회적으로 긍정적인 결과와 알코올사용을 둔감시킬 수 있는 효율적인 방법이라고 알려져 있다(Siegal et al., 1996).

4) 강제치료 체계 구축

강제치료는 알코올남용 치료를 받도록 개인에게 적용되는 수강명령이나 상담위탁과 같은 법적 강제처분이다. 최근 미국의 물질남용치료의뢰 과정에서는 사법체계를 통한 의뢰가 주축이 되고 있으며, 지역사회에 기반을 둔 알코올의존치료프로그램의 대상자 중에서 40~50%를 차지하고 있다. 다시 말하면 지역사회에서 이루어지는 치료프로그램 중에서 1/2정도가 법원이나 기업이나 조직체로부터 클라이언트를 강제적으로 위탁받아서 프로그램을 실시한다는 것이다.

알코올을 포함한 물질남용으로 인한 범법행위를 한 사람은 치료를 받음으로써 형량을 감면받거나 사법체계의 감독수준이 낮아지게 된다. 치료와 법적통제가 서로 보완해 주는 개념으로 작용하면서 자기 스스로 치료프로그램에 찾아오지 않는 클라이언트들을 치료 장면으로 인도해 주고, 탈락을 방지하는 울타리가 되어준다. 강제적으로 시작한 치료프로그램이지만, 참여하다 보면 병식이 생기고, 긍정적인 변화가 생긴다는 것이 여러 연구에서 입증되었다. 특히 가정폭력이나 아동학대 행위자의 알코올문제에 초점을 맞춘 개입프로그램과 서비스에 보다 많은 전문적 관심을 기울일 필요가 있다

5) 여성 알코올의존자를 위한 치료체계구축 요망

여성알코올의존자는 남성보다 취약한 신체적 조건으로 인해 같은 양의 술을 주기

적으로 마실 경우 남성보다 빠르게 알코올의존으로 진행된다. 또, 선행연구들이 보여주는 것처럼 낮은 자아존중감과 내면화된 자기 비난, 학대로 인한 외상, 경제적으로 불리한 입장, 적절한 탁아서비스의 결여, 그리고 '여성'이 알코올중독이 되었다는 '낙인' 등으로 남성의존자에 비해 상대적으로 더 큰 차별을 받게 되고, 치료까지 연계되기도 쉽지 않다. 이와 같은 여러 가지 숨겨진 욕구를 가진 여성의존자를 대상으로 하는 차별화된 치료프로그램이 다수 존재해야 한다. 그러나, 알코올전문치료병원이라고 홍보하는 곳에서도 여성의존자만을 위한 전문병동을 가진 곳은 매우 드물다. 외국의 알코올과 약물 회복클리닉이나 치료공동체들에서 볼 수 있는 것처럼 여성들만의 이슈가 다루어지고 공유될 수 있는 프로그램들(Woman's group)이 개발되고 체계화되어야 할 것이다.

제14장

다문화가족

한국사회에서 다문화가족에 대한 학문적인 접근이 본격화된 것은 2000년대 이후은 2000년대 이후이며 최근 다문화가족지원법이 제정·발효되면서 이제는 국가차원의 중요한 가족복지정책 아젠다로 자리매김되고 있다. 다문화가족은 한 국가에만 국한되는 것이 아니고 세계화의 외면적 변화와 관련되어 있다.

이중에서 우리나라는 최근 국제결혼의 형태가 급격한 증가율을 보이고 있는데, 국제결혼이란 동일국적의 배우자가 아닌 다른 나라의 국적소유자를 배우자로 선택하여 결혼생활을 하는 것을 지칭한다. 1990년대 이전까지는 한국사회에서 국제결혼이란 드문 현상이었으며, 국제결혼이란 주로 일부 여성의 문제로 여겨졌었다. 그러나 이후 한국에서는 남성들이 아시아 여러 나라 또는 구소련 출신의 여성과 결혼하는 현상이 증가하였으며, 여성보다는 남성이 국제결혼을 많이 하고 있다.

특히, 세계적 차원에서 한국의 경제적 위상이 높아지면서 유입된 외국인 노동자와 세계화 및 한류 문화의 열기와 함께 국제결혼에 의한 이주여성의 유입이 날로 급증하면서 우리나라의 다문화가족의 수도 점점 증가하고 있다. 외국인 노동자의 수가 늘어나면서 자연스럽게 국제결혼으로 형성된 가족의 수도 증가하였으며, 처음부터 결혼을 목적으로 입국한 이주여성들의 수가 늘어나면서 2005년도 국제결혼의 비율은 전체 결혼의 13.6%를 차지하고 있다. 그러나 이로 인해 대두되는 의사소통

문제, 교육 문제, 인권 문제는 최근 사회의 큰 관심사로 대두되었고 이를 계기로 우리민족의 뿌리깊은 '단일민족', '백의민족'에 대한 관점들이 유연한 방향으로 재고되어야 한다는 주장이 점차 힘을 얻고 있다.

이 장에서는 한국인 남성과 결혼하기 위해 이주해 온 여성을 중심으로, 그들이 단순한 거주자가 아닌 우리 지역사회에 적극적인 주체자로서 정착할 수 있는 지원 방안과 복지대책을 살펴보고자 한다.

1. 다문화가족의 개념

'다문화(多文化)가족'이란 용어는 건강가족시민연대가 2003년 '국제결혼', '혼혈아' 등의 차별적 용어를 추방하고 그 대신 '다문화가족'이나 '다문화가족 2세'로 부르자고 제안하면서 큰 호응을 얻었으며,[1] 2004년 4월 '우리와 다른 민족·문화적 배경을 가진 사람들로 구성된 가족'이라는 개념으로 건강가족시민연대가 가족용어 개선을 위해 용어를 권장하면서 일반화되기 시작하였다. 한국인 아버지와 아시아인 어머니 사이에서 태어난 한국인 2세를 코시안(Kosian) 또는 온누리안으로 지칭하였으나 이러한 용어들은 차별적 요소를 담고 있다는 지적과 함께 비판이 제기되면서 다문화가족의 사용이 더욱 일반화되고 있다.

즉, 다문화가족이란 한 가족 내에 다양한 문화가 공존하고 있는 가족을 의미하며, 최근 관심의 대상이 되고 있는 다문화가족의 범주는 국제결혼에 따른 이주여성 및 외국인 노동자의 유입, 탈북자 출신의 새터민의 증가 등 한국 사회 내에 대한민국이 아닌 다른 문화권으로 이루어진 가족을 의미한다고 할 수 있다. 이 개념을 범주화하여 살펴보면 크게 세 집단으로 나누어 볼 수 있다.[2]

1) 한겨레신문, 2003년 12월 3일자
2) 서혁(2007), 다문화가족 현황 및 한국어교육 지원방안, 이화여자대학교 대학원 석사학위논문

① 국제결혼 가족

a. 한국남성과 외국여성의 결혼으로 이루어진 가족

b. 한국여성과 외국남성의 결혼으로 이루어진 가족

② 외국인 근로자 가족

a. 외국인 근로자인 남성과 외국인 여성이 한국에서 결혼하여 이루어진 가족

b. 외국인 근로자 남성과 여성이 그들 자국에서 결혼한 후 한국에 이주한 가족

c. 외국인 근로자로서 결혼하지 않고 단독 또는 동료와 함께 생활하는 가족

③ 새터민 가족

a. 탈북자 출신의 남성과 여성의 결혼으로 이루어진 가족이 한국에 입국한 경우

b. 탈북자 출신의 남성 또는 여성이 한국에 입국 후 한국의 여성 또는 남성과 결혼하여 이루어진 가족

c. 탈북자 출신으로서 결혼하지 않고 단독 또는 동료와 함께 생활하는 가족

2. 다문화가족의 형성

1) 국제결혼

오늘날의 세계화, 지식정보화, 문화화는 서구중심의 단일 지배 문화를 넘어, 세계의 다양한 문화가 역사의 전면에 등장하는 계기를 만들어 주었으며, 근대주의를 넘어선 포스트모더니즘은 그 자체가 주관성과 문화의 다양성을 생명으로 하고 있기 때문에 다문화가 보편 문화가 되고 있다. 따라서 다문화는 미래사회의 문화가 아니라 이미 오늘 우리가 살고 있는 문화이며, 이러한 문화의 변화에 따라 '다문화가족'은 특정한 의식이나 가치의 선택이 아니라 필수적인 가족 형태가 되고 있다(김성재, 2007).

우리나라의 초기 국제결혼은 한국전쟁 후 미군과 한국인 여성들과의 결혼에서 시작되었다고 할 수 있다. 당시 여성들은 가난에서 벗어나는 한 방법으로 미군과의

결혼을 선택하였으나 미군과 접촉할 수 있는 기지촌 근무 여성을 중심으로 결혼이 성사된 경우가 많았기 때문에 매매춘과 거의 같은 의미로 이해되었고, 이러한 국제결혼의 역사적·사회적 배경은 국제결혼을 바라보는 한국인의 시각을 부정적으로 만들었다.

1980년대 후반 이후 외국과의 교류가 확대되고 해외주재나 유학이 늘어나면서 중상류층 여성의 국제결혼이 증가하기 시작하였고, 1990년대에는 한국사회에서 주변화 된 남성들과 경제적으로 빈곤한 국가의 여성들과의 국제결혼이 활발해지면서 다문화가족이 급증하였다. 초기의 국제결혼은 가족을 이루는데 어려움을 겪고 있는 농촌 총각과 중국 조선족 여성과의 결혼으로 시작되었으며, 이는 짝을 찾지 못하는 농촌의 노총각들을 구제해 주는 방안으로 크게 환영을 받았다. 그러나 조선족 여성들이 코리안 드림의 한 방편으로 한국남성과의 사기결혼·위장결혼을 선택하는 경우가 증가하면서 국제결혼 대상 여성의 국적이 조선족에서 동남아시아, 중앙아시아, 러시아 등으로 확대되었다.

동남아 여성 중에서도 특히 필리핀 여성과의 결혼이 장려되었으며, 이는 특정 종교단체의 주도로 이루어지다가 상업적 결혼중개업자가 참여하게 되면서 국제결혼 문제를 부추기는 결과를 낳았다. 즉, 중개업자들은 결혼이 성사된 경우 일정 금액의 대금으로 자치단체의 보조금을 받기 때문에 보다 많은 결혼을 강제화 하는데 몰두하였다. 이로 인해 정확하지 않은 정보를 제공하고 상대방에 대한 탐색과 조정의 시간적 여유도 주지 않고 성과에만 급급하여 많은 이들이 불과 1~2회의 만남으로 결혼이 성립되는 경우가 많았다. 이러한 경로를 통해 이루어진 결혼은 부부간 의사소통의 어려움, 생활방식의 차이, 자녀양육 등의 갈등을 증폭시켰으며, 이로 인한 학대 받는 여성이 발생하면서 사회적인 관심으로 문제화되었다.

2) 외국인 노동자

현재 세계는 하나의 경제 공동체로 통합되면서 자본과 상품은 물론 사람도 국경을 넘어 활발하게 이동하는 국제화 시대이다. 특히, 세계화로 인한 국가 간 자본과 노동의 이주가 보다 자유로워지면서 노동력의 세계적 이동은 더욱 가속화되고 있다. 경제발전의 불균형으로 인해 발생하는 노동력의 이동은 경제력이 낙후된 지역에서 일자리가 풍부한 지역으로 유입되는 현상이 보편적이며, 이는 자연스럽게 국가 간 자본주의체제와 맞물려 경제적으로 낙후된 제 3세계의 노동자들이 경제적 위상이 높은 한국으로의 이주현상이 두드러졌다.

UN의 '이주노동자와 그 가족의 보호에 관한 국제협약'에 따르면 이주노동자(migrant worker)란 자신의 국적이 아닌 나라에서 유급활동에 종사할 예정이거나 또는 종사해 온 사람을 말한다.

한국의 현행 외국인력제도는 전문인력취업제도, 고용허가제도, 산업연수제도의 세 가지로 요약할 수 있다〈표 14-1〉. 전문인력직에 종사하는 외국인노동자는 출입국법에 의거하여 교수, 회화지도, 연구, 전문직업, 예술흥행, 특정 활동 중 하나의 체류자격을 부여받아 국내에 취업하고 있는 사람들을 말한다.

〈표 14-1〉 외국인노동자의 체류자격별 현황

체류자격	2002년		2003년	
	인원(명)	구성비율(%)	인원(명)	구성비율(%)
전체	362,683	100.0	395,679	100.0
합법취업자	33,797	9.3	206,927	52.3
전문기술인력	21,450	5.9	20,014	5.1
비전문취업(E-9)	-	-	159,705	40.4
취업관리(F-1-4)	156	0.0	6,964	1.8
(E-8)	12,191	3.4	20,244	5.1
(D-3)	39,647	10.9	50,696	12.8
(D-3-2~D-3-6)	25,622	7.1	38,886	9.8
(D-3-1)	14,025	3.9	11,810	3.0
미등록노동자	289,239	79.7	138,056	34.9

출처: 설동훈・박경태・이란주, 외국인 관련 국가인권정책기본계획 수립을 위한 연구, 국가인권위원회, 2004: p. 23.

고용허가제도를 통해 국내에 취업한 외국노동자는 국내인력을 구하지 못한 기업에게 정부가 적정 규모의 외국인 노동자를 합법적으로 고용할 수 있도록 허가해 주는 제도로서 2004년 8월 17일부터 시행되고 있다. 이들은 입국 전에 국내업주와 근로계약을 체결하여 제조업・건설업・농축산업・연근해어업에 최장 3년까지 취업할 수 있다. 2003년 이들의 인원은 비전문취업자가 159,705(40.4%), 취업관리사증을 발급받고 체류하고 있는 사람이 6,964명(1.8%)으로 집계되었다.

산업연수제도를 통해 외국인 노동자가 국내에 합법적으로 취업하기 위해서는 사증에 기재된 체류자격을 산업연수에서 연수취업으로 변경해야 한다. 2003년 해외투자기업 산업연수생은 11,810(3.0%), 업종단체 추천 산업연수생은 38,886(9.8%), 연수취업자는 20,244(5.1%)명이 국내에 머무르고 있다.

그 밖에 외국인력제도가 아닌 방법으로 국내에서 취업하고 있는 미등록노동자가 있다. 이들은 합법적 체류기간 초과자, 자격 외 취업자 및 밀입국자 등을 포함하며, 출입국 관리법에서 요구하는 요건을 충족하지 못한 서류 미비자를 말한다.

그 중 우리나라의 이주노동자들은 주로 특별취업노동자[3]에 해당된다. 1980년 후반 우리나라의 건설경기의 호황에 힘입어 제조업 등 많은 생산직이 필요했을 때, 국내 노동자로는 충당할 수 없게 되면서 국내로 취업사증이 없는 외국인 노동자가 유입되기 시작하였다. 특히, 우리나라는 1986년 아시안게임과 1988년 서울올림픽 이후로 세계에 알려지게 되면서 외국 인력을 수입하는 나라로 급부상하게 되었다(설동훈, 1999).

2006년도 말 국내체류 외국인 산업인력은 2005년 34만 6천명에 비하여 4만8천명이 증가한 39만 4천명으로 경제활동인구 2,413만7천명의 1.63%에 해당한다. 2005년 말 주민등록 상 합법적인 체류 외국인 수는 46만 9천명이며 이는 우리나라 전체 인구의 0.96%에 해당된다. 그러나 불법체류자·외국인 자녀까지 그 수가 지속적으로 증가하여 2007년 말 현재 국내 외국인 체류자는 100만명을 넘어서고 있다.

우리나라의 경우, 외국인의 증가추이는 세계에서 유례가 없을 정도로 급속히 진행하고 있으며, 저출산·고령화 사회 현상과 WTO 협상 진전, FTA 체결 등으로 인하여 더욱 가속화될 것으로 예상된다(강명득, 2006).

---

3) 특별취업노동자란 이주노동자로 고용자에 의해 한정된 일정 기간 취업국에 파견되어 의뢰받은 특정의 직무 또는 임무를 수행하거나 전문적인 고도의 기능을 필요로 하는 일을 수행하는 사람을 지칭한다. 취업국의 고용자의 요구에 의해 한정된 일정 기간 임시적이거나 단기적인 일을 수행하는 사람이어서 그 체재기간이 만료되든가 혹은 활동을 수행하지 않을 때는 출국해야 하는 노동자를 말함.

3) 새터민

2000년대에 들어서면서 남북관계는 이산가족이 상봉하고, 철도와 도로가 연결되며, 금강산 관광과 개성공단과 같은 경제적 교류 및 학술교류까지 활발하게 진행되면서 민족의 동질성을 확인할 수 있었으나 여전히 해결하기 힘든 문제 중 하나로 새터민[4]을 들 수 있다. 1990년대 이후 계속된 북한의 경제난 등으로 생존에 위협을 받게 된 북한주민들은 북한체제로부터 벗어나 중국과 아시아 및 제 3국행을 택하였다. 유엔난민고등판무관실(UNHCR)은 탈북자가 10만명에 이를 것으로 분석하고 있으며[5] 그 중 일부만이 새터민으로 한국에 정착하고 있다.

새터민의 국내입국 규모는 1990년대 초반 매년 10명 내외에 불과했던 것이, 1994년 이후 급격하게 증가되었고, 1999년 이후 꾸준히 증가해 오다가 2002년부터는 매년 1천명, 2006년에는 2천명을 초과하였다. 통일부 자료에 의하면 2005년 12월 31일 현재 국내 거주 새터민은 총 7,687명으로 집계되고 있으며 2007년도에는 새터민의 입국자 수가 1만명을 넘어섰다〈표 14-2 참조〉. 특히, 입국 인원 중 여성의 비율은 1995년 이전에는 7.6%에 불과하였으나, 2005년에는 69.4%로 급증하여 남성 입국 인원 비율을 크게 상회하고 있다. 이와 같이 여성 새터민의 비율이 높은 것은 남성에 비해 여성이 상대적으로 중국에서 체류·은신하기가 용이하기 때문이다. 또한 과거 단독 입국자가 많았던 것과는 달리 최근에는 가족 단위 입국자의 수가 증가하고 있으며, 이는 노인층과 여성, 청소년, 유아 새터민의 증가를 가져와 새터민의 적응에 새로운 전환기를 맞고 있다(이종성, 2006).

---

4) 새터민의 공식적 명칭은 '북한이탈주민'이며, 흔히 탈북자라는 말과 함께 혼용되고 있으며, 이들은 관련법 '북한이탈주민의 보호 및 정착 지원에 관한 법령'의 정의에서 알 수 있듯이 '북한에 주소, 직계가족, 배우자, 직장 등을 두고 있는 자로서 북한을 벗어난 후 외국의 국적을 취득하지 아니한 자'를 말한다(동법령, 제 2조 1항). 2005년 1월 10일부로 통일부는 탈북자라는 용어를 '새터민'으로 바꾸기로 했으며, '새로운 터전에서 삶의 희망을 갖고 사는 사람'으로 정의하였다.

5) 세계일보 2004. 03. 30

〈표 14-2〉 새터민의 국내 입국 현황

(단위 : 명)

구분	'89까지	~'94	'95	'96	'97	'98	'99	'00	'01	'02	'03	'04	'05	'06.6	계
남	564	80	35	43	56	53	90	180	294	514	468	626	422	232	3,676
여	43	6	6	13	30	18	58	132	289	625	813	1,268	961	622	4,889
총계	607	86	41	56	86	71	148	312	583	1,139	1,281	1,894	1,383	854	8,565

출처 : 통일부(2006). 『통일백서』.

3. 국제결혼 이주가족

이 절에서는 외국인 근로자 가족이나 새터민 가족을 제외한 국제결혼 가족 중에서 한국남성과 외국여성의 결혼으로 이루어진 가족인 국제결혼 이주가족에 초점을 두고 살펴보고자 한다.

1) 국제결혼 이주가족의 개념

국제결혼은 국적을 달리하는 남녀가 결혼하는 일을 의미한다. 국제결혼을 하여 한국에 정착하여 사는 신부를 지칭할 때 국내인권단체에서는 이주여성이라는 표현을 흔히 사용하고 있으나, 이주여성은 여성 이주노동자, 여성 결혼이민자, 성매매 종사 외국인(또는 이민자)여성, 국제적 인신매매 피해여성을 아우르는 복합 개념으로(설동훈 외, 2004), 국제결혼이주여성 혹은 결혼이민자라는 표현을 사용한다(김혜경, 2006).

여성이 국제결혼을 통해 다른 나라로 이주하는 현상은 그의 개인적 선택의 문제로 보이지만, 그 배후에는 전지구적 자본주의 체계, 송출국과 유입국 사회와 정부, 국제결혼중개업체 등 다양한 사회적 요인이 작동하고 있다(설동훈, 2000). 그러므로 ① 자본주의 세계체계에서 나라들 간의 불균등 발전과 여성의 상품화, ② 가난과 실업이 만연한 송출국 사회와 자국인의 여성 송출을 장려 또는 방관하는 정부정책, ③ 신부 부족을 해결하기 위해 외국에서 여성을 충원하려는 유입국 사회와 그것을 묵인하는 정부정책, ④ 국제결혼을 성사시킴으로써 영리를 추구하는 국제결혼중개업체 등을 국제결혼 이주가 증가한 원인으로 파악하고 있다(설동훈 외, 2006).

특히, 한국남성과 제3세계 여성과의 국제결혼은 지속적으로 증가추세에 있다. 한국의 사회적 상황과 경제적 상황으로 인해 국제결혼이 증가하는 원인은 다음과 같다.

첫째, 왜곡된 성비례로 인해 결혼하지 못하는 남성의 수요가 급증하고 있기 때문이다. 남아선호사상으로 인해 현재 남성 대 여성의 비율은 116 : 100으로, 정상적인 상황에서는 결혼하지 못하는 남성들이 점점 늘어날 수밖에 없다.

둘째, 결혼하지 않고 혼자 사는 여성이 늘어나고 있기 때문이다. 예전에는 모든 여성은 결혼을 당연시 하는 사회적 분위기였지만, 현대 여성들은 관습적인 결혼보다는 자아실현을 선호하고 있으며, 직장에서 일하는 많은 여성의 경우 결혼으로 인해 빚어지는 여러 가지 부작용으로 인해 결혼을 기피하거나 결혼을 늦게 하는 경우가 급증하고 있다.

셋째, 경제적 수준이나 문화적 여건으로 한국여성과 결혼하지 못할 입장에 처한 남성들이 늘어나고 있는 현실 때문이다. 한국여성과 결혼하기에는 경제적·사회적으로 어려움을 겪고 있는 남성들이 용이한 제3세계 여성과의 결혼을 선택한다.

넷째, 결혼을 빙자한 외국인과의 인신매매성 위장결혼을 용인하는 사회적 분위기 때문이다. 국제결혼이 공공연한 종교적인 행사로 이루어지거나 또는 돈을 매개로 한 인신매매성임에도 불구하고 오히려 그것이 한국여성과의 결혼 성사가 취약한 한국남성들을 구제한다는 이유로 용인되고 있다.

다섯째, 저임금 외국인 노동자의 유입정책 때문이다. 이로 인해 아시아에서 한국으로의 이주가 관심의 대상이 되었고, 이주의 여성화 현상에 따라 결혼을 통한 이주를 생존과 꿈을 펴는 대안으로 선택하게 되었다.

2) 국제결혼 이주가족의 현황

통계청(2007)에 의하면 2006년 국제결혼 비율은 총 결혼건수의 11.9%로 1990년 1.2%에 비해 10배가량 증가하였으며, 그 중 외국인 여성과 결혼한 한국남성의 비율은 전체국제결혼 중 과반수가 훨씬 넘는 76%에 이른다. 국제결혼의 초기에는 한국여성과 외국남성과의 결혼이 더 높은 비율을 보였으나, 최근에는 한국남성이 외국여성과 결혼하는 비율이 증가한 것을 알 수 있다.

〈표 14-3〉 국제결혼 건수와 비율

(단위 : 건, %)

연도	총 결혼 건수	국제결혼	외국인 아내	외국인 남편
1990	399,312	4,710(1.2)	619(0.2)	4,091(1.0)
1995	398,494	13,494(3.4)	10,365(2.6)	3,129(0.8)
2000	334,030	12,319(3.7)	7,304(2.2)	5,015(1.5)
2003	304,932	25,658(8.4)	19,214(6.3)	6,444(2.1)
2004	310,944	35,447(11.4)	25,594(8.2)	9,853(3.2)
2005	316,375	43,121(13.6)	31,180(9.9)	11,941(3.8)
2006	332,752	39,690(11.9)	30,208(9.1)	9,482(2.8)

자료 : 통계청(2007). 『2006년 혼인·이혼통계 결과』.

국제결혼을 하는 외국여성들의 국적은 주로 개발도상국으로 이러한 경향은 점차 강화되고 있으며, 국적도 여러 나라로 확대되고 있는 추세이다. 2000년대 초에는 중국, 일본, 필리핀 출신이 다수였으나, 최근에는 베트남, 몽골, 우즈베키스탄, 캄보디아 출신 등으로 국적도 다양화되고 있다. 〈표 14-4〉에서와 같이 2004년까지 증가추세를 보이던 중국 여성들과의 결혼이 2005년을 정점으로 2006년부터는 감소추세에 있는 반면, 베트남, 캄보디아 여성들이 2005년부터는 높은 증가율을 보이고 있다.

〈표 14-4〉 외국인 처의 국적별 현황

(단위 : 건, %)

	2001	2002	2003	2004	2005	2006	구성비
계	10,006	11,017	19,214	25,594	31,180	30,208	100.0
중국	7,001	7,041	13,373	18,527	20,635	14,608	48.4
베트남	134	476	1,403	2,462	5,822	10,131	33.5
일본	976	959	1,242	1,224	1,255	1,484	4.9
필리핀	510	850	944	964	997	1,157	3.8
몽골	118	195	318	504	561	594	2.0
캄보디아	*	*	19	72	157	394	1.3
미국	265	267	323	344	285	334	1.1
우즈베키스탄	43	66	183	329	247	333	1.0
기타	779	936	1,046	1,263	1,250	1,135	3.9

출처: 통계청(2007). 『2006년 혼인·이혼 통계 결과』, *기타에 포함

지역별로 살펴보면 서울특별시와 5대 광역시를 비롯한 대도시 지역에서는 중국인 배우자가 단연 많았으나 농촌지역이 많은 강원, 경상, 전라도 지방에서는 베트남 배우자가 가장 많았다. 그리고 농촌지역의 국제결혼 비율이 대도시 지역보다 높은 것으로 나타나 국내 배우자를 찾기 힘들어진 농촌 총각들이 국제결혼을 대안으로 하는 최근 추세가 그대로 반영되었다는 것을 알 수 있다.

국제결혼 이주여성의 거주 지역을 살펴보면〈표 14-5〉, 74.3%는 도시(동부)에 거주하고, 25%는 농촌(읍면부)에 거주하는 것으로 나타났다. 이는 국내로의 결혼이주가 1990년대 중반 이전까지는 주로 농촌 노총각 장가보내기의 일환으로 시작되었으나, 1990년대 후반부터는 도시로의 결혼이주가 증가하였기 때문이다(이혜경, 2005).

전체 여성 결혼이민자에 비해 상대적으로 더 농촌에 집중되어 있는 경우는 필리핀, 태국 및 베트남 여성으로 그들의 50% 정도가 농촌에 거주하고 있었다. 한편 다른 여성 결혼이민자에 비해 언어적으로 의사소통이 자유로운 중국동포 여성은 상대적으로 도시에 더 집중되어 있었다.

〈표 14-5〉 국제결혼 이주여성의 거주지 분포

(단위 : 명, %)

행정구역	2005		2006	
	인원	%	인원	%
전국	31,180	9.9	30,208	9.1
동부	23,132	8.9	21,052	7.7
읍부	2,403	9.6	2,697	10.0
면부	4,832	16.1	5,682	18.1
서울시	7,637	10.7	6,168	8.3
경기도	7,341	10.1	6,492	8.4
강원도	769	9.1	795	9.1
충북	920	11.0	953	10.3
충남	1,378	11.4	1,472	11.0
전북	1,385	13.6	1,343	12.9
전남	1,327	13.3	1,582	15.1
경북	1,489	10.2	1,885	11.7
경남	1,636	8.8	2,240	10.8
제주도	231	6.8	277	7.7
국외	793	5.5	943	7.8

출처 : 통계청 정보시스템(2007). 『시 · 군 · 구통계자료』.

〈표 14-6〉 국제결혼이주여성의 거주 지역별 현황

(단위 : %, 명)

국적	중국동포	중국한족	일본	필리핀	베트남	태국	몽골	구소련	기타	전체
(N)	448	164	101	77	66	19	15	29	26	945
도시	82.1	78.0	64.4	48.1	57.6	52.6	73.3	79.3	84.6	74.3
농촌	17.9	22.0	35.6	51.9	42.4	47.4	26.7	20.7	15.4	25.7
계	100	100	100	100	100	100	100	100	100	100

출처 : 여성가족부, 결혼이민자 가족실태조사 및 중장기지원정책방안 2006.

3) 국제결혼 이주가족에 대한 인식 변화

한국사회에서 국제결혼 이주가족에 대한 담론은 농촌의 생산, 재생산 위기를 타계하기 위한 것에서 시작되어 현재 급속하게 진행되고 있는 저출산과 가족의 위기에 대한 불안감, 노동력 부족 담론에서 전개되고 있다. 이러한 시발점에서 국제결혼은 구조적으로는 아시아 지역 저개발국 여성들의 결혼이주를 묵인하거나 장려해 왔다(Hsia, 2004; 김은실 · 김정선, 2007에서 재인용). 국제결혼 이주여성은 이주 비용을 마련할 수 없기 때문에 결혼이라는 가장 무력한 방식으로 국내로 유입되고, 한국남성들과의 결혼을 통해 자녀 출산과 노동력을 제공함에도 불구하고 사회적인 소외와 배척을 받고 있다.

농촌의 경우는 국제결혼을 통해 시어머니와 남편, 아이를 위해 살림을 살아 줄 여자를 찾거나 전통적 유형의 부계혈통의 명맥 잇기를 목적으로 한 한국사회의 주변화 된 남성과 경제적으로 빈곤한 국가의 여성들과의 결혼이 대안으로 자리 잡게 되었다(신경의, 2005). 이는 농어촌지역 전체 결혼의 35.6%가 외국인 여성과 결혼하는 결과에서도 알 수 있다(통계청, 2006).

국제결혼이 해가 갈수록 증가함에도 불구하고 아직까지 국제결혼이라 하면, 기성세대에게 선뜻 와 닿지 않을 뿐만 아니라 부정적인 인식이 지배적이다. 특히, 매스컴은 국제결혼의 부작용으로 인한 당사자들의 피해라든가 혼혈아 문제 등 국제결혼으로 인해 파생되는 문제점에만 집중하고 있어 그들 가족에게 피해를 주기도 한다(박정숙 외, 2007).

그러나, 초기 국제결혼 이주가족에 대한 이러한 심각한 편견과 소외는 점차 감소하는 경향을 보이고 있다. 즉, 단일민족을 고집하는 한국사회에서 국제결혼에 대한 이미지는 한국전쟁 이후 한국 여성과 미군들 사이의 결혼으로 인해 편견을 가지고 있었으나, 최근 세계화시대를 맞이하여 국제결혼에 대한 인식에 있어서 호의적인 수용도가 증가하고 있다. 결혼이민자 국민의식조사(여성가족부, 2007)에 따르면, 일반국민의 과반수이상(63.6%)은 우리민족을 단일민족으로 인식하고 있지만, 세계화라는 흐름 속에서 단일민족만을 고집할 이유는 없다는 전향적인 자세를 보이는 것으로 나타났다〈그림 14-1〉.

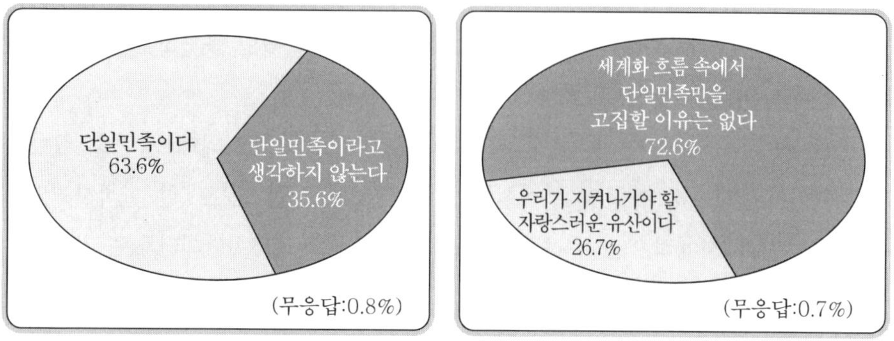

출처: 여성가족부, 국제결혼 이민자에 대한 국민의식조사, 2007

〈그림 14-1〉 결혼이민자 국민의식조사

4) 국제결혼 이주가족의 문제점

(1) 빈곤문제

2005년도 가구당 최저생계비를 기준으로 할 때 국제결혼 가족의 절반이 넘는 52.9%가 최저생계비 이하의 소득 수준인 것으로 나타나 이들 가족의 절대빈곤문제가 매우 심각한 것으로 조사되었다. 특히 가구소득이 최저생계비 50%이하의 수준에 있는 경우도 절반에 가까운 44.2%나 되는 것으로 파악되었다.

출신국별로 보면 중국동포 이주여성가구가 빈곤상황이 기타 외국에 비해 상대적으로 덜 심각 한 것으로 조사되었다(보건복지부, 2005). 최근 전남지역의 국제결혼 이주여성 배우자를 대상으로 한 추현화(2008)의 연구에 의하면 월평균소득이 150만원 이하가 절반인 50.7%였고, 직업으로는 농수산업 및 단순노무직이 66.2%로 나타나 이들이 빈곤한 수준임을 알 수 있다.

이러한 근거는 이주여성과 결혼한 남성들의 대다수가 경제적으로 불안한 위치에 있는 사람들로서 일정한 직장이 없는 경우도 있고, 결혼으로 인한 빚을 갚아야 하는 부담까지 안고 있기 때문이다. 이는 이주여성의 결혼 선택의 중요한 이유 중 하나가 한국남성의 경제적 조건이 자신들보다 우세하다는 것과는 달리 빈곤문제를 안고 있는 상황으로 인해 이들의 가족갈등이 더욱 악화될 소지가 있다(박옥임, 2007).

(2) 부부갈등문제

다문화가족의 부부의 문제는 문화 차이에서 오는 인식의 문제, 언어 갈등의 문제, 생활 습관의 문제가 주로 많이 나타난다. 의사소통에 있어서 부부 서로 간 많은 불편을 느끼고, 가부장제의 남편 중심적 생활양식으로 인한 문화배경의 이질성이 부부 간 문제의 원인이 되고 있으며, 남편의 경제적 무능력이나 도박, 가족폭력, 부정 등이 가족불화의 사례로 나타나고 있다. 이러한 가족 문제는 가출이나 이혼으로 이어질 확률이 높기 때문에 사전에 예방하는 것이 무엇보다 중요하다.

한국남성과 외국여성의 국제결혼의 경우 한국남성의 경제적 자원, 뿌리 깊은 가부장적 체제, 두 국가 간의 문화적인 차이, 단일민족임을 강조해 왔던 한국의 순혈주의와 같은 역사적 배경 등이 가족갈등의 주 원인이 되고 있다. 보건복지부(2005)는 부부갈등의 원인으로 남편과의 성격차이(33.4%), 생활방식의 차이(22%)를 지적하고 있다. 특히, 남편들은 처음에는 외국인과 결혼했으므로 이해하지만 시간이 지나도 말이 통하지 않을 때 부부 간 갈등과 좌절은 더해 간다. 말을 하지 않아도 아내가 잘 알아주겠지 하고 기대하는 남편은 아내에게 일일이 설명할 능력과 태도, 그 필요성도 알지 못하는 현실이 문제를 더 심각하게 한다고 하였다(박정숙, 2006). 또한 의사소통의 장애와 어려움도 부부갈등의 원인이 된다. 이러한 의사소통 장애는 일상적인 대화를 어렵게 만들고, 부부간 상호이해와 친밀감의 교류가 어려울 뿐만 아니라 대화의 부족은 부부간 이해의 폭을 좁게 만들어 더욱 심각한 부부문제를 야기 시키는 요인이 된다(윤형숙, 2004).

특히, 권위주의적인 남편의 태도는 이주여성들이 가장 힘들어하는 것 중 하나로서 동반자인 아내로 대하기보다는 지시적이고 한국여성과는 다르게 취급되는 점에 대해 불만이며 경제적으로 빈곤한 나라에서 왔기 때문에 무시 받는다고 하였다. 이로 인한 부부폭력은 이주여성들이 겪고 있는 가장 직접적이고 심각한 인권침해의 하나이다. 이들은 가정에서 의사소통의 어려움, 문화적 이질감, 남편의 성격장애나 알코올 중독 등 다양한 이유로 부부폭력에 더 많이 노출되어 있다. 또한 남편자신의 생활기반이 약하고 아내와 나이차이가 많아 젊은 아내에 대한 위기감, 가출할 수 있다는 의혹 등이 폭력으로 이어진다고 하였다(전라남도 여성정책과, 2004). 즉

폭력과 폭언은 아내를 통제하는 수단으로서 주로 행해지고 있으며 이주 여성들을 조사한 결과 폭언이 가장 일반적이었으며(58.8%), 뺨을 때리는 등 물리적 폭력(17.6%)도 상당한 수준이었다(광주여성의 전화, 2004).

박옥임·김진희(2007)의 농촌과 도시지역 국제결혼이주여성의 가족갈등과 생활만족도 비교에 의하면, 도시지역 국제결혼 이주여성은 경제적 문제로 인한 갈등이 높았으며, 농촌지역의 경우는 배우자의 가족문제로 인한 갈등이 더 크게 작용하고 있음을 밝히고 있다.

(3) 자녀문제

국제결혼 이주여성과 남편과의 자녀양육방식의 차이에서 오는 자녀문제가 갈등요인이 되기도 한다. 국제결혼 이주가족 자녀는 전체 외국인의 6.1%에 불과하나 '03년 2만5천명에서 '06년 1만4천명(56.0%) 증가한 3만9천여명으로 중요한 정책대상자로 부각되었다. 6세 이하가 59.8%, 12세 이하가 32.5%로 전체의 92.3% 차지하고 있으며, 취학 전 아동의 한국어 활동능력 향상 및 사춘기(12세 이하)에 접어든 아동에 대한 학습지도나 차별, 소외감 해소 등의 지원이 필요하다고 할 수 있다. 자녀가 교사와의 의사소통에서 겪는 가장 어려운 문제는 한국어가 능숙하지 못하여 발생하는 경우가 72.2%로 높은 비율을 차지하고 있고(이순형, 2007). 자녀양육 및 교육시 어려운 점으로는 사교육 또는 양육비용, 돌볼 사람이 없는 점, 건강관리, 성적과 학습이었으며, 혼혈인으로서 정체성의 경우도 어려운 점으로 지적하고 있다.

보건복지부(2005)의 보고에 따르면 이주여성과 자녀관계를 보면 전체의 64.3%가 자녀와 집밖에서 있었던 일에 대해 거의 매일 대화를 하는 것으로 나타났는데 특히 일본과 필리핀 어머니들이 다른 나라 어머니보다 자녀와 더 대화를 하는 것으로 나타났다. 반면 재혼한 경우 전처소생의 자녀와는 거의 대화가 없는 비율이 39%나 되었다. 그 이유로는 과반수 이상인 54.2%가 자녀보다 한국어를 못해서 라는 이유로 나타났다(이순형, 2007)

자녀와의 관계에 대해서는 대체로 만족한다가 60%-70% 정도 되며, 자녀의 생활태도나 학교성적에 대한 만족도는 대화나 함께하는 시간 등에 대한 만족도에 비해 낮다. 부모의 이중 언어 사용으로 인한 적절한 언어습득이 되지 않거나 지연이 되어 언어장애나 말더듬과 같은 언어문제를 호소하였으며, 열악한 가정환경, 교육기회의 상대적 박탈, 부정적 사회인식은 자녀의 원만한 또래관계 형성과 학업성취 의욕에 부정적으로 작용하며 자녀의 심리·정서적 문제의 원인이 된다고 하였다.

또한, 자녀양육에 있어서도 자녀를 엄하게 키워야한다는 남편과 자식에 대한 애착이 강한 여성 사이에 차이가 나타난다. 아이가 자신의 아이라고 생각하는 이주여성과, 자신의 대를 이어받는다고 생각하는 한국남성의 전통적인 사고의 차이에서 갈등이 빚어지며, 이러한 자녀양육방식의 차이는 부부갈등으로까지 확대되기도 한다.

국제결혼 이주가족의 자녀는 언어발달 지체 및 문화 부적응으로 인해 학교수업에 대한 이해도가 낮으며, 지나치게 소극적이거나, 반대로 폭력성 또는 과잉행동장애(ADHD)[6]를 보이는 등 정서장애도 나타난다. 또한 교과서를 비롯한 교재와 교사들의 태도가 다문화주의를 포용하지 못하는 데서 오는 '차별'과 '배제'로 인해 조기에 사회적 소외를 경험할 가능성이 높다. 국제결혼 이주가족의 자녀 가운데 집단따돌림을 경험했다는 비율은 17.6%이며, 그 이유는 엄마가 외국인이라서 34.1%, 의사소통이 안돼서 20.7% 순으로 나타났다(보건복지부, 2005). 이러한 조사결과로 국제결혼 이주가족의 자녀는 교육 과정에서 일반 가족자녀와 다른 고충을 겪고 있다는 것을 알 수 있으며, 다문화가족이라는 특성으로 인하여 성장과정과 환경이 일반아동과 다를 수 있음을 알 수 있다. 이들의 외모의 특성과 어머니가 외국 출신이라는 이유는 대인관계의 형성을 위축시키고 공교육에 진입한 후에도 교사와 학생집단관계에 있어서 제대로 적응하지 못할 가능성을 안고 있다. 현재 초등학생이 대부분인 다문화가족의 자녀들이 성장하여 중·고교에 진학할 경우, 이들이 겪게 될 심리적 위축감과 자신감 상실 등은 무단결석, 가출, 폭력 등의 일탈행동이나 비행으로 이어질 가능성이 높다. 이러한 문제를 미연에 방지하기 위해서는 국제결혼 이주가족에 대한 지속적 관심과 지원이 이루어져야 하며, 국제결혼으로 형성된 다문화가족의 삶의 질이 보다 향상될 수 있도록 정부를 비롯한 지방자치단체, 복지기관 등의 관심과 함께 지역사회의 관심이 요구된다.

---

6) ADHD(Attention Deficit Hyperactivity Disorder)란 주의력결핍과다행동장애를 말하며, 주의가 산만하고 과다활동 및 충동성과 학습장애를 보이는 소아기, 청소년기의 정신과적 장애이다

(4) 시부모 및 친인척문제

국제결혼 이주여성들은 전반적으로 결혼을 통해 남편의 친족망에 편입되었지만 일상생활에서 친척들과 긴밀한 관계를 맺지는 못하고 있었다. 시부모와의 갈등은 이주여성에게 보편적인 현상으로 나타나고 있다(홍기혜, 2000). 보건복지부(2005) 보고서에서도 시어머니와의 관계에서 한국어 의사소통의 어려움을 가장 많은 어려움으로 지적하였다. 윤형숙(2004)은 고부간의 갈등과 시어머니의 학대양상으로 다음과 같이 언급하고 있다. 며느리를 구박하고 아들에게 며느리에 대한 잘못된 정보를 주거나 아들의 마음을 붙들어 매어 두려고 하며, 시부모가 가정경제권을 장악하고 아들과 며느리 모두 시키는 대로 하게 하는 것, 남존여비적인 태도를 갖고 남자는 하늘, 여자는 땅이라 하여 무조건적인 아들에 대한 순종과 복종을 강요하는 것, 한국사회에서 어떻게 시부모를 모셔야 하는가에 대한 생각을 주입시키며, 시집식구가 폭언이나 폭력행사로 말을 해도 못 알아듣는 경우, 욕을 하거나 심하게는 폭력을 행사하기도 한다.

또한 같은 나라에서 온 친구들과 어울리지 못하게 하거나, 지역사회사람과 접촉 자체를 못하게 집 밖 출입을 통제하고 사랑, 이해, 순종, 칭찬 등 가부장적 기대에 부응하여 살기를 강요하며, 기대에 어긋났을 때 통제의 언어와 폭력과 같은 극단적인 행동이 발생된다.

(5) 이혼문제

국제결혼이 증가하면서 이혼 또한 해마다 증가하여 2002년 1,866건, 2003년 2,164건, 2004년 3,400건, 2005년 4,278건으로 매년 증가추세에 있다. 전체 이혼 건수 중 외국인 배우자와의 이혼이 차지하는 비율은 2002년 1.3%에 불과했으나 2006년에는 5%로 크게 높아졌으며, 이 중 이혼을 선택한 10쌍 중 8쌍이 결혼 후 5년 이내에 파경을 맞은 비율은 2002년 65.3%보다 14.6% 늘어난 것으로 나타났다. 그로 인해 농촌 총각 문제 해결의 돌파구로 여겨졌던 국제결혼이 또다른 사회문제를 양산하는 것으로 나타났다. 통계청의 '2006년 이혼통계 결과'에 따르면 2006년 총 이혼 건수는 125,000건으로 전년보다 2.7% 감소했으나 한국인-외국인 부부의 이혼 건수는

6,280건으로 2005년보다 46.8% 증가했다. 이 중 한국인 남편과 외국인 아내와의 이혼은 4,010건으로 전년보다 64.0% 증가했다〈표 14-7〉.

이주여성과의 이혼 건수는 2006년 현재 중국 2,551건(63.6%), 베트남 610건(15.2%), 일본 202건(5.0%) 순이며, 중국인 처와의 이혼 비중이 높은 것은 혼인 누적 건수가 많기 때문으로 여겨진다. 이렇듯 이혼의 수위가 점점 높아져 가는 것은 배우자의 선택과정 중 상대방에 대한 정확한 이해부족 상태에서 결혼이 성사된 점과 결혼 생활의 삶의 질 수준에 있어 기본적인 생활 조건조차도 갖추지 못한 빈곤이 주요 요인으로 작용했기 때문이다. 최소한 사람과 사람이 만나서 이루어지는 결혼 과정은 서로에 대한 올바른 정보는 물론 문화적 배경에 대한 기본적인 이해와 의사소통이 전제되어야 하는데 이러한 부분에 취약한 국제결혼은 그 자체가 이혼의 불안정성을 지니고 있다고 할 수 있다.

〈표 14-7〉 외국인 처의 이혼 건수

(단위 :건, %)

	2003년	2004년	2005년	2006년
계	583	1,611	2,444	4,010
증감률	-	176.3	51.7	64.0

출처: 통계청 정보시스템(2007). 『농림어업종사자와 외국인 처와의 혼인』. http://www.kosis.kr

위에서 살펴본 국제결혼 이주가족의 다섯 가지 영역 이외에 한국염(2005)은 국제결혼 이주가족의 문제를 다음과 같이 포괄적으로 제시하고 있다.

① 중개업체를 통한 결혼에 따른 문제
② 언어소통 문제, 생활전반의 문화적 차이에 따른 사회문화적 고립
③ 부모의 낮은 경제·사회적 지위, 언어·문화·교육방식의 차이로 인한 자녀양육 및 학교 교육 문제 발생
④ 빈곤가구가 다수이나, 기초생활보장 수급자는 소수
⑤ 의료서비스 접근성이 낮고 모성건강 위험도가 높음
⑥ 가정폭력과 불화 등으로 이혼 급증
⑦ 체류 등 신분상의 불안

⑧ 사회적 편견

4. 국제결혼 이주가족의 지원 대책

여성가족부(2006)는 국제결혼 이주가족 지원으로 첫째, 결혼이민자의 안정적 체류지원, 생활정보 제공, 한국어 · 한국문화 이해 교육, 가족관계 증진 및 가정폭력피해자 지원, 기초생활보장, 취업을 위한 교육 · 훈련 및 일자리 연계지원 등의 문제해결대책 둘째, 국제결혼 이주가족의 사회적응 지원체계 구축, 자녀양육 지원 등을 통한 생활안정대책 셋째, '결혼이민자 가족지원센터'를 설립하여 이주여성이 우리사회에 정착하는 데 필요한 서비스를 제공함으로써 국제결혼 이주가족의 삶의 질을 향상시키고자 중장기적 대책을 시행하고 있다.

그렇지만 현행 국제결혼 이주가족 통합 정책은 각 부처에서 입안한 정책들을 분류하여 체계화한 것이라는 점에서 몇 가지 문제를 안고 있다. 예산권을 갖고 있는 정부 부처 중심으로 정책을 입안하고 분류하여 추진한 결과, 부처 간 정책 중복 문제가 파생되어 집중적인 지원의 한계를 드러내기도 하였다. 다음은 이러한 점을 고려하여 몇 가지 지원 대책을 제시하고자 한다.

1) 차등 없는 사회복지제도 혜택 부여

한국의 현행 국제결혼 이주가족 지원 정책은 매우 세분되어 있는 데 반해, 유럽 선진국의 정책은 체류자격, 시민권 관련 정책 및 이민자를 위한 언어와 적응에만 초점을 두고 있다. 이는 이 나라들이 '자국인의 배우자'인 결혼이민자에 대해 귀화하기 이전이라도 내국인과 동등한 체류자격을 부여하고, 사회복지혜택을 제공하고 있기 때문이다.

따라서, 우리나라도 국제결혼 이주가족을 한국인과 동일한 대상으로, 자국민과 차등 없는 경제적 · 사회적 · 문화적 권리를 향유하며 그에 따른 사회복지제도를 적용・추진하여야 한다.

2) 가정폭력 문제에 대한 적극적 개입

가정폭력 피해자에 대한 상담과 보호, 가해자에 대한 처벌 역시 경찰이 직접 개입하는 보편적 서비스로 통합시켜, 가정폭력에 대한 상담・보호・처벌이 엄중이 집행되도록 제도 개선이 필요하다. 또한 '사실혼' 관계의 외국인 배우자에 대해서는 아직 '국민의 배우자'로 인정하는 제도가 만들어져 있지 않기 때문에 이러한 '사실혼' 관계의 외국인 배우자에게도 합법적 체류자격을 부여하는 제도 개선이 반드시 필요하다.

3) 국제결혼 이주여성 대상의 한국어 교육과 적응 교육

국제결혼 이주여성의 한국사회 조기적응을 위해 우선적으로 출신국가 언어를 통한 정보제공 시스템을 구축하고, 지원에 있어서도 그들이 접근하기 용이하도록 다양한 서비스가 대폭 강화되어야 한다.

적응교육의 효율성을 확보하기 위해서는 특히 전문적 교재개발이 필수적이며, 이 교재가 실생활에 도움이 되는 데 중점을 두어야 한다. 한국어 교사가 그들의 제1차적 상담자 역할을 한다는 점을 감안하여 언어교육 능력과 상담 및 사회과학적 지식을 갖춘 인력을 양성할 수 있는 전문적 교육과정이 개발되어야 하며, 이를 통해 이주여성들이 우리사회의 인적 자본의 역할을 할 수 있는 기반을 제공해야 한다.

4) 자녀의 학교생활 적응 지원

국제결혼 이주가족의 자녀가 겪는 빈곤은 학습권을 제한받게 할 뿐만 아니라, 상대적인 정보교환의 부재로 인해 학교생활에 있어서도 동등한 기회에서 배제될 수밖에 없는 상황이다. 무엇보다도 국제결혼 이주가족 자녀의 학교생활 적응지원을 위해서는 다문화교육추진체계의 구축과 함께 학교의 결혼이민자 자녀지원 및 교사역량 강화를 통하여, 결혼이민자 자녀를 위한 학습지원은 물론 학교사회사업 차원에서 상담서비스를 제공하여야 한다. 교육을 통해 국제결혼 이주가족 자녀에 대한 집단 따돌림을 예방하는 한편, 다문화가족의 자녀들이 자긍심을 가질 수 있도록 특화된 프로그램이 개발되어 시행되어야 한다.

5) 다문화가족 친화교육과 홍보

다문화가족에 대한 사회 친화적 분위기 조성을 위해 공무원 · 교사 · 사회복지사 · 보건의료서비스 종사자 등을 대상으로 교육과 홍보활동이 우선적으로 실시되어야 하며, 이러한 인식 개선 작업은 단기간에 목표달성이 어렵기 때문에 장기적 계획을 세워 지속적인 추진이 실시되어야 한다.

또한, 정부나 자치단체가 국제결혼 이주가족의 사회통합과 애로사항 해결을 위해 여러 영역에 걸친 정책을 마련하고 운영하더라도 이러한 정책 자체가 홍보되지 않거나 일반인들의 다문화가족에 대한 배타적인 자세가 견지 된다면 실효를 거두기가 매우 어렵다. 따라서 정책의 효과를 극대화하기 위해서는 제도적인 보장과 더불어 이에 대한 홍보가 범사회적으로 병행되어야 할 것이다.

참고문헌

강기정 · 이무영 · 김영희(2002). "한부모가족 복지 지원체계로서의 가상공동체 활용에 관한 기초연구 -웹사이트 활용을 중심으로-." 『대한가정학회지』. 40(10) ; 141-159.

강명득(2006), 재외동표의 법적지위 및 출입국관리 현황과 전망. OK times : Overseas Koreans time 통권 제152호(2006. 7), pp. 11-14.

강정희(2003). "사회적 지지 프로그램이 재가 치매노인 돌봄이의 부담감과 안녕에 미치는 효과." 연세대학교 대학원 간호학과 박사학위청구논문.

건강가족기본법(2004년 2월 9일 법률 제7166호).

경북여성정책개발원(2003), 농촌여성노인가구의 손자녀 양육실태와 정책과제.

곽인숙(2002). "치매노인을 위한 주간보호시설 이용자의 가족부양 현황과 서비스 이용에 관한 연구-미국의 사례를 중심으로." 『한국가정관리학회지』. 20(4).

광주여성의 전화(2004), "광주 · 전남지역 결혼한 이주여성 실태보고 및 토론회." (사)광주여성의 전화 부설 광주가정폭력상담소.

국회여성특별위원회, "모성보호정책 - 근로여성의 모성보호관련법 중심으로", 『국회여성특위 정책자료집』.

권중돈(1994). "한국 치매노인 가족의 부양부담 사정에 관한 연구." 연세대학교 대학원 사회사업학과 박사학위청구논문.

______(1996). "치매가족의 부양부담 측정도구 개발." 『연세사회복지연구』. 3; 140-168.

______(1996). "치매노인 가족의 부양부담과 결정모형 개발." 『한국사회복지학』. 29.

______(1999). 『한국치매가족 연구』. 홍익제.

권중돈(2002). "치매가족의 부양부담과 갈등해결을 위한 개입방안." 『연세 사회복지연구』, 8. 연세대학교 사회복지연구소.

권진숙(1996). "배우자학대 부부집단프로그램에 관한 연구." 이화여자대학교 박사학위논문.

권진숙 · 신혜경 · 김정진 · 김성경 · 박지영(2006). 『가족복지론』. 공동체.

김경빈 · 김미혜 · 장환일(1995). "한국어판 알코올중독자 자녀 선별검사." 「신경정신의학」, Vol. 34, No. 4. 대한신경정신의학회.

김경신(1997). "편모가족에 대한 가족생활교육 실태분석 및 교육 프로그램 개발." 『대한가정학회지』. 35(2) ; 187-199.

______(1999). "농촌지역 편부모가족을 위한 가족생활교육프로그램 개발." 『대한가정학회지』. 37(3) ; 127-142.

김광일 · 고복자(1992), " 한국에서의 아동 구타 발생률", 김광일 편, 『가정폭력 - 그 실상과 대책』. 서울 : 탐구당.

김근홍(2004). "장기요양보호를 위한 시설 및 서비스 인프라 정책." 『2004 노인복지학술대회 자료집』, pp. 59-88.

김기원(2000). 『공공부조론』. 서울 : 학지사.

_____(2004), "공공부조정책과 빈곤 가족의 문제." 「가족문제에 대한 사회복지 정책적 조망」, 한국사회복지정책학회 2004년 전기 학술대회 자료집, 7-47.

김기태 · 안영실 · 최송식 · 이은희(2005). 『알코올중독의 이해』. 양서원.

김문정(2006), "할머니의 손자녀 양육경험", 서울대학교 대학원, 석사학위논문.

김성이(2002). 『약물중독총론』. 양서원.

김성재(2007). "미래사회의 다원문화 가족 국제심포지엄 기조연설." 평택대학교 다문화가족센터

김성천 · 윤혜미(2000), 『가족복지증진을 위한 정책 대안 연구』. 보건복지부.

김소야자 · 이만홍 · 황미희 · 남궁기 · 김병후 · 김선아(1989). "알콜중독환자 가족과 일반가족의 정신증상발현율과 가족기능에 관한 연구." 대한신경정신의학회, 『신경정신의학』. 28(6) ; 1073-1081.

김수연(1998). "가족사정 척도 개발과 타당도 검증: 순환모델 척도의 재구성." 부산대학교 대학원 박사학위 논문.

김수정(2002), "복지국가 가족지원체계의 구조변화에 관한 일연구" 서울대학교 대학원 박사학위 논문.

김승권(2001). "여성복지증진을 위한 가족정책. 여성과 가족정책 세미나: 가족정책의 새로운 전망". 한국여성개발원, pp. 95-100.

김승권 · 양옥경 · 조애저 · 김유경 · 박세경 · 김미희(2004). "다양한 가족의 출현과 사회적 지원 체계 구축방안." 한국보건사회연구원.

김승권 · 조애정(1998). "한국 가정폭력의 개념정립과 실태에 관한 연구" 한국보건사회연구원.

김승훈(2005). "조손가정의 실태와 복지욕구에 관한 사례연구: 경북성주지역을 중심으로." 계명대학교 여성대학원 석사학위논문.

김양이(1999). "치매노인 주부양자를 위한 스트레스 관리훈련의 효과." 서울여대 대학원 사회사업학과 박사학위논문.

김양호 · 박정희 · 유계숙 · 전춘애(2002). "모자보호시설 입소모자가정의 가족생활 실태에 관한 연구-서울시 모자보호시설 종사자와 입소 어머니의 요구도 조사를 중심으로-." 『대한가정학회지』. 40(3) ; 99-113.

김연옥(1999). "재혼가정내 모의 역할기능에 관한 연구." 『한국가족복지학회지』. 3 ; 42-61.

김연옥 · 유채영 · 이인정 · 최해경(2005). 『가족복지론』. 나남출판.

김영화 · 이진숙 · 이옥희(2006). 『성인지적 가족복지론』. 양서원.

김영희(1996). "빈곤층 편모의 스트레스, 사회적 지원 및 심리적 디스트레스가 부모 역할수

행에 미치는 영향." 서울대학교 박사학위 논문.

김오남(2004). "모자가족 청소년 자녀의 학교 사회적 특성과 심리적 안녕 연구". 『청소년학연구』. 11(2); 241-260.

_____(2005). "한부모가족 여성가장의 심리적 안녕." 『대한가정학회지』. 43(1); 129-144.

김오남·김경신(1998). "편모가족의 가족스트레스와 심리적 복지." 『한국가정관리학회지』. 16(4); 107-123.

김용석(1999). "국내외 알코올사용장애 선별도구의 비교를 통한 한국성인의 알코올사용장애에 관한 역학조사." 『한국사회복지학』. 37; 67-88.

김유숙(2002). 『가족상담』. 학지사.

김윤재·이수영·김경우·김정수·김은혜(2007). 『가족복지론』. 동문사.

김은실(2007). "지구/지역 시대 개인들의 행위 전략으로서 국제 결혼: 지구화 시대의 현장 여성주의." 이화여자대학교출판부, 191-222.

김인재(1995). "사회보험의 통합적·효율적 관리운영을 위한 법제개선방안 — 공적연금과 의료보험을 대상으로." 한국법제연구원.

김재엽(1998). "스트레스 및 알코올이 아내구타에 미치는 영향에 관한 연구-도시빈곤가구를 중심으로." 『대한가정학회지』. 36(10); 104.

_____(1998). "한국 가정폭력의 실태에 관한 연구," 한국사회복지학회, 『한국사회복지학』, 제35호.

김정은(2002). "손자녀를 양육하는 빈곤지역 조부모의 심리·정서적 안녕과 영향 미치는 요인." 충남대학교 석사학위논문.

김정자(1985). "편부모가족의 지원방안에 관한 기초연구." 『여성연구』. 3(1); 30-78.

김종일·엄명용·최경구(2005). 『사회문제론』. 청목출판사.

김종일·최혜지(2006). 『쉽게 쓴 노인복지론』. 청목출판사.

김주현(2006). "가정폭력피해여성이 폭력에서 벗어나는 과정에 관한 근거이론 연구." 이화여자대학교 대학원 박사학위 청구논문.

김준호 등(1990). "청소년비행의 원인에 관한 연구." 서울: 한국형사정책연구원.

김　진(2003). "여성알코올중독자의 사회적 지지망과 사회적응에 관한 연구." 강남대학교 대학원 석사학위청구논문.

김창엽(2002). 『한국사회와 정신질환: 사회적 반응으로서의 배제』. 삼인.

김태성·손병돈(2002). 『빈곤과 사회복지정책』. 청목출판사.

김한곤(1998), "노인학대의 인지도와 노인학대의 실태에 관한 연구" 『한국노년학』. 18(1); 84-197.

김혜경(2003). "양성평등한 가족정책의 방향과 내용." 제14차 여성정책 포럼. 『새로운 가족 유형 확산에 따른 국가적 대응전략』. 한국여성개발원, 2-13.

_____(2004). "보살핌 노동의 정책화를 둘러싼 여성주의적 쟁점: '경제적 보상(payments

for care)'을 중심으로." 『한국여성학』. 20(2); 75-100.

_____(2006). "3세대가족과 핵가족의 각 세대 별 인구사회학적 부양관련태도 및 가족관계적 특성의 차이." 한국사회복지정책학회.

김혜련(1993). "여성의 이혼경험을 통해 본 가부장적 결혼 연구." 이화여대 석사학위논문.

김혜선(2004). "조손가족 조부모의 양육태도와 양육스트레스가 손자녀 적응에 미치는 영향 연구." 『한국아동복지학』. 18; 85-117.

_____(2007). "저소득층 조손가족의 문제." 2007년도 한국가족복지학회 추계학술대회 초록, 20-39.

로레인 하딩(2000). "가족정책을 위한 탐색." 『복지국가와 여성정책』(테레사 클라빅 외 지음), 서울: 새물결.

류종훈(2007). 『최신 가족복지론』. 학현사.

박경애(2007). "저소득층 조손가족의 복지대책." 2007년도 한국가족복지학회 추계학술대회.

박두병 · 남범우 · 신광철 · 나철(1996). "가족력 유무에 따른 여성알코올중독자의 임상적 차이 연구." 『신경정신의학』. 35(6); 1195-1206.

박영란 외(2001). 『여성폭력방지 종합대책 방안』. 여성가족부.

박영란 · 황정임 · 김진경(2002). 『사회보험제도의 여성수급현황 및 개선방안 연구』. 한국여성개발원.

박옥임(2006). "농촌 조손가족의 손자녀 연구; 3세대 가족과 비교." 충남대학교 대학원 박사학위 논문.

_____(2007). "농촌 다문화가족의 복지." 2007년 한국지역사회생활과학회 추계학술대회 초록, 13-47.

박옥임 · 김정숙(2006). "조손가족과 3세대 가족 손자녀의 가족생활적응 및 자존감 비교." 『한국가족복지학』. 11(3); 129-139.

박옥임 · 김진희(2007). "농촌과 도시지역 국제결혼이주여성의 가족갈등과 생활만족도 비교." 한국농촌사회학회 2007 춘계학술대회 발표 초록, 63-82

박은주(2004). "재혼교육 프로그램의 개발." 전남대학교 박사학위 논문.

박정숙 · 박옥임 · 김진희 외(2007), "국제결혼 이주여성의 가족갈등과 생활만족도에 관한 연구." 『한국가정관리학회지』 25(6); 60

박정숙(2006), "국제결혼 이주여성의 가족갈등과 생활만족도에 관한 연구", 순천대학교 대학원, 석사학위논문.

백경희(1987). "빈곤모자가족 가족복지정책 수립에 관한 연구." 중앙대학교 석사학위 논문.

법원행정처.『사법연감』

벡, 울리히 & 엘리자베트 벡-게른샤임(1999). 『사랑은 지독한 그러나 너무나 정상적인 혼란』. 강수영 · 권기돈 · 배은경 역. 새물결.

변화순 외(2001). "한국의 가정폭력관련법제정 이후 가정폭력실태에 관한 연구". 한국여성개발원.
변화순(1996). "이혼가족을 위한 대책 연구." 한국여성개발원.
_____(1997). "이혼가족을 위한 대책연구." 『여성연구』. 52, 한국여성개발원.
변화순 · 송다영 · 김영란(2001), "가족유형에 따른 생활실태와 복지욕구에 관한 연구." 한국여성개발원.
보건복지부 아동안전권리팀(2007). 학교내 아동권리 모니터링 강화방안.
보건복지부(2004). 『2004년도 보건복지백서』.
_________(2006), 『아동복지사업안내』. 보건복지부.
_________(2006). "국회요구자료(재가노인보호서비스 관련자료)." 2006년 10월 9일 주요정책자료실 게시물 67번.
_________(2006). 『2006년도 정신보건사업 안내』.
_________(2007), 『2006 국민기초생활보장 수급자현황』.
_________(2007). 『2007년 노인복지시설현황』.
_________(2007). 『2007년 아동복지사업안내』.
_________(2007). 『2007년도 정신보건사업 안내』.
보건복지부 · 중앙아동보호전문기관(2005). 전국아동학대현항보고서.
부스러기사랑나눔회 지역사회복지사(2005). 『찾아가는 사례관리 매뉴얼-부스러기사랑나눔회 지역사회복지사 파견사업 중심-』. 도서출판 부스러기.
서 윤(2000). "노인학대 사례연구" 『노인복지연구』 통권(9) ; 155-188
서 혁(2007), " 다문화가족 현황 및 한국어교육 지원방안." 이화여자대학교 대학원 석사학위논문
서선희(1997). "유교의 가족관. 가족중심주의에 대한 유교적 해석." 『가족학논집』. 7; 21-44.
선남이(2007). "외국인노동자의 사회적 배제 원인 분석." 경기대학교 행정대학원, 석사학위논문
설동훈(1999), 『외국인노동자와 한국사회』, 서울대학교 출판부.
설동훈(2000). "노동력의 국제이동." 서울대학교 사회발전연구총서.
_____(2003). "외국인 노동자 인권침해 실태와 극복방안." 한국사회학회/한국 문화인류학회 공동심포지엄-"한국의 소수자 실태와 전망." 221-238.
설동훈 · 박경태 · 이란주(2004), "외국인 관련 국가인권정책기본계획 수립을 위한 연구." 국가인권위원회, 23.
설동훈 · 이혜경 · 조성남(2006), "결혼이민자 가족실태조사 및 중장기지원정책방안연구." 여성가족부
성정현(1998). "이혼여성들이 경험하는 심리사회적 문제와 대처전략." 『사회복지연구』. 11(여름) ; 53-78.
성지혜(2001), "빈곤한 조부모 손자녀 세대 아동의 우울 및 불안에 관한 연구", 이화여자대학교 대학원, 석사학위논문.

손영균(1994). "문제성 음주부모의 청소년 자녀들의 특성." 연세대학교 석사학위청구논문.

손정영(1998). "아내학대의 원인에 대한 생태학적 연구-도시중산층 부부를 중심으로", 경희대학교 박사학위논문.

송정애 · 정해은(2007), 가족복지론, 양서원

신경의(2005), "국제결혼가족의 부부갈등요인에 관한 연구-한국남성과 필리핀 여성의 부부관계를 중심으로." 조선대학교 정책대학원 석사학위논문.

신은주(1995). 아내학대에 대한 페미니스트 접근에 관한 사회사업적 분석. 서울대학교 박사학위청구논문.

신행호 · 한선호(1993). "알콜중독환자 가족의 결속력, 적응력 평가척도와 가족기능지수에 대한 연구." 『순천향대학교논문집』. 16(2) ; 375-383.

신화용 · 조병은(1996). "편부모가 인지한 가족환경과 사회심리적 적응." 『한국가족관계학회 가정복지세미나』. 5-31.

아동성학대 대응능력강화사업 전문위원회(2006). "아동성학대 대응능력강화사업 2차년도 사업보고회 자료집."

안명자(1994). "친족지원과 사별한 편모의 심리적 복지감." 한국교원대학교 석사학위 논문.

알코올상담센터기술지원단(2004). 『음주문제 예방 및 재활을 위한 지역사회 서비스 전달체계 구축 사업.』 한국음주문화연구센터.

양옥경(2005). 『가족과 사회복지』. 이화여자대학교 출판부.

양은심(2004). "치매노인 가족의 부양부담 경감을 위한 지역사회자원 활용 방안에 관한 연구". 대구대학교 대학원 사회복지학과 철학박사 학위 논문.

양해경(2001). "한부모가족의 문제와 사회복지지원체계에 대하여." 『여성과 가족정책세미나』. 여성부.

여성가족부(2005), "2005. 9. 여성결혼 이민자의 한국문화와 결혼생활 정착 지원발표."

_________(2005). 『2004 여성백서』.

_________(2006). "결혼이민자 가족실태조사 및 중장기 지원정책방안."

_________(2006). 『2005 여성가족통계연보』.

_________(2006). 『가족, 행복을 만나다-가족 · 보육정책 여성 · 가족 Vision 2030』.

_________(2007). "국제결혼 이민자에 대한 국민의식조사."

_________(2007). "제3차 여성정책 기본계획안."

오병훈 외(2002). 『치매-치매 이해와 치료의 바른 길잡이』. 무지개사.

옥경희(2005), "조부모-손자녀가족 조부모의 손자녀 양육." 『한국가정관리학회지』. 23(3) : 103-114.

옥선화(2003). "여성 한부모가족에 대한 사회관계망 지원." 『한국가정관리학회 춘계학술발표집』. 15-31.

옥선화 · 성미애 · 이재림 · 이경희(2002). 빈곤 여성가장의 모-자녀관계에 관한 질적연구. 『한국가족관계학회지』. 7(3); 55-78.

우국희 · 이가옥 · 이규황(2003). "재가노인복지사업의 민간부문 활성화 방안." 한국경제사회발전연구원.

유영주 · 김순옥 · 김경신(2000). 『가족관계학』. 교문사.

유채영(2000). "가족형 문제음주자와 비가족형 문제음주자의 비교연구." 『한국가족복지학』. 5; 223-254.

유희정(2005). "미국의 이혼 후 부모교육 프로그램의 현황과 평가에 대한 고찰." 『대한가정학회지』 43(6); 81-96.

윤명숙(1997). "알콜중독남편의 단주가 부부관계에 미치는 영향에 관한 연구." 이화여자대학교 대학원 박사학위청구논문.

______(2003). "회복 중인 알코올중독자의 부부관계증진을 위한 집단치료프로그램 효과성 연구." 『정신보건과사회사업』. 16:. 119-155.

______(2004). "한국의 알코올 · 약물남용 문제해결을 위한 지역사회 정신보건 개입방안: 지역사회 알코올상담센터를 중심으로." 한국사회복지학회 2004년 춘계학술대회자료집, 659-689.

윤명숙 · 엄예선 · 김미혜 · 이은주(1995). "알콜중독자 부부집단 프로그램에 관한 연구-알콜중독자의 회복을 위한 부부집단 개입프로그램 개발연구(3)." 『정신보건사회사업』 2, 한국정신의료사회사업학회.

윤명숙 · 최송식(1995). "알콜중독 가족개입 프로그램 연구." 『부산정신의학』. 4; 7-21.

윤형숙(2004). "외국인 출신 농촌주부의 갈등과 적응: 필리핀 여성을 중심으로." 2004한국여성학회 심포지엄 발표논문.

이경래 · 김경빈(1994). "알코올의존 환자 자녀들의 알코올의존 위험성과 불안, 우울 및 부모-자녀 결합형태에 대한 연구." 『신경정신의학』. 33, pp. 1063-1071.

이경자(1996). 치매노인의 간호문제와 가족원의 부담감에 관한 연구. 『한국노년학』, 15(2). pp. 30-51.

이삼연(2002). "이혼가정 청소년 자녀의 적응에 관한 연구." 『한국가족복지학』 10; 37-65.

이상현(2005). "조부모 손자녀양육 부담 및 보상감 연구(국민기초생활수급자 중심으로)." 신라대학교 사회복지대학원 석사학위논문.

이성희 · 권중돈(1993). 치매노인과 가족의 생활실태 및 복지욕구, 서울특별시 북부노인종합복지관 연구보고서.

이소희 · 최덕경 · 강기정 · 김훈(2004). 『가족문제와 가족복지』. 대왕사.

______________________(2004). 『현대가족복지론』. 양서원.

이순형(2007), "농촌 다문화가족의 현황과 적응문제." 2007년 한국지역사회생활과학회 추계학술대회 초록, 13-27.

이승미(2007). "저소득층 조손가족을 위한 복지대책에 관한 토론." 2007년도 한국가족복지학회 추계학술대회, 92-94.

이원숙(1997). 성폭력위기센터의 역사적 발전과정과 다학문 분야간의 관계에 관한 연구. 『사회과학논총』 Vol.3 강남대학교 사회과학연구소.

_____(1997). 아동학대피해자 및 가족을 위한 사회복지적 개입에 관한 연구. 강남대학교 논문집, 제29집. pp. 439-491.

_____(1998). 아내학대 피해자 및 가족을 위한 사회복지적 개입에 관한 연구-페미니즘, 구성중의 및 매 맞는 여성의 관점에서. 강남대학교 논문집, 32집.

_____(1998). 저득층 실직여성가장에 대한 실태 연구. 사회과학논총 . Vol.6. 강남대학교 사회과학연구소.

_____(1999). 성폭력상담소의 과제 및 발전방향에 관한 연구. 論文集 Vol.33 강남대학교.

_____(2000). 성폭력 상담의 실태분석에 관한 연구. 사회과학논총 Vol.9. 강남대학교 사회과학연구소.

_____(2002). "쉼터 거주아내학대 피해여성을 위한 지지집단 프로그램에 관한 연구: 페미니스트 접근의 쉼터를 중심으로". 『정신보건과 사회사업』. 제12집.

_____(2003). 『성폭력과 상담』. 학지사.

_____(2004). "가정폭력 피해여성을 위한 쉼터의 역할과 전망." 『한국사회복지』. 제9집.

_____(2007):. 『가족복지론』. 학지사.

이인정(2002). "주간보호 이용노인 가족수발자의 서비스 만족도에 영향을 미치는 요인들." 『한국노년학』. 22(1): 99-114.

_____(2003). "뇌졸중 기능손상노인의 가족수발자에 대한 사회복지실천 개입의 효과에 관한 연구." 『한국사회복지학』. 53.

이정균·이규항(1994). "한국정신장애의 역학적 조사 연구(15): 알코올리즘의 유병률." 『신경정신의학』. 33. pp. 832-845.

이종성(2007), "새터민 청소년의 한국사회 적응과 한국교회의 역할." 감리교신학대학 대학원, 석사학위논문

이진숙(2001), "가족내 간병과 간병보험의 복지정책적 함의", 『한국인구학』. 24(1): 183-202.

이태훈(2000). 가족의 시간성과 공간성. 『동아시아 문화와 사상』. 5: 84-104.

이혜경(2004), "국제결혼 과정의 현황과 문제점." 충북 외국인 주부정착방안 모색을 위한 토론회 발표논문.

이혜원(1996). 『노인복지론-이론과 실무』. 유풍출판사.

이화여자대학교 사회복지연구회 편(2003). 『가족폭력-사정과 실제-』. 양서원.

임춘희(1996). "이혼가족내 계모의 스트레스와 적응에 관한 질적 연구." 고려대학교 박사학위 논문.

_____(1999). "가족상담체계의 현황과 문제점." 『종합상담체계구축과 가족상담교육을 위한 세미나』. 한국가족상담교육단체협의회.

장수미(2001). "알코올중독자 가족의 가족적응유연성 증진을 위한 개입모형 개발-알코올중독의 세대간 전이를 예방하는 시각에서." 『정신보건과 사회사업』. 제11집, pp. 53-77.

장혜경 외(2005a). 『가족실태조사』. 여성가족부.

________(2005b). 『가족정책기본계획수립을 위한 연구』. 여성가족부.

장혜경 · 송다영 · 김영란 · 김정훈(2001). "한부모가족 및 실질적 여성가장가족의 여성을 위한 가족 정책방향과 과제." 『여성과 가족정책 세미나』. 한국여성개발원.

전라남도여성정책과(2004), 국제결혼이주여성 사회안전망 구축을 위한 워크샵 자료집

전수미(2000). "고등학생 자녀가 지각한 문제음주 가정 부모의 양육태도 특성에 관한 연구." 이화여자대학교 석사학위청구논문.

정신보건사회사업학회 편(2000). 정신보건전문요원 수련교재. 양서원.

정우진 · 전현준 · 이선미(2006). "음주의 사회경제적 비용추계." 『예방의학회지』. 30(1), pp. 21-29.

정지연 · 한유진(2007). "저소득층 이혼가정 아동의 심리적지지 및 문제해결력이 문제 해결에 미치는 영향." 『생활과학회지』 16(3); 491-504.

정현숙(1993). "이혼과 자녀문제의 이론적 고찰." 『이혼과 가족문제』. 하우.

정현숙 · 서동인(1996). "편부모가정의 자녀가 인지한 가족환경과 사회심리적 적응." 『한국가족관계학회지 가정복지세미나』. 33-64.

정현숙 · 유계숙 · 임춘희 · 전춘애 · 천혜정(1999). 『준비된 재혼, 또 다른 행복 : 성공적인 재혼을 위한 준비교육』. 동인.

제갈정(2000). "한국인의 음주실태." 한국음주문화연구센터 연구보고서 2001-1.

제갈종기(2007). "다문화가정 아동들의 학교적응." 신라대학교 사회복지대학원, 석사학위논문.

조르단 콜린스(2001), 『가족복지실천론』. 나눔의 집.

조성연(2004), "한부모가족 청소년을 위한 복지대책," 한국청소년복지학회 추계학술대회집.

조성진 · 서국희 · 남정자 · 서동우 · 조맹제(1998). "알코올 고의심군의 사회인구학적 특성 및 위험요인 분석." 『신경정신의학』. 37; 1186-1200.

조성혜(1997). "집단 프로그램을 통한 모자자족의 자조집단 형성에 관한 연구." 부산대대학교대학원 박사학위 논문.

조흥식(1991), "도시빈민가족문제에 대한 사회사업실천에 관한 연구-생태체계적 관점의 문제사정도구 개발과 적용을 중심으로-", 『한국사회복지학』. 18.

조흥식 · 김인숙 · 김혜란 · 김혜련 · 신은주(2002). 『가족복지학』. 학지사.

조희선(1991). "모자가족과 부부가족의 가족스트레스에 관한 비교연구." 성신여자대학교 박사학위 논문.

주소희(2003). "부모 이혼 후 아동의 적응에 영향을 미치는 변인에 관한 연구." 성균관대학교 박사학위논문.

______(2007). "부모의 이혼과 자녀의 적응: 부모자녀관계와 자아효능감 매개효과를 중심으

로." 『한국가족복지학』 20; 107-136.

천덕희(1998). "알코올중독자의 단주 특성에 관한 연구." 이화여자대학교 대학원 석사학위청구논문.

천덕희(2000). "알코올중독자 가족에 대한 사회복지실천-입원환자 가족을 중심으로-." 한국정신보건사회사업학회 추계학술대회 자료집, 49-74.

천덕희 · 김은경 · 서현희 · 김성현(2002). 『알코올중독』. 나눔의 집.

최성재 · 장인협(1987). 『노인복지학』. 서울대학교 출판부.

최송식(1997). "알콜중독 가족의 공동의존증 해결을 위한 가족개입전략." 『정신보건과 사회사업』. 4(1); 121-144.

______(1995). "알코올중독가족의 공동의존증에 대한 사정과 개입전략." 부산대학교 박사학위 청구논문.

최연실 외 역(1995). 『새로 보는 가족관계학』. 하우.

최연실(1999). "가정복지정책과 서비스 전달체계의 현황과 쟁점." 『21세기 가정복지의지향과 사회적 실천』. 한국가정관리학회 학술대회 발표집.

최재석(1966). 『한국가족연구』. 민중서관.

최해경(1997). "사회적 지지망 구조가 편부모 가족의 심리적 안정에 미치는 영향 연구." 『한국사회복지학』 33, 377-395.

______(2006). "조손가정 청소년의 심리사회적 특성과 적응유연성." 『정신보건과 사회사업』. 23; 37-58.

추현화 · 박옥임 · 김진희(2008). "국제결혼이주여성 배우자의 가족스트레스," 사회적지지가 결혼적응에 미치는 영향," 한국가정관리학회 춘계학술대회초록, 285-299.

통계청(2005). 『인구주택 총조사』.

______(2005). 『2006 이혼통계』

______(2006). 『인구동태통계연보』.

______(2007). 『2006 혼인이혼통계』.

______(2007). 『2006년 통계자료』.

______(2007). 『인구주택총조사』.

한경혜(1993). "한국 이혼부부의 적응과 관련변인에 관한 실증적 연구." 『이혼과 가족문제』. 하우, 79-104.

______(2007). "한국사회의 조손가족의 삶의 질." 2007년도 한국가족복지학회 추계학술대회 초록, 1-19.

한국가정법률상담소 편(1996). "재혼 그 또 다른 시작." 창립 40주년 기념 심포지움 자료집.

한국가족학연구회(1993). 『이혼과 가족문제』. 하우.

한국가족학회 편(1995). 『복지국가와 가족정책』. 하우.

한국여성개발원(2001), 『외국의 여성복지서비스에 관한 연구』.

____________(2002). 『외국의 가족정책과 한국의 가족정책 및 전담부서의 체계화 방안 연구』.

한국여성복지연구회(2005), 『가족복지론』. 청목출판사.

한국여성정책연구회(2002). 『한국의 여성정책』. 서울: 지식마당.

한국염(2005). 『지구화와 이주 여성화, 한국 이주 여성의 실태』. 한국이주여성인권센터.

현온강 · 이순덕(1992). "양친가정과 결손가정의 스트레스 인지도에 관한 비교연구." 『한국가정교육학회지』 3(1) : 131-146.

홍기혜(2000). "중국 조선족 여성과 한국 남성간의 결혼을 통해 본 이주의 성별정치학." 이화여자대학교 대학원 석사학위논문.

홍영숙(2007). "다문화가정이 봉착하는 자녀교육 문제와 시사점." 광주교육대학교 교육대학원, 석사학위논문

황성철 · 한혜경(2003). 『재가노인복지 정책과 실천』. 현학사.

Amato, P. R.(1987). Family process in one-parent, stepparent and intact families: The child's point of view. *Journal of Marriage and the Family* 49(2), 327-337.

____________(2000). The consequences of divorce for adults and children. *Journal of Marriage and Family* 62(Nov.), 1269-1287.

Ambert, A.(1986). Being a stepparent: Living and visiting stepchildren. *Journal of Marriage and the Family 48*, 795-804.

Apell, J. (2006). *Divorce doesn't have to be that way: A handbook for the helping professional*. Impact Publishers.

Aponte. H. J. (1995). 『빵과 영혼』. 남혜선 외 공역. 서울: 하나의학사.

Atwood, J. D. & Genovese, F. G.(2006). *Therapy with single parents: A social constructionist approach*. The Haworth Press.

Beavers, W. R., & Voeller, M. N. (1983). Family model: Comparing and contrasting the Olson Circumplex Model. *Family Process*, 22, 85-98.

Berg, B & Kelly, R.(1979). The measured self-esteem of children from broken rejected and accepted families. *Journal of Divorce* 2, 363-369.

Berman, W. H. & Turk, D. C.(1981). Adaptation to divorce: Problems and coping strategies. *Journal of Marriage and Family 43*, 179-189.

Black, Claudia.(1981). *It will never happen to me*. New York: Ballantine Books.

Bohannan, P.(1970). The six station of divorce. In Bohannan, P.(ed.). *Divorce and after*. New York: Doubleday.

Booth, A. & Amato, R.(1991). Divorce and psychological stress. *Journal of Health and Social Behavior* 32, 396-407.

Braver, S. L., Salem, P., Pearson, J. & DeLuse S. R.(1996). The content of divorce education programs: Results of a survey. *Family and Conciliation Court Review* 34(1), 41-59.

Bray, J.(1988). Children's development during early remarriage. In M. Hetherington & J. Arasteh(eds.), *Impact of divorce, single parenting and stepparenting on children* (pp. 279-298). Hillsdale, N.J.: Lawrence Erlbaum.

Brody, G., Neubaum, E., & Forehand, R.(1988). Serial marriage: A heuristic analysis of an emerging family form. *Psychological Bulletin 103*, 211-222.

Brown, S, A., Goldman M. S., & Christiansen, B. A.(1985). Do alcohol expectancies mediate drinking patterns of adults?. *Journal of Consulting and Clinical Psychology 53*, pp. 512 - 519.

Brown, Stephanie., Lewis, Virginia.(1999). *The alcoholic family in recovery: A Developmental Model*. New York: The Guilford Press.

Bumpass, L. L., Sweet, J. A. & Castro-Martin, T.(1990). Changing patterns of remarriage. *Journal of Marriage and Family 52*, 742-757.

Burke, J. G., Denison, J. A., Gielen, A, C., MaDonnell, K, A., & O' Campo, P. (2004). Ending intimate partner violence: An Application of the Transtheoretical Model. *American Journal of Health Behavior*, 28(2), 122-133.

Carlson, B. E. (2005). The most important things learned about violence and trauma in the past 20 years. *Journal of Interpersonal Violence*, 20(1), 119-126.

Carter, E. A. & McGoldrick, M. (1989). *The changing family life cycle: A Framework for Family Therapy*. Boston: Allyn and Bacon.

Cermak, T. L.(1986). *Diagnosing and treating co-dependence*. Minnesota: Johnson Institute Books.

Chassin, L., Rogosch, F., & M. Barrera.(1991). Substance use and symptomatology among adolescent children of alcoholics, *Journal of Abnormal Psychology 100*: pp. 449~463.

Check, W. a. 이용교 역(1995), 『아동학대연구』, 경기도: 다울.

Clark, M., Lipe, A., Bilbrey, M. (1998). Use of music to decrease aggressive behaviors in people with dementia. *Journal of Gerontol Nursing* 24:10-17.

Clingempeel, Brand & Segal(1987). A Multilevel - multivariable developmental perspective for future research on stepfamilies. In Pasley, K. & Ihinger-Tallman, M.(eds.). *Remarriage and stepparenting today : Current research and theory*. Guilford.

Clyburn, L., Stones, M., Hadjistavropoulos, T., & Tuokko, H.(2000). Predicting caregiving burden and depressio in alzheimer's disease. *Journal of Gerontology:Social Sciences* 55 B(1):S2-13.

Coleman, M. & Ganong, L.(1984). Effects of family structure on family attitudes and expectations. *Family Relations 33*, 425-432.

Collins, D., Jordan, C., & Coleman, H. (1999). *An Introduction to Family Social Work.* F. E. Peachok Pub. 이화여자대학교 사회복지연구회 옮김. 『가족복지실천론』. 서울: 나눔의 집.

Davidson, J. K. & Moore, N. B.(1996). *Marriage and Family: Change and continuity.* Allyn and Bacon.

Davis, L. D. (1995). Domestic violence. In *Encyclopedia of Social Work*(19th eds.). NASW Press, 780-789.

Demo, D. & Acock, A.(1988). The impact of divorce on children. *Journal of Marriage and Family* 50, 619-645.

Dobash & Dobash, *Women, Violence and Social Change*, N.Y.: Routledge, 1992. 217

Dobash, R. & Dobash, R.(1978). Wives : The "appropriate" Victims of marial violence. Victimology : *An International Journal*. 2(3-4). 426-442.

Draughon, M. (1975). Stepmother's model of identification in relation to mourning in the child. *Psychological Reports 36*, 183-189.

Duvall, E. M. (1977). *Marriage and family development*. 5th ed. philadelpia:J. B. Lippincott.

Epstein, N. B., Bishop, D. S., & Levin, S. (1978). The McMaster Model of family functioning. *Journal of Marriage and Family Counseling*, 4, 19-31.

Esping-Andersen(1990 G. Esping-Andersen, *The three world of welfare capitalism*, Cambridege: Polity Press.

Furstenberg, F. F. Jr. & Spanier, G.(1984). *Recycling the family: Remarriage after divorce.* Beverly Hills, CA: Sage.

Ganong, L. H. & Coleman, M.(1994). *Remarried family relationships.* Thousand Oaks, CA : Sage.

Gelles, R. J 이동원·김지선 역(1998), 『가정폭력의 허상과 실상』 서울 : 길안사.

Gerstel, N.(1988). Divorce and kin ties:The importance of gender. *Journal of Marriage and the Family* 50(1). 209-219.

Glenn, N. D.(1991). The recent trend in marital success in the United States. *Journal of Marriage and Family 53*, 261-270.

Glick, P. C.(1989). Remarried families, stepfamilies, and stepchildren: A brief demographic profile. *Family Relations 38*, 24-27.

Glick, P.(1980). Remarriage: Some recent changes and variations. *Journal of Family Issues 1*, 455-478.

Goetting, A.(1982). The six stations of remarriage: Developmental tasks of remarriage after divorce. *Family Relations 31*, 213-222.

Goode, William. J.(1970). *World revolution and family patterns*. Glencoe, Ill.: The Free Press.

Guisinger, S., Cowan, P., & Schuldberg, D.(1989). Changing parent and spouse relations in the first years of remarriage of divorced fathers. *Journal of Marriage and Family 51*, 445-456.

Hansen, S. M.(1986). Healthy single parent families. *Family Relations* 35(1), 125-132.

Hartman, A. & Laird, J.(1983). *Family-centered social work practive*. N.Y.: The Free Press.

Hetherington, E., Cox, M. & Cox, R.(1982). Effects of divorce on parents and young children. In M. Lamb(ed.), *Nontraditional families: Parenting and child development*. Hillsdale, N.Y.: Erlbaum.

Hetherington, M. & Anderson, E.(1989). Marital transition : A child's perspective. *American Psychologist* 44, 303-312.

Hetherington, E. M.(1979). Divorce: A child perspectives. *Developmental Psychology 34*, 851-858.

Hilbeman, E., & Munson, K.(1977). "Sixty batterd woman." Victimology, 2:460-470.

Hoff, L.(1990). Battered women as survivors, London:Routledge.

Hoff, Lee Ann.(1991). *Battered women as survivers*, Routledge.

Holeman, A. M. (1983). *Family assessment: Tools for understanding and Intervention*. Newbury Park: SAGE. 옥경희 옮김. 『가족상담』. 서울: 학지사.

Holmes, T. & Rhae, R.(1976). The social readjustment rating scale. *Journal of Psychosomatic Research 11*, 213-218.

Hooyman, N., & Kiyak, H.(2000). Social gerontology:A multidisciplinary perspective. Boston:Allyn and Bacon Press.

Horowitz, A., Shindelman, L.(1983). Recoprocity and affection: Past influences on current care-giving. *Journal of Gerontological Social Work*, 5, 5-20.

Johansson, B., & Zarit, S. H. (1995). Prevalence and incidence of dementia in the oldest-old: A longitudinal study of a population-based sample of 84 - 90 year olds in Sweden. *International Journal of Geriatric Psychiatry*, 10, 359 - 366.

Johnson, H. (1986). Emerging concerns in family therapy. *Social Work*, 31(4), 299-306.

Johnson, V. E.(1986). *Intervention*. Minneapolis: Johnson Institue.

Kamerman, Sheila B. & Kahn, Alfred J.(1978). *Family policy*. New York: Columbia University Press.

Keller, M.(1979). *A historical overview of alcohol and alcoholism, Cancer Research.* July. 139, 2822-2829.

Kennedy, G. E.(1985). Family relationships as perceived by college students from single-parent, blended and intact families. *Family Perspectives* 19(2), 117-126.

Kinnaird, K. & Gerrard, M.(1986). Premarital sexual behavior and attitudes toward marriage and divorce among young women as a function of their mother's marital status. *Journal of Marriage and Family 48*, 757-765.

Kirst-Ashman, K. K., & Hull, Jr., G. H. (2002) *Understanding generalist practice*(3rd eds.). Brooks/Cole.

Lamanna, M. A. & Riedmann, A.(1991). *Marriage and families.* California: Wadsworth Publishing Co.

Laslett, Peter(1973). *The world we have lost.* New York: Charles Scribner's Sons.

Laura Crites.(1991). Cross-cultural counseling in wife beating cases, *Response*, Issue 77,13(4): 8-12.

Lewis, Jane & Illona Oster(1991). Gender and the evolutions of European social politics. *Center for European Studies.* Harvard University Press.

Lowison, J. H., Ruiz, p., Millman, R. B., Langord, J. G.(1992). *Substance abuse: A Comprehensive Textbook*, Second edition. Baltimore: Williams & Wilkins.

Malmgren, R. (1994). Epidemiology of aging. In C. E. Coffey & J. L. Cummings (Eds.), *The American Psychiatric Press textbook of geriatric neuropsychiatry* (pp. 17 -33). Washington, DC: American Psychiatric Press

McGoldrick, M. & Carter, E. A.(1989). Forming a remarried family. In E. A. Carter & M. McGoldrick (Eds.). *The family cycle : A framework for family therapy*(399-429). New York : Gardner.

McLanahan, S. S.(1999). Father absence and the welfare of children. Hetherington. E. M.(ed.). *Coping with divorce, single parenting and remarriage.* Lawrence Erlbaum Associates, Inc.

Miller, B. A., Wilsnack, S. C., Cunradi, C. B.(2000). Family violence and victimization: Treatment issues for women with alcohol problems. *Alcoholism: clinical and experimental research*, Vol.24 No.8. Williams Watkins. 1287-1297.

Miller. W. R., & Hester, R. K.(1986). The effective of alcoholism treatment methods : What research reveals. In W. R. Miller & N. Heaher(Eds), *Treating Addictive Behaviors: Process of Change*(pp. 131-174). N.Y.: Plenum.

________________(1995). Treatment for alcohol problems: Toward an informed eclecticism. in R. K. Hester& W. R. Miller(eds.), *Handbook of*

Alcoholism Treatment Approaches: Effectives, Allyn & Bacon, pp. 1-11.

Minuchin, P., Colapinto, J. & Minuchin, S.(1998). *Working with families of the poor*: 김현수 · 박혜영 · 김선옥 옮김.(2001). 『빈곤가족과 일하기』. 나눔의 집. 13.

Monahan, D. J., Hooker, K. (1995). Health of spouse caregivers of dementia patients: The role of personality and social support. *Social Work*, Vol.40, No.3.

Olson, D. H., DeFrain, J., & Olson, A. K. 지음(1999). 21세기 가족문화연구소 편역. (2002). 『행복한 결혼 건강한 가족』. 양서원.

Olson, D. H., Sprenkle, D. H., & Russell, C. S. (1979). Circumplex Model of Marital and family system 1: Cohesion and adaptability dimension, family type clinical applications. *Family Process*, 18, 3-28.

Pagelow, M. D. (1984). *Family Violence*. New York: Praeger.

Papernow, P. L.(1993). *Becoming a stepfamily : Patterns of development in remarried families*. New York : Gardner.

Parsons, Talcott & R. F. Bales(1955). *Family, socialization and interaction process*. Glencoe, Ill.: The Free Press.

Pasley, K. & Ihinger-Tallman, M.(1988). Stress in remarried families. *Family Perspectives 16*, 81-86.

Pattison, E. M., Sobell, M. B., & Sobell, L. C(1977). *Emerging concepts of alcohol dependence*. Springer Publishing Company: New York.

Paul, M. (2004). Clinical implications in healing from domestic violence: A Case study. *American Psychologist*, Nov., 809-816

Peterson, J. L. & Zill, N.(1986). Marital disruption, parent-child relationships, and behavior problems in children. *Journal of Marriage and the Family* 48(2), 295-307.

Price, S. J. & McKenry, P. C.(1988). *Divorce*. Beverly Hills: Sage.

Price-Bonham. S & Balswick, J. O.(1980). The noninstitutions: Divorce, desertion and remarriage. *Journal of Marriage and Family 42*, 959-972.

Raschke, H.(1987). Divorce. In M. Sussman & S. Steinmetz(eds.), *Handbook of marriage and the family*. New York: Plenum.

Richards, L. & Schmiege, C.(1993). The problems and strenths of the single parent families. *Family Relations* 42, 227-285.

Sandler, I.(2001). Quality and ecology of adversity as common mechanism of risk and resilience. *American Journal of Community Psychology* Feb. 29, 19-61.

Senter, K. E., & Caldwell, K. (2002). Spirituality and the maintenance of change: A Phenomenological study of women who leave abusive relationships. *Contemporary Family Therapy*, 24(4), 543-564.

Sher, K. J.(1991). *Children of Alcoholics: A Critical appraisal of theory and research*, The University of Chicago press.

Shorter, Edward(1977). *The making of the modern family*. New York: Basic Books.

Siegal. H. A. & Rapp. R. C.(1996). *Case management and substance abuse treatment*. NY: Springer Publishing Company.

Spanier, G. B. & Furstenberg, F. F.(1987). Remarriage and reconstituted families. In M. B. Sussman & S. K. Steinmetz (Eds.). *Handbook of Marriage and the Family*. New York : Plenum Press. 419-432.

Steinberg, L.(1987). Single parents, stepparents, and the susceptibility of adolescents to antisocial peer pressure. *Child Development 58*, 269-275.

Steinglass, P., Bennett, L. A., Wolin, S. J., & D. Reiss(1987). *The Alcoholics family*, New York: BasicBooks.

Stinett, N., Walters, J., & Kaye, E.(1984). *Relationships in marriage and the family*. New York: MacMillan Publishing Co.

Stone, Lawrence(1979). *The family, sex, and marriage in England 1500~1800*. New York: Harper & Row.

Starus, M. A.(1979). Measuring intrafamily conflict and violence:the conflict tactics scale. *Journal of Marriage and the Family*, Feb.

Strawbridge, W, J., Wallhagen, M, I., Shema, S, J., & Kaplan, G, A.(1997), New burdens or more of the same? Comparing grandparent, spouse, and adult-child caregivers. *The Gerontologist*, 37, 505-510

Stuart, R. & Jacobson, B.(1985). *Second marriage : Make it happy! Make it last*. New York : W. W. Norton.

The American Psychiatric Association(1994). *Diagnostic and statistical manual of mental disorders*, 4th edition, Washington D.C : American Psychistric Association, pp.175-191.

Valliant, G. E.(1983). *The natural history of alcoholism : Causes, patterns and paths to recovery*. Cambridge, Mass: Harvard University Press.

Walker, L. A.(1993). The battered woman syndrome is a psychological consequence of abuse, In R. J. Gellos & K. R. Loseke(eds.), *Current controversies on family violence*: 133-154, Newbury Park, CA: Sage, 1993.

Walker, L. E., 1979, *The Battered Women*, New York: Harper & Row.

Wallace, H. (2002). *Family Violence: Legal, Medical, and Social Perspec-tives*, Boston: Allyn & Bacon.

Wallerstein, J., Corbin, S., & Lewis, J.(1988). Child of divorce : A ten year study. In E.

M. Hrtherington & J. Arasteh(Eds.), *Impact of divorce, single parenting and stepparenting on children*(pp. 198-214). Hillsdale, NJ : Erlbaum.

Webster-Stratton, C.(1989). The relationship of marital support,conflict,and divorce to parent perceptions,behaviors, and childhood conduct problems. *Journal of Marriage and the Family* 51(2), 417-430.

Wegscheider-Cruse, S.(1989). *Another chance: Hope and health for the alcoholic family*, Palo Alto, CA: Science and Behavior Book, Inc.

Weinraub, M. & Wolf, B. M.(1983). Effects of stress and social supports on mother-child interactions in single- and two-parent families. *Child Development 54*, 1297-1311.

Weiss, R. S.(1979). Growing up a little faster:The experience of growing up in a single-parent household. *Journal of Social Issues* 35, 97-111.

Wescheider, S.(1981). *Choice-Making ; For Co-dependents, adults chilren and spirituality seekers*. Health Communication, Pompano Beach, Science and Behaviour Books, Inc.

Whalen, M. (1996). *Counseling to end violence against women: A Subversive Model*. Sage Publications.

Whitfield C. L.(1991). *Co-dependence: Healing the human condition-The new paradigm for helping professionals and people in recovery*. Deerfield Beach, FL: Health Communications.

www.aakorea.co.kr(A.A. 한국GSO)

Zaretsky, Eli(1973). *Capitalism, the family, and personal life*. New York: Harper & Row.

Zill, N.(1988). Behavior, achievement, and health problems among children in stepfamilies. In E. Hatherington & J.Arasteh(eds.), *Impact of divorce, single parenting and stepparenting on children*. Hillsdale:Erlbaum.

Zill, N., & Schoenborn, C. A.(1990). *Advanced data from Vital Health Statistics:* No. 190. National Centers for Health Statistics.

〈관련 사이트〉

노인수발보험실행준비단 http://www.longtermcare.or.kr
대한노인정신의학회 http://www.kagp.or.kr
대한노인회 http://www.koreapeople.co.kr
대한치매학회 http://www.thedementia.co.kr
재가노인복지협회 http://www.kacold.or.kr

통계청 http://www.nso.go.kr
한국노년학회 http://www.tkgs.or.kr
한국노인복지시설협회 http://www.elder.or.kr
한국노인종합복지관협회 http://www.kaswcs.or.kr
한국보건사회연구원 http://kihasa.re.kr
한국치매가족협회 http://www.alzza.or.kr
한국치매협회 http://www.silverweb.or.kr
http://blog.daum.net/al-anonfamily/5758619(알아논 블로그)
http://www.korea1391.org

부 록

다문화가족지원센터의 사업실적 및 내용 요약(2006.12.31)

사업분야		사업내용
교육사업	한국어	한국어교실/한국어 가정방문교육/한국어 초급/한국어 중급)/한국어모둠교육
	문화	한국가요교실/요리교실/공예교실/한국음식만들기/외국인부모 문화교육/한국의 가족문화교육/한국의 역사·사회적 배경교육/몽골음식 만들기 체험/사회극/예절교실/무용교육/영화교실/동요교실/다도교실/사회적응훈련/송편만들기/한국생활문화체험/종이공예/육아정보교류광장/건강지킴이 책자개발/한국전통음식문화체험/음악회 관람/동화구연교육/산업체견학/우리고장바로알기/결혼이민자의 경찰서이용에 관한 교육/결혼이민여성모성보호 교육/반짓고리함 만들기/숲체험/문화유적답사/도자기만들기체험
	가족	여성폭력예방교육/부모교육/배우자프로그램/가족과 성/이유식교육/부모교육/가족교육/일상생활문화교육/가족모임/가족관계증진 교육/이주가정 대 국내가정 연결/부부교실/가족상담캠프/가정폭력 교육/배우자모임/가족세미나
	정보화	이주여성정보화교육/미디어교육/컴퓨터교실/인터넷교실
	직업	뜨개질수업/직업상담원양성교육/의류리폼사/베이커리교실/네일아티스트/한식조리/피부마사지/운전면허취득교육/다문화강사/원어민강사 가정폭력상담사/직업능력향상 교육-중국어강사 활용
상담사업		개별상담/가족상담/집단상담/부부상담/가정방문상담/법률상담/전화상담/사례회의/각종 치료상담/셀프 영화상담
자녀보호사업		아기사랑/자녀캠프/보육서비스/한국어교육/수학학습/아동미술/미디어교육/몽골어교육/음악교육/재즈댄스강습/방과후 학습/인권교육/러시아교육/영어교육/보육지원/관내 보육시설 연계/자녀사회적응능력향상/자녀학습능력향상 연계/자녀-친구맺기/교육비 지원/외국어캠프 지원/자녀수탁 어린이방 운영/한솔교육희망특공대/아이돌보미 지원/자녀를 위한 즐거운 공부방/등산/문화교육 아카데미/지역아동센터 결연/놀이지도 및 동화읽기/청소년 멘토링/자녀놀이치료/미술치료 /아동도서대여/자녀개별방문학습지도/인형극 발표
자조집단사업		자조집단형성/배우자모임/자조모임/결혼이민자가정방문/농악동아리형성/자조집단지도자양성교육 면단위 리더모임/출신국별 자조모임/결혼이민자여성 자조모임/가족♡가족/시부모모임

문화·정서 지원사업	한국문화탐방/가족초청큰잔치/Port-Luck Party-자국음식나누기/결혼이민자가족체험수기/결혼이민자가족 사진전/다문화가족선언문 선언식 및 플러스 이미지 캠페인/결혼이민자가족수필집 출판기념회/다문화가정 가을운동회/결혼이민자가족자녀 정체성확립을 위한 친구와의 캠프/여성결혼이민자 멘토링 프로그램/전통혼례/가족송년의밤/출산도우미 무료파견 연계/한국인친정어머니만들어주기/산모도우미 지원/합창단/결혼이민자가족대축제/멘토 맺기/합동결혼식/어린이날 체험행사/러브인아시아/국내가정 결연 매칭 및 교육/가족한마당/모든나라아시아축제/마을공동체교육/의료진료/다문화연극 극단 '툭툭' 연극공연/KBS 열린음악회/가족영화제/찾아가는 한방의료 서비스 한방진료
홍보 및 네트워크형성	지역내 유관기관 네트워크 협의회의/지역내 유관기관 역량강화 교육참가 /지역축제 참가/세미나 개최/리플렛 제작/매체홍보/멘토교육/한국어교실 협력기관 협약체결/한국어교실 운영기관 간담회/한국어강사 양성교육/군여성단체협의회와 자매결연/관내 협의체 구성회의/한국어 자원봉사교육/한국어강사 간담회/Happy Family 자원봉사단 대상 한국어교육/자원봉사자 연계지원/실태조사/욕구조사/자원봉사자 교육/전문강사교육

출처: 여성가족부, 2007.

2008년 결혼이민자가족지원센터 현황

(2008. 3. 현재)

번호	시/도	센터명	번호	시/도	센터명
1	서울	동대문구 결혼이민자가족지원센터	41	충남	부여군 결혼이민자가족지원센터
2		동 작 구 결혼이민자가족지원센터	42		아산시 결혼이민자가족지원센터
3		성 북 구 결혼이민자가족지원센터	43		예산군 결혼이민자가족지원센터
4		영등포구 결혼이민자가족지원센터	44	전북	김제시 결혼이민자가족지원센터
5	부산	남 구 결혼이민자가족지원센터	45		남원시 결혼이민자가족지원센터
6		사 상 구 결혼이민자가족지원센터	46		완주군 결혼이민자가족지원센터
7		사 하 구 결혼이민자가족지원센터	47		익산시 결혼이민자가족지원센터
8	대구	달 서 구 결혼이민자가족지원센터	48		장수군 결혼이민자가족지원센터
9		남 구 결혼이민자가족지원센터	49		전주시 결혼이민자가족지원센터
10		서 구 결혼이민자가족지원센터	50		정읍시 결혼이민자가족지원센터
11	인천	강 화 군 결혼이민자가족지원센터	51	전남	고흥군 결혼이민자가족지원센터
12		계 양 구 결혼이민자가족지원센터	52		광양시 결혼이민자가족지원센터
13		남 구 결혼이민자가족지원센터	53		나주시 결혼이민자가족지원센터
14	광주	서 구 결혼이민자가족지원센터	54		도 결혼이민자가족지원센터
15		북 구 결혼이민자가족지원센터	55		순천시 결혼이민자가족지원센터
16	대전	대 덕 구 결혼이민자가족지원센터	56		여수시 결혼이민자가족지원센터
17		중 구 결혼이민자가족지원센터	57		영암군 결혼이민자가족지원센터
18	울산	남 구 결혼이민자가족지원센터	58		장성군 결혼이민자가족지원센터
19	경기	고 양 시 결혼이민자가족지원센터	59		장흥군 결혼이민자가족지원센터
20		남양주시 결혼이민자가족지원센터	60		해남군 결혼이민자가족지원센터
21		부 천 시 결혼이민자가족지원센터	61	경북	경산시 결혼이민자가족지원센터
22		성 남 시 결혼이민자가족지원센터	62		경주시 결혼이민자가족지원센터
23		수 원 시 결혼이민자가족지원센터	63		구미시 결혼이민자가족지원센터
24		아 난 시 결혼이민자가족지원센터	64		김천시 결혼이민자가족지원센터
25		안 성 시 결혼이민자가족지원센터	65		문경시 결혼이민자가족지원센터
26		용 인 시 결혼이민자가족지원센터	66		상주시 결혼이민자가족지원센터
27		의정부시 결혼이민자가족지원센터	67		안동시 결혼이민자가족지원센터
28	강원	강 릉 시 결혼이민자가족지원센터	68		영주시 결혼이민자가족지원센터
29		속 초 시 결혼이민자가족지원센터	69		예천군 결혼이민자가족지원센터
30		원 주 시 결혼이민자가족지원센터	70		포항시 결혼이민자가족지원센터
31		춘 천 시 결혼이민자가족지원센터	71	경남	거제시 결혼이민자가족지원센터
32		홍 천 군 결혼이민자가족지원센터	72		거창군 결혼이민자가족지원센터
33		횡 성 군 결혼이민자가족지원센터	73		김해시 결혼이민자가족지원센터
34	충북	보 은 군 결혼이민자가족지원센터	74		도 결혼이민자가족지원센터
35		옥 천 군 결혼이민자가족지원센터	75		마산시 결혼이민자가족지원센터
36		제 천 시 결혼이민자가족지원센터	76		밀양시 결혼이민자가족지원센터
37		청 주 시 결혼이민자가족지원센터	77		양산시 결혼이민자가족지원센터
38		충 주 시 결혼이민자가족지원센터	78		진주시 결혼이민자가족지원센터
39	충남	공 주 시 결혼이민자가족지원센터	79		함양군 결혼이민자가족지원센터
40		금 산 군 결혼이민자가족지원센터	80	제주	제주도 결혼이민자가족지원센터

다문화가족지원법(제1안)

제1장 총 칙

제1조(목적) 이 법은 다문화가족 구성원이 인간으로서의 존엄이 유지되는 건강한 가정생활을 영위할 수 있도록 하는 지원 정책을 강화함으로써 다문화가족 구성원이 우리 사회에 조기에 적응하고 대한민국의 발전과 사회통합에 이바지하게 함을 목적으로 한다.

제2조(기본이념) 다문화가족 구성원은 우리 사회의 존중받는 구성원으로서 개인의 기본적 욕구를 충족시키고 자기의 발전을 추구할 수 있으며, 건전한 사회 구성원으로서 역할을 다할 수 있는 기회를 가져야 한다.

제3조(정의) 이 법에서 사용하는 용어의 정의는 다음과 같다.

1. "다문화가족"이라 함은 다음 각목의 어느 하나에 해당하는 가족을 말한다.

가. 결혼이민자 등과 대한민국 국민이 혼인, 혈연, 입양 등으로 결합하여 이루어진 가족

나. 국적법 제4조의 규정에 의하여 귀화허가를 받은 자를 포함한 가족

2. "다문화가족 지원"이라 함은 다문화가족 구성원이 개인의 존엄과 양성의 평등이 유지되는 건강한 가족생활을 보장받고 우리 사회에 조기에 적응함으로써 건전한 사회 구성원으로서 역할을 다할 수 있도록 지원하기 위하여 국가, 지방자치단체 기타 공공기관이 취하는 일체의 제도 또는 조치를 말한다.

3. "결혼이민자 등"이라 함은 출입국관리법에 따라 합법적으로 체류하고 있는 결혼이민자와 외국인근로자를 말한다.

4. "결혼이민자"라 함은 대한민국 국민과 혼인한 후 대한민국에 거주할 목적으로 체류하고 있는 외국인으로서 다음 각목의 어느 하나에 해당하는 자를 포함한다.

가. 대한민국 국민과 혼인할 목적으로 입국한 외국인

나. 대한민국 국민과 외국에서 혼인한 후 입국한 외국인

다. 위의 가목 또는 나목에 해당하였다가 혼인관계가 해소된 외국인

5. "외국인근로자"라 함은 대한민국에서 취업하고 있거나 취업할 목적으로 체류하면서 대한민국 국민과 혼인한 외국인을 말한다.

6. "외국인"이라 함은 대한민국의 국적을 가지지 아니한 자로서 외국의 국적을 가진

자와 무국적자를 포함한다.

제4조(국가와 지방자치단체의 책무) 국가와 지방자치단체는 다문화가족 구성원의 조기 정착과 사회통합에 필요한 제도와 여건을 조성하고 이를 위하여 필요한 각종 시책을 수립·시행하여야 한다.

제2장 다문화가족 지원 정책의 수립 및 시행

제5조(기본계획의 수립) ① 국가는 다문화가족 구성원의 조기 정착과 사회통합 등에 필요한 다문화가족 지원을 위한 기본계획(이하 "기본계획"이라 한다)을 수립하여야 한다.

② 여성가족부장관은 관계 중앙행정기관의 장과 협의하고 건강가정기본법 제13조 제1항의 규정에 의한 중앙건강가정정책위원회의 심의를 거쳐 매 5년마다 기본계획안을 작성하여야 한다.

③ 기본계획에는 다음 각 호의 사항이 포함되어야 한다.

1. 다문화가족 지원 정책의 기본 방향
2. 다문화가족 지원을 위한 분야별 발전시책에 관한 사항
3. 다문화가족 지원을 위한 제도 개선에 관한 사항
4. 다문화가족 지원을 위한 재원 확보 및 배분에 관한 사항
5. 다문화가족 지원과 관련된 중앙행정기관의 역할분담에 관한 사항
6. 기타 다문화가족 지원을 위하여 필요한 사항

④ 기본계획의 수립절차 등에 관하여 필요한 사항은 대통령령으로 정한다.

제6조(연도별 시행계획 수립) ① 다문화가족 지원과 관련된 중앙행정기관의 장은 소관별로 연도별 시행계획(이하 "시행계획"이라 한다)을 수립·시행하여야 하며, 지방자치단체의 장은 기본계획 및 시행계획에 따라 당해 지방자치단체의 시행계획을 수립하여야 한다.

② 국가 및 지방자치단체는 매년 시행계획에 따른 추진실적을 평가하고 그 결과를 다문화가족 지원 정책에 반영하여야 한다.

③ 연도별 시행계획의 수립·시행 및 평가 그 밖의 필요한 사항은 대통령령으로 정한다.

제7조(실태조사 등) ① 여성가족부장관은 다문화가족 및 그 구성원의 생활실태와 다문화가족 지원 정책의 시행결과를 파악하기 위한 실태조사를 3년에 1회 이상 실시하고, 그 결과를 공표하여야 한다.

② 여성가족부장관은 제1항의 규정에 의한 조사를 수행하기 위하여 연구소·대학 그 밖에 필요하다고 인정하는 기관에 조사 및 연구를 위탁할 수 있다.

③ 제1항의 규정에 의한 조사와 제2항의 규정에 의한 위탁에 필요한 사항은 대통령령으로 정한다.

제8조(관계당사자의 보고 및 권고이행의무) ① 여성가족부장관은 다문화가족 지원을 위하여 필요한 경우에는 다음 각호의 관계당사자에게 다문화가족 지원 정책의 시행 실적 및 향후 시행계획에 대하여 보고하게 하거나 다문화가족 지원 정책의 시행을 권고할 수 있다.

1. 대통령령이 정하는 지방자치단체의 장
2. 대통령령이 정하는 공공기관의 장
3. 대통령령이 정하는 각급학교의 장
4. 대통령령이 정하는 방송·통신 관련사업자

② 제1항에 의한 보고를 요구받거나 다문화가족 지원 정책의 시행을 권고 받은 관계당사자는 이를 성실하게 이행하여야 한다. 다만 제1항에 의한 권고를 받은 관계당사자가 이를 이행하기 어려운 사유가 있는 경우에는 그 사유 및 향후 시행계획을 여성가족부장관에게 보고하여야 한다.

③ 여성가족부장관은 제1항에 의한 보고 및 권고이행의 실적에 대해 필요한 경우에는 이를 공표할 수 있다.

④ 제1항 내지 제3항의 구체적인 실시에 관한 사항은 여성가족부령으로 정한다.

제3장 다문화가족에 대한 지원시책

제9조(다문화에 대한 이해증진) ① 국가 및 지방자치단체는 국민이 결혼이민자 등에게 고유한 역사와 문화를 이해하고 이를 존중할 수 있도록 교육, 홍보하는 등 필요한 조치를 취하여야 한다.

② 국가 및 지방자치단체는 결혼이민자 등이 우리나라 역사와 문화를 이해하고 이를 존중할 수 있도록 이에 필요한 정보를 제공하여야 한다.

③ 방송 또는 통신 관련사업자는 다문화에 대한 이해를 증진함으로써 사회적 통합을 촉진할 수 있는 프로그램 등을 개발·보급하도록 노력하여야 한다.

제10조(기본소양 교육) ① 국가 및 지방자치단체는 결혼이민자 등이 대한민국에서 생활하는 데 필요한 기본적 소양과 지식에 관한 교육을 실시할 수 있다.

② 국가 및 지방자치단체는 결혼이민자 등이 대한민국에서 생활하는 데 필요한 국어교육을 실시하여야 한다.

③ 제1항 및 제2항의 규정에 의한 교육의 실시에 필요한 사항은 대통령령으로 정한다.

제11조(생활정보 제공) ① 국가 및 지방자치단체는 결혼이민자 등이 대한민국에서 생

활하는 데 필요한 기본적 정보를 제공할 수 있다.

② 국가 및 지방자치단체는 결혼이민자 등이 상부상조하기 위하여 구성한 단체를 지원할 수 있다.

③ 제1항의 규정에 의한 정보 제공 및 제2항의 규정에 의한 지원에 필요한 사항은 대통령령으로 정한다.

제12조(평등한 가족관계의 유지) ① 국가 및 지방자치단체는 결혼이민자 등이 민주적이고 양성평등한 가족생활을 누릴 수 있도록 노력하여야 한다.

② 국가 및 지방자치단체는 다문화가족 내의 부부 간 및 세대 간 갈등을 예방하기 위한 상담, 가족생활 교육, 부모 교육 등을 추진하여야 한다.

③ 국가 및 지방자치단체는 다문화가족 내 가정폭력을 방지하기 위하여 노력하여야 한다.

제13조(아동의 보육 및 교육) ① 국가 및 지방자치단체는 아동의 보육 및 교육에 있어서 다문화가족의 구성원인 아동을 차별하여서는 안 된다.

② 다문화가족 구성원인 아동 본인과 결혼이민자 등인 부 또는 모의 합법적 또는 불법적 체류자격이 아동의 교육받을 권리에 영향을 미쳐서는 안 된다.

③ 국가 및 지방자치단체는 초등학교 입학 연령에 도달하지 않은 결혼이민자 등의 자녀의 보육 및 교육 지원을 위하여 노력하여야 한다.

④ 대통령령으로 정하는 각급학교의 장은 당해 학교에 속하는 결혼이민자 등의 자녀, 그 부 또는 모의 신청이 있을 때에는 결혼이민자 등의 자녀에 대하여 학과 외 또는 방과 후 교육 프로그램을 운영하여야 한다.

제14조(생활 및 법률상담의 제공 등) ① 국가 및 지방자치단체는 결혼이민자 등의 혼인과 자녀양육, 직장생활 등에 관한 생활상담 프로그램을 제공할 수 있다.

② 국가 및 지방자치단체는 결혼이민자 등의 혼인과 자녀양육, 직장생활 등에 관한 법률상담 프로그램을 제공할 수 있다.

③ 국가 및 지방자치단체는 대통령령이 정하는 바에 따라 결혼이민자 등의 고충처리를 지원하는 시책을 실시하여야 한다.

제 4 장 다문화가족지원센터

제15조(다문화가족지원센터의 지정) ① 여성가족부장관은 다문화가족 지원 정책의 시행을 위하여 필요한 경우에는 다음 각 호의 기관 중에서 다문화가족지원센터(이하 "지원센터"라 한다)를 지정할 수 있다.

1. 건강가정기본법 제35조의 규정에 의한 건강가정지원센터

2. 사회복지사업법 제34조의 규정에 의한 사회복지관
3. 여성회관
4. 외국인근로자지원센터
5. 기타 외국인근로자 및 결혼이민자 지원단체 등 사회단체

② 지원센터는 다음의 업무를 수행한다.
1. 다문화가족 지원 세부계획의 수립
2. 다문화가족 지원 프로그램의 개발, 교육 및 훈련
3. 다문화가족 지원 프로그램의 실시
4. 다문화가족 지원 사업실적의 보고
5. 기타 다문화가족 지원과 관련된 연구, 조사 등의 활동

③ 지원센터에는 결혼이민자 등에 대한 상담업무, 결혼이민자 등의 고충처리지원업무 등을 수행하도록 하기 위하여 외국어에 능통한 전문인력을 배치하여야 한다.

④ 제1항과 제2항의 규정을 시행하기 위하여 필요한 사항은 여성가족부령으로 정한다.

제16조(지원센터에 대한 지원 등) ① 여성가족부장관은 지원센터가 제15조 제2항에서 정한 임무를 수행하기 위하여 필요한 비용을 예산의 범위 내에서 지원할 수 있다.

② 국가 및 지방자치단체는 제15조 제1항에 의해 지정된 지원센터에 필요한 지원을 할 수 있다.

제5장 보 칙

제17조(사실혼 배우자 및 자녀의 처우) 국가 및 지방자치단체는 대한민국 국민과 사실혼 관계에서 출생한 자녀를 양육하고 있거나 양육하여야 할 결혼이민자 등 및 그 자녀에 대하여는 제9조 내지 제14조의 규정을 준용할 수 있다.

부 칙

제1조(시행일) 이 법은 년 월 일부터 시행한다.
제2조(경과조치) 이하 생략

찾아보기

[ㅇ]

[ㅈ]

〈기타〉

[저자 소개]

1. 박옥임(현 순천대학교 사회복지학부)
   학사 : 서울대
   석사 : 숙명여대
   박사 : 충남대

2. 서선희(현 광주대학교 사회복지학부)
   학사 : 고려대
   석사 : 고려대
   박사 : 미국 펜실베니아 주립대(Pennsylvania State University)

3. 김경신(현 전남대학교 생활환경복지학과)
   학사 : 서울대
   석사 : 서울대
   박사 : 동국대

4. 옥경희(현 광주대학교 사회복지학부)
   학사 : 연세대
   석사 : 미국 미주리 주립대(U. Missouri, Columbia)
   박사 : 미국 노스캐롤라이나대(U. North Carolina, Greensboro)

5. 박준섭(현 초당대학교 사회복지학과)
   학사 : 독일 콘스탄쯔대(U. Konstanz)
   석사 : 독일 콘스탄쯔대(U. Konstanz)
   박사 : 독일 콘스탄쯔대(U. Konstanz)

6. 최은정(현 동신대학교 사회복지학과)
   학사 : 한신대
   석사 : 숭실대
   박사 : 숭실대 수료

가족복지론

2008년 3월 5일 초판발행
2010년 8월 25일 중판발행

저 자 박옥임 · 서선희 · 김경신
옥경희 · 박준섭 · 최은정

발행인 유 성 렬

발행처 **청목출판사**
서울특별시 영등포구 신길동 233-96
전화 (02) 849-6157(代) · 2820
FAX (02) 849-0817
등록 제318-1994-000090호

파본은 바꾸어 드립니다. 값 20,000원

http : //www.chongmok.co.kr

ISBN 978-89-5565-238-3